クリミア戦争

CRIMEA
The Last Crusade

Orlando Figes
オーランドー・ファイジズ
訳◆染谷徹

上

白水社

1.エルサレム聖墳墓教会前の復活祭の雑踏

2.エルサレムの巡礼宿に
到着したロシア人巡礼たち

3.コンスタンチノープルの
ヌスレティエ・モスク前に
1854年に展示された大砲。
このモスクの所在地である
トプハネ地区には
大砲の鋳造工場と
砲兵部隊の兵舎があった。
モスク自体は
1823~26年に
建造されたもので、
マフムト二世が
イェニチェリ軍団の
反乱を撃破して
西欧式のムスリム常勝軍を
新設した業績を祝って
「ヌスレティエ」(勝利)と
名付けられた。

4. ニコライ一世の肖像(1852年、Franz Kruger画)

How the Russians aspire to all that is well-established.

5.ギュスタヴ・ドレ作の反露的漫画集『神聖ロシアの歴史』(1854年)の一枚。
(原画のキャプション)ロシア人は何であれ長い伝統を尊重する。

SAINT NICHOLAS OF RUSSIA.

7.『パンチ』誌に掲載されたニコライ一世のイメージ(原画のキャプション)ロシアの聖ニコラス

NOW FOR IT!
A Set-to between "Pam, the Downing Street Pet," and "The Russian Spider."

6.ボクシングの試合に臨もうとするパーマストンとニコライ一世(『パンチ』誌)
(原画のキャプション)

「試合開始! ダウニング街の寵児パム対ロシアの蜘蛛男のボクシング・マッチ」

8.最初期の
戦争報道写真、
ドナウ戦線のトルコ兵
(1854年、
Carol Szathmari撮影)

9.スクタリに進駐した英国近衛歩兵旅団コールドストリーム連隊の兵士たち(1854年)。
ボスポラス海峡の対岸にコンスタンチノープルの街の輪郭が望見できる。
夫に負けず劣らず勇敢な妻たちの姿が兵士たちの間に見られる。

10.セヴァストポリを包囲する英国軍の野営陣地(1855年)

11.バラクラヴァ港(1855年)

12. カムイシュ湾のフランス軍基地

13. フランス軍のフランス兵（立っている）とズアーヴ兵（1855年）

14.バラクラヴァの道路補修工事に使役されるクリミア・タタール人(1855年)

HOW JACK MAKES THE TURK USEFUL AT BALACLAVA.

15.同盟軍たるトルコ兵に対する英国兵の人種差別的扱いを皮肉った漫画(1855年『パンチ』誌)
(原画のキャプション)「ジャックはバラクラヴァでトルコ軍をどのように役立てているか」

クリミア戦争◆上

カバー図版提供：Bridgeman Images/アフロ

セリーンに

クリミア戦争◆上

目次

日付と固有名詞について

日付

ロシアでは一七〇〇年から一九一八年までユリウス歴が用いられた。
ユリウス暦の日付は西欧で使われるグレゴリオ暦より、
十八世紀には一一日、十九世紀には一二日、二十世紀には一三日、それぞれ遅れていた。
本書では、混乱を避けるために、すべての日付をグレゴリオ暦に統一して表示する。

固有名詞

ロシア語の固有名詞の英語による表記は標準翻字システム（英国議会図書館方式）に従った。
ただし、ロシア語の有名な固有名詞のうち、たとえば Tsar Alexander のように、
英語としての慣用的な表記が定着している場合には、その慣用的表記を採用した。

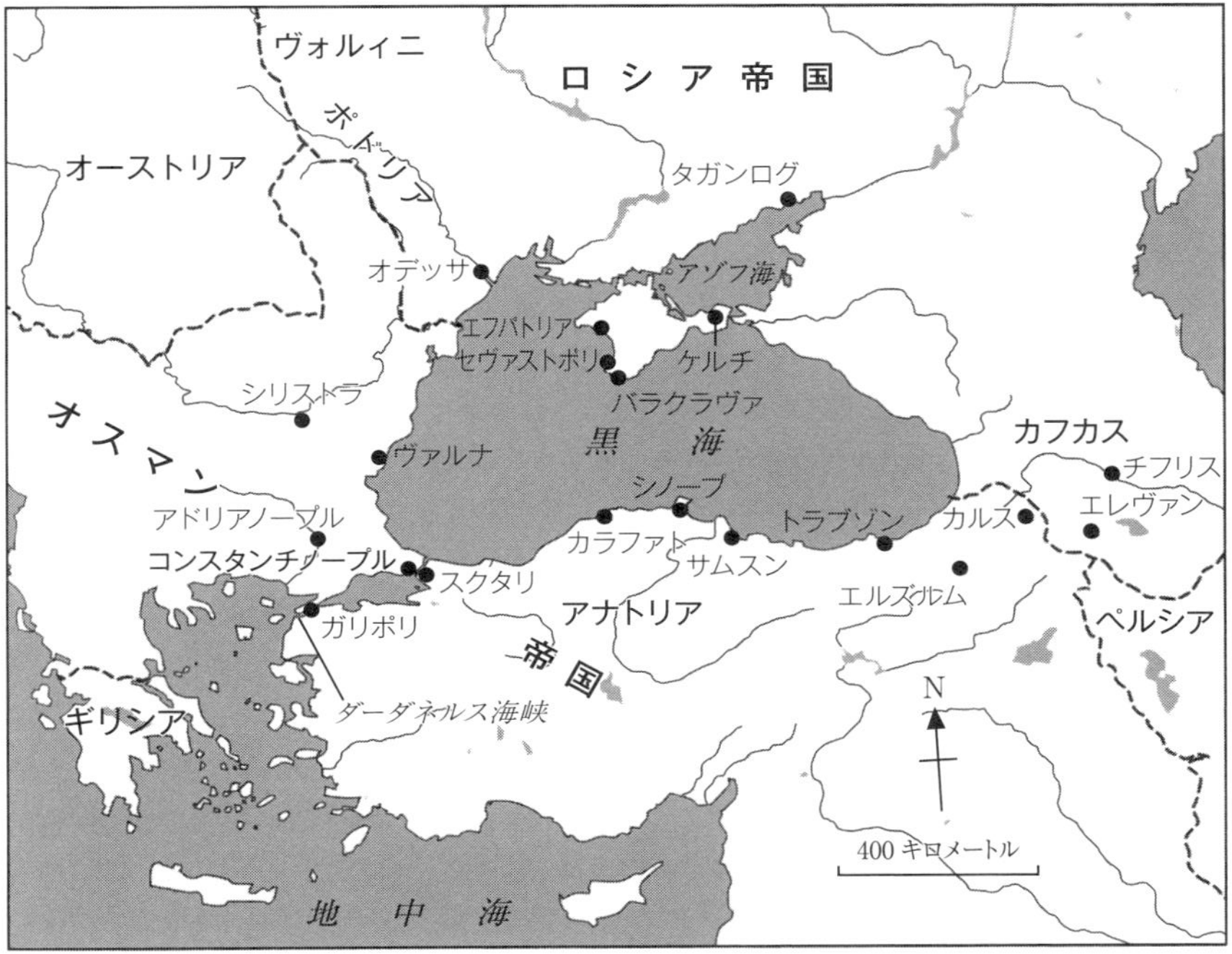
ヴォルィニ
ロシア帝国
ポドリア
オーストリア
タガンログ
オデッサ
アゾフ海
エフパトリア
セヴァストポリ
ケルチ
バラクラヴァ
シリストラ
オスマン
ヴァルナ
黒海
カフカス
チフリス
シノープ
エレヴァン
アドリアノープル
トラブゾン
カルス
カラファト
コンスタンチノープル
サムスン
スクタリ
エルズルム
アナトリア
ガリポリ
ペルシア
帝国
N
ギリシア
ダーダネルス海峡
400 キロメートル
地中海

東方問題の紛争地帯

ドナウ川下流域の紛争地帯

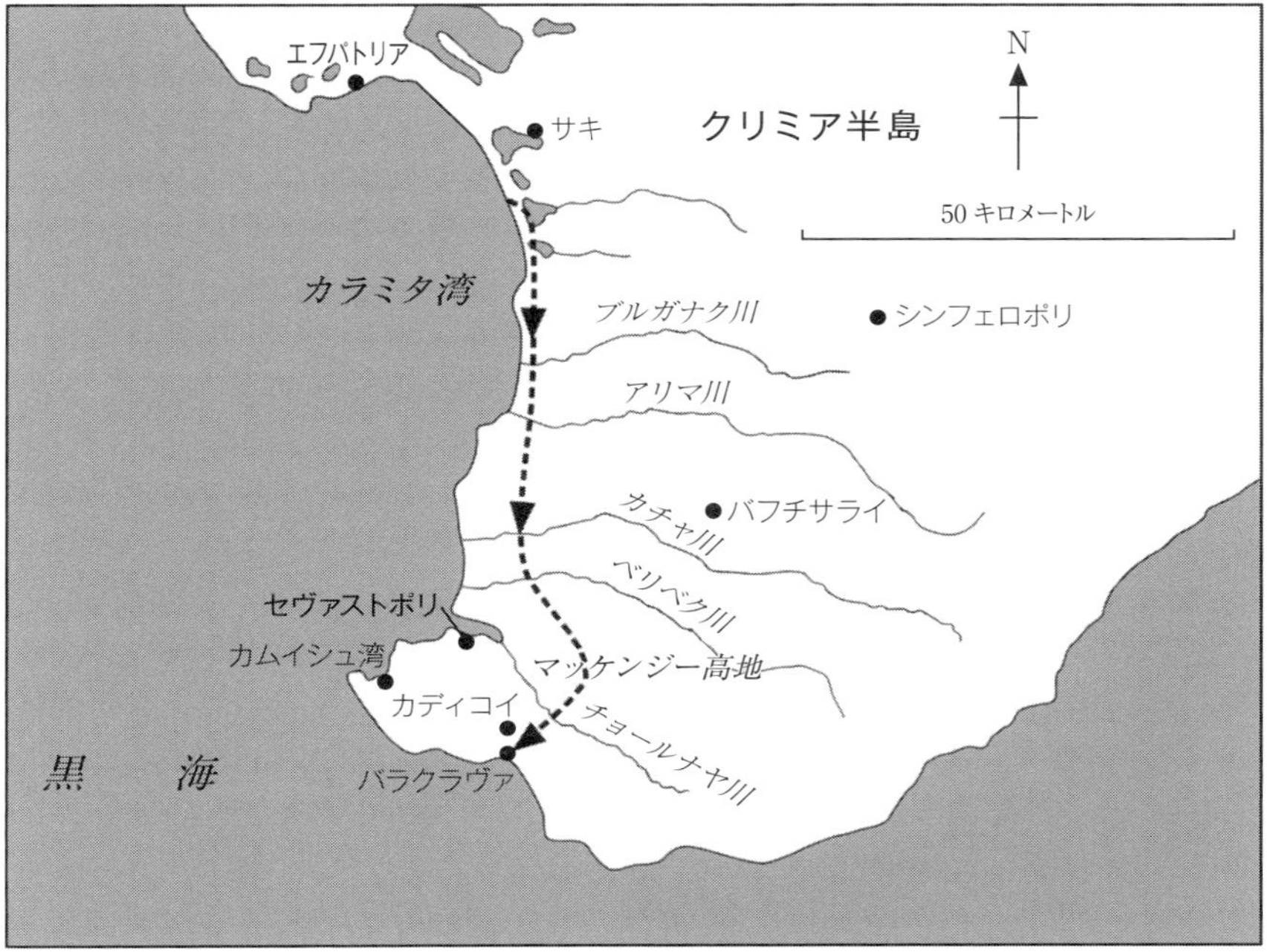

セヴァストポリへの連合軍の進路

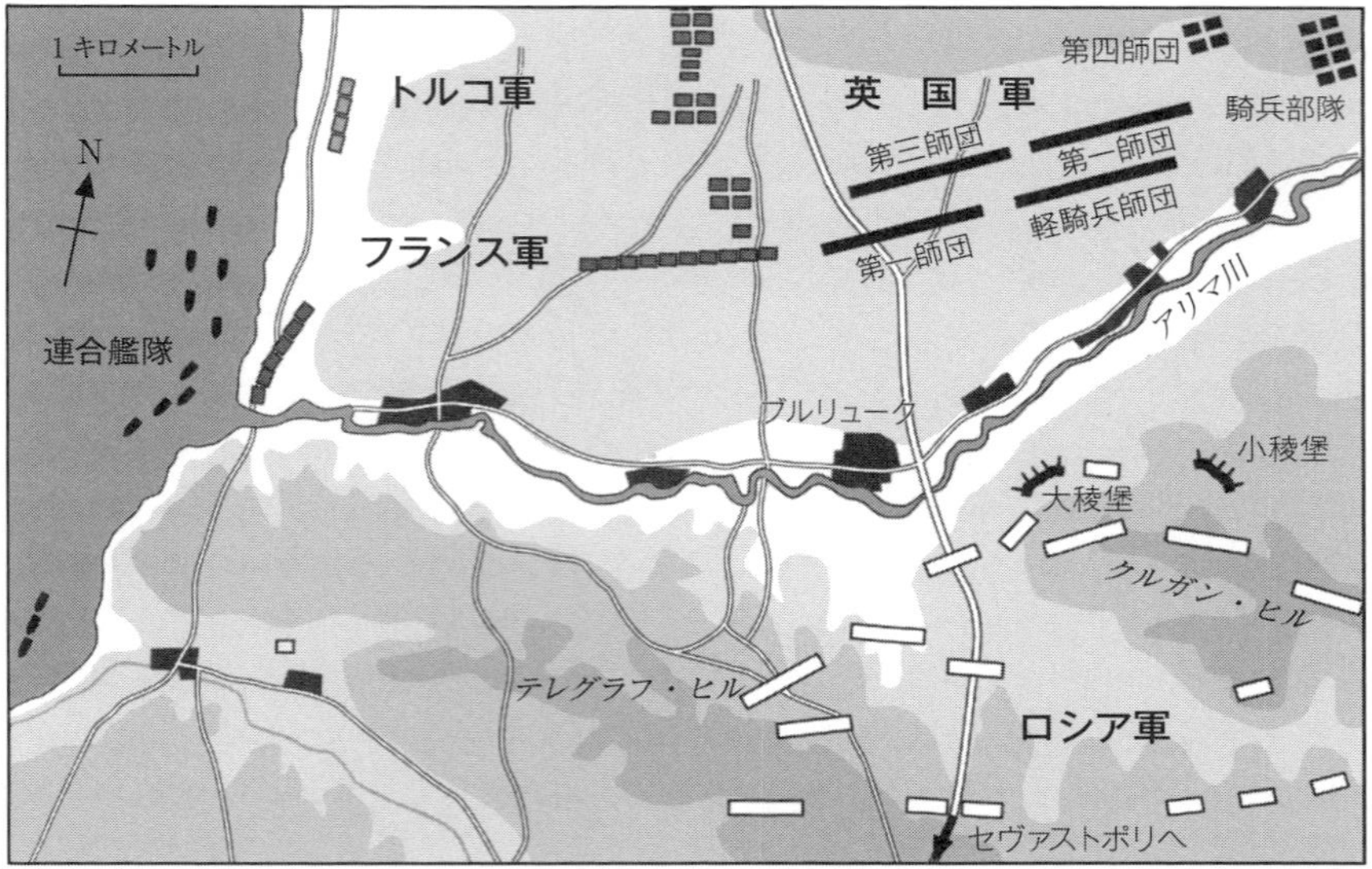
1キロメートル
N
トルコ軍
フランス軍
連合艦隊
英　国　軍
第四師団
騎兵部隊
第三師団
第一師団
第二師団
軽騎兵師団
アリマ川
ブルリューク
小稜堡
大稜堡
クルガン・ヒル
テレグラフ・ヒル
ロシア軍
セヴァストポリへ

アリマ川の戦い

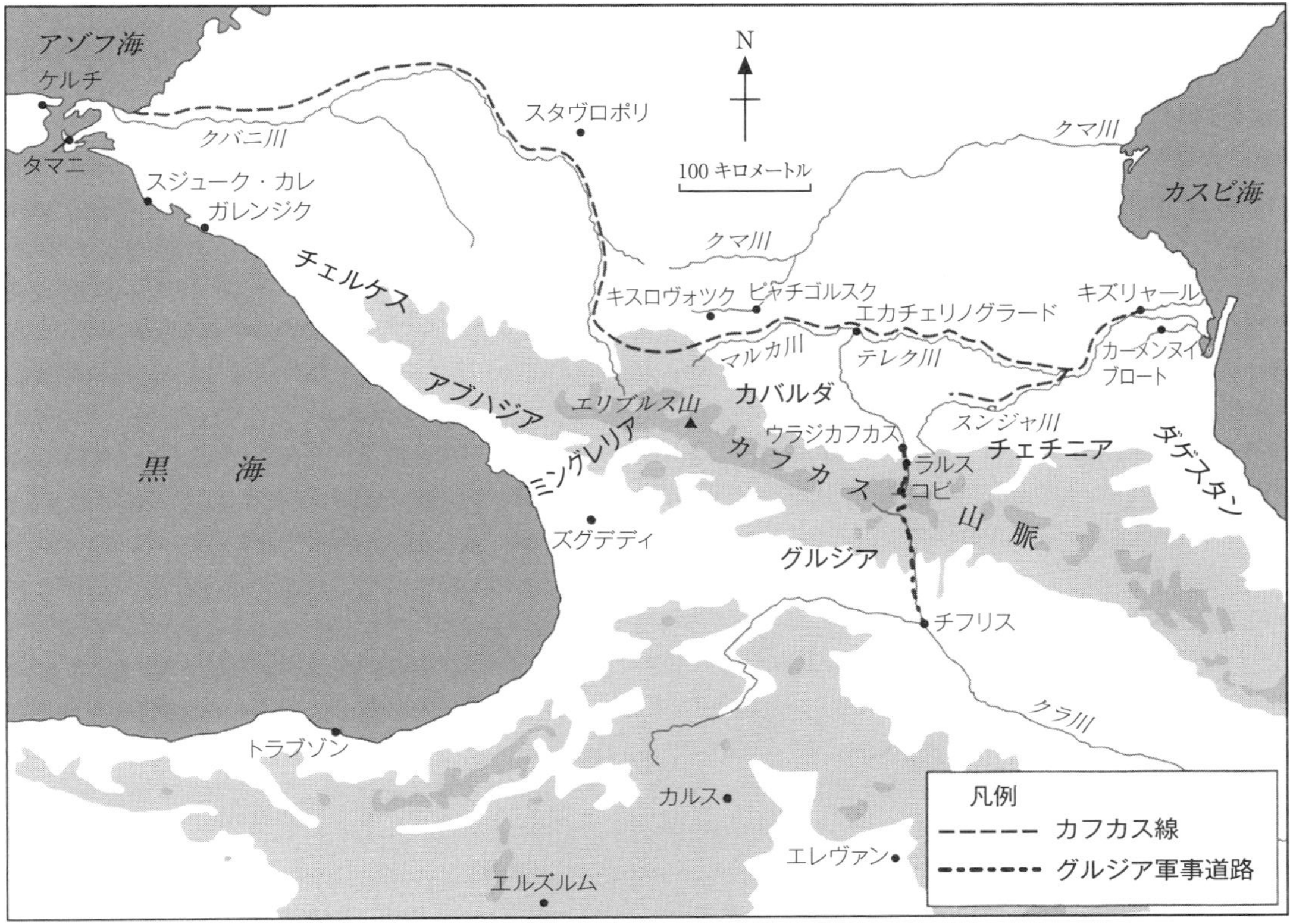
アゾフ海
ケルチ
タマニ
クバニ川
スジューク・カレ
ガレンジク
スタヴロポリ
N
100 キロメートル
クマ川
カスピ海
チェルケス
キスロヴォツク
ピャチゴルスク
エカチェリノグラード
キズリャール
マルカ川
テレク川
カーメンヌイ
ブロート
アブハジア
エリブルス山
カバルダ
ウラジカフカス
スンジャ川
黒海
ミングレリア
カフカス山脈
ラルス
コビ
チェチニア
ダゲスタン
ズグデディ
グルジア
チフリス
クラ川
トラブゾン
カルス
エレヴァン
エルズルム
凡例
カフカス線
グルジア軍事道路

カフカス地方

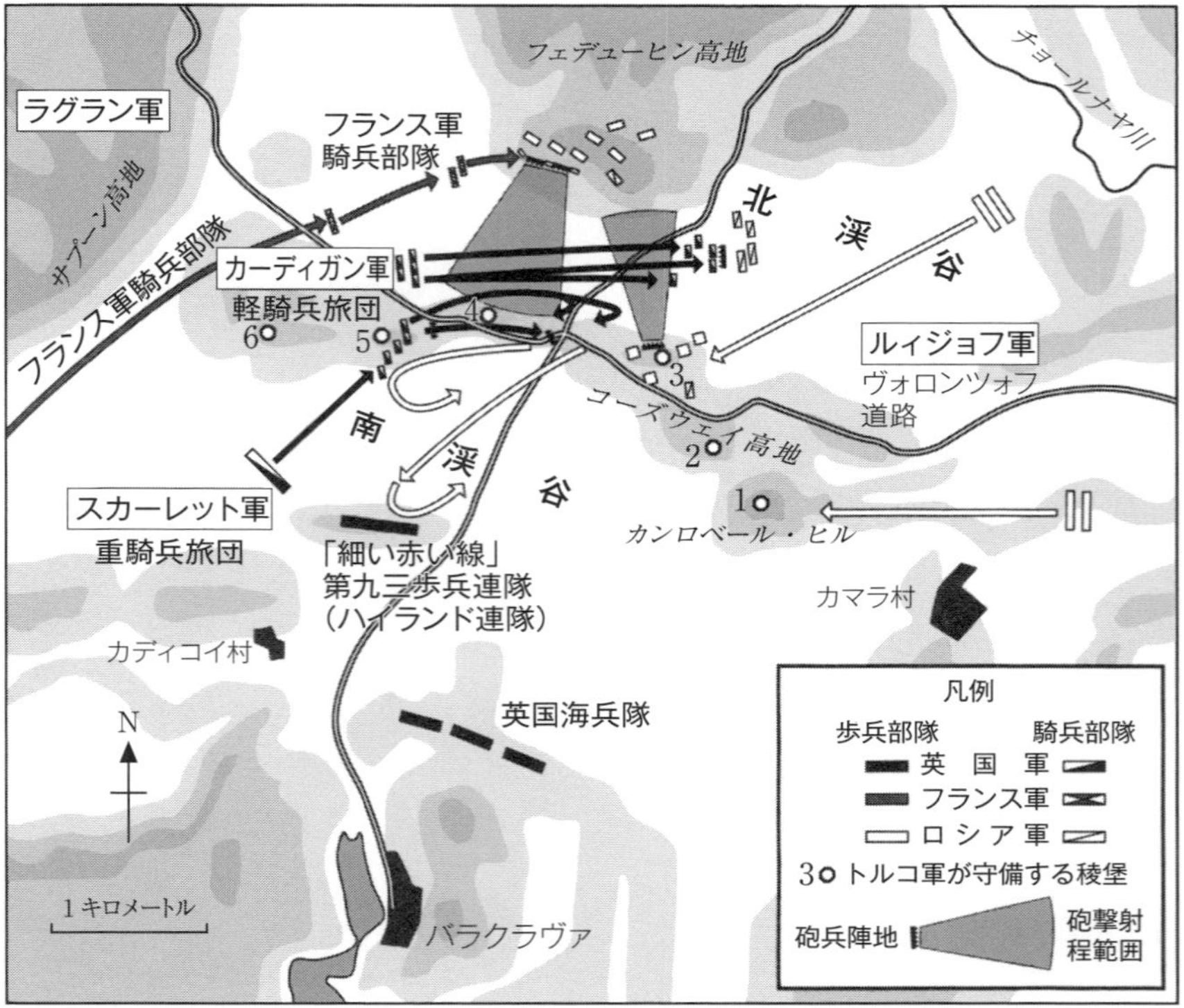

ラグラン軍
サプーン高地
フランス軍騎兵部隊
フランス軍
騎兵部隊
フェデューヒン高地
チョールナヤ川
カーディガン軍
軽騎兵旅団
北
深
谷
ルイジョフ軍
ヴォロンツォフ
道路
コーズウェイ高地
南
深
谷
スカーレット軍
重騎兵旅団
「細い赤い線」
第九三歩兵連隊
(ハイランド連隊)
カンロベール・ヒル
カマラ村
カディコイ村
英国海兵隊
N
1キロメートル
バラクラヴァ
凡例
歩兵部隊
騎兵部隊
英　国　軍
フランス軍
ロ シ ア 軍
3 トルコ軍が守備する稜堡
砲兵陣地
砲撃射
程範囲

バラクラヴァの戦い

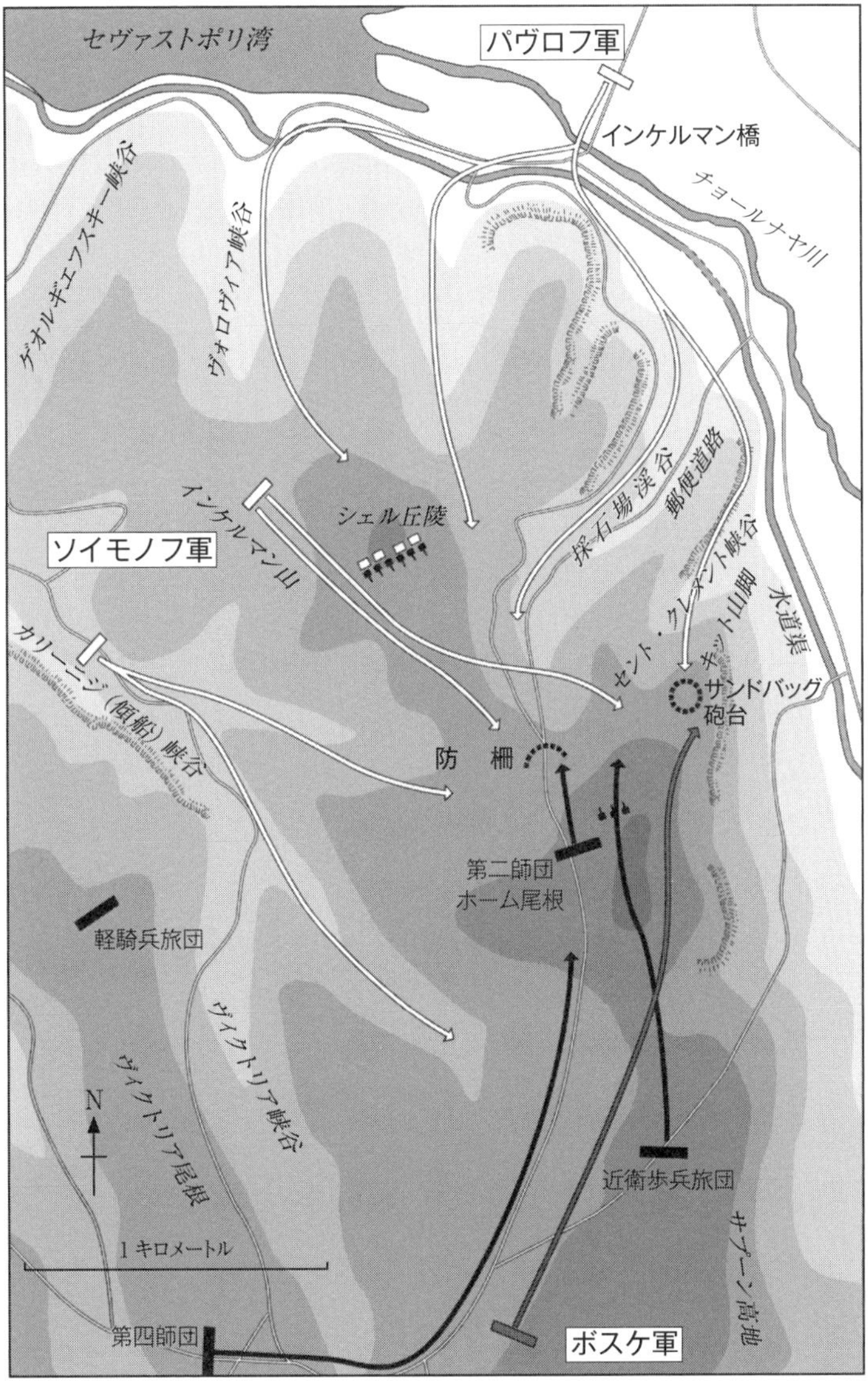
セヴァストポリ湾
パヴロフ軍
インケルマン橋
チョールナヤ川
ゲオルギエフスキー峡谷
ヴォロヴィア峡谷
インケルマン山
シェル丘陵
ソイモノフ軍
採石場渓谷
郵便道路
セント・クレメント峡谷
キッケット山脚
水道渠
サンドバッグ
砲台
カリーニング（傾船）峡谷
防　柵
第二師団
ホーム尾根
軽騎兵旅団
ヴィクトリア峡谷
ヴィクトリア尾根
N
近衛歩兵旅団
1キロメートル
サプーン高地
第四師団
ボスケ軍

インケルマンの戦い

セヴァストポリ包囲作戦

謝辞

本書の執筆にあたっては、長い年月にわたる準備が必要だった。その間、資料の収集について多くの方々から助力を得た。まず、その方々に感謝申し上げたい。

ヘレン・ラパポートには、準備の最初の段階から大いにお世話になった。彼女は、クリミア戦争に関する膨大な量の参考書、刊行されている回顧録、体験者の日記や手紙など、ほとんど無限と思われる資料リストの中から、本書の執筆に役立つ文献目録を作成する作業に協力してくれた。また、クリミア戦争の社会史的側面について貴重な助言を与えてくれ、さらに、彼女自身の著作『女の出る幕はない――クリミア戦争に参加した女たちの知られざる歴史』のために収集した資料を提供してくれた。

ロンドンの英国陸軍博物館に勤務するアラステア・マッシーからも貴重な助力を得た。彼自身の著作である『英国陸軍博物館版クリミア戦争――知られざる歴史』と『必死の大事業――クリミアの英国陸軍一八五四～五六』の二冊は貴重な示唆を与えてくれた。王室公文書館の資料を利用できたことについては、エリザベス二世女王陛下に謹んで感謝申し上げたい。また、王室ウインザー宮殿コレクションの収蔵写真について助言してくれたソフィー・ゴードンにも感謝したい。イスタンブールのバシュバカンリク・オスマンリ公文書館での資料調査に際しては、ムラト・シヴィログルとメレク・マクスドグルの二人に助けられたことを記して感謝したい。さらに、モスクワのロシア国立軍事史公文書館でお世話になったルイザ・ハビブリナにも謝意を表する。

書き上げた草稿の全部またはその一部に目を通して問題点を指摘してくれたノーマン・ストーン、ショーン・ブレイディー、ダグラス・オースチン、トニー・マーグレイヴ、マイク・ヒントン、マイルズ・テイラー、ドミニク・リーヴェン、マーク・マゾウアーの全員に謝意を表したい。とりわけ、ダグラス・オースチンとトニー・マーグレイヴの二人はあらゆる軍事問題について彼らの造詣を生かして的確な情報を提供してくれた。マーラ・コゼルスキーは当時彼女自身が執筆中だったクリミア戦争に関する著作のタイプ原稿を私に読ませてくれた。トルコ関連の問題についてはメティン・クントとオヌル・エヌルに、アルメニア関連の問題についてはエドマンド・ヘルツィークに、イタリア関連の問題についてはルーシー・ライオールに深く感謝したい。さらに、戦争心理学については、ジョアンナ・バークの理論に大いに助けられた。軽騎兵（ユサール）の歴史についてはアントニー・ビーヴァーに、また、シドニー・ハーバートが戦時相を辞任した背景についてはロス・ベルソンに負うところが大きい。ジェイムズ・ロバートソンが撮影した貴重な写真『昔日のスクタリと現在のユスキュダール』を惜しげなく提供してくれたキース・スミスにも感謝したい。さらに、ヒュー・スモールにも謝意を表したい。彼の著書『クリミア戦争――ヴィクトリア女王とロシア皇帝の戦い』から新たに教えられた点は少なくない。

いつもながら家族にも感謝しなければならない。妻のステファニー、娘のリディアとアリスの三人は私がクリミア戦争の本を書いていることを知らなかったが、それでも、私の好きなようにさせてくれた。私の有能なエージェントであるロジャーズ・コールリッジ・アンド・ホワイト社のデボラ・ロジャーズと彼女の優秀なチームにも感謝したい。特に、ルース・マッキントッシュは付加価値税還付金の問題を分かり易く説明してくれた。ニューヨークのメラニー・ジャクソンにもお世話になった。挿絵については、セシリア・マッケイの思慮深い仕事に感謝したい。原稿整理を担当してくれたエリザベス・ストラトフォードと素晴らしい地図を作成してくれたアラン・ギリランド、そして、二人の偉大な編集者であるペンギン・ブックス社のサイモン・ワインダーとメトロポリタン・ブックス社のサラ・バーシュテルに心から感謝したい。

序言

イングランド南部に位置するドーセット州ウィッチャムトン村の教区教会には、この静かな小村からクリミア戦争に出征して戦死した五人の兵士の名を刻んだ記念碑が立っている。記念碑には次のような墓碑銘が刻まれている。

五人は祖国のために戦って死んだ。
彼らの遺体はクリミアの地にとどまっているが、
その魂が安らかに眠ることをここに祈る。
一八五四年

フランス南東部オートソーヌ県エリクール村の共同墓地には、この村からクリミア戦争に出征して戦死した九人の兵士のための墓石がある。

彼らは祖国のために死んだ。

友よ、いつの日にかまた会おう。

この墓石の両脇には、誰が置いたのか、大砲の砲弾が置かれている。二つの砲弾のひとつには「マラコフ」と書かれている。マラコフ（マラホフ）とは、クリミア半島にあるロシアの海軍基地セヴァストポリをめぐる攻囲戦でフランス軍が奪取した要塞の名である。もうひとつの砲弾には「セバストポール」と書かれている。墓所と言えば、クリミアの現地には、荒れ果てて墓標さえもない墓が数多くあり、そこには数千人のフランス軍兵士と英国軍兵士が眠っている。

セヴァストポリ市内にも数百基の記念碑がある。その多くはセヴァストポリ軍人墓地（ロシア語では「同胞戦士の墓地」）に集中して立っている。ロシア軍は、セヴァストポリ攻防戦の最中、市内の三ヵ所に大規模な共同墓地を作ったが、そのひとつであるセヴァストポリ軍人墓地には、この防衛戦で戦死した一二万七五八三人という驚くべき数のロシア軍将兵が埋葬されている。将校の墓には所属の連隊名と氏名を刻んだ個別の墓石があるが、一般の兵士は五〇人または一〇〇人単位で共同の墓穴に埋葬された。ロシア軍にはセルビア人、ブルガリア人、ギリシア人など、ロシア皇帝の呼びかけに応じてキリスト教正教会の信仰を守るために参戦した東方正教会の信者が数多く含まれていた。

ロシア海軍の水兵五〇人がまとめて埋葬されたとされる墓穴は今は生い茂る深い草で覆われているが、目を凝らせば、草の間に小さな銘板を見ることができる。銘板には、彼らが「一八五四〜五五年のセヴァストポリ防衛戦で払った英雄的な犠牲」を称える碑文が刻まれている。

彼らは祖国のため、皇帝のため、
そして神のために死んだ。

セヴァストポリ市内には、軍人墓地以外の場所にも、防衛戦で戦死した多数の無名兵士を記念する「永遠の炎」や記念碑が随所にある。市内三ヵ所の軍人墓地には合計二五万人の陸軍兵士、水兵、民間人が埋葬されたものと推定されている。(1)

クリミア戦争は膨大な数の戦死者を出した巨大規模の戦争だったが、その実態はその後二度にわたって勃発した世界大戦の陰に隠れて見えにくくなっている。今日では、むしろ相対的に小規模な戦争と見なされ、共同墓地の銘板や墓石と同じように、ほとんど忘れ去られてしまった。ロシア、英国、フランス、イタリア（ピエモンテ・サルデーニャ王国）、オスマン帝国（後にルーマニアおよびブルガリアとして独立する地域を含む）などがこの戦争に参戦し、あるいは戦場となったが、現在ではそれらの国々においてさえ、クリミア戦争が何だったのかを明確に説明できる人は少ない。しかし、第一次世界大戦以前の時代に生きていた人々にとっては、クリミア戦争は十九世紀の一大事件であり、彼らがその生涯で経験した最大の戦争だった。それは二十世紀に発生した二度の世界大戦が我々の生涯の最大の歴史的事件だったのと同じである。

エリクール村のクリミア戦争戦没者記念碑

損失は膨大だった。少なくとも七五万人の兵士が戦闘で戦死し、あるいは傷病死した。ロシア軍だけで五〇万人の兵士が命を落とした。フランス軍の死者は一〇万人前後だった。これに対して英国軍の死者は二万人程度に過ぎなかったが、この違いは両国が派遣した部隊の規模の違いを反映している（英国がクリミアに派遣した陸海軍兵士の数は九万八〇〇〇人だったが、フランスは三一万人を送り込んだ）。しかし、英国の戦死者数が相対的に少なかったとはいえ、ウィッチャムトンのような小さな農村にとって、屈強な若者五人を戦争で失ったことは重大な打撃だったに違いない。英国陸軍はアイルランドでも大規模な募兵を行なった。アイルランド南端のコーク州にあるホワイトゲート、アガダ、ファーシドの三村からも多数の兵士が出征し、その結果、地域の男性人口のほぼ三分の一がクリミア戦争で戦死した。[2]

民間人の死傷者については正確な統計が残っていないが、民間人も砲撃の犠牲となり、包囲された町で餓死し、軍隊が媒介する伝染病によって倒れた。カフカスでも、バルカンでも、クリミアでも、戦闘に巻き込まれる形で民間人が虐殺され、あるいは組織的な民族浄化作戦の犠牲になった。地域社会が全滅する例も少なくなかった。その意味で、クリミア戦争は史上初の「全面戦争」であり、多数の民間人を巻き込んで人道的な危機をもたらす現代戦の十九世紀版だった。

クリミア戦争は、また、最新の工業技術が動員されたという意味でも、まさに近代戦の最初の例だった。新型のライフル銃、蒸気船、鉄道、近代的な兵站、電報をはじめとする新しい通信技術、革新的な軍事医学などが動員された総力戦だった。戦闘の現場に戦争報道記者と戦争写真家が登場したのも初めてだった。しかし、同時に、クリミア戦争は古い騎士道精神に則って戦われた最後の戦争でもあった。戦闘の最中に敵味方の話合いがもたれ、戦場から負傷者と死体を収容するための一時的な休戦が頻繁に実現した。有名な「軽騎兵旅団の突撃」の舞台となったアリマ川の戦いやバラクラヴァの戦いなど、クリミア戦争の初期段階の戦闘はナポレオン時代の戦争の様相を色濃く残していた。しかし、最も長く、また、最も決定的な局面となったセヴァストポリ攻防戦の段階に入ると、工業力を背景として戦われた第一次大戦（一九一四〜一八年）を先取りする塹壕戦の特徴が明らかとなる。十一ヵ月半に及んだ攻防戦の間、ロシア軍、英国軍、フランス軍が掘り進めた塹壕の延長距離は一二〇キロに及び、攻撃軍と防衛軍の双方が交わした銃弾は一億五〇〇〇万発、砲弾は各種口径を合わせて五〇〇万発に達した(3)。

クリミア戦争という名称を使うこと自体が、そもそも、この戦争の世界的な規模を表現するには十分でなかった。戦争の深刻な影響は、西ヨーロッパとロシアだけでなく、バルカン半島からエルサレムまで、また、コンスタンチノープル（イスタンブール）からカフカスに至るまでの広大な地域に及んだ。これらは、当時、東方問題と呼ばれていた問題の紛争地域である。東方問題はオスマン帝国の崩壊を目前にして発生した重大な国際問題だった。少なくとも東方問題との関連を明示するという意味では、ロシアが採用した「東方戦争」（ヴァストーチナヤ・ヴァイナー）の方が実態にふさわしい名称だったかもしれない。また、トルコ側が使った「トルコ・ロシア戦争」も、数世紀に及ぶロシアとオスマン帝国との抗争という歴史的な意味合いを表現するには適切かもしれない。しかし、「トルコ・ロシア戦争」という名称からは、この戦争に西欧諸国が介入したという決定的な要素が抜け落ちてしまう。

戦争はオスマン帝国とロシア帝国の軍事衝突として一八五三年に始まった。衝突が始まった地域は現在のルーマニアにあたるドナウ川下流域のモルダヴィア公国とワラキア公国だったが、戦場はすぐにカフカス地方に拡大する。カフカスでは、トルコと英国がイスラム教徒諸部族を支援して反ロシアの抵抗闘争を奨励していた。戦争はカフカスからさらに黒海沿岸地域全域に拡大する。一八五四年に入って、英国とフランスがトルコに味方して参戦し、さらに、オーストリアが反露連合に参加する動きを見せると、ロシア皇帝はドナウ両公国から軍隊を撤退させ、その結果、主戦場はクリミア半島に移る。しかし、一八五四〜五五年にかけて、戦争はその他のいくつかの地域でも戦われることになる。たとえば、英国海軍はバルト海に進出してロシアの首都サンクトペテルブルクへの攻撃を計画し、白海では実際にソロヴェツキー修道院を砲撃している。一八五四年七月のことだった。ロシアへの攻撃はシベリアの太平洋岸でも実行された。〔一八五四年、英仏連合艦隊はカムチャツカ半島のペトロパヴロフスク・カムチャツキーを砲撃した。同市の湾内には英仏艦隊を撃退した記念碑が今も残っている〕

クリミア戦争は世界規模で戦われた戦争だったが、その事実はこの戦争に関わった人々の多様性にも反映されている。本書に登場する関係者の顔ぶれを見れば、期待（または懸念）に反して軍人が少なく、むしろ軍人以外の人々、たとえば、国王や女王、貴族諸侯、廷臣、外交官、宗教指導者、ポーランドやハンガリーの革命家、医師、看護婦、ジャーナリスト、画家や写真家、パンフレット作者や作家が多数登場することに気づくであろう。たとえば、クリミア戦争についてのロシア側の見方を最も雄弁に語っているのは他ならぬ文豪レフ・トルストイである。トルストイはロシア軍の青年士官としてクリミア戦争の三つの戦線（カフカス、ドナウ、クリミア）を体験している。読者は、また、英国軍兵士の「トミー」や、フランス軍アルジェリア歩兵連隊のズアーヴ兵や、ロシア軍の農奴兵など、この戦争で戦った一般兵士と士官の生の声を彼らの手紙や回想記を通じて知ることになるであろう。

クリミア戦争については、英語で読むことのできる書物だけでも数多く出版されている。しかし、英国の立場からだけでなく、ロシア、フランス、オスマン帝国の立場からの資料を幅広く利用して、これらの大国がこの戦争に関与するに至る経緯を当時の地政学的、文化的、宗教的背景を含めて解明しようとする試みは、言語の如何を問わず、本書が初めてだろう。歴史的文脈を重視するという本書の特徴からして、戦闘場面の描写を期待する読者にとっては、最初の数章は退屈かもしれない（したがって、そこは飛ばして読むという手もある）。ただし、私がこれらの章で言いたかったのは、歴史の巨大な転換点としてのクリミア戦争の再評価である。クリミア戦争はヨーロッパ、ロシア、中東地域の歴史にとって重大な転換点であり、その影響は現在に及んでいる。ところで、これまで英国には「クリミア戦争は無意味で不必要な戦争だった」という根強い固定観念があった。軍事作戦上の不手際と芳しくない戦果についての当時の国民の落胆から生まれたこの固定観念は、長い間、英国の歴史界に陰を落としてきた。その間、歴史学者たちはクリミア戦争を等閑視し、まともなテーマとして取り上げてこなかった。そのため、英国では、クリミア戦争はもっぱら戦史物語として扱われてきた。戦史物語の熱心な語り手たちの多くは歴史学者としてはアマチュアであり、いつも繰り返されるテーマは、たとえば、「軽騎兵旅団の突撃」、英国軍司令部の失態、フローレンス・ナイチンゲールの活躍などの同じ話だった。この戦争のきっかけとなった宗教的背景、「東方問題」に含まれる複雑な国際政治、黒海地域におけるキリスト教とイスラム教の競合関係、ヨーロッパに蔓延していた反ロシア主義などについての本格的な議論はほとんど皆無だった。しかし、これらの問題を抜きにしては、クリミア戦争の本質とその重要性を理解することは難しいのである。

クリミア戦争は歴史の重大な分水嶺だった。戦争は欧州大陸の秩序をそれまで維持してきたロシアとオーストリアの古い保守同盟に終止符を打ち、イタリア、ルーマニア、ドイツなどの新しい国民国家の誕生に道を開いた。一方、この戦争の結果、ロシア人は西欧に対して根深い遺恨を抱くようになる。同じキリスト教国でありながらイスラム教国のトルコに味方した西欧諸国のやり方は、ロシアにとっては裏切りに他ならなかった。バルカン半島に対するロシアの野望は挫折したが、それは一八七〇年代に入ると列強諸国の国際関係をさらに不安定化させ、やがては第一次世界大戦の引き金となる危機にまで発展する。トルコが大規模な欧州紛争に関与するのは、フランス革命とナポレオン戦争への一時的関与を除けば、クリミア戦争が初めてだった。オスマン帝国が支配していたイスラム世界はクリミア戦争を通じて初めて西欧の軍隊と技術に接触するが、それによって、イスラム圏が資本主義的な世界経済に統合される過程が加速され、同時にイスラム教徒の反西欧感情に火がつくことになる。この傾向は現在に至るまで変わっていない。

各国はそれぞれに独自の動機をもってクリミア戦争に突入した。ナショナリズムと帝国主義国家相互の対立関係が絡み合い、各国の宗教的利害がそれに結びついた。トルコにとっては、その欧州地域部分から始まっていたオスマン帝国の崩壊を食い止め、オスマン帝国を防衛するための戦争であり、オスマン帝国内に居住する東方正教徒の庇護者として介入しようとするロシアの要求に対してオスマン帝国の主権を守る戦争であり、また、トルコの首都を脅かしていたイスラム民族主義革命の脅威をかわすための戦争だった。一方、英国は弱い者いじめをするロシアからトルコを守るための戦争であると主張していた。しかし、実際の動機はアジアにおける競争相手として大英帝国の利益を脅かすロシア帝国に一撃を加えること、そして、この戦争を通じてオスマン帝国に貿易の自由化を迫り、英国の宗教的権利を拡大することにあった。フランス皇帝ナポレオン三世にとっては、戦争はフランスの国際的な権威と影響力を回復するための機会だった。伯父のナポレオン一世時代と同等の栄光は必ずしも回復できないまでも、ナポレオン一世が構想していた自由な国民国家の連合体として欧州地図を書き換えるための機会でもあった。フランス国内には、第二帝政の脆弱な体制につけ込んでロシアとの宗教戦争を迫る保守的なカトリック勢力の圧力も存在した。英仏両国にとって、クリミア戦争は野蛮で専制的なロシアの脅威からヨーロッパの自由と文明を守るための十字軍戦争だった。ロシアの攻撃的な領土拡張主義は、単に西欧諸国にとってのみならず、キリスト教世界全体に対する深刻な脅威と考えられていたのである。一方、クリミア戦争の最大の当事者だった皇帝ニコライ一世を動かしていたのは、二十七年間皇帝の座にあった結果として膨れ上がった傲慢な自尊心であり、また、ロシアという強大な国家が弱小の隣国を扱うやり方について彼自身が信じていた方法論であり、さらには、彼の政策に対する他の列強諸国の反応についての重大な誤算であり、そして、何よりも、たとえ十字軍を送ってでもオスマン帝国内のキリスト教徒を守ることがロシアの使命であり、その使命を果たすためには宗教戦争も辞さないという牢固とした信念だった。ロシア皇帝ニコライ一世は、彼の東方正教会帝国をコンスタンチノープルのみならずエルサレムにまで拡大するという自分の神聖な使命を遂行するためなら、全世界を敵に回しても戦う決意だった。

これまでの歴史学では、クリミア戦争の要因である宗教的動機は軽視される傾向があった。フランスに後押しされたカトリック教会ないしローマ教会とロシアに支えられたギリシア正教会との間に発生した聖地紛争、すなわち、エルサレムの聖墳墓教会とベツレヘムの降誕教会の管理権を誰が握るかという問題は、クリミア戦争の出発点であり、ロシア皇帝にとっては戦端を開くための十分な理由だったが、この宗教問題にわずかでもページを割く歴史書はこれまでほとんどなかった。教会の扉の鍵を誰が管理するかというような瑣末な問題が列強諸国を大戦争に巻き込んだという類の説は、現に宗教戦争に直面している現代という時代が訪れるまでは、荒唐無稽と思われていたのである。一部には、クリミア戦争が「不必要で馬鹿げた戦争」だったことの例証として聖地紛争を引き合いに出す歴史家もいた。また、別の歴史家の説によれば、クリミア戦争の真の原因はオスマン帝国の領土への影響力拡大を狙う欧州列強諸国の対立抗争であり、宗教紛争は開戦の引き金に過ぎなかった。それらの歴史家の主張では、クリミア戦争の真の原因は帝国主義諸国間の対立抗争であり、市場の争奪競争であり、それぞれの国内で増大していた民族主義の圧力だった。これらはすべて一面の真理ではあるが、彼らは十九世紀における宗教の重要性を過小評価していたと言わざるを得ない（一九九〇年代のバルカン戦争と現在も猛威を振るうイスラム過激派の運動から学ぶことがあるとすれば、それは宗教には戦争の火に油を注ぐ決定的な役割があるという教訓に他ならない）。すべての列強諸国が東方問題に介入する手段として宗教を利用していた。この帝国主義的対立抗争においては、政治と宗教が密接に絡み合っていた。すべての諸国が、ロシアは特にそうだったが、神は自分に味方すると信じて戦争に突入したのである。

第1章 宗教紛争

復活祭が間近に迫るエルサレムには、東欧や中近東地域の隅々から巡礼の群れが詰めかけていた。なかにはすでに何週間も前から滞在している者もいた。エジプトからも、シリアからも、アルメニア、アナトリア、ギリシア半島からも、巡礼たちはエルサレムを目指してやって来ていた。数の上で最大多数を占めるのはロシア人だった。ロシア人巡礼者の多くは船でヤッファ港〔一九五〇年にテル・アヴィヴ市に併合されたイスラエル西部の港町〕に到着し、そこでラクダやロバを雇って聖地に向かうのである。一八四六年四月十日の聖金曜日〔復活祭直前の金曜日。キリスト磔刑の記念日〕には、すでに二万人の巡礼者がエルサレム市内にひしめいていた。宿という宿は満員になり、やむを得ず星空を仰ぎつつ屋外で夜を過ごすグループもあった。ほとんどすべての巡礼たちが、長旅の費用の一部をまかなうために手作りの十字架や飾り物、ビーズの数珠、刺繍した布きれなどの売り物を携えていた。教会や神殿の前でヨーロッパから来た観光客に土産物として売るのである。巡礼たちが最も多く集まる聖墳墓教会前の広場は賑やかな市場と化し、土産物を売る巡礼たちと場所を競うように色とりどりの果物や野菜を売る屋台がひしめき合い、教会裏手のなめし皮業者が日向に干す山羊や牛の皮の強烈な臭いがあたりに立ち込めていた。乞食にとっても格好の稼ぎ時だった。ハンセン病に冒された手を差し出して観光客を脅しては金をせびるのである。金持ちの観光客はトルコ人ガイドを雇って身を守らねばならなかった。ガイドは棍棒を振り回しては乞食を殴って通路を開き、観光客を教会の戸口まで案内した。

一八四六年は、ローマ・カトリック教会の復活祭とギリシア正教会の復活祭の日付が一致する年にあたっていた。そのため、教会や礼拝堂は例年以上の賑わいを見せ、町全体に興奮がみなぎっていた。カトリックと正教の両派は、聖墳墓教会内のキリスト磔刑像（カルヴァリ）の祭壇前の儀式をどちらが先に執り行う権利があるかをめぐって争いを続けていた。磔刑像の祭壇は、イエスが磔になった十字架の根元が差し込まれたとされる岩穴の跡に作られていた。ローマ教会派とギリシア正教会派の対立抗争は近年特に激しさを増していたので、エルサレムを管轄するオスマン帝国の総督メフメト・パシャは秩序維持のために聖墳墓教会の内外に兵士を配置していたが、それでも両派の衝突を防ぐことはできなかった。

聖金曜日の当日、ローマ・カトリック教会派の司祭たちが白い亜麻布の祭壇布をもって聖墳墓教会に到着すると、そこにはすでにギリシア正教会派の司祭たちが集まっており、刺繍した絹布を広げて儀式を始めようとしていた。カトリック側は、祭壇に最初に絹布を広げる権利がギリシア人側にあるなら、その権利を明記したスルタンの勅令状を見せるように要求した。ギリシア側は、逆に、絹布を祭壇から除去する権利をカトリック教会に認める勅令状があるならそれを見せるよう迫った。両派の司祭たちの口論は摑み合いに発展し、双方の修道士と巡礼者が加勢して、あっという間に教会全体が修羅場と化した。対立する両派の信心深い信徒たちのいさかいは素手の殴り合いでは終わらなかった。十字架、燭台、聖杯、ランプ、香炉などが武器として使われた。神聖な教会の内壁を剝がし、その木切れを振り回す者さえ現れた。騒動が長引くにつれて、外にいた双方の信者がナイフやピストルを聖墳墓教会の中に持ち込んだ。ついにメフメト・パシャの衛兵が出動して全員を教会から退去させた時

には、教会の床に五〇体を超える死体が残されていた。(1)

「宗教の名においてこの地で何が行なわれているかを見るがよい！」と一八四六年にパレスチナとシリアを旅行し、各地の聖地を訪れた英国の社会評論家ハリエット・マルティノーは書いている。

〔ハリエット・マルティノーは英国ヴィクトリア朝時代の啓蒙思想家、ジャーナリスト。最初の女性社会学者と言われている。オーギュスト・コントの研究でも有名〕

エルサレムは、イスラム教徒にとってはメッカに次いで世界で二番目に神聖な場所であり、キリスト教徒とユダヤ教徒にとっては世界で最も神聖な場所である。この三者がそろって共通の父祖の聖地であると主張するこの地で何が行なわれているのか？　イスラム教徒は、もし彼らのオマール・モスクにユダヤ教徒やキリスト教徒が入ろうとすれば即座に殴り殺そうとして待ち構えている。ギリシア教会とカトリック教会は互いに激しく憎みあいつつ、その一方で、もし聖墳墓教会に足を踏み入れるユダヤ教徒やイスラム教徒がいればいつでも殺害する用意を整えている。そして、ユダヤ教徒は古代の予言者から伝わった復讐の言葉で敵を呪っている。(2)

カトリックと東方正教会という二つのキリスト教宗派の対立抗争が激化した背景には、十九世紀に入ってパレスチナを訪れる巡礼者の数が急増したという事情があった。鉄道と蒸気船の出現が大衆的な団体旅行を可能とし、聖地パレスチナはフランスやイタリアのカトリック教徒旅行団にとってだけでなく、広くヨーロッパとアメリカの敬虔な中産階級が容易に訪れることのできる場所となった。キリスト教各派の教会は先を争って影響力を拡大しようとした。各派の教会はパレスチナを訪れる自派の巡礼たちの便宜をはかるために現地に伝導所を開設し、先を争って土地を購入し、司教区や修道院を開設して資金を投入した。パレスチナに住むキリスト教徒のなかで最大の人口を占めながら、最も教育水準の低い正教徒であるアラブ人（主としてシリア人とレバノン人）をカトリックに改宗させるための学校も開設された。

「過去二年間に聖墳墓教会を飾るための大量の装飾品が贈り物としてエルサレムに送られた。送り主はロシア、フランス、ナポリ、サルデーニャの各国政府である」と英国のパレスチナ・シリア領事ウィリアム・ヤングは外相のパーマストン子爵に報告している。一八三九年のことだった。

数多くの兆候から見て、各派教会の間に嫉妬心と敵愾心が高まっていることは明白である。これまでも当地のカトリック、ギリシア正教、アルメニア正教などの修道院の間には小規模な紛争が絶えなかったが、トルコ政府の当局者に贈る賄賂の多寡に応じて紛争が解決されていた間は深刻な問題にはならなかった。しかし、そのような時代は過去のものとなりつつある。教会間の争いは、宗教問題をめぐってヨーロッパ全土を巻き込みつつある陰謀と無関係ではないからだ。[3]

エルサレムにおける宗教活動は一八四二年から四七年にかけてにわかに活発化した。英国国教会は新たにエルサレム教区を開設し、オーストリアはフランシスコ派教会の印刷所を設立し、フランスはエルサレムに領事館を設置するとともにカトリック系の学校と教会の設立のために膨大な資金を投入した。教皇ピウス九世は十二世紀の十字軍時代以来空席となっていたエルサレム常駐のローマ教会大司教位を復活した。ギリシア正教会はコンスタンチノープル（イスタンブール）の大司教をエルサレムに移して、信徒の管理を強化した。ロシアはまず伝導使節団を送り込み、それを足掛かりにしてロシア人街区を設立した。ロシア人街区には、増大するロシア人巡礼たちを支援するための宿泊所、病院、礼拝堂、学校、市場などが開設された。

十九世紀前半、ロシア正教会がエルサレムに送りこんだ巡礼者の数は他のすべてのキリスト教会を凌いでいた。毎年、復活祭の期間だけで一万五〇〇〇人のロシア人がエルサレムを訪れた。なかには、徒歩でロシアの大地を横切ってカフカスに至り、そこからアナトリア半島とシリアを経由してパレスチナに到達する巡礼もいた。ロシア人にとって、パレスチナの聖地は熱烈な宗教的情熱の対象だった。聖地巡礼の旅は考え得るかぎり最高の信仰の証しだったのである。

ロシア人にとって、パレスチナの聖地は精神的な意味で祖国ロシアの一部に他ならなかった。「聖なるロシア」という観念には地理的な境界は存在しない。ロシアとはロシア正教会の支配が及ぶ広大な帝国であって、その神聖な殿堂は東方キリスト教地域の全域に広く分布していた。そして、エルサレムの聖墳墓教会はその総本山に当たる重要な教会だった。一八四〇年代、ロシアのある神学者は次のように書いている。「パレスチナは我々の故国である。我々はパレスチナの地にいて自分を外国人であると感じたことがない(4)」。この主張の背景にはロシア人の数世紀にわたる聖地巡礼の歴史がある。ロシア正教会の信仰はキリストの生涯にかかわるベツレヘム、エルサレム、ナザレなどの聖地と深く結びついており、多くのロシア人にとって、この結びつきはパレスチナの一時的な支配者に過ぎないオスマン帝国の政治的権威をはるかに超える重要な精神的拠り所だった。

ロシア人の熱烈な聖地信仰は、カトリック教徒にとっても、プロテスタント教徒にとっても異質なものだった。カトリックやプロテスタントは、パレスチナを信仰の対象である聖地というよりも、むしろ歴史的興味の対象として、あるいは、ロマンチックな心情の源泉として考えていた。旅行記作家で歴史家のアレクサンダー・キングレーク〔クリミア戦争に関する八巻の著作『クリミア侵略』がある〕によれば、「カトリック教会の信者のなかからロシア人の巡礼に少しでも似た存在を探そうとすれば、日記帳と案内書を抱え込んで旅行記を書こうとしているフランス人観光客以外には思い浮かばない」のだった。西欧からやって来る観光客は、正教徒の巡礼たちの大袈裟な情熱の発露に辟易していた。巡礼たちの奇妙な儀式は彼らの目には「野蛮人の所業」または「堕落した迷信」としか見えなかった。マルティノーは聖金曜日の聖墳墓教会を訪れようとしなかった。巡礼たちがそこで足を清める儀式の様子を見たくなかったからである。「キリスト教の名において行なわれる猿芝居を見せられることには耐えられなかった」と彼女は書いている。「この猿芝居に比べれば、アフリカのどこかの川岸で行なわれる最も原始的なフェティシズムの儀式の方がまだマシである」。彼女は復活祭の土曜日に行なわれる聖火の儀式にも同じ理由で出かけようとしなかった。その日、キリストの墓から現れる奇跡の火を自分の蠟燭に移そうとして数千人の正教徒が聖墳墓教会に詰めかける。ギリシア人、ブルガリア人、モルダヴィア人、ロシア人など、互いに対立する正教徒のグループが先を争って自分の蠟燭に火をともそうとする。摑み合いの喧嘩が始まり、信者たちの間からしばしば圧死者が出た。煙で窒息死する者もいた。一八三四年に聖火の儀式を目撃したカーゾン男爵〔ロバート・カーゾンは英国の旅行家。中近東および地中海諸国の旅行記を書いた〕はこの儀式を「神を冒瀆する無秩序な騒ぎ」と呼び、「ほとんど素裸に近い巡礼たちが狂乱の仕草で踊り狂い、まるで物に取りつかれたように怒鳴り、叫んでいた」と書いている。(5)

マルティノーのようなユニテリアン派のキリスト教徒、またはカーゾンのような英国国教会の信徒がこの種の儀式に強い嫌悪感を抱いたのは不思議ではない。プロテスタント各派の教会では、宗教的感情を剝き出しにする習慣はすでに久しく失われていたからである。聖地を訪れる西欧出身の観光客の多くは、正教徒の巡礼たちの行動にほとんどまったく共感することができなかった。巡礼たちの熱狂はキリスト教徒の所業とも思われなかったのである。それに比べれば、決して感情を剝き出しにせず、威厳ある態度を保っている世俗的イスラム教徒の方が、個人として静かに祈るという西欧の生き方にむしろ近いように感じられた。聖地エルサレムをめぐる外交紛争は最終的にクリミア戦争を引き起こすことになるが、この紛争に関する西欧諸国の対ロシア政策にこの感じ方がある種の影響を与えたことは否めない。

聖地パレスチナをめぐる問題がロシア人の信仰の根幹にかかわる重要問題であることを認識せず、あるいは、その重要性に無関心だった西欧の観測者たちは、ロシアの進出が西欧の各派教会の権利を脅かしつつあるという側面にのみ注目していた。一八四〇年代の初め、英国のパレスチナ領事ウィリアム・ヤングは「ロシアの出先機関」がエルサレムにおける活動を着実に強化している状況を外務省への定期報告で繰り返し指摘している。領事は、「ロシアの出先機関」がロシア人巡礼への支援を強化し、ロシア正教会派の教会と修道院を設立するために土地を購入していると報告し、その最終目的は「ロシアによる聖地パレスチナの征服」にあると分析している。確かに、当時、ロシアの伝導団体はパレスチナとシリア地域にある正教派の教会、学校、宿泊所などに資金を提供し、ギリシア人、アルメニア人、アラブ人などの正教徒社会への影響力を拡大しつつあった（ただし、サンクトペテルブルクのロシア外務省はこの動きを是認していなかった。外務省はその種の動きが西欧諸国の反感を招き、西欧列強を敵に回す恐れがあることを的確に予測して憂慮していたのである）。ロシアの「パレスチナ征服計画」に関するヤング領事の報告はしだいにヒステリックな響きを帯び始める。「ロシア人巡礼たちは、ロシアがパレスチナの地を支配する日は遠くないという見通しを公然と口にしている」とヤング領事は一八四〇年にパーマストン外相に報告している。「ロシアは復活祭の期間中にエルサレムの城壁内にいる一万人のロシア人巡礼を一晩で武装させることができる。市内各所にあるロシア正教の修道院の敷地面積は十分に広い。ほんのわずかな費用をかければ、これらの修道院を要塞に変えることは簡単である」。この「ロシアの陰謀」に対する恐怖心は英国国教会の対応を加速させ、一八四五年にはエルサレムに最初の英国国教会派の教会が設立されることになる。(6)

しかし、聖地パレスチナにおけるロシアの影響力拡大に最も敏感に反応して警戒心を強めていたのはフランスだった。フランスのカトリック教会によれば、フランスとパレスチナとの間には十字軍時代以来の長い歴史的なつながりがあった。カトリック教徒の聖地巡礼は近年明らかに減少傾向をたどっていたが、それでも聖地に対する信仰を守ることはヨーロッパの「最初のカトリック国」たるフランスに与えられた特別の使命であるというのが、フランス・カトリック教会の考え方だった。「パレスチナには我々が保存すべき伝統があり、守るべき権益がある」とカトリック教会の機関紙は宣言している。「フランスの十字軍が聖地奪回のために流した血のわずかな一部分でもロシア人が流すためには、今後数百年が必要だろう。ロシア人は十字軍に参加しなかったではないか……キリスト教諸国の中でフランスが最も高い地位にあることは東方世界でもよく知られている。トルコ人がキリスト教のヨーロッパ全体を『フランキスタン』、つまりフランス人の国と呼んでいるのはその証拠である」[7]

フランスはロシアのパレスチナ進出に対抗するために、また、パレスチナにおけるカトリック教徒の最大の庇護者としてのフランスの地位を鮮明に示すために、一八四三年、エルサレムに領事館を開設した（これに憤激したイスラム教徒の群衆が彼らの神を冒瀆する三色旗を領事館の掲揚塔から引き下ろすという事件が起きた。イスラム教徒の間に西欧諸国の影響力拡大を敵視する雰囲気が広がっていたのである）。エルサレムの聖墳墓教会とベツレヘムの降誕教会で執り行われるカトリックの礼拝には、正装したフランス領事が多数の領事館員を引き連れて出席するようになった。フランス領事はクリスマスにベツレヘムで行なわれる深夜のミサにも出席したが、その際にはメフメト・パシャが派遣する衛兵部隊が領事の護衛にあたった。ただし、衛兵出動の費用はフランス側の負担だった。[8]

ローマ・カトリック教会派と東方正教会派の対立関係は、エルサレムの聖墳墓教会をめぐってだけでなく、ベツレヘムの降誕教会でも絶えず問題を引き起こした。たとえば、降誕教会の主屋の鍵をカトリック派の修道僧に渡すかどうかが紛争の種となった（主屋の管理権はギリシア正教側にあった）。主屋の鍵がなければ、カトリック派は主屋を通り抜けることができず、したがって、自派のものである「飼葉桶の礼拝堂」に到達することができない。また、「降誕洞窟」に入るための鍵をカトリック派に渡すかどうかも重大な問題だった。降誕教会の地下にある降誕洞窟はキリストが誕生した地点とされる古い洞窟である。洞窟の床には大理石が敷かれており、キリストが生まれたとされる地点に銀の星が埋め込まれていたが、それも紛争の種だった。銀の星はフランス国家の紋章で飾られ、ラテン語で「この場所で処女マリアからイエス・キリストが生まれた」と刻まれていた。ギリシア正教会派は、フランスが十八世紀に埋め込んだこの銀の星を「征服の象徴」として憎んでいた。その銀の星が盗まれるという事件が発生する。一八四七年のことだった。犯行現場の大理石の床には、星を剝ぎ取るために使われた道具が残されていた。カトリック側はこれをギリシア人の犯行と決めつけ、すぐさま正教会を非難した。ギリシア正教側は、対抗措置として洞窟の入り口を壁で塞ぎ、カトリックの司祭たちが洞窟に入ることを阻止した。両派の司祭たちの間に、怒号の飛び交う喧嘩騒ぎが始まった。フランスは銀の星が失われた件について正式の外交ルートを通じてコンスタンチノープルのオスマン帝国政府（「ポルト」）に抗議した。一七四〇年に締結され、その後長らく忘れられていた条約（カピチュレーション改正条約）によって、カトリック教会が銀の星の維持管理を目的として降誕洞窟に入ることが認められている、というのがフランスの抗議の根拠だった。しかし、ギリシア正教側もオスマン帝国が彼らに与えていた様々な慣例や特権を持ち出して対抗した(9)。教会の鍵の問題から始まったこの小さな紛争は、実際には聖地の管理権をめぐる外交危機の始まりとなった。その最終的な影響は深刻だった。

　フランスはベツレヘムの降誕教会の鍵だけでなく、エルサレムの聖墳墓教会の屋根を修理する権利をも要求した。その根拠は、またしても一七四〇年の条約だった。実際、屋根は緊急の修理を必要とする状態だった。屋根の片側の斜面からほとんどすべての鉛板が剝げ落ちていたのである（ギリシア正教会派とローマ教会派は、屋根が抜けたのは相手の責任だとして、非難し合っていた）。屋根の隙間から雨が降り込み、鳥が内陣を飛び交うありさまだった。オスマン・トルコの法律では、屋根を所有する者がその建物の所有者と見なされた。つまり、聖墳墓教会の屋根の修理を担当する者が教会の正当な管理者として認められることになる。修理の権利をめぐってギリシア正教会派とローマ・カトリック教会派の間に激しい争いが始まった。フランスはカトリック教会を支持し、ロシアはギリシア正教会に味方した。その根拠は、ロシアの勝利に終わった一七六八〜七四年の露土戦争の講和条件として一七七四年に締結されたキュチュク・カイナルジャ条約だった。キュチュク・カイナルジャ条約によって、オスマン帝国内のすべての正教徒の利益を代表する権利がロシアに与えられたというのがロシア側の主張だった。しかし、それは真実から程遠い解釈だった。この条約の文言は曖昧で、様々な言語に翻訳される過程で容易に歪曲が行なわれたのである（キュチュク・カイナルジャ条約を締結する際、ロシア側はロシア語とイタリア語で書かれた条約文に調印し、オスマン・トルコ側はトルコ語とイタリア語の条約文に調印した。その後、ロシア側は外交上の便宜のために条約をフランス語に翻訳した）[10]。ロシアがオスマン帝国政府（「ポルト」）に圧力をかけた結果、聖墳墓教会の屋根の修理をめぐる問題はローマ・カトリック教会派の思い通りには進まなくなった。トルコ政府は双方の顔を立てるような言辞を弄し、問題の解決を先延ばしにする戦術に出た。

一八五一年五月、宗教紛争をさらに深刻化させる事件が起こる。ルイ・ナポレオン（後のナポレオン三世）が刎頸の友であるシャルル・ド・ラ・ヴァレット侯爵をフランスの駐コンスタンチノープル大使に任命したのである。当時、ルイ・ナポレオンは大統領に選出されてから一年半を経たところで、国民議会の支持をとりつけるために依然として悪戦苦闘していた。そして自分の立場を強化する目的で、カトリック教会に対する一連の譲歩を行なったのである。たとえば、一八四九年には、革命派によってヴァチカンから追われていた教皇ピウス九世をローマに復帰させるためにフランス軍を動員した。また、一八五〇年には「ファルー法」を制定して、カトリック教会が経営する学校の数を大幅に増やす道を開いた〔フレデリック・アルベール・ド・ファルーはルイ・ナポレオン政府の公教育相〕。ラ・ヴァレット侯爵を大使に任命したのも、カトリック教会への譲歩のひとつだった。侯爵は熱心なカトリック教徒で、フランスの外交政策を陰で操る勢力と見なされていた非公式の「教会党」の指導者のひとりだった。このカトリック党派はフランスの聖地問題政策にとりわけ大きな影響力をふるい、正教徒派の脅威に対してフランス政府が断固たる対抗措置を取ることを要求していた。トルコ大使に任命されたラ・ヴァレットは与えられた権限を大幅に逸脱する行動に出る。コンスタンチノープルに赴任する途中で予定を変更してローマを訪問し、聖地パレスチナでのカトリックの権益を擁護するフランスの立場を支持するように教皇を説得した。コンスタンチノープルに着任すると、ラ・ヴァレットは強圧的な言辞を弄して「ポルト」との交渉を押し切るという戦術に出る。それは、彼自身の説明によれば、「スルタンとその閣僚を怯《ひる》ませ、彼らにフランスの権益を認めさせるための方策」だった。カトリック系の新聞はラ・ヴァレットを応援するキャンペーンを張る。特に、ラ・ヴァレットの親友が編集長を務める『ジュルナール・デ・デバ』紙は積極的だった。応援の見返りとして、ラ・ヴァレットは数々のコメントを新聞に提供したが、その発言は紛争の火に油を注ぎ、ロシア皇帝ニコライ一世を激怒させることになる。[11]

一八五一年八月、フランスとオスマン・トルコ両国は宗教上の権益問題を話し合う目的で合同委員会を設立する。しかし、合同委員会の議論は、結論を得ないまま、いたずらに長引いた。トルコ側がギリシア正教会派とカトリック教会派の対立関係に乗じて、巧みに両派を天秤にかけたのである。ラ・ヴァレットは、合同委員会の結論を待たずに、カトリック教会側の権利が「明確に証明された」と宣言した。つまり、それ以上交渉の余地はないと宣言したのである。彼は、カトリック教会の権益を擁護するためならば、フランスには「あらゆる手段に訴える正当な権利がある」と言明し、その権利を実現する手段として「フランスには圧倒的な戦力を誇る地中海艦隊が存在する」と豪語した。

このあからさまな脅迫に関して、ラ・ヴァレットが事前にルイ・ナポレオンの承諾を得ていたかどうかは疑わしい。ナポレオン自身は宗教問題に特別の関心を抱いていなかった。彼は聖地問題の詳細には無知であり、中近東問題については基本的に守りの姿勢を保っていた。しかし、ラ・ヴァレットがロシアに対して危機を挑発したことをナポレオンが了とした可能性は十分にあり得る。ナポレオンは三大国（英国、ロシア、オーストリア）の相互関係に水を差すような事態が起これば、何であれ歓迎する方針だった。彼の伯父ナポレオン・ボナパルトが敗北して以来、三大国はフランスを「ヨーロッパの協調」から締め出し、一八一五年の「忌々しい条約」への屈従をフランスに強いてきたからである。ルイ・ナポレオンには、聖地問題をめぐる紛争が三大国の同盟関係に変化をもたらすことを期待する十分な理由があった。オーストリアはカトリック教国であり、したがって、正教のロシアを見限ってフランスの側につくよう説得する余地があった。一方、英国にも、その中近東地域における帝国主義的利益をロシアから守る必要があった。背景に何があったにせよ、ラ・ヴァレットの意図的な挑発はロシア皇帝を激怒させた。ニコライ一世はスルタンに対して、もしカトリック教会側の要求を呑むようなことがあれば、それは「ポルト」とロシアが結んでいる条約への違反であり、ロシアはオスマン帝国との国交を断絶せざるを得ないと警告した。事態の急変に接して、英国は警戒態勢を強めることになる。従来、英国はフランスに対して妥協による解決の道を探るよう勧めてきたが、ここに至って、戦争の可能性に備える必要に迫られたのである(12)。

実際に戦争が始まるのはその二年後のことだが、戦争が勃発した時、火に油を注いだのが数百年間にわたって積み上げられてきた宗教的情熱だったことは間違いない。

ロシア帝国は当時の列強諸国の中で最も宗教性の強い国家だった。ロシア皇帝ツァーリの支配体制は臣民の信仰を束ねるという形で組織されていた。ロシア帝国は、国境問題であれ、外交関係であれ、ほぼすべての問題を宗教のフィルターを通じて解釈する宗教国家だった。

ロシア帝国におけるツァーリの支配体制の根幹をなす宗教的イデオロギーは十九世に入ってロシア民族主義と結びつき、それによってさらに強化される。そのイデオロギーによれば、モスクワは「第三のローマ」だった。つまり、一四五三年にビザンチン帝国の首都コンスタンチノープルがトルコ軍によって滅ぼされて以来、モスクワはキリスト教東方正教会にとって残された最後の首都だった。オスマン帝国領内のキリスト教徒をイスラム教の支配から解放し、コンスタンチノープルを奪回して東方キリスト教世界の首都に復帰させることこそ、ロシアの神聖な使命だった。ロシア帝国の歩みそのものがキリスト教正教による十字軍の進撃に他ならなかった。十六世紀にはモンゴル系のカザン汗国とアストラハン汗国を打ち破り、十八世紀と十九世紀に入ってクリミア、カフカス、シベリアを次々に征服したロシア帝国の歴史は、基本的にはユーラシアの大草原の支配権をめぐるキリスト教徒農民とタタール人遊牧民の争いだったが、その際、ロシア民族の意識のなかで常に重要だったのは、民族や人種による国境よりも宗教的な境界だった。ロシア人とはすなわちロシア正教の信者であり、外国人とは異教徒を意味していたのである。

繰り返し戦われた露土戦争の根底にも宗教問題があった。十九世の半ば、オスマン帝国の欧州部分にはギリシア人、ブルガリア人、アルバニア人、モルダヴィア人、ワラキア人、セルビア人など、約一〇〇〇万人のキリスト教正教徒が暮らしていた。また、カフカスとアナトリアの両地域にもアルメ

ニア人、グルジア人、アブハズ人など、三〇〇万ないし四〇〇〇万人のキリスト教徒がいた。(13)

オスマン帝国の北部国境に位置するバルカン半島のベオグラードからカフカス地方のカルスにかけては随所に要塞が築かれ、要塞と要塞をつなぐ形で防衛線が構築されていた。十七世紀後半以来、数次にわたって戦われた露土戦争（一六八六～九九、一七一〇～一一、一七三五～三九、一七六八～七四、一七八七～九二、一八〇六～一二、一八二八～二九）は、いずれもこの防衛線をめぐる攻防戦だった。クリミア戦争とその後の一八七七～七八年の露土戦争も例外ではない。要塞が連なるこの国境地帯は宗教戦争の戦場であり、いわばキリスト教正教とイスラム教の断層線に他ならなかった。

これらの露土戦争で常に主戦場となったのは次の二つの地域である。ひとつはモルダヴィアとワラキアの両公国が位置するドナウ・デルタ地域、もうひとつはクリミア半島を含む黒海北岸地域だった。両地域はクリミア戦争でも主戦場となった。

ドナウ・デルタには幅の広い川が幾筋も流れ、悪疫を生ずる沼沢地が数多く存在していた。オスマン・トルコにとって、ドナウ・デルタは陸上戦で侵攻して来るロシア軍からコンスタンチノープルを守るための格好の緩衝地帯だった。ドナウ・デルタが戦場となった場合、要塞を守るトルコ軍にとっても、また、トルコの首都を目指して進むロシア軍にとっても、糧食の確保が決定的に重要な問題となる。つまり、現地農民の支持をどう取りつけるかが戦略上の最重要課題だった。ロシア軍は、その戦争がキリスト教正教徒をイスラムの支配から解放するための聖戦であると称して農民の信仰心に訴えた。それに対して、トルコ軍が採用したのは焦土作戦だった。ドナウ・デルタに侵入するロシア軍を繰り返し撃退したのは飢えと病気だった。退却するトルコ軍は作物を焼き尽くした。そのため、ロシア軍がコンスタンチノープルに迫るためには、黒海経由の海上輸送によって攻撃部隊に食糧を供給する必要があった。

しかし、黒海北岸地域とクリミア半島も、また、ロシア軍の侵攻に対するトルコ側の緩衝地帯だった。オスマン帝国はこの地域を直轄の植民地とせず、属国として支配していた。トルコ語を話すタタール人のクリミア汗国に自治を認め、キリスト教徒の侵略からイスラム世界の国境を防衛する役割を与えていたのである。クリミア汗国はチンギス・ハーン直系のギレイ朝が支配する国家であり、キプチャク汗国の最後の生き残りだった。十五世紀から十八世紀にかけて、クリミア汗国の騎馬軍団はロシアと黒海との間のステップ地帯南部を席巻し、しばしばモスクワ公国に侵入してはスラヴ人を拉致し、性的奴隷またはガレー船の漕ぎ手としてコンスタンチノープルの奴隷市場に供給していた。歴代のロシア皇帝とポーランド国王はこの騎馬軍団の来襲を免れるためにクリミア汗国に貢納金を支払っていた[14]。

十七世紀末にウクライナを併合して以来、ロシアはオスマン帝国からこれらの緩衝地帯を奪うために一〇〇年に及ぶ長い闘いを開始する。戦いの戦略目標は、貿易拡大と海軍力増強にとって必要不可欠な不凍港を黒海沿岸に確保することだったが、宗教的権利の拡大もそれに劣らず重要な要素だった。そこで、大帝ピョートル一世は、一六九九年、ロシアとその同盟国〔ハプスブルク、ポーランド、ヴェネツィア〕に敗れたオスマン・トルコに対してエルサレム聖墳墓教会に関するギリシア正教徒の権利を保証することと聖地パレスチナへのロシア人の自由通行権とを要求して認めさせた。ドナウ両公国(モルダヴィアとワラキア)をめぐる戦いも宗教戦争の性格を帯びていた。一七一〇〜一一年の露土戦争で、ピョートル大帝はロシア軍にプルート川を渡って両公国に侵入することを命じたが、その際、両公国内のキリスト教徒住民が反トルコ暴動を起こすことを期待していた。蜂起は実現しなかったが、オスマン帝国内のキリスト教正教徒の協力を得てトルコ軍の力を殺ぐという考え方は、その後二〇〇年間にわたって歴代ツァーリの戦略の中心を占めることになる。

この戦略は大帝エカチェリーナ二世の統治時代（一七六二〜九六）に公式の国家方針となった。オスマン帝国側の決定的な敗北に終わった一七六八〜七四年の露土戦争の間、ロシアはドナウ両公国に再び進出して占領するが、領土的には多くを要求せずに両公国から撤退した。講和条件として締結されたキュチュク・カイナルジャ条約によって、ロシア側が獲得した領土は黒海の海岸線からドニエプル川およびブク川までの間のわずかな地域、カフカスのカバルダ地方、およびクリミア半島のケルチ港とエニカレ港に限られていた。ケルチとエニカレは黒海とアゾフ海とを結ぶ海峡の要衝である。しかし、キュチュク・カイナルジャ条約によって、オスマン帝国はクリミア汗国に対する宗主権を失い、クリミア・タタール人に独立を与えなければならなくなった。さらに、ロシアは黒海と地中海を結ぶダーダネルス海峡の自由航行権を獲得した。戦争の結果としてロシアが獲得した領土は広くなかったが、その代わり、オスマン帝国内の正教徒の保護に関してロシアが介入する権利が大幅に拡大した。キュチュク・カイナルジャ条約によって、ドナウ両公国はオスマン帝国の宗主権の下でかつての自治権を回復したが、両国内の正教徒住民の庇護についてはロシアの介入権が認められた。ロシアはコンスタンチノープルに正教の教会を設立する権利をも獲得した。これらの権利を拡大解釈したロシアは、オスマン帝国内のすべての正教徒を代表する権限を得たと主張した。オスマン帝国内のキリスト教徒商人（ギリシア人、アルメニア人、モルダヴィア人、ワラキア人）には彼らの商船にロシアの国旗を掲げてオスマン帝国の領海を航行する権利が認められた。この重大な譲歩によって、ロシアはその商業的利益と宗教的利益の両方を同時に拡大する手段を獲得したのである。宗教的権利の拡大にはいくつかの興味深い波及効果があった。ロシアがドナウ両公国を併合することは列強諸国の反対によって不可能だったが、両公国をロシアの影響下にある半独立地域に変える譲歩をオスマン帝国から勝ち取ることは可能だった。同じ正教徒としてロシアと信仰を分かち合うモルダヴィアとワラキアを取り込めば、オスマン帝国の権威を掘り崩し、オスマン帝国が崩壊した暁には南東ヨーロッパ地域におけるロシアの支配を確立することができるはずだった。

対トルコ戦の勝利で自信を得たエカチェリーナ二世は、ギリシア人への本格的支援に乗り出す。ギリシア人の宗教的権利を保護することはロシアの条約上の権利であり、義務であると主張したのである。エカチェリーナ二世はギリシアに軍事顧問団を派遣し、ロシアの士官学校でギリシア軍士官を養成し、黒海沿岸に新設したロシアの町にギリシア人の商人や船員を招いて定住を促進した。オスマン帝国からの独立を求めるギリシアの民族解放運動をロシアが支援する姿勢をギリシア人に明示しようと考えたのである。ロシアの歴代支配者のなかで、エカチェリーナ二世はギリシアと最も結びつきの強い皇帝だった。当時の最高位の軍人で、政治家でもあった寵臣グリゴリー・ポチョムキン公爵の影響を受けて、女帝はオスマン帝国を滅ぼし、その廃墟の上にビザンチン帝国を復活させるという夢を抱くようになる。エカチェリーナ二世と文通していたフランスの哲学者ヴォルテールは書簡の宛名に「ギリシア教会の皇帝陛下」としたため、また、これも女帝の親しい文通相手だったドイツ生まれのフリードリヒ・グリム男爵も「ギリシアの女帝陛下」という呼称を使っていた。エカチェリーナ二世にとっては、ロシアの保護下に再建される予定の広大な東方キリスト教帝国がすなわちギリシア帝国だった。その帝国ではロシア語が話されるはずだった。というのも、ロシア歴史学の偉大な創始者ワシリー・タチシチェフの（誤った）説によれば、かつてのビザンチン帝国ではスラヴ語が共通語（リングァ・フランカ）だったからである。女帝は一七七九年に生まれた二番目の孫にビザンチン帝国の初代皇帝コンスタンティヌス一世と最後の皇帝コンスタンティヌス十一世にちなんでコンスタンチンの名を与え、その誕生を祝って特製の銀貨を鋳造させた。銀貨にはコンスタンチノープルの聖ソフィア大聖堂（ハギア・ソフィア）が刻まれていた。実際の大聖堂はコンスタンチノープルがオスマン帝国に征服されてイスタンブールに改称されて以来、モスクに改装され、見る影もない姿になっていたが、銀貨の上ではミナレット〔回教寺院の尖塔〕の代わりにかつてのビザンチン大聖堂（バジリカ）のクーポラ〔ドーム屋根〕とその上に輝く正教の十字架が復活していた。やがて再建される予定の東方正教帝国の支配者として孫のコンスタンチンを教育するために、女帝はギリシアのナクソス島から乳母と養育係を招いてギリシア語を教えさせた。おかげで、コンスタンチンはギリシア語を流暢に操る大人に成長した。[15]

　エカチェリーナ二世がこの「ギリシア計画」についてどこまで真剣だったかは結局のところ不明である。女帝の側近で、陰の外相としてロシアの外交政策を左右したアレクサンドル・ベズボロトコ伯爵が描いた青写真によれば、その計画には欧州世界からトルコを追放すること、ロシアとオーストリアがバルカン地域を分割支配すること、古代ギリシア帝国を再建してコンスタンチノープルを首都とすることが含まれていた。一七八一年、オーストリア皇帝ヨーゼフ二世と会談した際、エカチェリーナ二世はこの計画を話題とし、二人はその後一年にわたる書簡の往復を経て計画の有意義性に合意している。しかし、二人の皇帝が実際に計画を実行するつもりだったかどうかは明確ではない。歴史界には、ギリシア計画は新古典主義に憧れる女帝の図像学上の夢想に過ぎず、「ポチョムキン村」に似た政治的演劇の未完成の脚本であって、ロシアの実際の外交政策とは無関係だったと結論する意見もある。しかし、たとえ具体的な行動計画としては完成していなかったとしても、貿易と宗教を通じてエルサレムを含む東地中海の正教徒世界と連携し、黒海を支配する大国としてロシア帝国を発展させるというエカチェリーナ二世の総合的戦略の一部にこのギリシア計画が含まれていたことは間違いない。エカチェリーナ二世時代の大物政治家で、女帝お気に入りの詩人でもあったガヴリール・デルジャーヴィンはギリシア計画の目標を次のような言葉で表現している。

十字軍を進軍させ、
ヨルダン川を清め、
聖墳墓教会を解放し、
アテネをアテネ人の手に、
コンスタンチノープルをコンスタンチンの手に戻し、
ヤペテの聖地を再建すること。[*1]
（『イズマイル奪還を祝う頌歌』）

エカチェリーナ二世とヨーゼフ二世が国際色豊かな大勢の取り巻きに囲まれて黒海沿岸各地の港を視察して回った時には、事態は明らかに政治的演劇の域を超えていた。女帝はポチョムキン公爵が彼女の栄光を称えて建てたアーチの下をくぐって建設中の都市や軍事基地を訪問したが、そのアーチには、「ビザンチン帝国への道」と書かれていた。[16] 女帝の巡行は彼女の決意表明に他ならなかった。

ロシアが強国になるためには南進しなければならない。それがエカチェリーナ二世の信条だった。中世モスクワ公国の時代のようにバルト海の港から毛皮と木材を輸出しているだけでは、もはや不十分だった。ヨーロッパの列強諸国と競争するためには、肥沃な南部で生産される農産物の輸出を拡大し、黒海の不凍港を拠点として海軍を増強し、地中海に進出する必要があった。ロシアが置かれている地理的条件からすれば、イスラム世界と対峙する南部国境地帯を単に軍事的に防衛するためだけでなく、欧州大陸全域でのロシアの影響力を確保するためにも、黒海の持つ戦略的意義は決定的に重要だった。黒海がなければ、ロシアはバルト海以外にヨーロッパと接触する道を失うことになる。それは、もし欧州に紛争が起きた場合、ロシアが北ヨーロッパの列強諸国によって簡単に包囲封鎖されてしまうことを意味していた（実際、英国はクリミア戦争中にバルト海の封鎖を試みている）。

ロシアの南進計画が本格的に始まったのは一七七六年、エカチェリーナ二世がオスマン帝国から獲得した黒海北岸の人口希薄な地域をノヴォロシア（新ロシア）と命名し、その植民地化と開発をポチョムキン公爵に命じた時だった。女帝は広大な土地を貴族階級に与え、欧州各地から入植者を招いてステップの耕作にあたらせた。ドイツ人、ポーランド人、イタリア人、ギリシア人、ブルガリア人、セルビア人などの農民が入植した。ノヴォロシアには、エカチェリノスラフ〔現ドネプロペトロフスク〕、ヘルソン、ニコラエフ、オデッサなど、次々に新たな都市が生まれた。その多くはフランス風またはイタリア風のロココ様式で建設されたが、ポチョムキン公爵直々の指揮のもとに建設されたエカチェリノスラフ（「エカチェリーナの栄光」）は、公爵をはじめとするギリシア計画の支持者たちの夢の象徴である新古典主義様式を採用して、グレコ・ローマン風の都市となった。ただし、「アテネの門プロピュライアに似た半円形」の商店街、「グレコ・ローマン様式」の知事公邸、「古代バジリカ」を再現した裁判所、ローマの「サン・パウロ・フオーリ・レ・ムーラ大聖堂」を模した大聖堂など、ポチョムキンが構想し、エカチェリーナ二世宛の書簡の中で説明していた壮大な新古典主義様式の建造物の多くは実現しなかった。ポチョムキンによれば、エカチェリノスラフの都市計画は「陛下の高配を得て、この不毛のステップを緑豊かな庭園に変え、動物の棲む荒野から世界の人々を迎え入れる家に変える大事業」だった。(17)

南ロシア沿岸の諸都市を冠に喩えれば、オデッサはその中心に輝く宝石だった。オデッサはその建築学上の美しさの大半をフランス人のリシュリュー公爵に負っていた。フランス革命を逃れてロシアに亡命したリシュリューは何年間かオデッサの総督を務め、町の開発に貢献した。しかし、オデッサを大港湾都市に育て上げたのはエカチェリーナ二世の奨励策に応じてこの町に定住したギリシア人たちだった。キュチュク・カイナルジャ条約がロシアに認めた自由航行権のおかげで、オデッサはすぐに黒海貿易と地中海貿易の主要拠点となり、フランスの独占的支配を脅かす重大な脅威となった。

ロシアによるクリミア半島の併合は、他の地域とはやや異なる道筋をたどった。キュチュク・カイナルジャ条約によって、オスマン帝国はクリミア汗国の独立を認めざるを得なくなる。ただし、カリフとしてのスルタンはクリミアに対する宗教上の権威を名目的に維持した。キュチュク・カイナルジャ条約に調印はしたものの、オスマン帝国側はクリミアの独立を認めることに最後まで不承不承だった。クリミア半島が黒海北岸の他の地域と同様にロシアに呑みこまれることを恐れたのである。トルコ側はドニエプル川の河口にあるオチャコフ〔オチャキフ〕要塞の保持に固執した。この強力な要塞を拠点として、クリミア半島へのロシアの軍事介入を防ぐ計画だった。しかし、ロシアが政治的、宗教的に侵入してくることに関しては、それを防ぐ方法はほとんどなかった。

キュチュク・カイナルジャ条約の締結から三年を経て、クリミア汗国の首長にギレイ朝の流れをくむシャヒン・ギレイが就任する。シャヒン・ギレイはヴェネツィアで教育を受けて半ば西欧化した人物で、ロシアにとっては好都合の人選だった（シャヒンはクリミア代表団を率いてサンクトペテルブルクを訪問したが、その際、「優しい性格」と端麗な容貌でエカチェリーナ二世を魅了したと言われる）。シャヒンは、クリミア半島に住んでいた相当数のキリスト教徒（ギリシア人、グルジア人、アルメニア人などの貿易業者）から支持されただけでなく、本土のステップ地帯で遊牧生活を送っていたノガイ族にも人望があった。一貫してオスマン帝国からの独立を主張していたノガイ族は、シャヒン・ギレイをノガイ軍団の司令官として戴き、忠誠を誓ったのである。しかし、オスマン帝国はシャヒン・ギレイを承認せず、艦隊を派遣して別の汗《ハン》を送り込み、シャヒンを背教者として非難し、クリミア・

タタール人による反シャヒン蜂起を扇動した。シャヒンはいったん逃亡するが、間もなくクリミアに帰還して、タタール人の反乱分子を制圧する。その残虐さはロシア人も仰天する激しさだった。タタール人勢力はオスマン帝国に助けられてシャヒンに対抗し、キリスト教徒に報復するための宗教戦争を開始する。そのため、ロシアは急遽キリスト教徒を脱出させなければならなかった（三万人のキリスト教徒がクリミア半島からタガンログ、マリウポリなど、アゾフ海沿岸の都市に脱出したが、その大半が住む家を持たない難民となった）。

キリスト教徒の脱出はクリミア経済に深刻な打撃をもたらした。シャヒン・ギレイはロシアへの依存を深め、ロシアはシャヒンに圧力をかけてクリミア併合を受け入れさせようとした。ポチョムキンは、他の欧州諸国が介入する前にクリミアを併合する目的で急遽オスマン・トルコに戦争をしかけ、その一方で、巨額の年金と引き換えにシャヒン・ギレイを退位させた。シャヒンはサンクトペテルブルクに連行され、クリミアの現地ではタタール人をロシアに服従させるための説得工作が開始された。半島の全域でムッラー（イスラム法官）の主宰による宣誓の儀式が演出され、タタール人がコーランにかけてロシアへの恭順を誓った。恭順を誓う相手は、はるか一〇〇〇キロ離れたモスクワに住むキリスト教正教徒のロシア皇帝、エカチェリーナ二世だった。クリミア併合が少なくとも見かけ上は住民の意志であることを世界に示すことがポチョムキンの狙いだった。

一七八三年のロシアによるクリミア併合は、トルコにとっては痛烈な屈辱だった。オスマン帝国がイスラムの土地をキリスト教徒に奪われるのはこれが初めてだったからである。オスマン帝国政府（「ポルト」）の大宰相は渋々ながらロシアのクリミア併合を受け入れたが、スルタンの宮廷には、ロシアがクリミア半島を軍事基地としてコンスタンチノープルを攻撃し、あるいはバルカン半島におけるオスマン帝国の支配を脅かすとの恐れから、クリミアを失うことはオスマン帝国滅亡につながる危機であると考える政治家が少なくなかった。彼らはロシアとの戦争を主張した。しかし、トルコが単独でロシアと戦うことは非現実的だった。西欧列強諸国による介入も期待薄だった。オーストリアはロシアと同盟を結んでおり、将来はオスマン帝国の領土を墺露両国間で分割しようと目論んでいた。フランスはアメリカ独立戦争に関わって消耗し、黒海に艦隊を派遣する余裕がなかった。一方、英国はアメリカを失った痛手から回復しておらず、そのため、当面は国際紛争に関与しないという基本的な態度を取っていた（当時の英国外相グランサム男爵は、「トルコ問題についてフランスが静観を決め込んでいる時に、わが国がちょっかいを出す必要はない。今は新たな紛争を始めるような時ではない」と発言している(18)）。

その四年後、エカチェリーナ二世が新たに征服した黒海沿岸都市の巡行という挑発的行動に出るに及んで、オスマン帝国の忍耐は限界を超えることになる。同じ頃、トルコはカフカスでもロシアの進出に直面していた。*2「ポルト」の内部で主戦派が優勢を占め、ついに、オスマン帝国政府はロシアに宣戦布告する。プロイセンとの同盟関係を当てにしての動きだった。一方、ロシアもオーストリアとの同盟を頼りにトルコに宣戦布告する。緒戦では、オスマン・トルコ側が一定の戦果を収める。オスマン帝国軍はドナウ戦線でオーストリア軍を撃退し、バナート地方〔ドナウ川、ティサ川、ムレシュ川、カルパチア山脈に囲まれた地域〕に追い込むことに成功する。しかし、期待していたプロイセンの軍事支援は結局実現しなかった。オチャコフ要塞はロシア軍による長期包囲の末に陥落し、ベオグラードだけでなくドナウ両公国もオーストリアの反撃を受けて奪われた。さらに、ドナウ川の河口にあったトルコ軍の要塞が次々にロシアの手に渡った。オスマン・トルコは講和を余儀なくされる。一七九二年に締結されたヤシ条約によって、オスマン帝国はドナウ両公国に対する名目的な宗主権を回復したものの、オチャコフ地域をロシアに割譲せざるを得なくなった。これにより、ドニエステル川がロシアとトルコの新たな国境線となった。

オスマン帝国は、また、ロシアによるクリミア併合を公式に承認せざるを得なかった。しかし、トルコ側は内心ではクリミアの喪失を決して受け入れることができず、報復の機会を窺うことになる。

隣接するイスラム教諸国を相手に宗教戦争を戦うにあたって、ロシアが特に危険視していたのは黒海沿岸地域のイスラム教徒諸民族の動きだった。ロシアの支配者たちは、これらの諸民族がオスマン・トルコの主導下で大同団結してイスラム枢軸を形成し、ロシアの南部国境を脅かすという事態を恐れていた。事実、ロシアの南部国境地帯ではイスラム教徒の人口が急増していた。ひとつには、そもそもイスラム教徒の出生率が高かったためであり、また、ひとつには、イスラム教に改宗する遊牧民族が続出したからである。十九世紀の初め、ロシアは不安定な国境地帯の支配態勢を強化するために、新しい南方政策を導入する。イスラム教徒をこの地域から排除し、新たに征服した土地にキリスト教徒を入植させ、定住させるという政策である。

一八〇六～一二年の露土戦争でロシアはベッサラビアに侵攻し、一八一二年のブカレスト条約によって、トルコからベッサラビアを正式に割譲させた。ブカレスト条約では、また、ドナウ両公国の宗主権をロシアとオスマン帝国が共同保有することになった。ベッサラビアの新支配者となったロシア皇帝はイスラム教徒の追放を開始する。数千人のタタール人農民が戦争捕虜としてロシアに連行され、タタール人に代わって、モルダヴィア人、ワラキア人、ブルガリア人、ルテニア人、ギリシア人などがベッサラビアの肥沃な平原に入植した。ロシア政府は、多くの入植者を呼び寄せるために、税制上の優遇、兵役の免除、熟練技術者に対する貸付金などの恩典措置を導入した。今や、ドナウ川まで数キロメートルの地点まで迫った国境地帯に定住する入植者を確保する政策が優先したので、現地の政府関係者はウクライナやロシア本土から逃亡して来る農奴も目をつぶって受け入れた。一八一二年以降、ベッサラビアに流入する逃亡農奴の数は急増した。ロシア正教会の教会建設も活発に推進された。キシニョフには新たに司教区が設けられたが、教区の教会指導者はロシア正教徒であることを強制された（ギリシア正教は認められなかった）[19]。

ロシアにしてみれば、カフカス征服もイスラム教に対する十字軍活動の一部だった。それは山岳地帯にすむチェチェン人、イングーシ人、チェルケス人、ダゲスタン人などのイスラム教徒諸民族に対する宗教戦争であり、カフカス地方をキリスト教に教化するための戦いだった。これらのイスラム教徒の大部分はスンニ派であり、スンニ派は世俗的権力による政治支配に対してはそれが何であれ激しく反発する特徴を持ち、その信仰を通じて「イスラム法の至高のカリフ」であるオスマン帝国のスルタンと強く結びついていた。一八一六年にロシアのグルジア総督に任命されたアレクセイ・エルモーロフ将軍の指揮の下、残忍な植民地戦争に突入したロシア軍は村々を襲っては民家を焼き払い、森林を切り倒し、農作物を棄損した。しかし、山岳民族を完全に屈服させることはできなかった。ロシア軍の残虐な作戦に反発する各部族は組織的な抵抗運動に立ち上がるが、その運動はすぐに独自の宗教性を帯びるに至る。

最も大きな影響力を持つ宗派は、イスラム神秘主義ナクシュバンディー教団（スーフィズム）の流れをくむムリード派だった。一八二〇年代にダゲスタン地方で興り、すぐにチェチェン地方全体に広がったムリード派は、イスラム法（シャリーア）とイスラム信仰の純粋性を擁護するための抵抗運動を組織し、異教徒たるロシア人とロシア人に味方する君侯を敵として聖戦（ジハード）に突入した。イマーム〔イスラム宗教指導者〕たるガジ・ムハンマドに率いられたムリード派は、宗教戦争と社会戦争を巧みに組み合わせて戦う強力な抵抗組織の確立に成功する。それまで部族間の根深い対立と繰り返される流血の復讐によって分断されていた山岳諸民族の間に統合の機運が生まれ、その結果、イマームを中心とする徴税制度と徴兵制度の導入が実現した。教団の中では、ムリードと呼ばれる門弟たちが抵抗運動を戦う村々に出向いて、役人と裁判官の役割を果たして、イマームの支配を支えた。

抵抗運動側の宗教性が強まれば強まるほど、侵略者たるロシア側もその宗教性を鮮明にした。カフカス地方のキリスト教化はロシアの国家目標のひとつとなった。イスラム教指導者が関与するいかなる抵抗運動に対しても、ロシアは一切の妥協を排した。「連中と我々との完全な和解が期待できるのは、すべての山頂とすべての村に十字架が掲げられ、すべてのモスクに代わって救世主イエス・キリストの教会が建った時に限られる」と、ロシアのある公式文書は宣言している。「その時までは、カフカス地方を支配する有効な手段は武力以外に存在しない」。ロシア軍はモスクを破壊しただけでなく、イスラム教の宗教慣行をも制限する方針を採用した。なかでも、住民の最大の憤激を招いたのは、メッカとメディナへの巡礼の禁止だった。ロシアは多くの地域から山岳民族を強制移住させ、空いた土地にキリスト教徒を入植させて、イスラム教徒の生活環境を破壊したが、それは現在で言えば「民族浄化（エスニック・クレンジング）」に相当する政策だった。クバン地方およびカフカス地方では、イスラム教徒諸部族が排除され、代わってロシア人またはウクライナ人の農民およびコサックを主体とするスラヴ民族が入植した。カフカス南部では、キリスト教徒のグルジア人およびアルメニア人がロシア軍の侵略に手を貸し、勝利の獲物のおこぼれにあずかった。たとえば、ロシア軍がガンジャ汗国（エリザヴェトポリ）を侵攻した際には、その補助部隊としてグルジア人部隊が参加し、占領地帯に残ったイスラム教徒に対する宗教的迫害をロシア軍の指示の下に担当し、イスラム教徒が放棄した土地を占有した。また、現在のアルメニアにほぼ相当する当時のエレヴァン地方は、一八二八〜二九年の露土戦争が勃発するまでは、主としてイスラム教徒であるトルコ系民族の居住地だったが、この戦争の間に約二万六〇〇〇人のイスラム教徒がロシア軍によって追放され、その後の一〇年間にその二倍の数のアルメニア人が入植した。[20]

しかし、ロシアが南部地域で行なった征服戦争のうち、宗教色が最も鮮明だったのはクリミア半島だった。クリミアの宗教事情には長く複雑な歴史がある。ロシア人にとってクリミアは聖地のひとつだった。ロシアの年代記によれば、紀元九八八年、キエフ・ルーシのウラジーミル大公がキリスト教の洗礼を受け、ロシアに初めてキリスト教をもたらした場所がクリミア半島のケルソネソスだった。ケルソネソスは半島南西部海岸にあった古代ギリシアの植民都市で、現在のセヴァストポリの郊外に当たる〔ケルソネソスは「半島」を意味するギリシア語〕。しかし、クリミア半島は、また、スキタイ人、ローマ人、ギリシア人、ゴート人、ジェノヴァ人、ユダヤ人、アルメニア人、モンゴル人、そしてタタール人などにとっても故郷の地だった。オスマン帝国およびトルコ語系言語を話す多くの民族が構成するイスラム世界とキリスト教世界との境界として長い歴史を持つクリミア半島は対立紛争の絶えない地域であり、度重なる戦争の戦場だった。クリミアでは、支配者が交代するたびに新支配者がその支配の正統性を主張したので、宗教施設の存在そのものが紛争の焦点となった。たとえば、クリミア半島南東海岸の町スダークに現存する聖マタイ教会は、本来はモスクとして建設されたが、後にギリシア人によって破壊され、ギリシア正教の教会として再建された。その後、十三世紀には、新たにクリミアにやって来たジェノヴァ人によってカトリック教会に改修され、さらに、オスマン帝国によってふたたびモスクに転換され、クリミアがロシアに併合されると、ロシア正教の教会に戻されるという経過をたどった。[21]

ロシアによるクリミア併合にともなって、半島に暮らしていた三〇万人の住民が新たにロシア帝国の臣民となった。住民のほぼ全員がイスラム教徒のタタール人とノガイ人だった。ロシアは現地の有力者たち（行政長官と高級官吏）をロシアの行政組織に取り込もうとして、キリスト教への改宗を条件に貴族の称号を与える措置を導入した。しかし、その申し出は無視される。現地有力者の権力の源泉は官吏としての職務からではなく、彼らが所有する土地と部族間の政治的取引に由来していた。有力者の多くは、土地の保有が許される間は、新しい征服者に従うよりも、共同体の中で従来の地位を維持する道を選んだのである。有力者の大多数は、血族関係または貿易もしくは信仰を通じてオスマン帝国と深く結びついていた。ロシアによる併合が実現すると、彼らの多くがオスマン帝国領に脱出した。

旧支配層に対する扱いに比べて、タタール人農民に対するロシアの政策は苛酷だった。元来、クリミアにはロシア本土のような農奴制は存在しなかった。そこで、ロシア帝国政府は法律上の措置としてクリミア・タタール人を農奴とは別の国有地農民として分類し、自由農民の地位を認めた。しかし、クリミア・タタール人はオスマン帝国のカリフへの忠誠心を捨てず、金曜日の礼拝ではカリフに対して祈りを捧げていた。ロシア人にとってはこれは不安の種だった。ロシア皇帝に対する新臣民の恭順の誓いの誠実さを疑わせる事態として受けとめられたのである。十九世紀を通じて繰り返された露土戦争でロシア側が常に恐れたのはクリミア・タタール人の反乱だった。ロシア当局は、トルコの勝利のために祈ったという理由でイスラム教指導者を告発し、トルコによる解放を願ったという理由でタタール人農民を弾圧した。しかし、実際には、クリミア戦争が勃発する時まで、大多数のイスラム教徒はロシア皇帝に従順に従っていた。

タタール人の背信を疑っていたロシアは、あらゆる手を尽くして彼らをクリミアから排除しようとした。クリミア・タタール人の最初の大規模な脱出は一七八七〜九二年の露土戦争の間に発生した。ロシア人による報復を恐れたタタール人農民が恐慌状態に陥って逃亡するというケースが大半だった。ロシアは、土地の強制収容、懲罰的な重税、強制労働、コサック部隊による物理的迫害など、様々な手段を動員してタタール人を排除した。一八〇〇年までに約一〇万人のクリミア・タタール人がオスマン帝国に脱出し、さらに、一八〇六〜一二年の露土戦争の結果、一万人がクリミアを去った。代わって、ロシア人とその他の東方キリスト教会信徒がクリミアに入植した。ギリシア人、アルメニア人、ブルガリア人などの入植者の多くはオスマン帝国から脱出してきた難民で、キリスト教国の保護を求めてクリミアに入植した。クリミア・タタール人の脱出は、欧州地域からイスラム教徒を排除するという長期的戦略の開始を意味していた。この戦略はオスマン帝国と東方正教会の支配地域との間の民族紛争と人口動態学的変化の長い歴史の一部だったが、その後も二十世紀末のバルカン戦争まで続くことになる。(22)

クリミア半島をキリスト教に教化する事業では、教会や宮殿の建設、および新古典主義様式の都市建設などの総合的計画が重要な役割を果たした。生活環境のなかからイスラム教のあらゆる痕跡を物理的に払拭する動きが始まった。エカチェリーナ二世はクリミアを南方の楽園にするという構想を描いていた。彼女の啓蒙主義的キリスト教の果実を人々に享受させ、黒海の彼方の世界に誇示するための楽園構想である。エカチェリーナ二世はタタール語の「クリミア（クリム）半島」ではなく、ギリシア語風の「タウリーダ半島」という呼び名を好んで使った。女帝にとって、この半島はロシアをビザンチン帝国のギリシア文明に結びつける結び目だった。広大な土地がロシアの貴族たちに分配された。貴族たちは半島南海岸地域の山麓に壮大な屋敷を構えたが、その海岸線の美しさはイタリアのアマルフィに匹敵した。新古典主義様式の貴族の邸宅や地中海風の庭園とブドウ畑は、かつては異教徒の地だったクリミア半島に新たにもたらされたキリスト教文明の象徴だった。

クリミアを支配するにあたってロシアが活用した重要な手段が都市政策だった。クリミア汗国の首都だったバフチサライをはじめとする古都は格下げされ、あるいはまったく打ち捨てられた。ロシアはシンフェロポリをクリミアの行政首都としたが、そのシンフェロポリやフェオドシアのようにこれまで多くの民族が混住してきた都市では、ロシア化のための都市改造が行なわれた。これらの都市では、従来、古いタタール人街が町の中心地だったが、ロシアは新たな中心地としてロシア人街を建設し、官庁や教会を多数新設した。ロシア海軍の基地として新たに開発されたセヴァストポリのようなニュータウンでは、新古典主義様式の都市計画が全面的に導入された[23]。

ただし、新たに征服された植民地であるクリミアの全域について言えば、教会の建設は急速には進まなかった。そのため、多くの町や村では、景観の中心にモスクが残されていた。しかし、十九世紀に入ると、キリスト教関連遺跡の再発見がブームとなる。古代キリスト教遺跡が発掘され、ビザンチンの廃墟、苦行僧の地下教会、修道院の跡などが次々に発見された。これらはすべてクリミアをキリスト教の聖地に仕立てるための意図的な努力の一部だった。クリミア半島をスラヴ民族にとってのキリスト教揺籃の地、人々が巡礼に訪れるべき聖地、すなわちロシアのアトス山〔ギリシア北東部カルキディキ半島アクテ岬にあるギリシア正教の聖地〕とする計画が進められた[24]。

クリミアの聖地のうち最も重要だったのは、いうまでもなく、ケルソネソスだった。ケルソネソスでは、ロシア政府による一八二七年の遺跡発掘調査の結果、ウラジーミル大公がキリスト教の洗礼を受け、キエフ・ルーシにキリスト教をもたらしたと思われる場所が特定され、そこに聖ウラジーミル教会が設立された。クリミア戦争では、この神聖な教会からわずか数メートルの地点にフランス軍が上陸して野営陣地を築くのである。歴史の皮肉とも言うべき象徴的な出来事だった。

章末注

*1　中世ロシアの年代記によれば、創世記に記述されるノアの大洪水の後でヤペテ〔ノアの第三子。インド・ヨーロッパ族の祖〕の支配

地に住み着いた部族のなかにロシア人の祖先であるルーシ族が含まれていた。

＊2　ロシアはカフカスのテレク川沿いに次々に要塞を築いて、いわゆる「カフカス線」なる防衛戦システムを構築しつつあった。さらに、正教徒の多いグルジア地方のカルトリ=カヘティ王国を新たに保護領とし、オスマン帝国と闘うための基地として利用していた。ロシア軍はトビリシを占領し、ロシアと南カフカスを結ぶためのグルジア軍事道路を建設した。

第2章
東方問題

行列の先頭を行くのは白馬にまたがるスルタンだった。その後に閣僚と政府高官の長い列が徒歩で続いた。一行は砲兵隊が放つ礼砲の響きとともにトプカプ宮殿正面の「帝王の門」を出て、七月の真昼の暑さの中、首都コンスタンチノープル（イスタンブール）の市街に進み出た。一八四九年七月十三日、金曜日、イスラム教の神聖な行事ラマダン月の初日の出来事だった。オスマン帝国第三十一代スルタン、アブデュルメジド一世が大聖堂ハギア・ソフィア〔アヤ・ソフィア〕の改修工事完了を祝う式典に臨もうとしていた。過去二年間、ハギア・ソフィアは緊急修理のために閉鎖されていた。それまでの数十年間、手入れする者もなく打ち捨てられていた大聖堂は慢性的な荒廃状態に陥り、倒壊の危機に瀕していたのである。かつてはキリスト教正教のバジリカ（大聖堂）だったが、今はモスクとなっているハギア・ソフィアの北側の広場には、すでに大群衆が集まっていた。スルタンは群衆の間をぬって馬を進めた。広場にはスルタンの母親、子供たち、そしてハーレムの妻妾たちが金色の馬車に乗って待ち構えていた。モスクの入口では、イスラム教の高位聖職者が立ち並んでスルタンの一行を出迎えた。出迎えの列の中に二人のスイス人建築家の姿があった。イスラム教は神聖な儀式に非イスラム教徒が参加することを厳禁していたが、その伝統に反する特別の措置だった。二人とは改修工事の監督に当たったガスパーレ・フォッサーティとジュゼッペ・フォッサーティの兄弟である。

アブデュルメジド一世はフォッサーティ兄弟の案内でいくつかの小部屋を抜け、大礼拝堂の中にしつらえられたスルタン専用の特別席に到達した。フォッサーティ兄弟はスルタンの命令を受けて大礼拝堂を再建し、新ビザンチン様式の装飾を施した責任者だった。入口の扉の上にはスルタンの紋章が描かれていた。聖職者と政府高官の全員が大礼拝堂に収まると、シェイヒュルイスラムの主宰で献堂式が始まった。シェイヒュルイスラムとは、オスマン帝国を支えるイスラム官僚ウラマーの最高位職である。オスマン帝国を訪問したヨーロッパ人のなかには、必ずしも正確な比喩とは言えないが、シェイヒュルイスラムをイスラム世界の教皇になぞらえる見方もあった(1)。

それはきわめて異例の出来事だった。世界最大のイスラム帝国の帝王であるスルタン＝カリフとイスラム教の宗教指導者たちが最も神聖なモスクの改修を祝う献堂式に臨んでいたが、そのモスクは本来の姿であるビザンチン大聖堂の様式に従って西欧の建築家が再建したものだった。一四五三年にトルコ軍がコンスタンチノープルを征服して以来、このビザンチン大聖堂はモスクに転用されていた。オスマン帝国はビザンチン大聖堂からすべての鐘を取り外し、屋上に立っていた十字架を撤去し、代わりに四本のミナレット〔尖塔〕を建て、祭壇と聖画壁を取り払い、この東方正教会バジリカ（大聖堂）の壁を飾っていたビザンチンのモザイク画を漆喰で塗りつぶし、その後の二〇〇年間、人目につかないように隠し通した。そのモザイク画は、前年の一八四八年に実施された擁壁工事の点検中にフォッサーティ兄弟が偶然発見するまで、誰の目にも触れることなく漆喰の下に眠っていたのである。兄弟は北の側廊の円蓋の漆喰を一部剝がし、その下から現れたモザイク画をスルタンに見せた。スルタンはモザイク画の鮮やかな色彩に感銘し、壁と天井の全面から漆喰をすべて剝がしてモザイク画を復元するよう命じた。モスクが本来はキリスト教の大聖堂であったことが誰の目にも明らかになった。

この発見がいかに重要かを見て取ったフォッサーティ兄弟は、大聖堂のビザンチン様式のモザイク画をスケッチと水彩画に写し取ってロシア皇帝に献上した。模写図を画集として出版する計画を思いつき、そのための補助金を獲得しようとしたのである。兄弟はサンクトペテルブルクで仕事をした経験があり、そもそも兄のガスパーレがロシア政府によってコンスタンチノープルに派遣された理由は、そこにロシア大使館を建てるためだった。大使館は一八四五年に完成し、その年、弟のジュゼッペが兄に合流した。当時、オスマン帝国の首都コンスタンチノープルにはヨーロッパから多数の建築家が派遣されて、各国大使館をはじめとする建設工事に携わっていた。トルコの西欧化を目指す若きスルタン、アブデュルメジド一世が自由主義的な改革の動きを支持し、経済の近代化を目的としてヨーロッパの影響を積極的に受け入れようとしていた時代だった。スルタンはフォッサーティ兄弟を雇い入れ、一八四五年から四七年にかけてイスタンブール大学の巨大な三階建て校舎を建設させた。周辺の建物との調和という点からは何ともぎこちない新古典主義様式の大学校舎は、ハギア・ソフィアとアフメト三世モスクとの間に純西欧風の建物として完成したが、その後一九三六年の火災で焼失してしまう(2)。

ロシア皇帝ニコライ一世は、ハギア・ソフィアでモザイク画が発見されたことを知って大いに興味をそそられた。ハギア・ソフィアは帝政ロシアの宗教政策にとって重要な意味を持っていたからである。帝政ロシアはみずからがビザンチン帝国の伝統を引き継ぐ正教徒国家であると主張し、その神話を国家成立の基礎としていた。その神話によれば、ハギア・ソフィアはロシア正教のすべての教会にとっての母親ともいうべき存在であり、東部地中海地域の正教世界、特に聖地パレスチナとロシアとを結ぶ歴史上の環に他ならなかった。キエフ・ルーシの歴史を初めて文字に記録した文書として十一世紀の修道僧たちが編纂した『原初年代記』によれば、そもそもロシア人がキリスト教に改宗するきっかけを作ったのは、ハギア・ソフィア教会の視覚的な美しさだった。ウラジーミル大公は「真の信仰」を探しあてる目的で諸国に使節団を派遣したが、ハギア・ソフィアを見た使節団は次のように報告している。「我々は自分が天国にいるのか、地上にいるのかも分からない気分だった。これほど筆舌に尽くし難い壮麗さ、これほど美麗なものが地上に存在するはずはないからだ。分かったのは、ただ、ここには間違いなく神が宿っているということである。この教会で行なわれる礼拝は他のどの国の教会の儀式よりも美しい。決して忘れることのできない美しさだ(3)」。ロシアの民族主義者と宗教指導者にとって、ハギア・ソフィアを奪回することは、十九世紀の全期間を通じて、決して譲ることのできない基本的な国家目標だった。彼らの夢はコンスタンチノープルを征服すること、そして、ロシアが、北はシベリアから南はパレスチナに及ぶ広大なキリスト教帝国となり、コンスタンチノープルをその首都(「ツァーリグラード」)にすることだった。皇帝ニコライ一世の厚い信頼を得ていた修道院長(掌院)ポルフィーリー・ウスペンスキーは一八四七年に伝導使節団を率いてエルサレムを訪問し、次のように述べている。「アジアに光明をもたらし、スラヴ民族を統合することは、太古からロシアに与えられた運命である。すべてのスラヴ民族が統合し、アルメニア人、アラビア人、エチオピア人とともに聖ソフィア教会で神に祈りを捧げる日は必ずやって来るであろう(4)」

ニコライ一世は、フォッサーティ兄弟が偉大なビザンチン教会とそのモザイク画の図版を出版する目的でおこなった補助金申請に応じなかった。フォッサーティ兄弟の仕事には大いに興味を覚えたものの、今は一モスクの修復にロシア皇帝が関わるべき時ではないと判断したのである。そのモスクは、旧ビザンチン帝国の領土を支配するオスマン帝国の政治的、宗教的な自己主張のまさに中心を占めていたからである。しかし、やがてクリミア戦争に発展するこの紛争の根底に、ロシア自身の宗教的な自己主張があったことは間違いない。すなわち、オスマン帝国内のキリスト教徒を保護し、導く権利はロシアにあるという主張である。ロシアの最終的な本音は、全ロシアの教会の母であるハギア・ソフィアを奪回し、さらに、モスクワからエルサレムに至る広大な正教帝国の首都としてコンスタンチノープルを奪回することにあった。

フォッサーティ兄弟による調査結果は、その後一〇〇年間、陽の目を見ることがなかった。しかし、ドイツの考古学者ヴィルヘルム・ザルツェンベルクによって写し取られたハギア・ソフィアのモザイク画の一部は、ニコライ一世の義理の弟にあたるプロイセン王フリードリッヒ・ヴィルヘルム四世の目に留まり、その後援を得て、一八五四年にベルリンで刊行された。[5] 十九世紀の人々はこの壁画集を通して初めてハギア・ソフィア教会に眠るキリスト教の至宝の存在を知ったのである。発見されたモザイク画パネルの多くは、偶像崇拝を禁止するイスラム教の戒律に従い、スルタンの命令によって再び漆喰で塗り込められた。しかし、純粋に装飾模様だけのビザンチン・モザイクは露出したままで残され、その模様に調和する装飾模様を周辺の白塗りパネルに描くことがフォッサーティ兄弟に命じられた。

ビザンチン美術の粋といわれるハギア・ソフィアのモザイク壁画がたどった運命は、オスマン帝国におけるイスラム教とキリスト教の混在と競合の複雑な歴史を目に見える形で示す好例だった。十九世紀の初頭、コンスタンチノープルは巨大なオスマン帝国の首都であり、その帝国の版図はバルカン半島からペルシア湾までの、また、アデンからアルジェリアに至るまでの広大な地域にまたがっていた。多数の民族を包摂する帝国の人口は約三五〇〇万、その過半数の六〇パーセントがイスラム教徒であり、イスラム教徒人口のほぼすべてがトルコのアジア地域、北アフリカ、アラビア半島に居住していた。しかし、トルコ人に限れば、その人口は一〇〇〇万ほどで、帝国全体では少数派であり、主としてアナトリア〔小アジア〕に集中して住んでいた。オスマン帝国の欧州部分〔ルメリア〕は歴代スルタンによって征服されたビザンチン帝国の旧領土だったが、そこに住む帝国臣民の大多数はキリスト教徒だ

ハギア・ソフィア(1850年代初期)

ハギア・ソフィアの正面出入り口扉上部のモザイク・パネル。
フォッサーティ兄弟がパネルを白く塗りつぶし、
その上に八角形の星を描いた。塗りつぶされた原画には
玉座のキリストの前に跪くビザンチン皇帝の姿が描かれていた。

った。[6]

十四世紀の建国以来、オスマン王朝がその統治の正統性の根拠としてきたのは、イスラム教を布教するためには絶えざる聖戦が必要であり、聖戦に勝利すれば領土が拡大するという論理だった。しかし、オスマン帝国の歴代支配者の多くは宗教上の原理主義者というよりも、むしろ実利主義的な政治家だった。帝国領の各地域のうち最も人口密度が高く、また、最も豊かだったキリスト教徒の居住地域では、異教徒たるキリスト教徒に対して観念的な敵対政策を取ることなく、むしろ、異教徒を帝国の利益のために活用するという実務的な統治を行なったのである。オスマン帝国は非イスラム教徒を「劣弱な生き物」（ラーヤー）として蔑み、重い特別税を課し、様々なやり方で差別した（たとえば、ダマスカスでは、キリスト教徒はいかなる動物にも騎乗することを許されなかった）。[7]しかし、その一方で、異教徒が異教の信仰を維持することは許された。宗教的迫害を加えることも、イスラム教への改宗を強制することも一般的にはなかった。また、宗教的な隔離支配政策である「ミッレト制度」を採用し、異教徒の宗教共同体（すなわち、ミッレト）を支配する権限を各宗教の指導者に与えた。ミッレト制度は非イスラム教徒の社会に一定の自治権を認める制度だった。

オスマン帝国がミッレト制度を導入し発展させたのは、征服によって新たに獲得した領土を有効に支配するための中間的支配層として既存の宗教指導者を利用するためだった。被征服民族の宗教指導者は、オスマン帝国の権威に従う限りにおいて、その宗教共同体の教育、公安、司法、徴税、福祉、教会運営などに関する一定の権限を保証された。これらの権限の行使にあたっては、スルタンが派遣する地方長官の承諾が必要だったことは言うまでもない（たとえば、教会の屋根の修理のような問題についても、承諾が必要だった）。ミッレト制度はオスマン帝国における人種的、宗教的な階級序列の確立にも役立った。イスラム教徒が社会の最上位に位置し、その下にキリスト教正教、アルメニア

（グレゴリオ）正教、カトリック教、ユダヤ教など、他のすべてのミッレトが置かれるという制度は、キリスト教とユダヤ教に対するイスラム教の優位を保障していた。しかし、ある意味で、ミッレト制度は下位の少数派宗教がイスラム支配に対して抗議の意思を表明し、抵抗闘争を組織するための基盤にもなり得た。オスマン帝国の衰退期にその不安定化を招いた大きな要因のひとつがミッレト制度だった。

ミッレト制度の問題点が集約的に顕在化したのはキリスト教東方正教会の場合だった。オスマン帝国の臣民のうちの約一〇〇〇万人のキリスト教徒を支配する東方正教会は最大のキリスト教ミッレトであり、その最高権威はコンスタンチノープル総主教だった。コンスタンチノープル総主教は、また、アンティオキア、エルサレム、アレクサンドリアの各総主教〔これら四都市の大主教とローマ教皇を合わせて五大総主教と称した〕を代弁する存在であり、イスラム教およびカトリック教と対峙しつつキリスト教正教の利益を擁護し、「ギリシア人社会」（ここでいうギリシア人には、正教の儀礼を順守するすべての人々、すなわちスラヴ人、アルバニア人、モルダヴィア人、ワラキア人などが含まれていた）の宗教的、世俗的生活を統治する実質上の支配者だった。その総主教を支え、総主教庁を動かしていたのはファナリオットと呼ばれる人々だった。ファナリオットはギリシア人（およびギリシア正教に帰依したルーマニア人とアルバニア人）の強力な商人階級で、コンスタンチノープルのファナル（フェネル）地区を出身地としていたのでその名称で呼ばれていた。十九世紀初め以来、ファナリオットはオスマン帝国政府に多数のドラゴマン（通訳兼秘書）を供給しただけでなく、高級官僚の職を多数買い取り、モルダヴィアとワラキアの正教会を支配してその地の地方長官（ホスポダール〔太守〕）となり、総主教庁での支配的立場を利用して、ギリシア帝国復活の理想を実現しようとしていた。ビザンチン帝国の後継者を自任するファナリオットは、ロシアの支援を得てビザンチン帝国を復活させることを夢見ていたが、ロシア正教会の影響力が拡大することには反対だった。一方、ロシアはギリシア人による総主教庁の支配を嫌い、スラヴ民族、特にブルガリア人を総主教庁に送り込もうとしていた。ファナリオット側はオスマン帝国に対するロシアの野心に対して警戒心を高めていた。

ところが、十九世紀の最初の四半期の間に、ブルガリア正教やセルビア正教などの宗派がしだいに勢力を増し、ギリシア人が支配するコンスタンチノープル総主教庁に匹敵する勢いを示すようになる。スラヴ系の正教徒は、教育や司法を含む正教徒社会の運営がギリシア正教会に牛耳られている事態に我慢ならなくなっていた。スラヴ系の諸民族はそれぞれ自派の教会を頼みとして民族的なアイデンティティーと指導性を確立し、独自の立場でトルコの支配に抵抗しようとしていた。民族主義は特にバルカン半島のキリスト教徒の間で大きな力を蓄えつつあった。セルビア人、モンテネグロ人、ブルガリア人、モルダヴィア人、ワラキア人、ギリシア人などのグループがそれぞれの言語、文化、宗教を拠り所として独自に結集し、オスマン帝国の支配から脱しようとしていた。最初に解放を勝ち取ったのはセルビアだった。セルビアは、一八〇四年から一七年にかけて、ロシアの支援を背景に二度の蜂起を戦い、その結果、オスマン帝国からの自治を勝ち取り、最終的には独自の憲法と議会を有する公国を成立させた。ミロシュ・オブレノヴィッチを開祖とするオブレノヴィッチ朝セルビア公国である。その頃には、オスマン帝国はすでに弱体化し、セルビアだけでなく、バルカン半島全域における帝国支配の崩壊は時間の問題と思われるようになった。

ロシア皇帝ニコライ一世がオスマン帝国を評して「ヨーロッパの病人」と呼んだのはクリミア戦争の前夜だった。しかし、オスマン帝国が崩壊の危機に瀕していることは、すでにそのずっと以前からいわば世界の常識だった。「トルコはもはや立ち行かない状態にあり、自滅の道を歩んでいる」。

一八三八年、セルビア公オブレノヴィッチが英国の駐ベオグラード公使に語った言葉である。「オスマン帝国の統治は多くの州で破綻しており、それらの州で反乱が起きれば、帝国は瓦解するであろう」(8)

オスマン帝国の統治が行き詰った原因は、近代化の要請に対応できなかったことにあった。イスラム官僚（ムフティー〔イスラム法学者〕とウラマー〔イスラム宗教指導者〕）が強大なブレーキとなって改革を阻んだのである。「慣例に逆らってはならない。異教徒に倣ってはならない。なぜなら、法がそれを禁じているからだ」というイスラム制度の原則が幅を利かせ、コーランの教えに厳密に従う法支配が貫徹されていた。したがって、オスマン帝国内でイスラム教徒が多数を占める地域では、西欧的な思想と技術の浸透が遅々として進まなかった。貿易、金融などの経済部門は非イスラム教徒（つまり、キリスト教徒とユダヤ教徒）が優勢を占める分野となり、トルコ語の印刷機は一七二〇年代になるまで導入されなかった。一八五三年になっても、コンスタンチノープル市内の近代的な学校で世俗的なカリキュラムを学ぶ少年の数は、伝統的なイスラム法とイスラム神学を学ぶ少年の数の五分の一に過ぎなかった(9)。

経済の停滞にともなって、官僚制度の腐敗が蔓延した。徴税権が私的な金儲けの手段となり、官職売買の慣行がほとんどすべての地方で一般化した。有力な知事や軍長官らは自分の管轄地をまったくの私領のように扱い、住民から搾れるだけの税を搾り取った。その税収の一部を中央政府「ポルト」に上納している限り、また、出資者たちにその取り分を支払っている限り、領主が自分の管轄地でどのような暴力的支配を行なっても誰も問題にせず、気にもかけなかった。オスマン帝国の税収の圧倒的大部分は非イスラム教徒が負担していたが、その非イスラム教徒にはいかなる法的保護も与えられず、イスラム法廷に救済を願い出る資格もなかった。イスラム法廷では、キリスト教徒の証言は何の意味も持たなかった。推定によれば、十九世紀初頭のオスマン帝国では、キリスト教徒の農民と商人はその所得の半分を税金として徴収されていた。[10]

しかし、オスマン帝国衰退の決定的要因は軍事面での立ち遅れにあった。十九世紀初頭のオスマン帝国には巨大な軍隊があり、軍事支出は国家予算の七〇パーセントを占めていたが、その軍事力は徴兵制に依拠する欧州諸国の近代的な軍隊に遠く及ばなかった。オスマン帝国軍には中央集権的な軍隊機構も、指揮命令システムも、士官学校もなく、軍事訓練は貧弱で、依然として辺境出身の傭兵や部族民の部隊、そして非正規軍に依存していた。軍隊の改革は必要不可欠であり、歴代スルタンのうちの開明派とその閣僚たちも改革の必要性を認めていた。ナポレオンにエジプトを奪われ、露土戦争で敗北を重ねて以来、改革断行は緊急の課題だった。しかし、徴兵制を基本とする近代的な軍隊を創設するためには、その前に先ず帝国の統治機構を根本的に改革し、各州に分散している支配体制を中央集権化し、スルタンの近衛歩兵である四万人の常備軍「イェニチェリ軍団」の既得権を打破する必要があった。イェニチェリは時代遅れの軍事制度を代表する組織であり、あらゆる改革に反対する抵抗勢力だった。[11]

オスマン帝国陸海軍の近代化という課題に最初に取り組んだスルタンは、セリム三世（在位一七八九〜一八〇七）だった。セリム三世が軍制改革に際してモデルとし、助言を求めた相手はフランスだった。十八世紀末のオスマン帝国に最も大きな影響を与えた外国はフランスだったが、その背景にはフランスとオスマン帝国が共通の敵（オーストリアとロシア）に対峙していたという事情があった。セリム三世の西欧化構想はピョートル大帝が十八世紀初めにロシアで強行した西欧化に類似していた。両者の類似性については、当時のトルコ人自身も意識していた節がある。トルコの西欧化は、新しい技術と実務を外国から移入する形で実行されたが、西欧の文化や原理を導入することは含まれていなかった。帝国におけるイスラム教の支配が脅かされることを恐れたからである。トルコがフランス人を招いて助言を求めた理由は、フランスが欧州諸国の中で最も宗教色の薄い国であり、したがって、イスラム教にとって最も脅威になりにくいと考えたからに他ならない。ジャコバン派の反宗教的な姿勢はトルコの指導者たちに好印象を与えていた。

セリム三世による改革の試みは、あらゆる変化に反対する守旧派のイェニチェリとイスラム官僚の抵抗にあって挫折してしまう。しかし、セリム三世から改革の意志を引き継いだマフムト二世（在位一八〇八〜三九）は近代的な軍学校を設立し、能力本位主義による将官の昇進制を導入してイェニチェリによる軍支配を掘り崩した。マフムト二世は軍服の改革を強行し、西欧式の兵器を導入し、イェニチェリの領地所有制度を廃止した。中央集権的なヨーロッパ式軍隊を創設し、スルタンの近衛歩兵である常備軍イェニチェリを最終的に国軍に吸収しようとしたのである。一八二六年、イェニチェリはこの改革に抵抗して反乱を起こすが、スルタンは新設の軍隊を使ってこれを制圧し、数千人の近衛歩兵を殺害した。イェニチェリ軍団は勅令によって廃止される。

列強諸国は、オスマン帝国が弱体化し、崩壊の危機が間近に迫っている事態を見て取ると、その内政に干渉し始める。表向きの目的はオスマン帝国内のキリスト教徒の保護だったが、実際にはそれぞれに地域進出の野望を抱いていた。欧州各国の在コンスタンチノープル大使館はこれまでもオスマン帝国の政府関係者と特別な関係を結んでいたが、もはやそれに満足せず、帝国政府の政策に直接介入するようになる。各国は自国の帝国主義的利益を増進する目的で特定の民族、宗教グループ、政党、分派などを支援し、スルタンによる閣僚の任命にさえ口を差し挟んだ。また、自国の貿易を促進するために、帝国内の商人や金融業者との間に直接的な関係を築き、主要な商業都市に公使館を設立した。十九世紀の各国は、さらに、オスマン帝国の臣民に対してパスポートを発給するという手段に出た。

半ばまでに、オスマン帝国の一〇〇万人もの臣民が欧州各国大使館発給のパスポートを隠れ蓑にしてトルコ当局の法令と税金を免れていた。この点で最も積極的だったのはロシアである。ロシアはオスマン帝国内の多数のギリシア人にロシアのパスポートを与え、船舶にロシア国旗を掲げて航海することを許し、それによって黒海貿易を発展させようとしていた(12)。

オスマン帝国の臣民であるキリスト教正教徒がトルコ人の支配に抵抗しようとする際、庇護と支援を求めるべき相手はまずロシアだった。セルビア公国が自治権を獲得した背景にも、ロシア軍による支援の動きがあった。ロシアはモルダヴィアとワラキアを保護領とし、また、ベッサラビアのモルダヴィア人をトルコの支配から解放した。ロシアは宗教を同じくする正教徒を支援するという名目でオスマン帝国の欧州地域への進出を図ろうとしていた。その実態を最もよく物語るのは、ギリシア独立運動へのロシアの梃入れの過程だった。

ギリシアの独立運動が始まった場所は、実際にはロシア国内であり、初期の独立運動を指導したのはギリシア系のロシア人政治家たちだった。彼らは一度も「ギリシア本土」(ギリシアの地理的条件からいえば、「本土」が正確に何を指すかは疑問だが)に足を踏み入れたことがなかったが、一連の反トルコ蜂起を実行し、それを通じてのすべてのギリシア人を糾合することを夢見ていた。反トルコ蜂起は、先ずドナウ両公国内で開始する計画だった。一八一四年、ギリシア民族主義者と学生たちがロシアの都市オデッサで「フィリキ・エテリア(ギリシア友愛協会)」を結成する。その後間もなく、ギリシア人が多く居住するすべての地域、すなわち、モルダヴィア、ワラキア、イオニア諸島、コンスタンチノープル、ペロポネソス半島、およびロシアの主要都市にフィリキ・エテリアの支部が設立される。一八二一年にモルダヴィアのギリシア人蜂起を組織したのも、他ならぬフィリキ・エテリアだった。モルダヴィア蜂起を指揮したアレクサンドロス・イプシランディスはモルダヴィアの有力なファナリオット一族の出身で、一八〇六年の露土戦争勃発に際してサンクトペテルブルクに逃れ、その後ロシア軽騎兵師団の将官となった人物だった。彼はロシア皇帝の宮廷と深いつながりを持ち、十五歳の時からパーヴェル一世の寡婦である皇太后マリア・フョードロヴナの庇護を受けていた。一八一六年、皇帝アレクサンドル一世はイプシランディスを副官に任命している。

サンクトペテルブルクの指導者層の間には強力な親ギリシア勢力が形成されていた。また、ロシア外務省にも多数のギリシア系職員が入り込んでいた。彼らはギリシア独立運動の積極的な支持者だった。最も重要な人物のひとりにモルダヴィア出身のアレクサンドル・ストゥルザがいた。ファナリオット出身の母親を持つストゥルザはロシアが併合したベッサラビアの初代総督となった。同じく重要な役割を果たしたのはイオアニス・カポディストリアスである。カポディストリアスはギリシア西北部のケルキラ島(コルフ島)出身の貴族で、一八一五年にロシア帝国の外務大臣に任命された。カルル・ネッセリローデの前任者である。一七七〇年代にはサンクトペテルブルクにギリシア・ギムナジウムが創設され、軍人や外交官を志すギリシア出身の少年たちを受け入れて教育したが、その卒業生の多くが一八〇六～一二年の露土戦争に従軍してトルコと戦った(この戦争ではオスマン帝国内の数千人のギリシア人が志願してロシア軍に参加し、終戦とともにロシアに亡命した)。イプシランディスは、モルダヴィア蜂起を計画するにあたって、ロシア国内で訓練され、実戦経験を有するこれら多数のギリシア人兵士の参加を見込むことができた。

イプシランディスは先ずモルダヴィアで蜂起し、次にワラキアに侵攻する計画だった。ワラキアでは、革命家のトゥドル・ウラジミレスクが蜂起軍を指揮してゲリラ戦を展開していた。イプシランディスはそのウラジミレスク軍を吸収する計画だった。ウラジミレスクも、また、ロシア帝国軍人として一八〇六～一二年の露土戦争を戦った人物だったが、彼が指揮する農民ゲリラの多くは、自分たちから遥かに遠い存在であるオスマン帝国政府よりも身近な抑圧者であるファナリオット出身の官吏や地主に対して敵愾心を燃やしていた。モルダヴィアとワラキアの両公国は一八一二年のブカレスト条約によってロシアとオスマン帝国の共同宗主権の下に置かれており、トルコ軍守備隊は常駐せず、地元の太守（ホスポダール）が小規模な軍隊を保有しているに過ぎなかった。イプシランディスは、ギリシア人の義勇軍を率いてロシア側からプルート川を渡り、その段階で地元の農民軍を蜂起側に吸収する予定だった。トルコ側が蜂起の鎮圧に乗り出せば、ギリシア人保護の名目でロシアが介入するだろうというのがイプシランディスの計算だった。モルダヴィアの首都ヤシに入城したイプシランディスはロシア軍の制服を着て地元貴族たちの前に現れ、自分には「強力な後ろ盾」があると宣言した。確かにサンクトペテルブルクのエリート層の間にはイプシランディスを支持する強力な動きがあった。軍指導部と教会指導者の間でも親ギリシア感情が高まっていた。ドナウ両公国内では各地のロシア公使館が蜂起参加者を募集するセンターの働きをしていた。しかし、カポディストリアス外相と皇帝アレクサンドル一世自身は、イプシランディスの蜂起計画について事前に何も聞いていなかったとして、蜂起が始まるとすぐにその動きを公然と非難した。二人がギリシア独立の大義にいかに深く同情していたとしても、ロシアは一八一五年にオーストリア、プロイセン両国と締結した保守派三ヵ国の神聖同盟の発起人だった。神聖同盟の目的は、欧州大陸で発生し得る民族独立の革命運動を弾圧することに他ならなかった。

ドナウ両公国におけるギリシア人の蜂起はロシアの支援が得られないまま、出動した三万人のトルコ軍によってあっという間に鎮圧されてしまう。ワラキアの農民軍は山岳地帯に逃げ込み、イプシランディス自身はトランシルヴァニアに逃亡するが、そこでオーストリア当局に逮捕される。トルコ軍はそのままモルダヴィアとワラキアを占領し、キリスト教徒に対する報復作戦を開始した。トルコ兵たちは教会を襲撃して略奪し、神父を殺害した。また、住民を男女子供の区別なく虐殺し、その遺体を切り刻んだ。鼻を殺ぎ、耳を切り取り、首を刎ねたのである。士官たちは傍観するのみで、残虐行為を止めようとしなかった。恐怖におびえた数千人の市民が隣接するベッサラビアに逃げ込んだが、それはロシア当局に厄介な難民問題を押しつけることになった。暴力的報復は首都コンスタンチノープルにも波及し、一八二一年の復活祭の日曜日には、コンスタンチノープル総主教グレゴリウス五世と数人の司教がイェニチェリ軍団の手で絞首刑となった。公開処刑だった。

この残虐行為についての報道がロシア国内に広まると、ギリシア独立運動に対する同情が一挙に高まった。それまで神聖同盟の原則を堅持する立場だった皇帝も、トルコへの介入を避けることができなくなる。アレクサンドル一世の見方によれば、トルコ人の行為はオスマン帝国の主権を守るための合法的な努力の範囲を逸脱していた。オスマン帝国の行為はギリシア人に対する宗教戦争であり、だとすれば、ロシアにはギリシア人の宗教的権利を保護する義務があった。少なくとも、それがキュチュク・カイナルジャ条約についてのロシア側の解釈だった。アレクサンドル一世はトルコに対して最後通牒を発し、ドナウ両公国からのトルコ軍の撤退、破壊した教会の修復、オスマン帝国内の正教徒保護に関するロシアの条約上の権利の確認の三点を要求した。欧州の列強がギリシア人の権利について公式に言及したのは、ロシアのこの最後通牒が初めてだった。最後通牒を突きつけられたトルコ側は、ロシア船を拿捕し、積み荷の穀物を没収し、船員をコンスタンチノープルの監獄に収監するという形で対応した。

これに対して、ロシアはオスマン帝国との外交関係を断絶する。皇帝の顧問の多くが開戦を進言した。ギリシア人の蜂起はギリシアの中央部にあたるペロポネソス半島、マケドニア、クレタ島などにも飛び火し、全面的なギリシア独立戦争の様相を帯び始める。しかし、もしロシアが介入しなければ、各地のギリシア人蜂起はドナウ両公国の蜂起と同様に残虐なやり方で弾圧される恐れがあった。現に、一八二二年、オスマン帝国軍はキオス島のギリシア人蜂起を残忍に制圧している。二万人の島民を絞首刑にし、残りの七万人を奴隷として強制連行したのである。ヨーロッパではキオス島の虐殺をめぐって憤激の嵐が巻き起こる。当時のヨーロッパ人がトルコ人に対して感じた恐怖は、フランスの画家ウジェーヌ・ドラクロワの傑作『キオス島の虐殺』（一八二四年）に集約的に表現されている。ロシア外務省のカポディストリアスとストゥルザは、ロシアが負っている宗教上の義務を根拠としてギリシアへの軍事介入を主張した。イスラム教徒の暴力からキリスト教徒を守る義務はオスマン帝国の主権への配慮に優先するという彼らの主張は、後に一八五三年にロシアがドナウ両公国に侵攻する際の議論の下稽古となった。彼らの論理によれば、たとえば、スペインやオーストリアの国内で民族独立を求める反乱が発生したのであれば、反乱を支援することが神聖同盟の盟約に違反することは言うまでもなかった。なぜなら、スペインやオーストリアは正統なキリスト教政権が支配する国家だからだ。しかし、イスラム権力は正統でもなければ、合法的でもない。したがって、オスマン帝国に対するギリシア人の蜂起を支援しても、神聖同盟の盟約には抵触しないというわけである。キリスト教徒の保護はロシアの神聖な義務であるというレトリックは、ロシア帝国の駐仏大使ポッツォ・ディ・ボルゴ〔コルシカ生まれ、ナポレオンと対立して英国に亡命、英国の駐ウィーン公使館に勤務、その後ロシアの外交官となり、反ナポレオン連合軍とともにパリに入城し、駐パリ大使、駐英公使などを務めた〕の主張でもあった。ポッツォ・ディ・ボルゴは、オスマン帝国との戦争を通じてトルコ人を欧州大陸から追放し、ロシアの保護の下に新しいビザンチン帝国を樹立するという構想を提起している。もちろん、彼の本音はロシアの戦略的な野心を実現することだった。

一八二〇年代のロシア帝国では、政府高官、軍幹部、知識人層の多くがポッツォ・ディ・ボルゴと同様の考え方をしていた。ロシア民族主義を信奉し、キリスト教正教が果たすべき役割に関してほとんどメシア的な信念を抱くロシア人は少なくなかった。「ドナウ川を越えて軍を進め、残忍なイスラムの圧政からギリシア人を救済すべし」という呼びかけが盛んに行われた。ロシア南方軍の幹部のひとりは、バルカン半島の全キリスト教徒を糾合して「ギリシア王国」を築くためには対トルコ戦争が不可欠であると呼びかけている。神聖同盟の原則が浸透していた宮廷内にも、主戦論の支持者が現れた。最も熱烈な主戦論者で神秘主義的な宗教家だったフォン・クリューデナー男爵夫人〔ロシアの駐ヴェネツィア大使の妻、プロイセン王妃とも交流があった〕は、アレクサンドル一世に向かって、救世主としての皇帝の役割を自覚し、正教の十字軍を組織してイスラム教徒をヨーロッパから駆逐し、コンスタンチノープルとエルサレムに十字架を打ち立てるように進言した。その結果、クリューデナー夫人は宮廷から遠ざけられ、皇帝の命令でサンクトペテルブルクから追放された[13]。

「ヨーロッパ協調」の原則を堅持していたアレクサンドル一世にとっては、ギリシア独立戦争へのロシアの単独介入は真面目に考えるに値しない愚策だった。皇帝はウィーン会議で確立された「会議(コングレス)システム」をあくまでも尊重する立場だった。ウィーン会議では、主要な危機は列強諸国による国際交渉を通じて解決するという原則が採用されたが、その原則に従えば、ギリシア危機へのいかなる単独介入も国際社会の賛同を得られないことは明らかだった。実は、ギリシア問題に関する欧州の国際的調停案は、「ヨーロッパ協調」の主唱者であるオーストリア外相メッテルニヒと英国外相ロバート・カッスルレーによってすでに一八二一年十月の段階で策定されていた。そこで、ロシア皇帝が一八二二年二月に対トルコ制裁を要求すると、それに応じてギリシア危機解決のための国際会議が開催された。

アレクサンドル一世は、ギリシア人の自治国家を創設し、ロシアの保護国とすることを提案した。モルダヴィア、ワラキアの両公国がそのモデルとなるはずだった。しかし、英国の反応は冷淡だった。英国はロシアが正教徒の保護を口実に自国の利益を追求し、オスマン帝国の内政に干渉する事態を危惧していた。オーストリアも、また、ギリシア人の反乱が一定の成果を収めるようなことがあれば、オーストリアが支配する中欧地域でも民族解放を求める蜂起が誘発されるのではないかと恐れていた。オーストリアとの同盟関係を何よりも重視するアレクサンドル一世は、ギリシア人の独立運動を単独で支援する方針を撤回し、その代わりに欧州諸国が協力してギリシアを支援するという共同行動を訴えた。しかし、ロシア以外の列強諸国の中からギリシア人を支援する動きは起きなかった。ところが、一八二五年に二つの事件が発生し、各国に方針転換を迫ることになる。ひとつは、オスマン帝国のスルタンがギリシア人の反乱を弾圧する目的で、剛腕のエジプト総督ムハンマド・アリを呼び込んだことである。ムハンマド・アリのエジプト軍は、これまた残忍なやり方でギリシア人を弾圧した。それを見て、リベラルな欧州社会では親ギリシア感情がかつてないほど高まり、ギリシア独立戦争への介入を求める世論が沸騰した。もうひとつの事件はロシア皇帝アレクサンドル一世の急死だった。

アレクサンドル一世の後継者としてロシア皇帝の座に着いたのは、二番目の弟ニコライだった。やがてクリミア戦争の最も重要な当事者となるニコライ一世は、当時二十九歳、堂々たる体軀をした長身の青年で、大きな額の上部の頭髪こそ薄くなりかけていたが、長い揉み上げと立派なカイゼル髭を蓄え、どこから見ても間違いなく「軍人タイプ」の人物だった。幼少期から軍隊に並々ならぬ興味を示し、長兄である皇帝の配下の将軍の名前を一人残らず暗記し、各種の軍服をデザインし、軍隊のパレードや演習があればいつも熱心に参加する少年だった。従軍してナポレオンを相手に戦うという少年期の夢が実現しなかったことに失望していたニコライは、軍人となるために自分を鍛えて入隊を果たし、一八一七年、二十一歳で工兵隊監察総監に昇進する。それ以来、ニコライは生涯にわたって工兵隊と砲兵隊への関心を持ち続けることになる（ちなみに、クリミア戦争で最も頑強に戦ったロシア軍部隊は工兵隊と砲兵隊だった）。ニコライは軍隊生活の慣習と規律を深く愛していたが、それは軍隊生活が彼の厳格な性格と知識をひけらかしたがる性向に適合し、質実剛健な趣味を満たしてくれたからだった（ニコライ一世は生涯を通じて軍人用の簡易ベッド以外のベッドで寝たことがなかった）。身近なサークルの間では礼儀正しく魅力的な人物だったが、外部の人間に対しては冷淡で峻厳であり、年齢を重ねるにしたがって短気で怒りっぽい性格が強まり、無分別な行為に走り、怒りで我を失う場面が増えた。長兄のアレクサンドル一世と一八二五年に帝位継承権を放棄した次兄のコンスタンチン大公を悩ませた遺伝的な精神疾患がニコライの身にも発症した可能性がある。[14]

キリスト教正教徒の保護を外交政策の中心課題として扱うことにかけて、ニコライ一世は兄のアレクサンドル一世以上に熱心だった。ニコライ一世は、その統治の全期間を通じて、彼が異端派と見なす西欧のキリスト教から正教のヨーロッパを守ることが自分の神聖な使命であると確信していた。ニコライにとって西欧の異端派は自由主義と合理主義を信奉し、革命を擁護する勢力に他ならなかった。この使命に導かれて、晩年のニコライはトルコに対して宗教戦争を起こすという夢想に到達する。その戦争の目的はバルカン半島のキリスト教徒を解放し、彼らをロシアに統合して、コンスタンチノープルとエルサレムを精神的中心地とする正教徒帝国を建設することにあった。一八五三年からニコライ一世の宮廷で女官を務めていたアンナ・チュッチェワ（詩人フョードル・チュッチェフの娘）はニコライ一世を「ドン・キホーテが専制君主になったような人物」と評している。「彼は歴史の流れに逆らって不毛な戦いに挑み、あらゆる人間を自分に従わせようとして権力を振るい、恐るべき騎士道を貫こうとしている」[15]

ニコライ一世は自分自身と聖地エルサレムの間に密接なつながりがあると信じていた。その関係を媒介したのはモスクワの西の郊外にあった「新エルサレム修道院」だった。新エルサレム修道院は一六五〇年代にニコン総主教によって創設されたが、その際、建設用地として聖地エルサレムによく似た地形の場所が選ばれた（近くを流れるイストラ川がヨルダン川に見立てられた）。修道院内の建物の配置も、エルサレム市内の教会の配置を模したものだった。ニコン総主教は、また、多数の外国人修道僧を受け入れ、それによってモスクワがエルサレムと同様にキリスト教正教の国際的な中心地であるという印象を創り上げようとした。ニコライ一世は一八一八年に新エルサレム修道院を訪問したが、同じ年に後継者である長男〔アレクサンドル二世〕が誕生した（皇帝はこの偶然を神の摂理と信じていた）。修道院が火災の被害を受けて半焼した時には、ニコライ一世は中心的施設である復活教会をエルサレムの聖墳墓教会を擬して再建するよう指示し、わざわざ宮廷専属の建築家を聖地巡礼団に参加させて聖墳墓教会を模写させ、ロシアの地に聖墳墓教会の複製を建設する設計図を書かせた[16]。

　しかし、ニコライ一世の宗教的野心は、一八二五年に帝位を継承した当座はまだ明白ではなかった。皇帝の宗教的構想はその統治の全期間を通じて次第に形成されていったのである。帝位に就いたばかりの最初の数年間は神聖同盟の既定路線を忠実に堅持する立場だったが、後年、クリミア戦争前夜の時期になると、バルカン半島と聖地パレスチナに関して積極的な外交政策を採用し、その最大の課題としてキリスト教正教の擁護を前面に打ち出すようになる。ただし、信仰を同じくする正教徒を保護するという立場からトルコに対して強硬策に出るという姿勢は最初から明らかだった。ギリシア独立戦争への介入はその最初の表れだった。

　ニコライ一世はカポディストリアスの帰国を認めた。カポディストリアスは、ギリシア独立のために過剰に積極的だったことが災いして、一八二二年に外相の地位を追われ、ロシアを離れていたのである。皇帝はトルコ軍がドナウ両公国から撤退しない場合には戦端を開く意思を固めていた。モルダヴィアとワラキアを占領することによってギリシアを支援すべきである、とする軍事顧問団の助言を受け入れたのである。ニコライ一世の判断に決定的な影響を与えたのは外相のカルル・ネッセリローデだった。ネッセリローデは「ヨーロッパ協調」路線を見限って主戦派に転じていた。それはギリシア独立運動への同情からではなく、トルコとの戦争に勝利することが近東地域におけるロシアの国益を増進する道であると確信したからだった。ロシアが介入の姿勢を見せれば、少なくとも英国はギリシア問題解決のためにロシアと協調せざるを得なくなるだろうとネッセリローデは読んでいた。英国は、この地域でロシアが圧倒的な影響力を獲得する事態を阻止するためにも、動かざるを得ないであろう(17)。

一八二六年、英国のウェリントン公爵がサンクトペテルブルクを訪問する。かつて反ナポレオン連合軍の総司令官としてナポレオン戦争を戦い、今や英国政府の大物政治家となっていたウェリントン公爵がロシアを訪問した目的は、ギリシア問題に関する共同調停案策定の交渉だった（翌一八二七年、この共同提案にフランスが加わって「ロンドン条約」が成立する）。英仏露三ヵ国が合意した共同提案は、オスマン帝国の宗主権の下にギリシア人の自治州を創設するという内容だった。しかし、スルタンはこの提案を拒否する。それに対して、英仏露三ヵ国は連合艦隊を派遣した。連合艦隊の総司令官は英国海軍のエドワード・コドリントン提督だった。コドリントン提督に与えられた指令は、可能な限り平和的な解決を追求すること、ただし、最後の手段として「砲艦外交」を許可するという内容だった。熱烈な親ギリシア派の海軍軍人だったコドリントンは残念ながら外交の名手ではなかった。一八二七年十月、英仏露三ヵ国の連合艦隊はナヴァリノ〔ピュロス〕の海戦でトルコとエジプトの全艦隊を撃滅してしまう。怒り狂ったスルタンはすべての調停案を拒否し、聖戦を宣言した。そして、ドナウ両公国からのトルコ軍の撤退を求めるロシアの最後通牒を拒絶した。スルタンのこの挑戦的な姿勢はロシアの思う壺だった。

ニコライ一世は久しく英国の真意を疑っていた。英国はギリシア支援に乗り気でないと思っていたのである。皇帝はモルダヴィアとワラキアを占領してトルコを屈服させる作戦を考えていたが、その作戦を実行すれば英国がロンドン条約を破棄する恐れがあった。しかし、今やスルタンが最後通牒を拒絶した以上、英仏両国の了解がなくてもトルコに宣戦を布告する正当な口実ができたのである。一八二八年一月、ロシア外相ネッセリローデは独立ギリシアのカポディストリアス大統領宛に書簡を送り、ロシアは「ギリシア国民の政府」実現のために単独でも戦う決意であると宣言している。ニコライ一世はカポディストリアス大統領の革命政府に武器と資金を送り、見返りとしてカポディストリアスからギリシアにおけるロシアの「独占的影響力」を保証する約束を得る。[18]

一八二八年四月、コサック兵を含む六万五〇〇〇のロシア軍がドナウ川を越え、コンスタンチノープルへの途上に位置するヴィディン、シリストラ、ヴァルナの三方面に向かって進撃した。ニコライ一世はみずから出陣することを頑強に主張し、実際に出陣した。皇帝にとっては初めての実戦経験だった。ロシア軍は迅速に前進した（進出した地域では豊富な馬糧の調達が可能だった）。しかし、ヴァルナに到達した時点で戦線は停滞する。ドナウ・デルタの湿原地帯に入って泥沼にはまり込み、沼沢地特有の疫病に襲われたのである。損傷は重大だった。一八二八年から二九年にかけて、作戦に参加したロシア軍兵士の半数が疫病で病死するという事態になる。補充兵として送り込まれた兵士たちも、到着するとすぐに発病する始末だった。一八二八年五月から二九年二月までの期間に各地の陸軍病院で治療を受けた兵士の数は二一万人に達した。実際に作戦に参加した兵力の実に二倍に相当する病人が出たことになる。[19]しかし、ロシア皇帝の軍隊にとって、膨大な消耗率は決して異常な事態ではなかった。農奴出身の兵士の健康や福祉が顧みられることはなかったのである。

一八二九年春、ロシア軍は態勢を立て直して進撃を再開し、シリストラ周辺のトルコ軍要塞を次々に奪い、続いてエディルネ(アドリアノープル)を攻略した。アドリアノープルを落せば、コンスタンチノープルまでは指呼の間である。そのコンスタンチノープルでは、沖合に停泊するロシア艦隊からの砲声が響いていた。この時点でロシア軍がオスマン帝国の首都を攻め落とし、スルタンの支配を打倒することは十分に可能だった。ロシア艦隊は黒海とエーゲ海を支配しており、ギリシア人またはブルガリア人の志願兵を動員して陸軍を増強することも期待できた。一方、トルコ軍は完全な混乱状態に陥っていた。同じ時期に、ロシアはカフカス地方でも軍を進めていたが、すでにカルスとエルズルムでトルコ軍の要塞を奪い、オスマン帝国の本土であるアナトリアに侵攻する経路を確保していた。オスマン帝国はまさに崩壊寸前の様相だった。フランス国王シャルル十世は列強諸国にオスマン帝国領土の分割を提案した。[20]

ニコライ一世もオスマン帝国の崩壊は間近いと確信していた。皇帝はその崩壊過程を早め、バルカン半島のキリスト教徒を解放する覚悟を固めていたが、それには条件があった。他の列強諸国、あるいは、少なくともオーストリアを味方につける必要があった。オーストリアはバルカン地域における利害関係をロシアと共有する最も密接な同盟国だった。ロシア軍がトルコの首都コンスタンチノープルに向けて進撃していた頃、ニコライ一世はオーストリアの駐ロシア大使を呼び、オスマン帝国が「崩壊寸前」であることを告げ、「崩壊後の真空を埋めようとする各国の機先を制して」、ロシアとオーストリアがオスマン帝国の領土を分割することが両国の共通の利益であるという提案を行なった。ところが、オーストリアはロシアを信用せず、ヨーロッパ協調路線の維持を選択した。オーストリアの支持を得ることに失敗したニコライ一世は、一八二九年、オスマン帝国への最終攻撃を中止する。単独でトルコに勝利すれば、他の欧州列強が連合しトルコ擁護に動き、孤立したロシアと他のヨーロッパ諸国との間で欧州戦争が勃発する事態を恐れたのである。また、オスマン帝国が崩壊した場合、欧州列強諸国による領土分割合戦が大混乱を引き起こす可能性も大きかった。そこで、ニコライ一世は外相ネッセリローデの冷静で計算高い意見に従った。すなわち、オスマン帝国を十分に弱体化させ、その状態で生かしておくという政策だった。それがロシアにとっての最善の利益であるという判断だった。オスマン帝国がその存続のためにロシアに依存することになれば、バルカン半島と黒海地域におけるロシアの国益は増進されるであろう。ロシアにとっては、死人となったトルコよりも病人のトルコの方が役に立つはずである。[21]

講和条約として締結されたアドリアノープル条約は、したがって、敗戦国トルコにとって驚くほど寛大な内容となった。一八二九年九月、ロシアがオスマン帝国に押しつけたアドリアノープル条約（エディルネ条約）によって、モルダヴィア、ワラキア両国はロシアの保護下に入り、事実上の自治国家となった。ロシアはドナウ川河口のいくつかの島とグルジア地方数ヵ所の要塞を獲得した。スルタンはロシアによるグルジアの領有、さらにカフカス南部のエレヴァン汗国およびナヒチェヴァン汗国のロシアによる領有に合意した。両汗国はロシアが一八二八年にペルシアから割譲させた領土だった。トルコとロシアの力関係の現状から見れば、これらの譲歩はロシアにとって比較的ささやかな戦果だったが、アドリアノープル条約の最も重要な意味は、ともかくもロンドン条約の締結国が一致して希望していた譲歩をオスマン帝国政府から引き出したことにあった。すなわち、トルコ政府がギリシア人の自治を認め、そして、すべての国の商船にダーダネルス海峡とボスポラス海峡を開放したのである。

ただし、西欧列強はロシアの寛大路線を信用していなかった。アドリアノープル条約は軍艦がダーダネルス、ボスポラス両海峡を通過する件について言及していなかった。そのため、西欧各国は黒海と地中海を結ぶ決定的に重要なこの水路をロシアが独占的に支配することを認める秘密協定またはロ頭の密約がロシアとトルコの間に結ばれたに違いないと推定していた。ギリシア人の蜂起が始まって以来、西側ではロシアの動きに対する疑心暗鬼が深まっていたが、アドリアノープル条約は結果としてこの反露感情をさらに煽る結果となった。特に警戒心を強めたのは英国だった。当時の首相ウェリントン公爵は、アドリアノープル条約によってオスマン帝国はロシアの保護領になったと判断した。オスマン帝国の分割よりも悪い結果だった（領土分割ならば、少なくとも列強諸国が協調して行なうことができたはずだった）。英国の駐露大使だったウィリアム・アコート・ヘイツベリー男爵は、おそらく何の皮肉も意図せずに、次のように発言している。「インドの諸侯が東インド会社の命令に従うのと同様に、オスマン帝国のスルタンがロシア皇帝の命令に唯々諾々と従う日が遠からず来るであろう[22]」。英国はインドのムガール帝国征服を完了しようとしていたが、ロシアが同じようにオスマン帝国を征服することには断固として反対する決意だった。そこで、英国は近東地域の現状維持のために努力する誠実な仲介者を装うことになる。

ロシアの脅威を察知して憂慮していた英国は、いわゆる東方問題について独自の政策を追求し始める。ロシアがギリシア問題への介入を通じて一方的に利益を得ることを防ぐために、トルコの宗主権の下にギリシア人の自治国家を認めるというロシア案に対抗して、独立の新ギリシア国家を創設するという方針を打ち出したのである（英国はギリシア自治国家が結局はロシアに依存することになる事態を恐れていた）。英国の懸念には根拠があった。ロシアの介入によって勇気を得たギリシアのカポディストリアス大統領は、欧州地域からトルコ人を追放し、大ギリシア国家を創設することをニコライ一世に求めていた。大帝エカチェリーナ二世がかつて提案した構想にならってバルカン半島の諸国を統合し、ロシアの保護下に連邦国家を建設するという提案だった。しかし、一八三一年にカポディストリアスが暗殺されると、ギリシアに対するニコライ一世の影響力は大幅に低下する。カポディストリアスの死とともに、ギリシア国内の親ロシア派は凋落し、代わって西欧諸国に近いリベラル派が勢力を増した。ロシアはこの変化に対応して強硬姿勢を和らげ、その結果、一八三二年のロンドン会議を経て国際的な解決が実現する。つまり、列強諸国の保障の下に近代ギリシア国家が成立したのである。ロンドン会議が初代ギリシア国王に指名したのは弱冠十八歳のオットー一世〔ギリシア名オトン一世。バイエルン王ルードヴィヒ一世の次男〕だった。

アドリアノープル条約が締結された一八二九年からクリミア戦争が始まる一八五三年までの間、東方問題に対するロシアの姿勢の根幹をなしたのは「巨大な隣国を弱体化させ、かつ維持する」という政策だった。この政策についてはロシア国内に異論がなかったわけではない。軍部と外務省には、バルカン半島とカフカス地方で積極的な領土拡張政策を実行すべきだと主張する勢力があった。しかし、「弱い隣人」政策は、ロシア民族主義者の野望を満足させるだけでなく、欧州戦争を回避しようとする慎重派の懸念にも応える幅広さを備えていた。「弱い隣人」政策の鍵は、宗教を利用すること（そして、その裏づけとしての軍事的圧力を絶やさないこと）にあった。政策の眼目は、スルタンが支配するオスマン帝国内のキリスト教地域におけるロシアの影響力の拡大にあった。

アドリアノープル条約の規定に従って、ロシアはモルダヴィアとワラキアを占領した。占領は一八二九年から三四年までの五年間に及んだ。その五年間に、ロシアはオスマン帝国支配の残滓を排除する目的で「組織規程」（レグルマン・オルガニーク）と呼ばれる基本法を導入し、両公国の政府組織を比較的リベラルな体制に改革した（少なくとも当時のロシア国内の体制に比べればはるかにリベラルだった）。具体的には、税制を緩和して農民層の負担を軽減し、その支持を取りつけようとした。また、教会制度をロシアの影響下に再編し、現地の志願者を募って民警を組織するなど、両公国を今後の対トルコ作戦の軍事基地として利用する意図をもって社会基盤の整備を行なった。一時は両公国を恒久的にロシアに併合する案も検討されたが、結局、一八三四年に軍事占領は終結する。しかし、占領軍が撤退した後も、軍用道路の管理を名目としてかなりの規模のロシア軍部隊が駐留を続けた。それはロシアの軍政から政府を引き継いだ現地の指導者たちにロシアの力を思い知らせるための措置だった。両公国の首長として権力の座に着いたのは、モルダヴィアではミハイル・ストゥルザ、ワラキアではアレクサンドル・ギガスだったが、ロシアがこの二人を選んだ理由は、ロシア宮廷に関わりのある人物だったからである。ストゥルザとギガスの行動は現地のロシア領事によって厳重に監視されていた。ロシア領事は自国の国益を目的として両公国の貴族会議と国家政策に介入した。英国の駐コンスタンチノープル大使だったジョン・ポンサンビー卿によれば、「ミハイル・ストゥルザとアレクサンドル・ギガスはホスポダール〔太守〕を装っているが、実はロシア皇帝の臣下であり、ロシア政府に命じられてロシアの政策を執行するための名目上の君主」に過ぎなかった[23]。

オスマン帝国を弱体化させ、ロシアに依存させておくためには、時として支援の手を差し伸べる必要が生じた。たとえば、一八三三年にエジプト総督ムハンマド・アリがスルタンの権威に挑戦した時には、ロシアはスルタンを擁護する側に回った。ギリシア人の蜂起を弾圧する際にスルタンに手を貸したムハンマド・アリは、今やエジプトとシリアの支配者として世襲的地位を要求していた。スルタンが要求を拒否すると、ムハンマド・アリの息子イブラヒム・パシャの率いるエジプト軍がパレスチナ、レバノン、シリアに侵攻した。フランス人によって訓練され、ヨーロッパ式に編成されたエジプト軍はスルタンのオスマン帝国軍をいとも簡単に撃破し、コンスタンチノープルに迫ろうとしていた。ムハンマド・アリはエジプト経済の近代化を実現し、英国の繊維産業に綿花を供給する輸出国として世界経済への参入を果たしただけでなく、国内に独自の軍需工場さえ建設していた。エジプト軍がシリアを侵略した背景には、ムハンマド・アリが換金作物の生産基盤を拡大する必要に迫られていたという事情があった。エジプトの輸出が経済のグローバル化競争の圧力にさらされていたのである。しかし、それだけではなかった。スルタンはイスラムの伝統的な宗教世界の中で比較的穏健な路線に傾いていたが、それに対してムハンマド・アリは強力な宗教指導者としてイスラム復活を目指す旗印を鮮明にしていた。彼は自分の軍隊を聖戦士軍団（ジハード軍団）と呼んでいた。仮にムハンマド・アリがオスマン帝国の首都コンスタンチノープルを攻め落とせば、独自の「新イスラム帝国」を建設し、中東世界へのキリスト教徒の介入拡大に抵抗したに違いない。[24]

スルタンは英仏両国に支援を求めて訴えたが、両国はその要請に関心を示さなかった。窮地に陥ったスルタンがロシア皇帝に援助を求めると、ニコライ一世は即座に軍艦七隻と四万の兵士を出動させてコンスタンチノープルをエジプト軍から防衛した。ロシア側はムハンマド・アリをフランスの手先と見なしており、近東地域におけるロシアの利益を脅かす重大な脅威として警戒していたのである。確かに、フランスは一八三〇年以来、オスマン帝国領アルジェリアの征服に乗り出していた。この地域では、ロシアの野望を阻止する能力をもつ唯一の勢力はフランス軍だった。加えて、ロシアの情報機関からは、ムハンマド・アリが「イスラム教徒の本来の偉大さを復活させ、一八二八〜二九年の露土戦争でロシアからこうむった屈辱に復讐することを約束している」という不穏な情報が伝えられていた。ロシアは、エジプト総督ムハンマド・アリが「小アジア全域を征服するまで軍事進出を続け」、オスマン帝国に取って代わる新イスラム帝国を建設するという事態を恐れていた。そうなれば、ロシアの南部国境地帯にはこれまでの「弱い隣国」に代わって、強力なイスラム国家が出現することになるからである。しかも、そのイスラム国家はカフカス地方のイスラム教徒諸民族との間に密接な宗教的紐帯を構築する恐れがあった。[25]

ロシアの介入に脅威を感じた英仏両国はダーダネルス海峡に近いベシク湾に艦隊を派遣し、ムハンマド・アリとスルタンの交渉を仲介して、キュタフヤ和約を締結させた。一八三三年五月のことだった。キュタフヤ和約によってムハンマド・アリ軍はアナトリアから撤退し、その見返りとしてクレタ島とアラビア半島西部のヒジャズ地方を領土として獲得した。イブラヒム・パシャにはシリアの終身提督の地位が与えられたが、ムハンマド・アリがエジプトの世襲君主となることは認められなかった。ムハンマド・アリはこれを不満として、再びトルコと戦う機会を窺うことになる。英国はそのレヴァント艦隊〔東地中海艦隊〕を増強し、ムハンマド・アリの脅威に対してスルタンを支援する態勢を整えた。ロシアは英国艦隊の動きを見て現地から撤退するが、その前にオスマン帝国救済のためにロシアが果たした役割をスルタンに再確認させ、スルタンからこれまで以上の譲歩を引き出すことを忘れなかった。すなわち、一八三三年七月に締結されたウンキャル・スケレッシ条約である。ウンキャル・スケレッシ条約は基本的には一八二八年のアドリアノープル条約がロシアにもたらした特権を再確認する内容だったが、それに加えて、重要な秘密条項を含んでいた。ロシアはトルコに軍事上の保護を与えることを約束し、それと引き換えに、ロシアが要請した場合には、トルコは外国軍艦に対してダーダネルス海峡とボスポラス海峡を閉鎖することを約束するという内容の秘密条項だった。秘密条項の狙いは、英国艦隊を締め出してロシアが黒海の支配権を握ることにあったが、ロシアにとってさらに重要だったのは、オスマン帝国の内政に独占的に介入するための法的根拠を手に入れたことだった。[26]

　秘密条項の存在はすぐに英仏両国の知るところとなった。トルコ政府の関係者が漏らしたのである。西欧のジャーナリズムは憤激の声で満ちた。その論調によれば、ロシアは諸外国に対して両海峡を封鎖する権利を獲得しただけでなく、自国の軍艦だけは自由に航行させる権利を得たに違いなかった。だとすれば、ロシアは西欧諸国が艦隊を派遣して介入する前にボスポラスに大軍を上陸させ、電撃攻撃でコンスタンチノープルを攻め落とすことができる（セヴァストポリに停泊する黒海艦隊はわずか四日でコンスタンチノープルに到着することができた）。実際には、秘密条項にはロシア艦隊の扱いは明記されていなかった。ロシア側の主張によれば、ロシアが秘密条項によって望んだのは、英国またはフランスによる攻撃の可能性からの自衛手段に過ぎなかった。地中海を支配する主要な海軍力である英国艦隊またはフランス艦隊が自由に両海峡を通行することになれば、外国艦隊が黒海に侵入したことをサンクトペテルブルクの政府が知る間もなく、セヴァストポリとオデッサのロシア海軍基地は破壊されてしまうだろう。両海峡は「ロシアという家に入るための鍵」であり、もし鍵を閉めることができないなら、ロシアはその防備の最も手薄な国境地域である黒海沿岸とカフカスを容易に敵の攻撃にさらすこととなるであろうというのがロシアの言い分だった。後年、クリミア戦争が勃発してトルコ軍と西欧連合軍がロシアを攻撃した時には、まさにロシアが懸念していたとおりの事態になるのである。

しかし、ロシアの主張は西欧の世論を納得させる力を持たなかった。情報が伝わり、解説が加えられるたびに、世論はロシアの意図についてますます疑いを深めていった。今や、欧州大陸におけるロシアの動きのすべてが反動的で攻撃的な帝国主義的領土拡張計画の一環と見なされるに至っていた。「ロシア政府が拡張主義的な南下政策を強引に推進しつつあることはほとんど疑いの余地のない事実である。エカチェリーナ女帝以来、南下政策は一貫してロシアの最重要政策のひとつである」と、英国のパーマストン外相は一八三三年十二月に駐コンスタンチノープル大使ポンサンビー卿宛に書き送っている。

サンクトペテルブルクのロシア政府は、その外交政策が取り沙汰されるたびに、まったくの無関心、無関係を装って対処してきた。ロシア帝国はすでに広大な国土を保有しているので、これ以上の領土拡大を望まないと繰り返し宣言し、世界の非難の的である膨張主義的計画の存在を否定してきた……

しかし、否認の宣言にもかかわらず、ロシアが十分に計画された目的を持ってあらゆる方面で侵略を繰り返し、しかも着実に軍を前進させていることは誰の目にも明らかである。過去数年間にロシアが実施した重要政策を見ると、そのほぼすべてが何らかの意味でロシアの影響力の増大または領土の拡張につながっている。

東地中海地域で最近発生した様々な出来事がその後たどった不幸な組み合わせは、トルコに関して彼らが描いている計画の実現に向けてロシアが大きく前進することを可能ならしめるような状況を生み出している。したがって、英国にとってきわめて重要な課題は、ロシアのこれ以上の前進を阻止する方法を見出すこと、そして、ロシアがすでに獲得した地歩を奪うことが可能かどうかを見極めることである。

フランスの政治家フランソワ・ギゾー〔ルイ・フィリップの七月王政政府で内相、外相、教育相などを歴任、後に首相〕は、一八三三年七月にロシアとオスマン帝国が締結したウンキャル・スケレッシ条約について、この条約は黒海を「ロシアの内海」に変えてしまったと評した。この「ロシアの内海」の番人となったのが今やロシアの「属国」と化したトルコであり、「ロシアにとっては、何の妨害も受けずにダーダネルス海峡とボスポラス海峡を経由して船舶と兵士を地中海に送り込むことが可能になった」。サンクトペテルブルク駐在のフランス代理大使はロシア政府に抗議書を手交し、もし、ロシアがウンキャル・スケレッシ条約を口実として

「オスマン帝国の内政に干渉するようなことがあれば、フランス政府は状況に応じてあらゆる手段に訴える自由を留保する」と警告した。英国のパーマストン外相は、ロシアがコンスタンチノープルを脅かす事態が発生したと判断される場合には、トルコの首都防衛のため地中海から英国艦隊を呼び寄せる裁量権を駐コンスタンチノープル大使ポンサンビーに付与した[27]。

一八三三年の諸事件は、英国がロシアとトルコに対する外交政策を転換する契機となった。その時までは、オスマン帝国に関する英国の最重点政策は現状維持にあった。オスマン帝国の主権を擁護するというよりも、むしろ、もし現状に変化が生ずれば、ヨーロッパにおける勢力の均衡が崩れ、欧州戦争の再発につながることを憂慮していたのである（ギリシアの独立を支持した英国の政策からは、オスマン帝国の主権を擁護する姿勢は窺われなかった）。しかし、強力なイスラム復活論者のムハンマド・アリを指導者とするエジプト軍によってオスマン帝国が征服される危険、あるいは、さらに深刻な事態として、オスマン帝国がロシアの属国となる危険を目前にして、英国はその対トルコ政策を消極的な現状維持から積極策に転換する。オスマン帝国の内政に干渉し、経済的、政治的改革を促す方針を採用したのである。弱体化したオスマン帝国にその病状を回復させ、その過程で英国の影響力を拡大するのが狙いだった。

英国の最大の関心事は通商問題だった。オスマン帝国は英国の工業製品輸出にとって有望な成長市場であり、また、原材料の重要な輸入先だった。世界に冠たる工業国として英国が常に追求していた最重要政策は、グローバルな市場開放によって自由貿易を拡大することだった。外国政府に市場開放を迫るためには、世界最強の海軍国として砲艦外交に訴えることも躊躇しなかった。それは「自由貿易という名の帝国主義」によって築かれた一種の「非公式の帝国」だった。英国は剝き出しの帝国主義的支配を行なうまでもなく、軍事力による威嚇と政治的な影響力を利用して、外国政府の独立性を制限し、通商上の覇権を拡大しつつあった。

その最も典型的な例がオスマン帝国だった。一八三四年、ポンサンビー大使はコンスタンチノープルにおける英国の影響力の強化が経済的利益の拡大につながることを強調しつつ、パーマストン外相に次のように報告している。「我が国の政治的利益が保護されれば、オスマン帝国は世界の他のいかなる貿易相手国からも望み得ないような通商上の利益を英国にもたらすであろう」。トルコ国内にはすでに強力で大規模な英国の貿易業者の集団が存在し、英国政府に対してトルコの内政に干渉するよう圧力をかけていた。貿易業者の見解は、彼らが後援者となっていた『ブラックウッド・マガジン』や『エディンバラ・レヴュー』などの有力な定期刊行物を通じて表明された。デイヴィッド・アーカート〔英国の外交官、政治家、反露派の論客〕をはじめとする親トルコ派も同様の論陣を張った。アーカートは一八三三年に秘密の貿易使節団を率いてトルコを訪問し、一八三五年には、オスマン帝国の経済開発が英国の貿易にもたらす巨大な可能性を予見しつつ次のように書いている。「トルコが政治的な事件に煩わされることなく発展すれば、数年以内に英国の製造業にとって世界最大の市場になる十分な可能性がある」(28)

英国は軍事的な威嚇と支援供与の約束を手段として、一八三八年、オスマン帝国政府に関税撤廃条約を押しつけることに成功する。これによって、オスマン帝国は事実上の自由貿易地帯と化すのである。関税収入を失った帝国政府（「ポルト」）は同時に国内産業を保護する能力をも喪失する。この瞬間から、英国のトルコ向け工業製品輸出は急激に増大し、一八五〇年には十一倍の水準に達した。オスマン帝国は英国にとって最も重要な輸出市場のひとつとなったのである（英国の輸出市場としてオスマン帝国を上回るのはハンザ同盟諸都市とオランダのみとなった）。一方、一八四六年に英国の「穀物法」が撤廃されると、オスマン帝国（主としてモルダヴィアとワラキア）からの穀物輸入が急増する。外洋航海用の蒸気船、河川航行用の蒸気船、および鉄道の出現によって、ドナウ川が歴史上はじめて重要な交易経路として活発に利用されるようになったのもこの頃である。そのドナウ川貿易で支配的役割を演じたのは英国の商船だった。英国の商船はドナウ川流域で生産される穀物を西欧に輸送し、英国からは工業製品を運んだ。その際、英国の直接的な競争相手となったのは、オデッサ、タガンログなど、黒海沿岸の港湾都市を根拠地とするロシアの商船だった。当時、黒海沿岸の港湾からは、ロシアの穀倉地帯であるウクライナや南ロシアで生産される穀物が西欧に輸出されていた。蒸気エンジンの時代に入って木材の輸出額が減少するにつれ、ロシアにとって穀物輸出の重要性はますます高まっていたが、十九世紀中葉には、ロシアの全輸出の三分の一は黒海沿岸の港湾を経由していた。英国との競争に際して自国の貿易業者に有利な条件を確保するために、ロシアは、一八二九年以降、ドナウ・デルタ地域の管理規制を強化した。外国船舶に対して煩わしい検疫手続きを強制しただけでなく、時には河床の沈泥を放置してドナウ川を航行不能にする作戦さえ辞さなかった。

黒海東部地域での英国の商業活動はしだいにトルコ北東部のトラブゾン（トレビゾンド）港を中心地とするようになる。ギリシア人とアルメニア人の商人たちがトラブゾン港を経由して大量の英国製工業製品を輸入し、アジアの内陸部に販売するようになったからである。英国の対トルコ貿易の増大について、カール・マルクスは『ニューヨーク・トリビューン』紙に次のように書いている。「マンチェスターの商品取引所に行けば、対トルコ貿易が増大している実態を見ることができる。そこでは浅黒い肌のギリシア人のバイヤーたちが数の上でも取引額でも重要性を高め、ドイツ語や英語とならんでギリシア語や南スラヴ語が飛び交っている」。アジアのこの地域での工業製品の貿易は一八四〇年までは事実上ロシアの独占状態だった。バイブルト、バグダッド、バスラなどの都市のバザールを支配していたのはロシア製の繊維製品、ロープ、リンネル類だった。蒸気船と鉄道の出現によってインドに到達するための短縮ルートの開発が可能となったことも重要だった。ひとつは地中海を抜けてカイロに至り、そこからスエズを経て紅海に至るルートであり、もうひとつは黒海を経てトラブゾンに至り、そこからユーフラテス川を利用してペルシア湾に出るというルートだった（従来の帆船では、スエズ湾の強風やモンスーン、あるいはユーフラテス川の狭い水路には対処できなかった）。英国はユーフラテス川経由のルートを有望視したが、その理由はスルタンが支配する地域を通ることにあった（紅海ルートはムハンマド・アリの支配地域だった）。ユーフラテス川ルートの開発は、オスマン帝国のこの地域へのロシアの進出を阻止し、英国の影響力を拡大する方法のひとつとも考えられていた。一八三四年、英国はオスマン帝国政府（「ポルト」）からユーフラテス川ルート開発のための現地調査を実施する許可を獲得する。調査団を率いたのはフランシス・チェスニー将軍（アイルランド生まれの英国軍人、探検家、スエズ運河のルート調査を指揮した）だった。しかし、調査は失敗し、ユーフラテス川ルートに対する英国の関心は低下する。だが、新ルートの開発は、一八五〇年代に入って、アレッポとバグダッドを経由して地中海とペルシア湾を結ぶ「ユーフラテス峡谷鉄道」計画に形を変えて復活する。英国政府はこの地域で英国のプレゼンスを高める方法を探っていた。それはインドに関するロシアの脅威が増大しつつあると感じられた地域だった（結局、英国は資金不足のためにこの鉄道計画を推進することができなかった。しかし、一九〇三年以降にドイツが建設する「バグダッド鉄道」は英国の「ユーフラテス峡谷鉄道」計画とほとんど同じルートを採用することになる）。

英国の反露派が感じていた脅威の根底には、ロシアの膨張政策によって英国のインド権益が侵害されるという恐怖があった。インドに対するロシアの野心こそがクリミア戦争の背景だったと論ずる人々さえいる。ロシアはトルコを征服して小アジア全域を支配下に収め、さらには、アフガニスタンとインドにも食指を伸ばそうとしていたのであり、そのロシアの野心を阻止するためには戦争が必要だったという説である。反露派の観念の中では、ロシアは世界で最も急速に成長しつつある帝国主義国家であり、その帝国主義的野心はとどまるところを知らないように見えた。

しかし、実際のところ、クリミア戦争以前の時期にロシアがインドに到達する危険は現実的には存在しなかった。ロシアにとってインドはあまりにも遠く、ロシア軍をインドまで進めることは不可能だった。ただし、ロシア皇帝パーヴェル一世はかつてインド征服のためにフランスとロシアの連合軍を派遣するという向う見ずな計画を立てたことがある。その構想はナポレオンに引き継がれ、一八〇七年のナポレオンとアレクサンドル一世の会談でも、この計画が話題となった。ナポレオンは「この遠征計画は、それが非現実的に見えれば見えるほど、英国人を恐怖させる効果が高まる」と説明したと言われている。英国政府はロシア軍のインド遠征が不可能なことを確信していた。英国のある情報将校は、「ロシアによるインド侵略なるものは、結局のところ、隊商を派遣する以上の騒ぎにはならないだろう」と発言している。しかし、ロシアが英国のインド権益に対する深刻な脅威になり得ないことが明白だったとしても、ロシアによるカフカス征服にともなう危険性を強調し、ペルシアとアフガニスタンにおけるロシアの「陰険な工作」を暴露して、人々の恐怖心を煽り立てる英国の反露派ジャーナリズムの動きを阻止することはできなかった[29]。

ロシア脅威説をはじめて明確な形で表現したのは、一八二八年に出版された『ロシアの陰謀』と題する小冊子だった。筆者はジョージ・ド＝レイシー＝エヴァンズ大佐である（当時、ド＝レイシー＝エヴァンズは大佐だったが、やがて、クリミア戦争では将軍として陸軍第二歩兵師団を指揮することになる）。ド＝レイシー＝エヴァンズは露土戦争の結果をあれこれと予測した上で、ロシアの侵略と領土拡大が最終的に小アジア全域の征服に発展した場合、英国の対インド貿易は崩壊するという悪夢を描き出した。十八世紀初頭以来のロシア帝国の急成長の背景には、誰かに阻止されるまでは領土拡大を続けなければいられないという鉄の法則が存在するというド＝レイシー＝エヴァンズの理論は一八二八年に彼が再び刊行した小冊子『ロシアによる英国領インド侵略の現実性』でも繰り返された。ド＝レイシー＝エヴァンズはロシアの真の意図を証明するいかなる証拠も提出できなかったが、それでも、ロシアがインド北西部の国境地帯に軍を派遣する可能性を指摘した。この小冊子は英国政府の関係者の間でも広く読まれた。ウェリントン首相はド＝レイシー＝エヴァンズの説を警告として受けとめ、インド監督局長だったエドワード・エレンバラ卿に「ロシアが敵意をもってインドに接近するようなことがあれば、その問題をヨーロッパの枠組みの中で取り上げる用意がある」と語っている。一八三三年以降、オスマン帝国に対するロシアの支配が確立したように見えると、英国内には、あたかもロシア脅威説の予言が的中したかのような印象が広まった。小アジアをめぐる英露両国の帝国主義的対立抗争の表現として「グレート・ゲーム」という言葉をはじめて使ったアーサー・コナリー中尉〔英国軍の情報将校、ベンガル軽騎兵師団、東インド会社に所属〕は、一八三四年、ベストセラーとなった旅行記『北インドへの旅』を出版したが、その中で、ロシアがペルシア軍とアフガニスタン軍を味方につければ、インドの北西部国境を攻撃する十分な戦力が生まれるだろうと論じている[30]。

事実、ロシアは小アジアでのプレゼンスを着実に強化しつつあった。近隣諸国を弱体化させたまま維持するという戦略に基づいての動きだった。ロシアの出先機関はペルシアの外交政策に介入する一方で、軍事援助を提供し、ペルシア王シャーの軍隊を支援した。一八三七年にそのペルシア軍がアフガニスタンの都市ヘラートを攻撃して占領する。英国の政治家の多くはその事件をロシアが本格的にインド侵攻に着手した証拠として受けとめた。英国の元駐テヘラン大使は書いている。「ヘラートがペルシア軍の手に落ちたことは、ロシアがインド侵攻のための前進基地を獲得したことを意味している」。英国の反露派ジャーナリズムは英国政府の無能ぶりを非難した。英国政府がペルシアにおけるロシアの「陰険な陰謀」や「極悪非道な振舞い」を見落としたというのがその理由だった。『ヘラルド』

紙は次のように警告している。「過去数年間、我々はロシアの野望を指摘し、英国政府の蒙を啓こうと努力してきた。ロシアの拡張主義的陰謀はトルコ、チェルケス、ペルシアの範囲を越えて我が東インドの君侯国にまで及んでいる。エカチェリーナ大帝の帝国主義的構想以来、ロシアは一貫してインド進出政策を推進してきたが、今やインド現地の君侯たちを『大ムガール帝国』の旗の下に結集させようと工作している」。『スタンダード』紙もロシアに対して警戒や監視以上の対策を取るよう要求した。「ロシアを監視したとしても、それが単なる警戒措置で終わってしまうなら、大した意味はない。我々は過去八年間ロシアを監視してきたが、その間にロシアは領土の拡張を続け、インドに到達するルートに沿って約二〇〇〇マイルの地点まで進出し、そこに軍事拠点を確保してしまった[31]」

ロシアという国家がその本質から言って英国のインド支配を脅かす存在であるとする考え方は、英国の高級紙の読者層の間にも広がった。その代表的な論調は一八三八年に匿名の著者によって出版され、広く読まれた『インド、大英帝国、ロシア』という表題の小冊子に見出すことができる。その一節は、冷戦時代のドミノ理論を思わせる調子で次のように主張している。

ロシアはその平和主義的な発言にもかかわらず、世界の信頼を完全に裏切って、あらゆる地域で類例のない侵略行為を働いている。ロシアの侵略を止めるためにはその軍事力を叩くしかないという主張がますます説得力を持つ所以である。ロシアの西方では、ポーランドがすでにロシアの属州となってしまった。南では、オスマン帝国が領土の一部をロシアに奪われただけでなく、残された主権も征服者ロシアの思うままになっている。今やモスクワの許可なしに黒海を航海することは不可能な状態となってしまった。世界のあらゆる海域で誇らかに翻る英国国旗も黒海では侮られ、英国商船隊は活動の手足をもがれ、敗退を余儀なくされている。東方でも、ロシアは組織的な侵略政策を追及している。チェルケスは蹂躙されようとしている。ペルシアについては、まずロシアの同盟国として取り込み、次に属州とし、最後にはロシア帝国の一部として併合する計画である。ペルシアの東にはアフガニスタンがある。アフガニスタンはロシアにとって格好の侵略経路となるであろう。インダス川を超えれば、ロシアの鷲が英領インドの心臓部に突入することを防ぐ防壁は存在しない。ロシアが目指しているのはまさにインドである。英国は警戒を怠ってはならない。(32)

いわゆるロシアの脅威に対抗するために、英国は小アジアとカフカス地方に緩衝地帯を設置する戦略を採用した。そして、一八三八年、アフガニスタンを占領する。占領の名目上の理由は、廃位されていたアフガニスタン王シュジャー・シャーを復位させるためだったが、復位が実現した後も傀儡政権を支援するために占領を継続した。最終的な狙いは英国によるアフガニスタン支配だった。しかし、現地部族の反乱によって軍事上の力関係が逆転し、壊滅的な敗北を喫して、一八四二年、撤退を余儀なくされる。英国は、また、テヘランでも外交攻勢を強め、防衛同盟関係と軍事支援の約束を通じてペルシアをロシアから切り離そうとした。ペルシアは英国の圧力を受けてヘラートから撤退し、一八四一年には英国との間に新通商条約を締結する。英国は、さらに、バグダッドを占領する計画も検討していた。トルコからの解放を希望するアラブ人たちが英国軍を歓迎するだろうという見通しに立っての計画だった。少なくとも、スンニ派とシーア派の対立を利用すれば、アラブ人の抵抗を弱めることができると踏んでいたのである。当時英国の駐バグダッド総領事だったヘンリー・ローリンソンによれば、「スンニ派とシーア派を互いに争わせることは何時でも可能だった」。東インド会社に所属する陸軍将校であると同時に有名なオリエント学者であり、ベヒトゥン村の岩壁に刻まれた古代ペルシア語の楔形文字をはじめて解読したヘンリー・ローリンソンは、中央アジア、ペルシア、アフガニスタンへのロシアの拡張政策を阻止するための積極的な対策を要求する論客のひとりだった。ローリンソンによれば、英国はカフカスにおけるロシアの影響力拡大を阻止するために、緩衝地帯として「メソポタミア帝国」を設立し、欧州の保護下に置くべきであり、それによって、インドへの経路にあたるチグリス・ユーフラテス峡谷地帯をロシアが占領する事態を防ぐべきだった。ローリンソンは、さらに、グルジア、エレヴァン、ナヒチェヴァンなどの地域にインド軍を派遣してロシア軍を攻撃することさえ提案している。トルコはアドリアノープル条約によってこれらの地域をロシア領と認めていたが、英国はロシア領として承認していなかった。(33)

ローリンソンは、英国がカフカス地方のイスラム教徒諸部族に支援を提供する際には、その橋渡しの役割を果たした。ロシアに対するイスラム部族の抵抗闘争は、一八三四年以降、カリスマ的な指導者シャミーリの下で勢いづいていた。信奉者たちにとって、シャミーリは無敵の指導者であり、神が遣わした勇者だった。その勇猛な戦いぶり、ロシア軍に対する数々の勝利、敗走して捕らわれても奇跡的に脱走した逸話など、次々に伝説が生まれつつあった。カフカスのイスラム教徒諸部族は指導者を得て自信を深めていた。侵略者ロシア軍に対する聖戦を呼びかけるシャミーリを中心に多くの部族が結集した。シャミーリ軍の戦力の源泉は山岳民族の住む村々との緊密な結びつきにあった。その結びつきから生まれたゲリラ戦法はロシア軍を困惑させた。現地住民の支持を得たシャミーリ軍は、姿なき部隊としてあらゆる場所に出没した。今まで村民だった者が一瞬にして兵士に変身し、兵士だった者があっという間に村民に戻った。山岳地帯の部族民はシャミーリ軍の目となり耳となり、斥候として、またスパイとして働いた。ロシア軍は移動のたびに待ち伏せ攻撃の危険にさらされた。シャミーリ軍はロシア軍の兵士、要塞、軍事物資の補給路などに奇襲攻撃を加えては山岳地帯に姿を隠し、あるいは村民の間に紛れ込むという戦法でツァーリの軍隊を文字通り手玉に取っていた。彼らは地形の開けた場所でロシア軍と対決するという戦法は滅多に取らなかった。兵力と火砲の数で優勢なロシア軍との正面衝突が不利なことを熟知していたからである。シャミーリ軍の戦法に対抗することが困難だったのは、ロシア軍の指揮官の中にゲリラ戦術を得意とする敵と遭遇した経験を持つ者がいなかったためである。ロシア軍はシャミーリが主要基地を置くチェチェニア地方を攻撃するために次々に援軍を送り込むという戦術を取るしかなかった。成果は上がらなかった。一八三〇年代末になると、シャミーリの戦術的勝利はとどまるところを知らず、イスラム教徒諸部族だけでなく、敵のロシア人までもがシャミーリを無敵の指導者と見なすようになる。ロシア軍のある将軍は次のように嘆いている。「シャミーリは宗教指導者と軍事指導者の両方の資質を兼ね備えており、地球の四分の三を剣によって支配したイスラム教の預言者ムハンマドを髣髴させる存在である」(34)

英国がロシアの進出に対抗するための緩衝地帯として最も有望視していたのは、他でもないトルコだった。トルコがエジプト軍の侵略に直面した際、英国はスルタンからの支援要請を無視したが、それがいかに愚かだったかを今になって身にしみて感じていた。オスマン帝国に影響を与える主要な外国勢力となり得る絶好の機会をみすみす逃してしまったのである。パーマストンによれば、それは「英国政府が外交分野で犯した最大の誤算」だった。英国はいったん逃した機会を回復するために二倍の努力を払って「ポルト」への影響力を獲得しようとする。ロシアに介入の口実を与えていたのはオスマン帝国内のキリスト教徒保護の問題だったが、英国はその解決につながる一連の政治的改革を「ポルト」に迫ろうとしていた。

トルコの政治改革は可能であり、改革を迫ることは正当であると英国は信じていた。砲艦外交を併用しつつ、英国式の自由主義の原則を世界中に輸出することは可能であり、正しいことだと思っていたのである。英国の見方によれば、東方問題の唯一の現実的解決方法はオスマン帝国の政治改革だった。そもそも、東方問題の根本原因はスルタンを頂点とする支配体制の腐敗にあり、「病人」を治療すれば東方問題は解消するはずだった。しかし、自由主義的な改革を促進しようとする英国の動機は、ロシアの侵略からオスマン帝国の独立を守ることだけではなかった。英国の真の意図は、トルコに対する英国の影響力を拡大し、政治的助言と経済援助を通じてトルコを英国に依存させ、英国の軍事的保護下に囲い込み、英国の指導下にトルコを「文明化」すべく、英国式の自由主義的原理、宗教的寛容、行政機構のあり方を教え込み（ただし、議会の開設と憲法の制定を求めなかったのは、トルコには議会と憲法を受け入れるために必要な「ヨーロッパ的資質」が欠けていると判断したからだった）、自由貿易を通じて英国の利益を促進し（自由貿易はその言葉の輝かしい響きとは裏腹に、オスマン帝国の経済にとっては壊滅的な打撃だった）、そしてインドへのルートを確保することにあった（しかし、英国がインドについて自由貿易の原則を適用しなかったことは言うまでもない）。

トルコを近代化しようとする英国を勇気づけたのは、マフムト二世の統治時代の末期にトルコ国内に出現した外見上の西欧化現象だった。マフムト二世の軍制改革は大きな成果を上げなかったが、コンスタンチノープルに住むオスマン帝国の支配層の服装と生活習慣には変化の兆しが見えた。ローブとターバンに代わって制服とフェズ帽が着用されるようになった。髭を生やす習慣は廃止され、女性の社会進出が始まった。これらの表面上の変化はトルコに新しいタイプの官僚と紳士の階層が出現したことを意味していた。ヨーロッパ化したトルコ人たちは、外国語を聞きかじり、西欧式の生活習慣や礼儀作法を身につけ、時には西欧式の悪徳に染まったが、根本的なところで伝統的なイスラム文化を捨てることはなかった。

その頃オスマン帝国を旅行した西欧の旅行家たちは、トルコ人の生活様式の変化に注目して、強い印象を受けている。彼らの旅行記は英国の世論に多大の影響を与えたが、旅行記のうち最も広く読まれ、最も大きな反響を呼んだのは、間違いなく、ジュリア・パルドー〔英国の詩人、小説家、歴史家、旅行記作家〕の『スルタンの街、一八三六年のトルコ社会の実態』だった。初版の出た一八三七年からクリミア戦争が始まる五三年までの間に四版を重ね、発行部数三万部を上回ったこの本の中で、パルドーは過去の多くのトルコ旅行記に見られる固定観念や偏見を批判している。確かに、トルコはヨーロッパ人が思い描いてきた固定観念に表面上は合致しているように見える。たとえば、トルコは異国情緒に満ちた国であり、トルコ人は怠惰で、官能的で、無知蒙昧で、宗教については狂信的であるという類の固定観念である。しかし、実態を仔細に観察すると、トルコ社会にはいくつかの「優れた資質」が備わっていることが分かる。トルコには自由主義的な改革を可能にする豊かな社会的土壌が存在する。「偏見を捨てて見れば、トルコ社会の驚くべき実情が明らかになる。トルコには重大犯罪がない。庶民階級は現状に満足しており、自分たちの暮らしに誇りを持っている。一方、上流階級には一切の思い上がりや傲慢さがない」。パルドーによれば、「トルコの近代化を阻む唯一の障害はロシアである。トルコ人を抑圧し、虎視眈々とトルコ征服を狙っているロシアは、近代化しようとするトルコの努力を徹底的に妨害するつもりなのだ(35)」。

一八四〇年代に入ると、親トルコ派の人々による旅行記や政治的小冊子が数多く発行され、パルドーと同様の趣旨の主張を展開する。たとえば、チャールズ・ホワイトの『コンスタンチノープルの三年間、一八四四年のトルコ社会の実態』は英国による「トルコの文明化構想」の推進を支持して、西欧式の衣服の採用、宗教的狂信主義者の減少、「中流階級と下層階級」に見られる教育熱の拡大など、トルコ人の生活習慣改善の例をあげている。

トルコ人の間に、中流階級であれ、下層階級であれ、悪を排し、善を選ぶ明確な傾向があることは明らかである。世界中どこへ行っても、コンスタンチノープルほど社会的、道徳的な紐帯の強い街はない。この街には世界のどこよりも高潔で誠実、家族の結びつきを重んじる人々が暮らしている。財産や人身に対する犯罪が少ないことでも世界一である。これらの美点は法的強制によって実現したのではなく、人々の伝統的な正直さが生んだ結果である。[36]

このような考え方と並んで、英国の親トルコ派の心を捉えていたのはイスラムに対するロマンチックな共感だった。彼らはイスラム教徒を基本的に温和で進歩的な勢力と見なしていた（少なくとも、ロシア正教という迷信深い「疑似キリスト教」よりもマシだと思っていた）。たとえば、アーカートは、イスラム教は温和で寛容な宗教であり、イスラム教にはオスマン帝国内で互いに抗争を続けるキリスト教各派の対立を調停して平和をもたらす能力があると論じている。

トルコ国内を旅行した者ならば、いやでもキリスト教各派の狂信的な態度に気づかないではいられない。キリスト教各派は反感と敵意を剥き出しにして互いに反目している。一方、イスラム教は平穏である。それがイスラム教固有の寛容の精神に起因することを知る人は少ない。イスラム教は静かで、奥深い。ドグマに囚われることなく、他の宗教の信者にむりやり改宗を迫ることもない。現在は特有の自制心と沈黙の姿勢をもって他の宗教宗派に範を垂れている。もし、イスラム教が調停者としての役割を果たさなくなり、宗教宗派の対立関係が法制度や軍事の分野に拡大した場合には、政治的権力と政治的対立関係が宗教的支配被支配の関係や宗教的反目と結びつき、その結果、オスマン帝国は血の海に溺れてしまうだろう。そして、平和を回復するためには、ロシアの専制主義的支配を待たねばならなくなるだろう。(37)

このような考え方の一部はストラトフォード・カニングにも共通していた。カニングは一八五二年に爵位を得て初代ストラトフォード・ド・レッドクリフ子爵となるが、その生涯に五度にわたって英国の駐コンスタンチノープル大使を務め、一八三九年以降、若きスルタン、アブデュルメジド一世とその改革派の大宰相ムスタファ・レシト・パシャの改革計画を直接に指導した人物だった。ストラトフォードの従兄ジョージ・カニングは外相であり、最晩年には首相を務めた。ストラトフォード・カニングは傲慢で性急な性格だったと言われるが、おそらくその原因はあまりにも順調に出世街道を驀進した経歴にあったと思われる(イートン校を経てケンブリッジ大学を卒業するとすぐに弱冠二十四歳でいきなりコンスタンチノープル駐在全権公使に任命された)。三十八歳ではじめてオスマン帝国駐在大使に任命されたカニングは、皮肉なことに、トルコに対して抜き難い嫌悪感を抱くようになる。カニングによれば、彼の使命はトルコを「トルコ自身から救出する」ことだった。カニングは、従兄のジョージに宛てた手紙の中で、自分の「秘密の願望」は欧州大陸からトルコ人を「一人残らず」追放することであると述べ、「忌まわしいトルコ人たちを保護している欧州諸国を呪いたい気分だ」と告白している。しかし、カニングはトルコ以上にロシアを嫌っていた(カニングのロシア嫌いを知っていたロシア皇帝ニコライ一世は、一八三二年、カニングが駐ロシア大使としてサンクトペテルブルクに着任することを拒否するという異例の措置に出た)。ロシアがトルコに対する影響力を拡大する実態を目にして、カニングはオスマン帝国を救う道は自由主義的な改革以外にないと確信する。

アーカートをはじめとする親トルコ派とは違って、ストラトフォード・カニングはトルコについて十分な知識を持っていなかった。彼はトルコ語を解さず、トルコ国内を広く旅行したこともなかった。ほとんど外出せず、コンスタンチノープルのベーオールー（ペラ）地区にある英国大使館またはタラビヤ（テラピア）地区にある夏用別館にいつも閉じこもっていたカニングは、旧弊化したトルコの国家制度を近代化する可能性を信じていなかった。また、イスラム教については何の共感も覚えず、理解する気もなかった。彼の考え方によれば、トルコに残された唯一の希望はヨーロッパ文明（つまりキリスト教文明）をそっくりそのまま移入することだった。それなしには、トルコを宗教上の蒙昧主義から救出し、合理的な啓蒙主義の道に導く方法は存在しなかった。カニングも、また、トルコ人の服装と生活様式の西欧化を有望な兆候と見なしていた。一八三二年、大使として二度目に赴任した時のことである。トルコを根本的に改革することはできないとしても、少なくとも改善することは可能であるという印象を受けたカニングは「前回赴任した時に比べて、トルコ人は大きな変身を遂げた。少なくとも衣服に関してはそう言うことができる」とパーマストン外相宛に報告している。

現在、トルコ人はターバンを脱いで帽子を被り、ペチコートを脱いでズボンを履くという転換の途上にある。これが表面上の変化にとどまらず、本質的な変革につながるかどうかについては、何とも言えない。しかし、もしトルコが変革を目指すとすれば、選ぶべき道はキリスト教文明の採用以外にはあり得ない。スルタンには果たして変革を達成する力があるだろうか？　私は懐疑的である。トルコの近代化は、たとえ不可能ではないにせよ、どう考えても困難に満ちた緩慢な過程になるであろう。(38)

その後、ストラトフォード・カニングは、断続的ながら四半世紀の長きにわたって、トルコを英国のモデルに従って近代化する方法をスルタンに講義し、改革派の閣僚たちを指導した。

大宰相ムスタファ・レシト・パシャは、西欧化したトルコ人の典型とも言うべき人物だった。ストラトフォード・カニングはムスタファ・レシトをオスマン帝国改革の旗手として有望視し、「レシトは生まれも育ちも立派な紳士であり、性格は温和で度量に富み、トルコ人の中で私が最も共感できる人物である」と回顧録に記している。背が低く、小太り、黒い顎鬚を蓄え、生き生きとした顔つきを特徴とするムスタファ・レシトは、フランス語と英語を流暢にあやつり、過去に大使としてロンドンとパリに赴任したことがあり、赴任先の劇場やサロンで異彩を放つ存在だった。一八三七年には帰国して外相に就任する。十九世紀のトルコの改革派の多くがそうだったが、欧州にいた頃、ムスタファ・レシトはフリーメイソンに接近し、一八三〇年代にはフリーメイソンのロンドン支部への加入を認められている。ムスタファ・レシトをはじめとする西欧志向のトルコ人にとって、フリーメイソンは、イスラム教徒としての信仰とアイデンティティーを失うことなく、また、背教者として訴追される危険を冒すことなく西欧の世俗的な思想を学ぶ方法のひとつだった（イスラム教徒の背教は一八四四年まで死刑に値する犯罪行為だった）。西欧の思想に刺激されて、ムスタファ・レシトはオスマン帝国を近代的な君主制国家に変革しようとする。彼が思い描いていた近代的な君主国では、スルタンは君臨すれども統治せず、宗教勢力の権限は制限され、新たに生まれる啓蒙主義的な官僚集団が帝国の政治を運営することになるはずだった[39]。

一八三九年、十六歳でスルタンに即位したばかりのアブデュルメジド一世は「ギュルハネ勅令」〔ギュルハネは勅令が読み上げられたトプカプ宮殿内の薔薇園〕を発布し、一連の改革に着手した。ギュルハネ勅令はアブデュルメジド一世の統治期間（一八三九〜六一）から最終的には第一次オスマン帝国議会の設立が決まる一八七六年まで続く「タンジマート改革」の始まりを意味していた。この勅令を起草したのは、ムスタファ・レシトだった。一八三八年に短期間だが駐英大使の職にあったムスタファ・レシトは、ロンドンのブライアンストン・スクエアの宿舎でギュルハネ勅令の案文を起草し、出来上がると真っ先にストラトフォード・カニングに草案を見せてその個人的な同意を求めた。文案には明らかに英国のマグナ・カルタの引き写しと思われる部分があった。ギュルハネ勅令は、人種と宗教の違いに関わりなく、スルタンの帝国に住むすべての臣民に生命、名誉、財産の権利を保障するとともに、法による支配の貫徹、宗教上の寛容、統治組織の近代化、中央集権的な課税と徴兵に関する公正かつ合理的なシステムの実現などを約束していた。勅令の根底には、オスマン帝国内の最も活動的な勢力である非イスラム教ミッレトに人身の自由を保障することが帝国の復興につながるという思想があった。多数派のイスラム教徒による非イスラム教ミッレトへの不公正な扱いがオスマン帝国内の社会的不安定の原因だったからである(40)。

ギュルハネ勅令が発布された背景に、危機に瀕したオスマン帝国が英国の支持を取りつけようとする打算的な動機があったかどうかは議論の分かれるところである。確かに、勅令の自由主義的な言葉遣いには英国向けの宣伝文句とも見える要素が含まれている。しかも、最終的な文案には英国の駐コンスタンチノープル大使ポンサンビーの意見が大きく反映していた。しかし、その故をもって、ギュルハネ勅令をオスマン帝国が英国の支援を確保するために真意に反して表明した不誠実な譲歩と見なすことはできない。ムスタファ・レシトとその追随者たちは、帝国を救済するためには最終的には世俗的な意味で帝国の一体性を確保する思想(「オスマン主義」)が必要であると確信していた。帝国の一体性を回復する前提は、スルタンのすべての臣民にその宗教の如何を問わず平等な権利を保障することだった。当然予想される保守派の反対を和らげるために、ギュルハネ勅令の文言は、権利条項を包み込むような形でイスラムの伝統の尊重を謳い、「輝かしいコーラン」の教えを強調している。これは改革派の配慮であると同時に改革への真剣な決意の表明だった。スルタン自身もそうだったが、ムスタファ・レシト、メフメト・ヒュスレフ・パシャ（一八三九〜四一年の大宰相）など、改革派の主要閣僚の多くがナクシュバンディー教団〔イスラム神秘主義教団〕の修道場（テッケ）と深い関係を持っていた。そこではイスラム法の教えを厳密に適用する教えが説かれていた。全般的に言って、タンジマート改革が目標としたのは、中央集権的性格は強いが、宗教的には寛容なイスラム国家の建設だった。[41]

しかし、ギュルハネ勅令に謳われた高邁な理想にもかかわらず、オスマン帝国政府が実際に達成した改革はきわめて限定的だった。改革を阻んだ最大の障害は、キリスト教徒住民の生活条件を改善するという条項だった。案の定、伝統的なイスラム教の指導者層と政治的な保守派からは強硬な反対の声があがった。その結果、実際に実現した改善は取るに足らない内容だった。背教者を死刑によって罰する制度は一八四四年にスルタンによって廃止されたが、その後も、キリスト教に改宗したイスラム教徒（およびイスラム教に改宗したキリスト教徒）が地方の太守の命令で死刑となる例が後を絶たなかった。神を冒瀆した者に対する死刑も存続した。キリスト教徒は軍学校への入学を許され、徴兵の対象として認められるようになったが、軍に入っても昇進する可能性がなかったので、大多数のキリスト教徒は特別税の支払いと引き換えに軍務を免除される道を選んだ。一八四〇年代末になると、キリスト教徒にも地方長官の活動を監視する地方評議会の議員になる権利が認められた。商事裁判所には西欧の法原理が広く適用され、その陪審員としてキリスト教徒がイスラム教徒と肩を並べて座ることも認められた。しかし、これ以外には大きな変革は実現しなかった。カフカス地方から拉致してきたキリスト教徒の少年少女をコンスタンチノープルの奴隷市場で売買することを主な内容とする奴隷取引は相変わらず続いていた。トルコ人は依然としてキリスト教徒を劣弱な存在と見なしており、イスラム教徒の特権は放棄すべきでないと考えていた。必ずしも法律上の規定はなかったとしても、キリスト教徒を二級市民として扱う行政上の慣行と非公式の社会規範は存続していた。ただし、キリスト教徒はオスマン帝国の経済を支配する勢力として急速に成長しつつあり、それが社会的な緊張と反感を呼び起こしていた。キリスト教徒商人が外国政府発行のパスポートによって保護され、課税を回避している場合は特に強い反感を招いた。

ストラトフォード・カニングは、一八四二年、三期目の大使としてコンスタンチノープルに戻ったが、その頃には、オスマン帝国の改革の見通しについては以前にもまして絶望的になっていた。保守派に立ち向かうには、スルタンはあまりにも若く、ムスタファ・レシトはあまりにも非力だった。「ポルト」の枢密院では、保守派が改革派を圧倒する勢いを示していた。改革派内部の個人的な対立関係も目立ち始めた。特に、ムスタファ・レシトとメフメト・アリ・パシャとのライバル関係が事態を複雑にしていた。メフメト・アリ・パシャはもともとムスタファ・レシトの庇護下にある改革派の政治家だったが、一八四一〜四四年には駐ロンドン大使、一八四六〜五二年には外相を務め、一八五二年にはムスタファ・レシトに代わって大宰相に就任する。二人の対抗心はきわめて強烈であり、その結果、一八五〇年代に入ると、ムスタファ・レシトは競争相手を失脚させようとしてイスラム保守派にすり寄り、すべての臣民に平等の権利を与えるというスルタンの改革にさえ反対する動きを見せた。インフラの立ち遅れも、また、改革の実現を阻む要因だった。鉄道も、郵便制度も、電報も、新聞さえもない大帝国の隅々にまで法の支配を貫徹するには、コンスタンチノープルのオスマン帝国政府はあまりにも遠く、また、あまりにも弱体だった。

しかし、最大の障害は伝統的なエリート階級の存在だった。各ミッレトの宗教指導者たちはタンジマート改革によって特権を奪われることを恐れていた。すべてのミッレトが改革に反対した。特に激しく反対したのはギリシア正教のミッレトだった。アルメニア正教のミッレトでは、世俗派の指導者によるクーデター騒ぎさえ発生した。なかでも強力な反対勢力は地方の州知事たちとイスラム教指導者、イスラム官僚たちだった。キリスト教徒に対する法律的かつ慣習的な差別を前提とする伝統的なミッレト制度こそが彼らの富と権力の源泉だったからである。オスマン帝国政府（「ポルト」）が中央集権化と近代化の推進に努力すればするほど、保守派の指導者たちは地方の不満を煽り、反動的なイスラム世論を掻き立てた。外国への依存を深めつつある政府を「イスラムの教えに反する異端者」として非難したのである。宗教指導者に扇動されたイスラム民衆は多くの地方都市で改革に反対する示威行動を開始した。キリスト教徒に対する暴力事件が頻発し、キリスト教会が破壊された。コンスタンチノープルでは大学地区を焼き討ちするという脅迫が始まった。

イスラム教に対して何らの共感も持たなかったストラトフォード・カニングにとって、この動きは思想上のジレンマをもたらした。英国はキリスト教徒への迫害を止めることのできないオスマン帝国政府への支援を続けるべきだろうか？　一八五〇年二月、後にブルガリアの一部となるルメリア地方でキリスト教徒に対する「残虐な大量虐殺」が発生したという情報を耳にして絶望の淵に追い込まれたカニングは、パーマストン外相宛に陰鬱な調子で「当面、改革の大事業は完全にお手上げ状態である」と報告している。

この国の改革を阻んでいる最大の障害は社会を支配している宗教である……イスラム教の精神は国力の源泉としても、国家再生のエネルギーとしても完全に無力となってしまったが、それにもかかわらず、あるいは、それゆえに、歪んだ形で生き残り、征服民族の優越性を主張し、長い専制支配から生まれた偏見を助長している。オスマン帝国がその繁栄と独立を回復するための条件は不正と弱体化の原因であるイスラム教から解放されることだと言っても過言ではない。

キリスト教徒への迫害がロシアの介入を招き、介入を正当化する口実となっている点についてはパーマストンも同意見だった。パーマストンの見方によれば、英国がオスマン帝国政府への支援をこれ以上続けることは不可能だった。同じ年の十一月、パーマストン外相はムスタファ・レシト宛にオスマン帝国の崩壊を予言する内容の書簡を送っている。「オスマン帝国はその君主と閣僚たちの怯懦と気弱さと不決断のせいで崩壊する運命にある。間もなく、我々はオスマン帝国崩壊後の対策を考えなければならなくなるだろう(42)」

一方、トルコの内政に対する英国の介入はイスラム教徒の間に外国の干渉に対する反発を生み出していた。ストラトフォード・カニングは、一八五〇年代の初期になると、単なる大使または政府顧問の立場を超える存在になっていた。コンスタンチノープルで「偉大なる大使」と呼ばれるようになったストラトフォード・カニングは、オスマン帝国政府の政策に直接介入して影響力を行使した。ロンドンとコンスタンチノープルの間を電報で結ぶ手段がまだ存在しなかった当時、外務省の訓令がホワイトホールから大使の許に届くまでに数ヵ月を要することも稀ではなかった。その間、ストラトフォード・カニングは対トルコ政策に関してかなりの自由裁量権を行使することになる。英国の「偉大なる大使」の存在はスルタンの閣僚の間では憤懣の種だった。彼らは独裁的な英国大使との会見を恐れ、びくびくして暮らしていた。コンスタンチノープルの有力者たちとイスラム教の指導者たちは、キリスト教徒の保護を優先するカニングの動きに反発し、英国大使が政府の政策を左右する事態をオスマン帝国の主権に対する侵害と見なしていた。相手が英国であれ、フランスであれ、あるいはロシアであれ、外国からの内政干渉に抵抗する動きは、クリミア戦争を間近に控えるトルコの政治の中で重要な要素になろうとしていた。

第3章 ロシアの脅威

一八四四年六月一日（土曜日）の夜更け、一隻のオランダ船籍の蒸気船がロンドン港に入港し、ウリッジ埠頭に接岸した。貸切りのオランダ船で到着した乗客は、サンクトペテルブルクの「オルロフ伯爵」とその随員の一行だった。「オルロフ伯爵」とは、お忍び旅行中のロシア皇帝ニコライ一世の偽名である。一八三〇年にポーランドで発生した反ロシア蜂起〔十一月蜂起〕を翌三一年に残忍なやり方で鎮圧して以来、ニコライ一世は常に暗殺の危険にさらされていた。ロシアによる支配に抵抗し、祖国の独立を目指すポーランドの民族主義者たちが皇帝の命をつけ狙っていたのである。したがって、皇帝の旅はいつも身分を隠しての隠密行だった。ロンドンにも亡命ポーランド人の大規模なコミュニティーがあったので、その年の一月にロシア皇帝の訪英計画が浮上して以来、英国政府は皇帝の安全をどう確保するか、その対策に頭を痛めていた。ニコライ一世自身も、身の安全のために、旅行計画を一切公表していなかった。サンクトペテルブルクで皇帝を乗せた馬車は、ベルリンでの一時休憩を除けば、欧州大陸をノンストップで駆け抜けた。到着予定の日時が英国側に知らされたのは、皇帝が五月三十日にハンブルクに到着し、オランダ船に無事に乗り込んだ後のことだった。知らせを受けてから皇帝をウリッジ埠頭に迎えるまで、二日足らずの余裕しかなかった。

皇帝の旅行日程の詳細は、ロンドン駐在のロシア大使ブルノフ男爵にさえ知らされていなかった。船の入港時刻を知らされていなかったブルノフ大使は、土曜日の朝から終日ウリッジ埠頭で待機していた。オランダ船は夜の十時になってようやく接岸した。一八二八年に露土戦争の前線で着用したのと同じ灰色の外套に身を包み、ほとんど誰とも見分けのつかない姿で上陸したニコライ一世は、ブルノフ大使とともに急ぎアシュバーナム・ハウスと呼ばれるウェストミンスターのロシア大使館に入り、すでに深夜ではあったが、女王の配偶者アルバート公宛に書状を送った。できるだけ早い時期に女王との会見が設定されるよう要請する内容だった。自分の部下の閣僚たちを、昼夜の別なく、いついかなる時間にも呼び出すことに慣れていたニコライ一世には、土曜日から日曜日にかけての深夜にアルバート公を叩き起こすことが無作法にあたるという発想はなかったのである。(1)

ニコライ一世のロンドン訪問は今回が初めてではなかった。一八一六年の前回の訪英は彼にとって懐かしい思い出だった。当時二十歳の大公だったニコライは英国貴族界の女性たちの間で大いに人気を博した。英国皇太子妃の女官で美人の誉れ高かったシャーロット・キャンベル夫人はニコライについて次のような感想を書き残している。「なんと魅力的な青年だろう！　それに、怖いほどハンサムだ！　ヨーロッパ随一の美男子と言ってもおかしくない」。この時の訪英の経験から、ニコライは英国の王室と貴族社会の中に自分の同盟者が存在するかのような印象を抱いていた。世界最大の国家の専制君主であるニコライ一世は英国の立憲君主制がかかえる様々な限界を理解していなかった。英国に乗り込んで女王と重要閣僚に直接談判すれば、英露両国の外交政策を調整することは可能であると思い込んでいたのである。彼はヴィクトリア女王との最初の会見で次のように述べている。「君主たる者、外交官の説明を鵜呑みにするよりも、自分の眼で物を見る方がはるかに有益である」。国を統治する国王同士が直接会談することは「友好と関心」を醸し出し、「たとえ単純な会話であっても、大量の書簡の交換よりも率直に感情や見解や動機を説明することができる」というわけだった。ニコライ一世はオスマン帝国が崩壊した場合の対策について英国との間に「紳士協定」を取り交わすことが可能であると考えていた(2)。

オスマン帝国を分割する計画についてロシアが外国の支持を取りつけようとしたのはこれが初めてではなかった。すでに一八二九年、ニコライ一世はオーストリアに対してオスマン帝国領の欧州部分を墺露両国間で山分けする提案を行なっている。オスマン帝国崩壊後に発生し得る混乱を予防するというのが提案の理由だった。しかし、オーストリアは欧州協調を堅持する立場からロシアの提案を拒否した。さらに、一八四三年にも、ニコライ一世は再びオーストリアに接近した。オスマン帝国崩壊後に発生する獲物を英仏両国が占有することを阻止するために、ロシア、オーストリア、プロイセンの三ヵ国（一八一五年の神聖同盟当事国）が協力してギリシア帝国構想を推進する計画を持ちかけたのである。ロシアにはバルカン半島に進出する野心がないことを強調しつつ、ニコライ一世はオスマン帝国の領土のうちドナウ川とアドリア海との間のすべての地域をオーストリアの領土とすること、そして、コンスタンチノープルを自由都市としてオーストリアの保護下におくことを提案した。しかし、ニコライ一世が何を言っても、ウィーンがロシアの野望に関して抱く深刻な不信を払拭することはできなかった。オーストリアの駐露大使によれば、ニコライ一世の狙いはオスマン帝国の保全を口実にしてその内政に干渉し、ロシア自身のオスマン帝国分割計画を武力で強行するために都合のいい環境を作り出すことにほかならなかった。ロシア皇帝の真意は新ギリシア帝国を設立して神聖同盟三ヵ国がそれを支援することにあるのではない、と駐露大使は断言している。「ロシアの国益、ロシアの国家理念、ロシアの宗教と深く結びついた新国家を創設し、その国をロシアの大公が統治するという目標をロシアが放棄することは決してないのである。なぜなら、それこそがロシアの運命を実現するために必要な条件だからだ。現在のギリシアはロシアの新国家に呑み込まれてしまうだろう」[3]。疑い深いオーストリアは、英仏両国の合意が得られない限り、ロシア皇帝の提案に乗ることはできないと回答した。そこで、ニコライ一世はまず英国の合意を取りつけようとしてロンドンに乗り込んだのである。

ニコライ一世が英国との間に新たな同盟関係を結び得る可能性は実際問題としてほとんどなかった。オスマン帝国を救済するために英国が進めていたのは自由主義的な改革計画であり、ロシアの野望は英国の計画の実現を阻む重大な脅威と見なされていたからである。しかし、ロシア皇帝は、近年、英露両国間の友好関係が回復したことに気を良くしていた。事実、英露両国は、中近東地域におけるフランスの影響力拡大に対する共通の懸念を通じて急速に接近しつつあった。

一八三九年、ムハンマド・アリのエジプト軍が再びスルタンの権威に挑戦してシリアに侵攻した際、フランスはエジプト軍を支援した。フランスの支援を得たエジプト軍はオスマン帝国軍を撃破し、六年前と同じように首都コンスタンチノープルに迫る勢いを見せた。年若いアブデュルメジド一世はスルタンとしてあまりに弱く、またしてもエジプトとシリアの世襲王朝を要求するムハンマド・アリに抵抗できるとは思われなかった。特にアレクサンドリアに駐留していたオスマン帝国海軍がエジプト側に寝返ったことが痛手だった。オスマン帝国政府（「ポルト」）は今回も外国に支援を求めざるを得なかった。前回の一八三三年には、ロシアが単独でスルタンを支援したが、今回の第二次危機では、ロシアは英国との協調を通じてスルタンの支配を回復する方針だった。ロシアの狙いは英国とフランスの間に楔を打ち込むことにあった。

ロシアと同じように、英国もエジプトへのフランスの影響力拡大に強い警戒心を抱いていた。エジプトは一七九八年にナポレオン軍が大英帝国軍に痛撃を与えたまさにその舞台だったからである。

一八三〇年代に入って、フランスはエジプトの綿花産業と製造業への大規模な投資を行なっていた。換金作物を生産する綿花産業はブームを迎えていた。フランスは、また、軍事顧問団を派遣してエジプト陸海軍の訓練にあたっていた。フランスの支援を背景として、エジプトはオスマン帝国の支配体制を脅かす存在となっていたが、話はそれだけでは終らなかった。ムハンマド・アリは、オスマン帝国に対する西欧キリスト教諸国の干渉に反対する強力なイスラム復興運動の指導者として、ロシア皇帝の支配と戦うカフカス地方のイスラム教徒抵抗勢力を支持し、鼓舞激励していた。

結末はこうだった。ロシア、英国、オーストリア、プロイセンの四ヵ国が共同してムハンマド・アリに圧力をかけ、シリアから撤兵させるとともに、スルタンとの和平条件を受け入れさせた。一八四〇年に締結され、四ヵ国とオスマン帝国が批准したロンドン条約の和平条件にしたがって、ムハンマド・アリはエジプトの世襲君主となることを認められた。エジプト軍の撤退を見届けるために、英国艦隊がアレクサンドリアに派遣され、英国とオーストリアの連合軍がパレスチナに進駐した。エジプトのムハンマド・アリはフランスの支援を頼りにしてしばらくの間抵抗した。フランス政府が四ヵ国の和平条件を拒否し、ムハンマド・アリへの支援継続を表明した時には、欧州戦争勃発の危機が現実のものとなった。しかし、最後の瞬間になって、フランスは欧州戦争を恐れて引き下がり、ムハンマド・アリはシリアから撤兵する。一八四一年にロンドンで再び条約が締結され、フランスも渋々ながら調印した。このロンドン五ヵ国条約によって、ムハンマド・アリにはエジプト世襲君主の身分が認められ、引き換えにエジプト以外のオスマン帝国領土に関するスルタンの主権が確認された。

この一八四一年のロンドン条約（国際海峡条約）には、ムハンマド・アリの撤兵以外にも、重要な規定が含まれていた。戦時にはオスマン帝国の同盟国を除く外国の軍艦に対してダーダネルス海峡とボスポラス海峡を封鎖するという合意が成立したのである。これはロシアにとってきわめて大幅な譲歩だった。なぜなら、戦時に英国艦隊が黒海に入り、ロシアの脆弱な南部国境地帯を攻撃する可能性が生まれたからである。この条約に調印することによって、ロシアはオスマン帝国に対するその特権的な地位をあきらめ、両海峡についての独占的な支配権を放棄することになった。ロシアが行なったすべての譲歩は英国との関係を改善するためであり、フランスを孤立させるためだった。

　ロシア皇帝ニコライ一世にしてみれば、揺らぎつつあるスルタンの支配体制を支えることは一時しのぎの対策に過ぎなかった。ムハンマド・アリの反乱を支持したことによってフランスの立場が弱体化し、その一方で、ロシアと英国の間に中東問題をめぐる新たな相互理解が成立したと判断したニコライ一世は、ロンドン条約を契機に英露間に公式の同盟関係を構築する可能性が開かれたと結論した。英国の一八四一年の総選挙でロバート・ピール卿の率いる保守党政権が返り咲いたこともニコライ一世の希望的観測の根拠となった。保守党も決して親露的ではなかったが、その反露的な姿勢はウィリアム・メルバーン子爵を党首とする前任のホィッグ党政権に比べれば穏やかだったからである。ニコライ一世は英露両国が手を携えてヨーロッパを主導し、オスマン帝国の今後の運命を決定するという自分の提案について英国の保守党政府が好意的に耳を傾けるに違いないと確信していた。今回一八四四年の訪英も、オスマン帝国分割に関するロシアの提案について英国の合意を取り付けることができるという自信があってのことだった。

　六月に突如としてロシア皇帝がロンドンに現れたことは、すべての関係者にとって驚きだった。確かに、ニコライ一世訪英の噂は春から漠然とした形で流れていた。ピール首相は、五月二日にロンドンのタヴァーン・ホテルで開催されたロシア貿易会社の晩餐会に招かれて、皇帝の訪英を歓迎する旨のスピーチを行なっている。その三日後、ジョージ・アバディーン外相〔ウェリントン内閣の外相、第二次ピール内閣の外相、後にクリミア戦争開戦時の首相〕はブルノフ駐英大使を通じてロシア皇帝に公式の招待状を送り、その中で、ロシア皇帝自身がロンドンを訪問すれば、「ポーランド問題をめぐって英国内に存在する反露的感情を払拭することができる」と保証した。これについてブルノフ大使は本国のネッセリローデ外相に次のように書き送っている。「アバディーン外相のように慎重で控えめな人物がこの問題について確信をもって発言していることは注目に値する」。ヴィクトリア女王は、当初、ロシア皇帝を招待することに消極的だった。女王の叔父であり、独立して間もないベルギーの国王であるレオポルド一世とニコライ一世との間の積年の対立が原因だった。レオポルド一世は一八三〇年代に多数の亡命ポーランド人がベルギー軍に参加することを容認していた。神聖同盟の本質である王権主義の原則を堅持していたニコライ一世は、一八三〇年に起こったフランスとベルギーの革命を弾圧して、退位させられた王政を復活させようと企図していた。その企てを挫いたのが同じ年の十一月にワルシャワで始まったポーランド蜂起だった。革命や蜂起に対するロシアの強権的な抑圧政策は西欧のリベラル派の不信を買い、ニコライ一世は「ヨーロッパの憲兵」の異名で呼ばれることになる。一方、十一月蜂起が圧殺された後に国外に逃れたポーランドの亡命者たちはパリ、ブリュッセル、そしてロンドンに安全な避難場所を見出していた。ヴィクトリア女王が消極的だった背景にはこれらの事情があった。しかし、女王は最終的に夫のアルバート公の説得を受け入れる（レオポルド一世はアルバート公にとっても叔父だった）。アルバート公はロシア皇帝の訪英が欧州大陸各国の王家の関係修復に貢献するという意見だった。ヴィクトリア女王はニコライ一世への招待状の中で訪英の時期として五月末から六月はじめを示唆したが、具体的な日程は未定だった。ニコライ一世の訪英が実現するかどうかは五月の中旬になっても確定していなかった。女王がニコライ一世の到着予定を知ったのは、乗船がウリッジ埠頭に接岸する数時間前だった。王室スタッフは恐慌状態に陥った。同じ日にザクセン公の訪英を迎える予定があったことも混乱の原因のひとつだった。急ごしらえでロシア皇帝の歓迎態勢を整える必要が生じた。(4)

今回の突然のロンドン訪問に限らず、ニコライ一世の最近の行動には唐突で性急な一面が目立ち始めていた。皇帝の地位に就いた当初は用心深く、保守的で、自己抑制的に見えたニコライ一世だったが、在位十八年を経て、その性格は大きく変容したように見えた。長兄のアレクサンドル一世をその最晩年に苦しめた遺伝的な精神的疾患がニコライの身にも発現したのか、最近はますます性急になり、こらえ性がなくなり、衝動的な行動に出るようになっていた。自分の計画を英国に押しつけるために急遽ロンドンに乗り込んだのもその一例だった。ニコライの性格に奇矯な点があることに気づいたヴィクトリア女王夫妻は、叔父のレオポルド一世に次のように書き送っている。「アルバートの考えでは、ニコライ一世はしばしば感情に駆られて行動する。彼には的外れで衝動的な行動に走る傾向が見受けられる」(5)

到着の翌日、ニコライ一世はバッキンガム宮殿でヴィクトリア女王と会見し、ケンブリッジ公爵、ウェリントン公爵、グロスター公爵の三人を引見し、続いて、ロンドン市内の最新流行の街ウェスト・エンドと国会議事堂の建設現場を視察した。一八三四年の火災で焼け落ちた国会議事堂は再建工事の途中だった。完成したばかりのリージェント・パークも訪れた。夕方、ニコライ一世の一行は汽車に乗り込み、その後五日間の宿舎となるウィンザー城に移動した。ウィンザー城の使用人たちを驚かしたのは、ニコライ一世の質実剛健な生活習慣だった。皇帝の寝室に案内された従者たちが最初にしたことは、厩舎から麦藁を取り寄せることだった。麦藁を皮袋に詰めて、皇帝が寝慣れた軍隊用マットレスの代わりにするためだった(6)。

当時、ヴィクトリア女王は身重で出産を間近に控えており、アルバート公の父親で最近逝去したザクセン＝コーブルク＝ゴーダ公の喪中でもあったので、ロシア皇帝を歓迎する公式の宮中舞踏会は開催されなかったが、それ以外の歓迎行事は、狐狩り、閲兵式など、盛り沢山に挙行された。アスコット競馬では、それまでゴールドカップ賞と呼ばれていたレースがニコライ一世の来訪を記念してロシア皇帝杯レースに改称された。[*1] 女王と皇帝が同席してオペラを楽しむ晩も設けられた。華やかな大晩餐会では、六〇人を超す招待客がグランド・サービス・ホテルの提供する五十三皿の料理を堪能した。使われた金銀の食器はおそらく世界の最高級品だった。滞在の最後に二晩続きで開催された夕食会では、男性招待客たちはニコライ一世の希望にしたがって軍服姿で出席した。皇帝にとって燕尾服は着心地の悪い服装だった。ニコライ一世は、軍服以外の服装をすると落ち着かない、とヴィクトリア女王に告白している。(7)

ニコライ一世の英国訪問は、広報宣伝活動としては大成功だった。皇帝のハンサムな容貌と優雅な物腰が英国社交界の女性たちを魅了したからである。フリードリッヒ・ストックマー男爵〔ベルギー出身の貴族で、英国王室の顧問〕によれば、「ロシア皇帝は女性美を崇拝する姿勢を失わず、英国女性の関心に最大限応えようとしていた」。ヴィクトリア女王自身もニコライ一世から好ましい印象を受けていた。女王は皇帝の「優雅で威厳に満ちた」振舞い、子供に接する時に示す優しさ、誠実な態度などを高く評価していたが、その一方で、ニコライの表情に宿る悲しげな陰も見落とさなかった。「アルバートと私はニコライ一世が何らかの不幸を抱えているとの印象を受けています。彼はめったに笑顔を見せず、たまに笑っても、その表情は心から幸せそうではありません」。これは六月四日付のレオポルド一世宛の女王の書簡の一節である。その一週間後、ニコライ一世の訪英の終りに際して、ヴィクトリア女王は再び叔父のレオポルド一世に手紙を送り、ロシア皇帝の性格に関する鋭い分析を書き送っている。

ニコライ一世には少なからず憎めないところがあります。私たちは彼を理解し、彼をあるがままに受け入れるべきなのかも知れません。皇帝は厳格で峻厳な人物です。確固とした義務感にもとづいて行動するタイプで、その点は何があっても変わらないでしょう。ただし、必ずしも非常に聡明とは言えず、また完全な意味での文明人でも、十分な教養人でもありません。彼の関心事は政治と軍事に限られており、芸術その他の文化的な分野には疎いようです。しかし、彼が誠実であることは間違いありません。どんなに専制的な政治を行なう場合にも、彼がその誠実さを失うことはないのです。誠実であること、それが彼の唯一の統治哲学なのです。

前首相のメルバーン子爵は、もともと反露的な傾向の強いホイッグ党の中でも最も強硬な反露派のひとりだったが、党の活動拠点であるチズィック・ハウスで開かれた朝食会では、ニコライ一世を歓迎して機嫌よく歓談した。また、パーマストンはホイッグ党が政権に座にあった当時の外交政策の責任者として対露強硬派の急先鋒だったが、そのパーマストンでさえ、英国がロシア皇帝に好印象を与え得るかどうかに重大な関心を示していた。「ニコライ一世はきわめて強力な皇帝である。彼が英国に対して好感を抱くか、それとも敵意を抱くかによって、ロシアは英国にとって有益な政策を取ることにもなり、また有害な政策を取ることにもなる(8)」

英国滞在中、ニコライ一世はヴィクトリア女王とアルバート公を相手に、また、ピール首相とアバディーン外相を相手に様々な政治問題を話し合ったが、その際、英国側はロシア皇帝の率直さに驚きを禁じ得なかった。ヴィクトリア女王はレオポルド一世宛の手紙の中でニコライの率直さを「必要以上」とさえ評している。「彼は相手かまわずにあけすけな物言いをするが、それは本来なら慎むべき態度です。彼には自己抑制の力が欠けているのかも知れません」。しかし、ニコライ一世は、ロシアに対する英国人の不信感と偏見を打破する唯一の方法は率直に話し合うことだと思っていた。彼はピール首相とアバディーン外相を前にして、こう言っている。「私は自分が芝居をしていると思われていることを承知している。だが、これは芝居ではない。私は心から率直に意見を述べているに過ぎない。私が口にすることは私の本心である。私は約束したことは必ず実行する」[9]ベルギー問題について、ニコライ一世はレオポルド一世との関係修復を希望すると宣言した。ただし、「ベルギー国王の軍隊がポーランド人士官を受け入れている限り、それは不可能である」とつけ加えることを忘れなかった。「皇帝対外国政府の閣僚としてではなく、紳士対紳士として」アバディーン外相と会談した際、ニコライ一世はポーランド問題をめぐる英国のダブル・スタンダードを批判している。

ポーランド人叛徒は依然として私の支配に反抗している。だが、紳士たる者が自分の友人に歯向かう犯罪者を部下として採用するなどということが許されるだろうか？　レオポルド一世は叛徒を保護している。もし私がダニエル・オコンネル［アイルランド独立運動の指導者］を保護してロシアの閣僚に採用したら、英国人であるあなた方はどう思うだろうか？

フランス問題については、ニコライ一世はフランス封じ込め政策に英国が同調することを求めた。英国がナポレオン戦争以来フランスに対して抱いている不信感に訴えつつ、ニコライ一世はピール首相とアバディーン外相に「フランスが無秩序な混乱状態を生み出し、国境を越えて軍を進めるような事態を二度とふたたび許すべきではない」と主張した。フランス問題に対するロシアと英国の共通の利害関係を持ち出せば英露同盟の成立は可能であるという観測にもとづく発言だった。皇帝は感情を込めて訴えた。「友好関係を深めれば、英露両国間の偏見は打破することができる。私は英国人の意見を高く評価している。フランス人が私について言っていることなど、私は気にもかけていない。それこそ、唾棄すべき中傷だ(10)」

ニコライ一世は、また、中東問題に言及しつつ、フランスの脅威に対する英国の懸念につけ込んだ。中東問題はピール首相、アバディーン外相との会談のメイン・テーマだった。「トルコは瀕死の病人だ」と皇帝は二人に語りかけた。

トルコを生かしておくための努力は必要だが、その努力は結局成功しないだろう。トルコはいずれ滅亡することになるだろう。その時には決定的な瞬間が訪れる。そうなれば、私はロシア軍を動員するが、オーストリアにも派兵を要請することになる。トルコ崩壊の危機に際して、私が唯一恐れるのはフランスの動きだ。フランスはどう出るだろうか？　フランスは、おそらく、エジプト、地中海、中東など各地に軍を進めるだろう。フランスは［一八三二年に］イタリアのアンコーナ〔アドリア海に面するマルケ州の州都〕にまで遠征軍を派遣したが、同様に今回もクレタ島やスミルナ〔トルコ西部の都市イズミルの旧称〕に出兵する可能性がある。そうなれば、英国も艦隊を送らざるを得ないだろう。ロシアとオーストリアの陸軍に加えて英国艦隊が出動してフランス軍と対峙することになれば、大規模な衝突は避けられない。

オスマン帝国が最終的に崩壊した場合、その領土分割をめぐって大混乱が発生するだろう。おそらくは、民族独立を求める革命が多発するだけでなく、欧州戦争が勃発する可能性もある。その混乱を回避し、オスマン帝国の分割を円滑に進めるためには、今こそ欧州列強が介入すべき時であり、列強の中でもロシアと英国が主導権を握るべきだ、というのがニコライ一世の主張だった。皇帝はピール首相とアバディーン外相を前にしてオスマン帝国の崩壊が間近に迫っているという自分の確信を強調し、最低限エジプトと東地中海地域におけるフランスの覇権を阻止するために英露両国は共同歩調を取るべきだと訴えた。それは英国が当時最も憂慮していた関心事だった。ニコライ一世はピール首相に語った。

ロシアはオスマン帝国の領土を寸土も要求するものではない。しかし、同時に、諸外国、特にフランスがオスマン帝国の領土を寸土でも要求することを許すつもりもない……我々は今からトルコ滅亡後の対策を取り決めることはできない。そのような取り決め自体がトルコの崩壊を早めることになるからだ。したがって、私は全力を傾注して現状維持のために努力するつもりである。しかし、トルコが最終的に崩壊する可能性については、正直かつ理性的に事態を予測しておくべきだ。我々は状況を理性的に分析し、率直かつ誠実に事態を理解しておくべきである。(11)

オスマン帝国分割の可能性をめぐって事前に計画を立てておく必要があるという点については、ピール首相もアバディーン外相も異論がなかった。しかし、その事前計画が必要な時期はまだ来ていないというのが英国側の見解だった。この会談については、ブルノフ駐英ロシア大使の手で秘密の覚書が作成され、ニコライ一世とアバディーン外相が内容を確認した（ただし、両者とも署名はしなかった）。

ニコライ一世はピール首相およびアバディーン外相との会談によって両国間に政策上の一致が成立したとの確信を抱いて英国を離れ、帰国の途についた。オスマン帝国領の分割をめぐって英露両国の利益を確保する必要が生じた場合には、両国間の連携と調整が期待できるという十分な感触を得ていたのである。彼の推論には合理的な根拠があった。ロンドンでの外交努力を裏づける秘密覚書が存在していたからである。しかし、英国政府との間に東方問題をめぐって一種の「紳士協定」が成立したとニコライ一世が考えていたとしたら、それは決定的な誤りだった。英国側はこの会談を両国共通の関心事をめぐる単なる意見交換としか見ていなかった。英国にとって、今回の会談はいかなる意味でも拘束力のある取り決めではなかった。女王と重臣たちの意見だけが重要であると思い込んでいたニコライ一世は、議会、野党各派、世論、ジャーナリズムなどが英国政府の外交政策に与える影響力を正しく読み取ることができなかった。この誤解はやがてクリミア戦争開戦前夜にニコライ一世が犯すことになる外交上の失策の決定的な原因になるであろう。

英国内で過去数十年間蓄積されてきた根深い対露不信は、ロシア皇帝のロンドン訪問によっても払拭されなかった。現実問題としては、英国の国益を損傷するようなロシアの脅威は微小であり、両国間の外交関係と貿易関係も、クリミア戦争が勃発する時までは概して良好だったが、それにもかかわらず、反露感情は（反仏感情以上に）英国民の世界観を左右する重要な要素となっていた。そもそも、ほぼすべてのヨーロッパ諸国で国民のロシア観を形成していたのは恐怖心と想像力だったが、英国もその例外ではなかった。十八世紀の全期間を通じてロシアが強行した急速な領土拡張、ナポレオン軍を粉砕したロシアの軍事力の誇示、この二つがヨーロッパ諸国の人々の心に深刻な印象を残していたのである。十九世紀の初頭、「ロシアの脅威」を論ずる小冊子、旅行記、政治論文などがヨーロッパの各国で次々に刊行され、ロシア脅威論は一種のブームとなった。現実的な脅威または体感できる恐怖というよりも、むしろヨーロッパの自由と文明を脅かすアジア的な「他者」としてロシアを論ずる議論が主流だった。これらの出版物の著者たちがその想像力によって生み出した固定観念としてのロシアは、野蛮な強大国であり、本質的に攻撃的で領土拡張主義的だが、同時に狡猾かつ欺瞞的で、「見えざる勢力」と共謀して西欧諸国に敵対し、西欧社会に浸透しようとする陰謀国家だった。[*2]

「ロシア脅威論」の著者たちがその主張の根拠としていた参考文献の中に「ピョートル大帝の遺書」と呼ばれる文書があった。反露派の作家、政治家、外交官、軍人などの多くが、世界征服を企むロシアの野望の明白な証拠として「ピョートル大帝の遺書」を引用している。ピョートル大帝はこの文書の中で誇大妄想的な国家目標を言い残したとされていた。すなわち、バルト海から黒海に至る広大な範囲に領土を拡張し、オーストリアと組んで欧州大陸からトルコ人を放逐し、東地中海地方（レヴァント）を征服し、インド貿易を支配し、ヨーロッパ全土に不和と混乱の種を撒き散らし、欧州大陸の支配者になるというのがその目標だった。

「ピョートル大帝の遺書」は実は偽造文書だった。十八世紀初頭のある時期にフランスおよびオスマン帝国とつながりを持つ何人かのポーランド人、ハンガリー人、ウクライナ人によって創作され、数種類の異本を経た後、最終的にこの偽造文書は一七六〇年代にフランス外務省の文書館に収蔵された。フランスはこの文書をピョートル大帝の真正の遺書として扱った。それがフランスの外交政策に役立つと考えたからである。ヨーロッパ東部におけるフランスの主要な同盟国（スウェーデン、ポーランド、トルコ）はすべてロシアによる侵略の被害者だった。十八世紀から十九世紀の初めにかけて、フランスの外交政策の基底には、「ピョートル大帝の遺書」の内容をロシアの外交政策の基本と見なす考え方があった。(12)

この文書の影響をとりわけ強く受けたのがナポレオン一世だった。ナポレオンの外交顧問たちは事あるごとに「ピョートル大帝の遺書」に書かれた思想や文言を持ち出している。たとえば、フランスの総裁政府時代（一七九五〜九九）と執政政府時代（一七九九〜一八〇四）の両期を通じて外相の地位にあったシャルル・モーリス・ド・タレーランは、「ロシア帝国の全システムはピョートル一世以来一貫して変わらぬ目標を追求している。すなわち、全ヨーロッパを野蛮の洪水の下に沈めるという目標である」と主張している。ナポレオン・ボナパルトから厚く信頼されていた外務省幹部のアレクサンドル・ドートリーヴ伯爵は同様の趣旨をさらに直截に表現している。

ロシアは戦争を通じて近隣諸国の征服を追及する一方、平時には近隣諸国以外の地域にも進出して不信と不和を扇動し、全世界を混乱に陥れようとしている……ロシアがヨーロッパでもアジアでも他国の領土を簒奪していることは周知の事実である。ロシアはオスマン帝国とドイツ帝国の破壊を目論んでいる。そのやり方は正面攻撃だけにとどまらない……ロシアは陰険な手口で秘密裏にオスマン帝国の基盤を掘り崩すための陰謀をめぐらし、地方勢力の反乱を扇動している……その一方で、オスマン帝国政府（「ポルト」）に対しては常に友好的な姿勢を装い、オスマン帝国の友人、保護者を自称している……ロシアはオーストリアに対しても同様の攻撃を準備している……そうなれば、ウィーンの宮廷は消滅し、西欧諸国はロシアの侵略から身を守るための最も有力な防壁を失うことになるだろう[13]。

『ピョートル大帝の遺書』は一八一二年にフランスで刊行された。ナポレオン軍がロシアに侵攻した年である。それ以来、同書はロシアの拡張主義的外交政策の決定的な証拠としてヨーロッパ各国で再版され、引用されることになる。以後、ヨーロッパ大陸でロシアが参戦する戦争が勃発する時には、決まって『ピョートル大帝の遺書』が話題となり、一八五四年、一八七八年、一九一四年、一九四一年などに繰り返し刊行された。第二次大戦後の冷戦時代にも、ソ連の対外侵略の意図を説明する資料として引用されることがあった。一九七九年にソ連がアフガニスタンに侵攻した時には、『クリスチャン・サイエンス・モニター』紙と『タイム』誌がモスクワの意図を示す証拠として『ピョートル大帝の遺書』からその一部を引用し、英国下院の論議でも同書が取り上げられた[14]。

『ピョートル大帝の遺書』の影響が最も明確な形で表れた国は英国だった。英国のジャーナリズムにとっては、ロシアの脅威という空想上の恐怖は定番的な主要テーマだった。問題は単に英国のインド権益が脅かされるという危惧にとどまらなかった。『モーニング・クロニクル』紙は一八一七年に次のように宣言している。「ほぼすべてのロシア国民が久しい昔からひとつの共通の信念を抱いている。すなわち、ロシアは世界の支配者たるべく運命づけられているという信念である。この思想はロシア語の刊行物の中で再三表明されている」。英国では、真面目な新聞雑誌でさえも、ロシアがナポレオン軍を打ち破った勢いに乗じて世界征服を目指しているという見方に抵抗できなかった。一八一七年、『エディンバラ・レヴュー』誌は最近の出来事を振り返って次のように論評している。「ロシア軍がパリに入城したことを考えれば、今後はデリーまたはカルカッタにロシア軍が侵攻すると予測しても決して途方もない話ではない[15]」。ロシアに対して英国民が恐怖心を抱くに至った根拠のひとつは、当時ロシアとアジアを訪問した旅行作家たちのアマチュア的な意見と印象だった。十九世紀の初め、旅行記は文学のジャンルのひとつとして一種のブームを迎えていた。これらの旅行記はロシアに関する世論の動きに大きな影響を与えただけでなく、英国政府の対露政策を左右する実用的な情報としても役立っていた。

その種の旅行記のうち最も早い時期に現れ、最も大きな反響を呼んだ一冊に、ロバート・ウィルソン卿の『一八一七年におけるロシアの軍事力と政治力の概略』があった。ナポレオン戦争に従軍した軍人であり、指揮官として一時ロシア軍に配属されたことのあるロバート・ウィルソンはこの著書の中で、何の証拠も反証も上げずに、帝政ロシアの体制の内側を経験した結論として、いくつかの極端な主張を展開している。たとえば、ロシアはヨーロッパからトルコ人を追放し、ペルシアを征服し、インドに進出し、最終的には世界支配を達成することを目論んでいるという類の主張だった。英国社会の一部にはその主張の馬鹿馬鹿しさを嘲笑する空気もあった(たとえば、『タイムズ』紙は、その調子で行けばロシアの次の目標は喜望峰、南極、月ということになるだろう、と皮肉っている)。しかし、ロバート・ウィルソンの主張はその極端さの故に注目を浴び、著書は広く読まれ、論議の的となった。権威ある雑誌として政府部内でも広く読まれていた『エディンバラ・レヴュー』と『クウォータリー・レヴュー』の二誌は、ともにロバート・ウィルソンがロシアの直接的な脅威を過大評価していると批判しながらも、彼が問題提起を行なったことを高く評価し、今後はロシアの行動を「油断なく慎重に観察すべきである」と結論している。[16] 言い換えれば、ロシアの領土拡張主義は世界の脅威であるというロバート・ウィルソンの極端な主張が一般的な議論の前提として英国社会に受け入れられたのである。

この時から、ロシアの脅威という妄想が英国の政治論議の中でひとつの現実となった。ロシアが中近東の支配を企図しており、おそらくは大英帝国の征服を目論んでいるという趣旨の政治的小冊子が次々に刊行された。一八三〇年代から四〇年代にかけて、反露派の扇動家がそれらの小冊子を客観的な根拠として引用しつつ活躍することになる。

その種の政治的小冊子の中で最大の影響力を発揮したのは、前章でも登場した『ロシアの陰謀』だった。やがて将軍としてクリミア戦争の指揮官となるジョージ・ド゠レイシー゠エヴァンズが執筆したこの小冊子は、小アジア地域でのロシアの活動が英国に与える危険を指摘した初めての文書だったが、それ以外にも注目すべき点があった。すなわち、ド゠レイシー゠エヴァンズはこの小冊子の中でロシア帝国の解体に関する詳細な計画を初めて提起したのである。その計画はクリミア戦争中に英国政府によって検討されることになる。ド＝レイシー＝エヴァンズはロシアの侵略主義的意図を阻止するための予防戦争を呼びかけ、ロシアの弱点であるポーランド、フィンランド、黒海地域、カフカス地方への攻撃を提案している。八項目に要約されるド＝レイシー＝エヴァンズの計画は、クリミア戦争における英国の対露戦略を先取りした青写真のようにも見える。

・対露貿易を禁止し、それによってロシアの貴族階級に損害を与え、皇帝政府から離反させる。
・クロンシュタット、セヴァストポリなどのロシア海軍基地を破壊する。
・兵站補給を確保した上で、ロシアの沿岸国境地帯、特に黒海沿岸に対して一連の攻撃を加える。沿岸地帯には、ロシア軍の軍事拠点を結ぶ防衛線があるが、その内側にはロシアの支配に抵抗する山岳民族の武装組織が多数存在するからである。
・ペルシアによるカフカス地方奪回作戦を支援する。
・大規模な陸軍兵力と艦隊をフィンランド湾に派遣して、ポーランドおよびフィンランドに駐留するロシア軍予備兵力の側面を脅かす。
・ロシア国内の革命勢力に資金を提供して、反乱と農奴戦争を画策する。
・実現可能ならば、サンクトペテルブルクを砲撃する。
・ポーランドとフィンランドに兵力を派遣し、ロシアからの独立運動を支援する。(17)

親トルコ派の急先鋒として有名なデイヴィッド・アーカートも、ロシアに対する予防戦争の提唱者のひとりだった。英国の世論をクリミア戦争に向けて動員した言論人のなかで最も大きな働きをした人物といえるデイヴィッド・アーカートは、オックスフォード大学でギリシア・ラテンの古典学を学んだスコットランド人だったが、一八二七年、二十二歳の時に志願兵としてギリシア独立戦争に参加し、そこで東方問題に初めて遭遇する。彼はオスマン帝国領の欧州部分各地を広く見て回り、トルコ民族の魅力に心惹かれ、トルコ語と現代ギリシア語を習得し、トルコ風の衣装を身にまとい、トルコ見聞記を執筆して一八三一年に『モーニング・クーリエ』紙に連載し、あっという間にトルコ問題の専門家としての評判を確立した。同年十一月には、ウィリアム四世国王の私設秘書だったハーバート・テイラー卿の縁故でストラトフォード・カニングを団長とする使節団に加わり、コンスタンチノープルを訪問する。ギリシア国境を最終的に確定するための交渉使節団だった。使節団員としてコンスタンチノープルに滞在する間に、アーカートはロシアの介入がトルコに重大な脅威を与えている実態を目の当たりにする。王室関係者の中に支援者を得て自信を深めたアーカートは、一八三三年に『トルコ、その可能性』を執筆刊行し、その中でオスマン帝国崩壊説を否定し、トルコを支援し、ロシアの侵略からトルコを保護すれば、英国は通商上の莫大な利益を得るであろうという説を展開した。同書は好評を博し、その結果、アーカートはチャールズ・グレイ伯爵を首相とするホイッグ党政権（一八三〇〜三四）の外相だったパーマストン子爵に気に入られて、バルカン半島、トルコ、ペルシア、ロシア南部、アフガニスタンへの英国の貿易拡大の可能性を調査するための秘密使節団の一員として改めてコンスタンチノープルに派遣された。

コンスタンチノープルに到着したアーカートは、英国大使ジョン・ポンサンビー卿との間に親密な政治的盟友関係を結ぶことになる。強硬な反露派のポンサンビー大使は、ロシアの狙いがトルコの征服にあることを確信しており、本国政府に対して黒海に英国艦隊を派遣するよう要請していた。カフカス地方でロシアの支配に抵抗しているイスラム教徒諸部族の戦いを支援するというのがその目的だった（一八三四年、ポンサンビーは彼が必要と見なす場合には英国艦隊の黒海進出を要請する裁量権をパーマストン外相から認められるが、その権限はウェリントン首相によってすぐに取り消されてしまう。ウェリントン首相は反露派として悪名高いポンサンビーに宣戦布告の権限を与えることを認めなかったのである)。ポンサンビーの影響を受けて、アーカートの行動はますます政治色を強め、文筆活動の域を越えて、ロシアとの戦争を挑発するための実際行動に出るに至る。一八三四年、アーカートはチェルケス人の諸部族に接触し、ロシアの支配に抵抗する彼らの戦いを英国が支援することを約束する。ロシアに対するこの挑発行為が明るみに出たために、パーマストン外相はアーカートを本国に召還せざるを得なくなった。

帰国後のアーカートはさらに行動をエスカレートさせ、トルコに対するロシアの介入を防止するために英国は軍事介入すべきであると主張し始める。一八三四年十二月、アーカートがポンサンビーと共同で執筆した小冊子『英国、フランス、ロシア、トルコ』が刊行される。同書は好評を博し、一年以内に五版を重ねた。この成功に気をよくしたアーカートは、一八三五年十一月、雑誌『ポートフォリオ』を発刊して、たとえば、次のような反露的主張を展開する。「ロシア国民はその無知蒙昧さによって他のすべての諸国の国民と明確に区別される。ロシア人は彼らの支配者の不正が外国の批判にさらされるたびに、自分たち自身が攻撃されたと感ずる国民である。しかも、ロシア政府は外国からのいかなる道徳的批判も決して受け入れないことを法律によって宣言しているのである(18)」

アーカートはその後も挑発的行動を続けた。ロシアの秘密外交文書なるものを『ポートフォリオ』誌に掲載して暴露した。一八三〇年十一月のワルシャワ蜂起に際してコンスタンチン大公〔アレクサンドル一世の弟、ニコライ一世の兄、ポーランド総督(副王)〕の宮殿から持ち出され、ポーランド人亡命者を通じてパーマストン外相に届けられたとアーカートが称するその文書は、全部ではないにせよ、大半がアーカート自身の手になる創作だった。たとえば、ポーランドを完全に屈服させるまでは抑圧政策を継続すべきであるとするニコライ一世の「秘密演説」、チェルケス人の「独立宣言」などは明らかにアーカートによる捏造の例だった。しかし、反露感情の吹き荒れる政治的雰囲気の中で、英国のジャーナリズムはアーカートの偽造文書を本物として受け入れてしまうのである。[19]

一八三六年、アーカートは大使館員として再度コンスタンチノープルに派遣される。英国の外交界と政界でのアーカートの名声と影響力が高まったために、パーマストン外相は彼を復職させざるを得なくなったのである。ただし、コンスタンチノープルでのアーカートの役割はごく狭い範囲に限定された。だが、アーカートはまたもや物議を醸すような事態を引き起こす。チェルケス人の独立運動を利用して、ロシアと英国との紛争を挑発したのである。最も大胆な手口のひとつは英国籍のスクーナー船ヴィクセン号をチェルケス地方の港に派遣する計画だった。アドリアノープル条約は黒海東部沿岸への外国船舶の航行を禁止する権限をロシアに認めていたが、ヴィクセン号派遣は意図的にそのロシアの権限を無視する動きだった。ヴィクセン号はグラスゴーとロンドンを本拠とする海運会社ジョージ・アンド・ジェームズ・ベル社に所属するスクーナー船だったが、外国船のドナウ川航行を制限するロシアの検疫強化規制に抵触して問題を引き起こした経歴が過去にあった。ヴィクセン号の今回の積荷は公式には塩だったが、実際にはチェルケス人抵抗勢力のための大量の武器輸送がその任務だった。コンスタンチノープルのポンサンビー英国大使はヴィクセン号の動きについて情報を得ていたが、あえてその動きを阻止しようとしなかった。海運会社側は英国外務省がロシアの禁輸措置を知っているかどうか、また、英国政府がアーカートの約束どおりにヴィクセン号の安全航行を保証するかどうかをポンサンビーに照会したが、大使はその問合せにも答えなかった。ロシア側はアーカートの計画を察知していた。一八三六年の夏、皇帝政府はサンクトペテルブルク駐在の英国大使に対して抗議を行なっている。アーカートの追随者のひとりがチェルケス地方に潜入して対露抵抗戦争への英国の支援を約束したことへの抗議だった。ヴィクセン号は同年十月に出帆したが、アーカートが予想したとおり、カフカス海岸のスジューク・カレ港でロシアの軍艦に拿捕されてしまう。これについて英国内ではロシアの行動を非難する世論が沸騰し、『タイムズ』をはじめ各紙の紙面に主戦論が躍った。ポンサンビー大使はパーマストン外相に対して英国艦隊の黒海派遣を要請した。パーマストン外相はロシアの禁輸措置とチェルケス支配を容認する気はなかったが、その一方で、アーカート、ポンサンビー、英国ジャーナリズムの三者が主張する開戦論に屈するつもりもなかった。外相は英国政府がその主権を承認しているロシアの法令にヴィクセン号が違反したことを認めた。ただし、ロシアの主権はスジューク・カレ港には適用されるが、カフカス地方の海岸線の全域に適用されるわけではないというのがパーマストンの見解だった。

一八三七年、アーカートはまたしてもコンスタンチノープルから本国に召還され、解職処分を受け、外務省書記官の地位を失う。それればかりか、パーマストン外相はアーカートを守秘義務違反の罪で告発したのである。アーカートはパーマストン外相もヴィクセン号の計画を事前に知っていたと主張した。その後、長い間、アーカートは自分を裏切ったパーマストン外相への恨みを抱き続ける。英露両国の外交関係が改善の方向をたどるにつれて、アーカートは欲求不満を募らせ、その反露的な主張をますます尖鋭化させる。インドにおける英国の権益と貿易を守ると称して、戦争を含むさらに過激な対露政策を要求し、ついには、ロシアに対して融和的な姿勢を取るパーマストン外相をロシア政府に買収されているとして非難し始めた。アーカートに追従するジャーナリズムもこの非難に加わった。『タイムズ』紙もそのひとつだった。中流階級の世論に大きな影響を与える『タイムズ』がパーマストンの「親露的」外交政策に反対してアーカート陣営に参加したのである。一八三九年に入ると、『タイムズ』は「アングリカス」と名乗る筆者からの連続投稿を長期にわたって掲載する。「アングリカス」

とはアーカートの追随者のひとりだったヘンリー・パリッシュのペンネームで、投稿の内容はヨーロッパとアジアでの覇権を求めるロシア帝国に妥協することの危険について警鐘を鳴らすという趣旨だった。『タイムズ』紙上で、この連続投稿はほとんど社説に等しい扱いだった。

一八四七年の総選挙にアーカートは無所属で立候補し、下院議員に当選する。彼の反露派としての活動はその舞台を議会に移すことになった（選挙戦のシンボルカラーはチェルケス人の民族カラーである緑と黄色だった）。一方、パーマストンは、ジョン・ラッセル伯爵〔二度にわたって首相を務めた。バートランド・ラッセルの祖父〕が首班を務める新内閣に入閣し、再び外相に就任していた。穀物法廃止〔一四三六年以来の穀物輸入に重税を課す法律だった〕をめぐって一八四六年に保守党が分裂したあとを受けて成立した内閣だった。アーカートはパーマストン攻撃を再開し、一八四八年に入って、パーマストン外相弾劾キャンペーンを主導する。ロシアに対する有効な対抗策を取り得なかったというのが弾劾の理由だった。アーカートの盟友だったトーマス・アンスティー議員は下院で五時間に及ぶ大演説を行ない、パーマストンの外交政策上の失策を非難した。ロシアの侵略に対抗してヨーロッパの自由を防衛し得なかったことは英国の安全保障を危うくする失策だったという非難である。具体的には、ポーランドの憲法上の自由を保証できなかったことが最大の問題だった。ポーランドの憲法上の権利を維持することは、一八一五年のウィーン会議で列強諸国がポーランド王国をロシアの保護国とした時の条件だったからである。ワルシャワ蜂起をロシアが一八三一年に残忍なやり方で鎮圧したために、英国はポーランド人反乱分子の亡命を受け入れるという形でポーランド問題に介入せざるを得なくなったが、結果として、ロシアと全欧州諸国との間に戦争が勃発する危機を引き起こしたというのがアンスティー議員の主張だった。この非難に答えて、パーマストン外相はポーランドに味方して武力行使を行なうことがなぜ非現実的だったかを説明し、それと同時に、自由主義国家が外国の問題に介入する場合の一般的原則を提示した。それは英国がクリミア戦争に参戦する時にパーマストンが再び持ち出すことになる原則だった。

英国自身の政治上、通商上の利害関係を含む問題を別として、英国の現実的政策は正義と正統性の守護者としての政策でなければならないと私は考えている。その政策の遂行にあたっては、世界のドンキホーテになることなく、穏健かつ慎重な方法を追求しつつ、正義が行なわれていると見なされる場合にはその正義を道徳的に支持し、不正があると見なされる場合に制裁を加えることを旨としなければならない[20]。

アーカートの反露主義的主張は一八四〇年代の英国の外交政策とは相容れなかったが、議会内ではかなりの支持を得ることに成功し、彼が要求する対露強硬策に同調する強力な政治グループが形成された。その代表的なメンバーには、ダービー伯爵とストラトフォード・カニングが含まれていた。そのカニングは一八四二年にポンサンビーの後任者として駐コンスタンチノープル大使に任命される。アーカートの自由貿易主義的主張を支持する動きは議会外にも広がった（貿易自由化は一八四〇年代の英国の最重要課題のひとつだった）。支持者の多くはイングランド中部と北部の実業家たちだった。彼らは、英国の経済不況の主要な原因としてロシアの関税制度を繰り返し非難するアーカートの演説に共鳴していた。外交界や文学界にも、外交官のヘンリー・ブルワー〔弟のロバート・ブルワー＝リットンは『ポンペイ最後の日』の著者。ロバートの孫ヴィクター・リットンは、リットン調査団の団長〕、ジェームズ・ハドソン卿〔イタリア統一を支援した外交官、駐トリノ大使〕、トーマス・ウェントワース・ボーモントなどの大物をはじめとして、アーカートの支持者は少なからず存在した。ボーモントを共同創刊者の一人として発刊された『ブリティッシュ・アンド・フォリン・レヴュー』誌は、アーカートの影響を受けて、しだいに反露的な傾向を強めていった。

一八四〇年代が終りを迎える頃には、それまで穏健だった知識人層の間にも反露主義的なムードが広がる。ヨーロッパの自由を破壊し、英国のアジア権益を脅かす元凶はロシアであるとしてロシア脅威論を煽り立てる風潮をこれまでは冷静に無視してきた『フォリン・クォータリー・レヴュー』のような高級誌でさえも、世論の雰囲気に流されて反露的な色彩を強め始める。さらには、一般大衆の間でも、教会の説教、居酒屋の論議、各種の講演会、チャーティスト運動の集会などを通じてロシアへの敵意を煽る政治論議が高まっていった。ロシアを自由、文明、進歩に敵対する脅威と見なす国民世論が成形されつつあった。

英国内に反露的な風潮が高まった背景には、インド権益を脅かされることへの危惧や、トルコへの親近感があったが、それらにもまして重大な要素だったのがポーランド問題への英国民の反応だった。ロシアによる圧政に抵抗し、自由を求めて立ち上がった民族の正義の戦いとしてポーランド蜂起を受けとめ、ポーランド国民に共鳴する世論は西欧各国に共通する現象であり、英国も例外ではなかった。ポーランド蜂起とそれに対するロシアの残忍な鎮圧作戦は、他のいかなる出来事にもまして英国民の目を大陸問題に向けさせた重大事件だった。ポーランド問題をめぐって高まった英国民の反露感情はやがてクリミア戦争を引き起こす要因のひとつとなる。

ポーランドの近代史はまさに苦難の歴史だった。長い歴史をもつ大ポーランド共和国（ポーランド王国とリトアニア大公国との連合共和国）は過去半世紀間に三度にわたる分割を経験した。一七七二年と九五年の二度は近隣の列強三ヵ国（ロシア、オーストリア、プロイセン）による分割、一七九二年はロシアとプロイセンの二ヵ国による分割だったが、いずれの場合もポーランドが革命運動の砦と化したというのが分割の理由だった。独立の回復を希求するポーランドは、一八〇六年、ナポレオンに希望を託すが、ナポレオン軍の敗退によってさらに領土を失う結果となる。一八一五年のウィーン会議によって、欧州列強諸国は立憲君主制のポーランド（その国土はナポレオン時代の「ワルシャワ公国」にほぼ等しい面積だった）を復活させ、ロシア皇帝の保護下に置くことを決定する。ただし、ロシアがポーランドの憲法上の自由を維持することが条件だった。しかし、ロシア皇帝アレクサンドル一世は新生ポーランドの政治的自治を認めなかった。そもそも、ロシアの独裁的絶対制とポーランドの立憲君主制を両立させること自体が無理な注文だった。後継の皇帝ニコライ一世はさらに抑圧的支配を強め、その結果、多くのポーランド人が亡命を余儀なくされる。ロシアは一八二〇年代を通じてウィーン会議の合意事項を破り続けた。すなわち、報道の自由を禁止し、ポーランド議会の承認なしに課税を強化し、ロシア皇帝の支配に反対するリベラル派を容赦なく迫害した。一八三〇年十一月、ニコライ一世の次兄でポーランド総督（副王）を務めるコンスタンチン大公がフランスとベルギーの革命を鎮圧する目的でポーランド軍に動員命令を下したことが最終的な引き金となって十一月蜂起が勃発する。

ワルシャワのロシア軍士官学校に属するポーランド人士官の秘密グループがコンスタンチン大公の命令に抗して立ち上がったのが十一月蜂起の発端だった。守備隊の兵器庫から武器を奪った士官グループは、コンスタンチン大公の居城ベルヴェデル宮殿を襲撃した。大公は女装して辛くも脱出したが、反乱軍はワルシャワ兵器庫を占拠した後、武装した市民の応援を得て、ロシア軍を首都ワルシャワから駆逐することに成功する。ポーランドの正規軍が蜂起側に加わり、アダム・チャルトリスキ公を大統領とする臨時政府が樹立され、国民議会が招集された。主導権を握った議会急進派はロシアに対する解放戦争を主張し、一八三一年一月、ニコライ一世の廃位とポーランドの独立を宣言する。独立宣言から数日以内に、ロシア軍が国境を越えてポーランドの首都に迫った。鎮圧軍を指揮したのはイワン・パスケーヴィチ将軍だった。露土戦争とカフカス地方の山岳民族戦争の両方を経験した古強者パスケーヴィチ将軍の鎮圧作戦は残忍を極めたので、その名前はロシア軍の残酷さを意味する代名詞としてポーランド民族の記憶に長く残ることになる。二月二十五日、四万のポーランド軍がヴィスワ川を挟んで六万のロシア軍と対峙し、いったんはワルシャワ防衛に成功するが、ロシア側はすぐに増援軍を送り込み、しだいにポーランド軍を圧倒する。ロシア軍に包囲されたワルシャワ市内では、飢餓に苦しむ市民の一部が略奪行為に走り、臨時政府に反対して暴動を引き起こす。激しい市街戦の末、ワルシャワは九月七日に陥落した。生き残ったポーランド兵のうち約二万人はロシア軍への降伏を拒否してプロイセンに逃げ込み、プロイセン政府の捕虜となった。しかし、プロイセンもまたポーランドを分割併合した列強のひとつであり、ロシアの盟友だった。チャルトリスキ公は英国に逃れた。蜂起参加者の多くはフランとベルギーに亡命し、そこで英雄として歓迎された。

英国でも、人々の反応はポーランドに対して同情的だった。蜂起が鎮圧されると、デモ、集会、請願が頻発した。ロシアの圧政に抗議し、英国の介入を求める世論が高まった。ロシアとの戦争を要求する声が高まり、ジャーナリズムの大半もこれに加担した。たとえば、一八三一年七月、『タイムズ』紙は次のように論じている。「長い歴史を持つ高潔なポーランド国民に対してロシアがやりたい放題の戦争を仕掛けるようなことをいつまで許しておくつもりなのか？　ポーランドはフランスの同盟国であり、英国の友好国である。昔から、英仏両国はトルコやモスクワ公国の野蛮な攻撃からヨーロッパ文明を守るために努力し、勝利を収めて来たのではなかったか？」ポーランド独立の大義を組織的に支援するために、ロンドン、ノッティンガム、バーミンガム、ハル、リードなどの都市に「ポーランド友好協会」が次々に設立された。急進派の国会議員たち（その多くはアイルランド系だった）は「踏みにじられたポーランド」を守るために英国が介入することを要求した。男女の労働者からなるチャーティスト運動のグループ（普段は労働者の民主主義的権利のために戦う団体だった）は自由のために戦うポーランド国民との連帯を宣言し、自由防衛のための戦争に志願兵として参加する意思を明らかにした。チャーティスト系の『ノーザン・リベレーター』紙は断言した。「もし今英国民が立ち上がらなければ、悪夢のような事態を招くことになるだろう。完全武装のロシア艦隊が兵士を満載して不敵にも英仏海峡を通過し、スピットヘッド〔イングランド南岸ポーツマスとワイト島の間の停泊地〕またはプリマス〔コーンウォール半島南岸の港湾都市、軍港〕に錨を降ろすという事態である」(21)

自由を求めるポーランド人の戦いは英国民の心の琴線に触れる問題だった。英国民は彼らのいわゆる「英国的価値観」とポーランド蜂起との間に明らかな共通点を見出していたからである。たとえば、なによりも自由を尊重する姿勢がそうだった。また、「弱い者いじめをする強者」から「弱者」を守ろうとする侠気も代表的な英国的価値観だった（一八五四年、一九一四年、一九三九年の戦争はいずれもこの英国的価値観を守るための戦争だったというのが英国民の考え方である）。英国の中産階級にとって当時は自由主義的な改革の時代であり、現実に自由の拡大が実現した時代だった。ポーランド国民の独立運動は英国民の共感を呼んだ。一八三二年の選挙法改正法が英国議会を通過した直後、『マンチェスター・タイムズ』紙の編集長はポーランド友好協会の会合で「英国民とポーランド国民は自由を求めて同じ戦いを戦っている」という趣旨の演説を行なっている。

それは我々自身の戦いである。（賛同の声）我々は国内では金銭で議席を売買する選挙区売買人を相手に戦ってきたが、海外でも同じ精神による戦いが行なわれている。ポーランドは我々自身の戦いの前哨基地である。英国と全欧州の不幸の原因は、元をたどれば、ポーランドの第一次分割にある。もしポーランドが分割されず、ポーランド国民が手枷足枷をはめられることがなければ、ロシアの野蛮な軍勢が全ヨーロッパを荒らしまわる事態は起きなかっただろう。専制君主によって送り込まれたカルムイク人やコサックの軍団がパリの街路や庭先で野営することもなかっただろう……不幸なポーランドを支援し、自由の大義のために戦うべく派遣されることを喜ばないような者が英国海軍兵士の中にひとりでもいるだろうか？（喝采）ロシア海軍の基地クロンシュタット要塞を爆破することは決して不可能ではない。（喝采）一ヵ月もあれば……英国海軍は地球上のあらゆる海域からすべてのロシア商船を駆逐することができる。（喝采）バルト海に英国艦隊を派遣してロシアの港湾を封鎖しようではないか。そうなれば、ロシア皇帝はどうなるか？　わずかな数の未開人部族に取り巻かれた一人のカルムイク人に過ぎないではないか。（喝采）英仏両国が協力して立ち向かえば、制海権を失ったロシア皇帝は、中国皇帝と同じく、単なる蛮族の王に過ぎなくなるだろう。[22]

「無冠のポーランド国王」と言われたチャルトリスキ公が亡命してロンドンに居を定めたことも、ポーランドに対する英国民の共感を高める理由のひとつだった。そのチャルトリスキがかつてロシア皇帝政府の外相だったという事実は、ロシアがヨーロッパの脅威であるという警告にいっそうの信憑性を与えた。ロシア皇帝政府との提携を強めることがポーランドの独立と国土回復を実現する道だと信じて、チャルトリスキがアレクサンドル一世の外相となったのは一八〇三年、三十三歳の時だった。皇帝の秘密委員会のメンバーとなったチャルトリスキはヨーロッパの地図を完全に書き換える構想を「覚書」として皇帝に提出した。その内容は次のようなものだった。ポーランド王国を復活させてロシア皇帝の保護下に置き、ロシアとポーランドが同君連合国家を形成してオーストリアとプロイセンの脅威からロシアを守る。オスマン帝国領の欧州部分にはギリシア人を主体とするバルカン王国を創設する。コンスタンチノープルとダーダネルス海峡をロシアの管理下に置く。オーストリアの支配下にあるスラヴ民族を独立させてロシアの保護下に組み込む。ドイツとイタリアは、米国型の連邦国家として、それぞれ独立させる。ロシアと英国は協力して欧州大陸の均衡維持のために努力する。しかし、この構想が実現する見込みはなかった（ロシア皇帝がポーランド・リトアニア連合王国の復活に同意することはあり得なかったからである）。

　ナポレオンの敗北によってポーランド独立の夢が打ち砕かれた後、チャルトリスキはヨーロッパ各地を放浪して亡命生活を送るが、十一月蜂起が勃発するとポーランドに帰国し、革命委員会に参加して臨時政府の大統領に選出され、国民議会を招集したが、蜂起が鎮圧されると、ロンドンに亡命し、他の亡命ポーランド人と協力して反露闘争を継続した。チャルトリスキは英国政府に対して、ポーランド問題に介入すること、そして、必要ならロシアを相手に欧州戦争を戦うことを要請した。彼はパーマストンに向かって自由主義的な西欧と専制主義の東方との戦争は不可避であると訴えた。英国のリベラル派と反露派の有力者の間からチャルトリスキを支持する声が上がった。ジョージ・ド＝レイシー＝エヴァンズ、トーマス・アットウッド〔バーミンガム選出の国会議員〕、ストラドフォード・カニング、ロバート・カトラー・ファーガソン〔スコットランド選出の国会議員〕らが下院の演壇に立ち、ロシアと戦うべきだと訴えた。パーマストン自身もポーランドの独立運動に同情的であり、ロシア皇帝の圧政に対して批判的だった。しかし、パーマストンは、ロシアと並んでポーランドを分割支配しているオーストリア、プロイセン両国がロシアと対立する気配を見せない以上、「英国の理想を追求するために武器を取ってポーランドを支援し、それによってヨーロッパを全面戦争の危機にさらす」作戦は慎重さを欠くと判断していた。パーマストンは反露派として知られるストラトフォード・カニングを駐露大使に任命したが、それはロシアのポーランド政策に反対する意志を示すために英国政府が行なった精一杯のジェスチャーだった（ニコライ一世はカニング大使の着任を拒否する）。言葉だけの支持に終始して実際行動に出ない英国の姿勢に幻滅したチャルトリスキは、一八三二年秋、「英国はすでにポーランド問題への関心を失ってしまった。英国が気にしているのは自国の利害であり、ポーランドのために何かをしようというつもりはない(23)」と言い残してロンドンを離れ、パリに向かった。

パリに到着したチャルトリスキはオテル・ランベール〔チャルトリスキが一八四四年に購入したセーヌ川の中州サン・ルイ島の館〕に居を定めた。オテル・ランベールはパリに亡命したポーランド人の活動拠点となり、実質的に非公式の亡命ポーランド政府として機能していた。そこに集まる亡命者グループはオテル・ランベール派と呼ばれ、立憲君主国としてのポーランドの理念とその文化を絶やさないために様々な活動を展開していた。詩人のアダム・ミツキェヴィチ、作曲家のフレデリック・ショパンなどもオテル・ランベール派のメンバーだった。チャルトリスキはパリに移った後も英国の外交官や政治家のうちの対露主戦派と緊密な関係を維持していた。特に、ストラトフォード・カニングとは親密な友人関係にあり、一八三〇年代と四〇年代を通じてカニングに影響を与え、その反露主義を助長した。チャルトリスキがロンドンに残した代理人のウワディスワフ・ザモイスキ伯爵はかつてコンスタンチン大公の副官を務めた人物で、ポーランドの十一月蜂起では主導的な役割を果たしたが、ポンサンビーおよびアーカートの陣営と強い結びつきを持ち、ヴィクセン号計画にも資金を提供したと言われている。チャルトリスキがストラトフォード・カニングとザモイスキを通じてパーマストンの考え方に大きな影響を及ぼしたことは間違いない。来るべきクリミア戦争で英国の戦争指導者となるパーマストンは、一八三〇年代から四〇年代にかけて、西欧連合とロシアとの戦争は不可避であるという考え方にしだいに傾いていく。フランスに移ったチャルトリスキは、また、フランス七月王政の自由主義的な指導者たちとも密接な関係を持つようになる。特に重要だったのは、一八三六年から三九年まで首相を務めたアドルフ・ティエール〔後にフランス第三共和政の初代大統領〕、一八四〇年代に内相、文相、外相を歴任し、一八四七年から四八年まで七月王政最後の首相となったフランソワ・ギゾーとの関係だった。この二人のフランス人政治家は、当時フランスに対して冷淡だった英国政府と英国世論との関係を好転させるための仲介役として亡命ポーランド人チャルトリスキの価値を高く評価していた。つまり、チャルトリスキはそのロンドンとパリにおける活動を通じて、やがて一八五四年にロシアを相手に戦うことになる英仏同盟の成立に大きく貢献したのである。

チャルトリスキをはじめとするオテル・ランベール派の亡命ポーランド人たちは、また、フランス国内の反ロシア的世論の形成にも重要な役割を果たした。フランスではクリミア戦争に先立つ二十年間に徐々に反露的な世論が形成されたが、それ以前の時期、つまり一八二〇年代までは、フランス人のロシア観はどちらかと言えば穏健だった。多くのフランス兵がナポレオンに従ってロシアに遠征したが、彼らはロシア人の国民性についてむしろ好意的な印象を抱いて帰国した。もちろん、当時から反露的な論調がなかったわけではない。たとえば、カトリック派の政治家フランソワ＝マリー・ド・フロマンは『ロシアについての論考』（一八一七年）の中でロシアの拡張主義の危険について警告しており、司祭政治家のドミニク＝ジョルジュ＝フレデリック・ド・プラは、ベストセラーとなった著書『ヨーロッパにおける英露両国の国力比較』（一八二三年）の中で、ロシアを「ヨーロッパの自由に敵対するアジア的勢力」として描いている。[24] 一八三〇年のフランスの七月革命に対してロシアのニコライ一世が敵対的な姿勢を示したことから、フランスのリベラル派と左派もロシアへの嫌悪感を強めていた。ブルボン王朝を支持する王党派は伝統的に親露的だったが、同時に頑固なカトリック教徒でもあったので、ポーランド問題が発生すると彼らもまた反露的な傾向を強めることになる。

一八三〇年代に入ると、ポーランドの歴史と文化に関する一連の著作がフランス国内で刊行され、その影響でフランスのカトリック教徒の間には、ポーランド民族を殉教者と見なす見方が定着する。最も影響力の大きかった著作はミツキェヴィチの『ポーランド巡礼者の書』だった。カトリック原理主義の論客シャルル・モンタランベールの序文つきで仏訳された同書は、司祭作家フェリシテ・ド・ラムネーによる『ポーランド讃歌』との合本として刊行された[25]。同じカトリック教徒としての宗教的連帯感を通じて、フランスの世論はポーランドの解放運動を支持する方向に傾くが、この宗教的連帯感はかつてポーランドの支配下にあったベラルーシと西ウクライナ地域のルテニア教会（東方帰一教会）派のカトリック教徒にも向けられた。一八三一年以降、これらの地域のカトリック教徒はロシア正教への改宗を強制されていた。ルテニア教会派のカトリック教徒に対する宗教的迫害は、一八三〇年代にはまだフランス国民の関心を呼ばなかったが、一八四〇年代に入って、立憲君主制ポーランドのカトリック教徒にまで宗教的迫害が及ぶと、それに憤激してフランス国民の世論は沸騰した。ロシアによって棄教を強制されている「五〇〇万人の」ポーランド人カトリック教徒を守るための聖戦を訴える小冊子が次々に刊行された。「ロシア帝国とポーランドにおけるカトリック信仰への迫害について」と題する教皇の声明が一八四二年に発せられると、それに励まされて、フランスのジャーナリズムは一斉にロシア非難の論調を掲げた。有力な日刊紙『ジュルナール・デ・デバ』は、一八四二年十月、社説で次のように書いている。「今やポーランドに残されたものはカトリックの信仰だけだが、ニコライ一世はそこに狙いを定めて襲いかかった。ロシア皇帝はポーランド国民の最強にして最後の拠り所であるカトリック信仰を破壊しようとしている。カトリック信仰はこの不幸な国民にとっての最後の自由であり、独立の象徴だが、ニコライ一世にとっては広大なロシア帝国に法と道徳および思想と信仰の統一を確立するための最後の障害物だからである[26]」

一八四六年、ミンスクでカトリックの尼僧たちが残忍に迫害されているというニュースがフランスに伝わった。この知らせを聞いて、フランスの世論はロシア皇帝によるカトリック教徒迫害に対する憤激で沸き返った。話は一八三九年にベラルーシのポロツクで開かれた主教会議（シノド）にさかのぼる。ポロツク主教会議は、ローマと密接な関係にあるギリシア・カトリック教会の司教たちがポーランドの十一月蜂起を積極的に支持したことを理由に、ギリシア・カトリック教会の強制的解散を宣言したのである。解散後のギリシア・カトリック教会の財産はすべてロシア正教会に帰属することも決定された。このポロツク主教会議を主導したのはセマシコという名の親露派の主教だった。二四五人の尼僧を抱えるミンスク尼僧院の責任者でもあったセマシコは、ミンクス主教の座に就くとすぐに命令を発し、尼僧たちにロシア正教への改宗を強制した。フランスに伝わった報道によれば、改宗を拒否した尼僧たちはセマシコによって逮捕拘束され、鉄製の手枷足枷につながれてヴィテプスクに送られた。ヴィテプスクの監獄に投獄された五〇人の尼僧たちは鉄の鎖につながれたまま重労働を強制され、看守による日常的な殴打を含む恐るべき虐待を受けた。一八四五年の春、四人の尼僧が脱出に成功し、そのうちのひとり、六十一歳の元尼僧院長マクレナ・ミェチスワフスカがポーランドに逃れ、ポズナン大司教の庇護下に入り、その後、教会関係者の手引きでパリにたどり着く。オテル・ランベール派のポーランド人亡命者グループを前にして彼女が語った体験は人々を慄然とさせた。マクレナ・ミェチスワフスカは次にローマに招かれ、教皇グレゴリウス十六世に謁見して実情を訴えた。それは一八四五年の十二月、ロシア皇帝ニコライ一世がヴァチカンを訪問する直前の出来事だった。ヴァチカンを訪問し、教皇と会見したニコライ一世は恥辱と困惑の表情を浮かべて退席したと言われている。彼はロシアがルテニア教会派のカトリック教徒を迫害しているという噂を虚偽であるとして退けたが、その場で反証を示されたのである。示されたのは皇帝自身がセマシコの「神聖な行為」を称賛する文書だった。

「ミンスクにおけるカトリック尼僧の受難」の話はフランスの日刊紙『ル・コレスポンダン』によってはじめて一般に公表された。一八四六年五月のことだった。その後は大衆向けの小冊子に繰り返し再録され、あっという間にカトリック世界の隅々にまで知れわたった。パリ駐在のロシア外交官やロシア機関の関係者は、マクレナ・ミェチスワフスカの証言の信用を傷つけようとして工作したが、教皇庁当局が行なった健康診断によって、彼女の身体に長年にわたる殴打の跡が確認される。これはフランスのカトリック教徒に深刻かつ永続的な衝撃を与える事件だった。ロシア皇帝が「ロシア正教を西欧世界に広げる目的で、ロシア正教への改宗を暴力的に強制している」証拠と見なされたのである。(27) この見方は、聖地パレスチナをめぐるロシア正教とカトリックとの紛争問題をめぐって、フランスの世論を動かす大きな要素となった。*2

ロシア正教によって信仰の自由が侵害されるという恐怖は、ガルガンチュアのように巨大なロシア帝国にヨーロッパ文明全体が呑み込まれるという恐怖の一部だった。チャルトリスキと同じ亡命ポーランド貴族のひとりヴァレリアン・クラシンスキ伯爵は一連の小冊子を著して、西欧を脅かすロシア帝国の脅威に警鐘を鳴らした。最もよく読まれた小冊子の中で、クラシンスキは、西はバルト海、南はアドリア海、東は太平洋までの範囲に及ぶ広大な「ロシア帝国は強大な侵略国家である」と決めつけている。「その事実は、過去一世紀の間にロシアが獲得した領土の範囲を一見すれば、議論の余地なく明白である」。クラシンスキによれば、ロシアはピョートル大帝の時代から今までにスウェーデンからその領土の半分以上を奪い、ポーランドからはオーストリア帝国全土の規模に匹敵する領土を奪い、トルコからはプロイセン王国よりも広い領土を奪い、さらに、ペルシアからはグレート・ブリテン島と同じ広さの領土を奪った。ロシアは、一七七二年の第一次ポーランド分割から今までに、その国境線をウィーン、ベルリン、ドレスデン、ミュンヘン、パリの方向に一三七〇キロメートルも前進させ、コンスタンチノープルに向けては五二〇キロメートル進出し、スウェーデンの首都ストックホルムまで残り数キロメートルに迫り、さらには、ポーランドの首都ワルシャワを奪った。ロシアの脅威から西欧を防衛する唯一の方法は、強力で独立したポーランド国家を復活させることである、というのがクラシンスキの結論だった。(28)

侵略国家ロシアの脅威という観念をフランス国内で増幅したのはアストルフ・ド・キュスティーヌ公爵の著書『一八三九年のロシア』だった。娯楽読み物として人気を博したこの旅行記は他のいかなる刊行物にもまして一九世紀後半における西欧のロシア観に影響を与えた書物だった。ロシア旅行の印象と省察を綴ったこの旅行記は一八四三年にパリでその初版が刊行されて以来、次々に版を重ね、すぐに国際的なベストセラーになった。実は、キュスティーヌは初めから旅行記の執筆を目的としてロシア旅行に出かけたのだった。作家として有名になるべく、通俗的な旅行記を書くことに賭けていたのである。それまで何冊もの小説や戯曲を手掛けつつも成功しなかった公爵にとって、旅行記は名声を獲得するための最後の機会だった。

キュスティーヌは熱心なカトリック教徒でもあったので、オテル・ランベール派の亡命ポーランド人たちとも交友関係があった。その友人のひとりに異母姉妹がロシア宮廷に出入りする人物がいたが、その縁でキュスティーヌはサンクトペテルブルクの最上流の社交界への出入りを許され、皇帝にも謁見する機会を得た。その経験が彼の著書に対する西欧の読者の信用を保証したのである。ただし、ポーランドに同情していたキュスティーヌの姿勢は最初から反露的だった。彼はサンクトペテルブルクとモスクワで自由主義的なロシアの貴族や知識人(一部はローマ・カトリックに改宗していた)と盛んに交流したが、彼らはニコライ一世の反動的政策に深い失望を感じている人々だった。デカブリストの反乱が粉砕され、そのちょうど六年後にポーランド蜂起が抑圧されるのを目撃したロシアのリベラル派は、彼らの祖国が西欧型の立憲主義的改革の道をたどるという夢を打ち砕かれて絶望していた。彼らの絶望がキュスティーヌのロシア観に暗い色合いを与えたことは疑いない。皇帝の専制政治、貴族たちの奴隷根性（貴族とは名だけで、実際は皇帝の奴隷に過ぎなかった）、もったいぶった西欧式の礼儀作法（それはアジア的な野蛮を西欧の目から隠すための薄っぺらな文明のベニヤだった）、個人の自由と尊厳の欠如、社会を覆っている偽善と冷笑主義など、ロシア旅行中に目にしたもののすべてがキュスティーヌに軽蔑と嫌悪感を抱かせたのである。彼以前にロシアを訪問した多くの旅行記作家と同じように、キュスティーヌはロシアの建造物が巨大であることに驚いている。サンクトペテルブルクの街そのものが「ロシアの登場を世界に告げるために建造された巨大な記念碑」であり、建造物の巨大さは、西欧に追いつき、西欧を支配しようとするロシアの野望の表現であるように見えた。キュスティーヌによれば、ロシアは西欧に対して「奴隷が主人に対して感ずるような」羨望と怨嗟を抱いており、それがロシアの攻撃性の原因となっていた。

抑圧された人々の胸にのみ宿るような野望、そして、国民全体が悲惨な状態に置かれている国でのみ育つような野望というものがあるが、その中でも、ロシア国民が心に温めている野望はとりわけ法外で大袈裟である。自由を奪われ、困窮しているがために貪欲で攻撃的なロシア国民は他の諸国民を圧政下に置こうと企図しているが、前もってその罰を受けるかのように、品格を貶める屈辱状態に置かれている。ロシア国民は不名誉な屈従という現実を埋め合わせるために、栄光と富を夢見ている。公的にも、私的にもすべての自由を奪われ、不正邪悪な隷従状態に追い込まれた奴隷たちが、そこから身を振りほどこうとして果たさず、膝を屈したまま世界征服を夢想しているのだ。

キュスティーヌによれば、神がロシア人を地上にもたらしたのは「新たな侵略者を派遣して腐敗したヨーロッパの文明を浄化するためだった」。ロシアは西欧にとっての警告であり、教訓だった。「もし、西欧の放縦と不正が罰に値するなら」、ヨーロッパはロシアの野蛮に屈服せざるを得ない。彼はその著書の最後を次のような有名な一節で締めくくっている。

ヨーロッパ諸国の国民が享受している自由とは何かを知るための最善の方法は、かの不毛の荒野、かの苛烈な監獄、つまりロシアと呼ばれる国に滞在してみることである。もし、あなたの息子たちがフランスでの生活に不満を訴えたら、私の処方に従って彼らをロシアに行かせるがよい。ロシア旅行はすべての外国人にとって有益である。かの国の暮らしを体験した者は、誰であれ、ロシア以外の国に住むことに満足するであろう。(29)

『一八三九年のロシア』は二～三年の間にフランス国内で少なくとも六版を重ね、ブリュッセルで出た海賊版も数版を重ねた。さらに、ドイツ語、オランダ語、英語に翻訳され、その他の言語でも要約版の小冊子として出版された。発行部数は全部で数十万部に達したはずである。クリミア戦争前夜に外国人が書いたロシア脅威論として最も広く読まれ、最も影響力の大きい著作だった。ベストセラーとなった理由は、同書が当時のヨーロッパ諸国民の間に広まっていたロシアに対する恐怖心と偏見に明確な表現を与えたことにあった。

事実、欧州大陸にはロシアの急成長とその軍事力に関する深刻な不安が蔓延していた。ロシアがポーランドとドナウ両公国（モルダヴィアとワラキア）に侵攻したことは、バルカン半島でのロシアの影響力拡大とあわせて、西欧文明を脅かす存在としてのスラヴ民族への恐怖心を掻き立てる原因となっていた。キュスティーヌの『一八三九年のロシア』はまさにその恐怖心を代弁していた。同書はドイツ系民族の住む諸国で特によく読まれたが、それらの諸国では次のような議論が広く行なわれていた。すなわち、ロシア皇帝ニコライ一世は全欧州のスラヴ民族の皇帝になろうと企んでいる。したがって、ドイツ民族の統一を実現するためには、ロシアの影響力拡大を阻止するための戦争が不可避である、という議論だった。一八三〇年代の初め、その種の反露的な主張の火にさらに油を注ぐようなドイツ語の小冊子『ロシアと文明』が匿名で刊行され、版を重ねた後、フランスでは一八四〇年にアダム・グロフスキ伯爵〔ポーランドの政治運動家、後に渡米してリンカーン政府に関与、クリミア戦争ではロシアを支持した〕の著作として仏訳された。汎スラヴ主義のイデオロギーを初めて整理された形で提起することになったこの小冊子は、欧州大陸の全域で論議を巻き起こした。グロフスキによれば、それまで欧州には二種類の文明しか存在しなかった。つまり、ラテン文明とゲルマン文明である。ところが、神は第三の文明、つまりスラヴ文明を世界にもたらす使命をロシアに与えた。これまでゲルマン文明の支配下で衰退傾向をたどってきたスラヴ諸民族（チェコ人、スロヴァキア人、セルビア人、スロヴェニア人など）が、今後はロシアのリーダーシップの下に統合を果たし、再活性化して欧州大陸を支配することになるだろう。(30)

一八四〇年代に台頭した汎スラヴ主義が西欧世界を不安に陥れる契機となったのはバルカン半島の情勢だった。バルカン半島ではロシアの影響力が急速に強まり、オーストリアはセルビアとドナウ両公国に対するロシアの企図について懸念を深めていた。一方、ベオグラード、ブライラ〔現ルーマニア東部、ドナウ沿岸の都市〕、ヤシ〔現ルーマニア北東部の都市、旧モルダヴィア公国の首都〕などの都市に領事館を設立して貿易拡大を図りつつあった英国も、ロシアへの警戒心を強めていた。特に憂慮されたのはセルビアの内政に対するロシアの干渉だった。一八三〇年、セルビアはオスマン帝国の宗主権下で自治権を獲得し、ミロシュ・オブレノヴィッチ公を世襲君主とする自治国家となった。しかし、スラヴ主義者で構成されるベオグラードの「ロシア派」は、バルカン半島の汎スラヴ主義運動に対するロシアの積極的な支援を期待する立場を取り、セルビアの貴族、宗教指導者、軍人、宮廷関係者の間で急速に勢力を拡大しつつあった。彼らはミロシュ公の独裁的な支配体制に不満を抱いていたのである。英国は親英的な独裁者の方がロシアに操られるセルビア貴族の寡占体制よりもマシであるという判断からミロシュ体制を支える側にまわり、ミロシュ公に立憲的な改革を通じてその立場を強化するよう圧力をかけていた。一方、ロシアは貴族の反乱をちらつかせてミロシュを脅迫し、英国が進めようとする立憲主義的改革に対抗して「組織規程」（レグルマン・オルガニーク）の導入をオスマン帝国に認めさせた。一八三八年のことである。「組織規程」はセルビア国民に市民的権利を保証したが、選挙によって選ばれる国会の設置を認めず、貴族によって構成される終身制の枢密院を設置して君主ミロシュ公の権限を規制しようとした。枢密院議員の大多数は親露派だったので、ロシア皇帝の政府は一八四〇年代を通じてセルビアの政治にかなりの影響を及ぼすことになった[31]。

ロシア皇帝がバルカン諸国に対してどのような政策を企図していたのか、その真意を知ることは必ずしも容易ではない。ニコライ一世は、常日頃からいかなる汎スラヴ主義にも与しないと繰り返し言明していた。皇帝は欧州大陸に現存する正統な王権を擁護し、それに歯向かおうとする民族運動を敵視する立場を堅持していた。その場合の正統な王政には、オスマン帝国もセルビアのオブレノヴィッチ王朝も含まれていた。ロシアがバルカン諸国の内政に介入した目的は、その地域で発生しつつあった民族主義的な革命の可能性を断ち切ることにあった。革命運動はロシアの支配下にあるスラヴ民族（特にポーランド）に波及する恐れがあったからである。ニコライ一世はロシア国内の汎スラヴ主義的な動きについても、それを危険なリベラル派、革命派として非難する立場を鮮明にして、次のように述べている。「汎スラヴ主義者たちは、諸外国で抑圧されているスラヴ民族への同情心を掻き立て、それを隠れ蓑にして、スラヴの統合という名の革命思想を秘密裏に広めようとしている。しかし、諸外国のスラヴ民族はそれぞれの国家から正当な市民権を与えられている。汎スラヴ主義は、神の意志を通じてではなく、暴力的手段に訴えて革命を遂行し、ロシアを廃墟にしようとしている」[32]。皇帝は一八三〇年代と四〇年代を通じて国内の「汎スラヴ派」を危険視し、秘密警察である「第三部」に命じて厳重に監視させていた。一八四七年には、キエフにおける汎スラヴ主義運動の中心的存在だった「聖キリル・メトディウス兄弟団」が秘密警察によって摘発され、メンバー全員が逮捕されている。[33]

しかし、各国の正統な王権を支持するというニコライ一世の原則は絶対不変ではなかった。その原則はキリスト教国には厳密に適用されたが、イスラム諸国には必ずしも適用されなかったのである。たとえば、イスラム諸国の正統な王政と東方正教会のキリスト教徒が対立するような場合には、反王権派を支持することも稀ではなかった。オスマン帝国に対するギリシア正教徒の蜂起を支援したのはその一例である。時の経過とともに、ニコライ一世はヨーロッパ協調の原則や神聖同盟の国際原則よりも東方正教会の信仰の擁護とロシアの国益を優先するようになる。皇帝の考え方によれば、信仰の擁護とロシアの国益は事実上の同義語だった。というわけで、ニコライ一世はその反動的イデオロギーをハプスブルク家と共有し、ハプスブルク帝国を支持していたが、それは彼がオーストリア帝国領内のセルビア人、ルーマニア人、ウクライナ人の民族主義的信条を奨励する妨げとはならなかった。なぜなら、彼らはキリスト教正教徒だったからである。しかし、同じくハプスブルク家の支配下にあったスラヴ民族のうち、カトリック教徒であるスラヴ諸民族（チェコ人、スロヴェニア人、スロヴァキア人、クロアチア人、ポーランド人）に対する皇帝の態度はそれほど好意的ではなかった。

オスマン帝国領内に住むスラヴ民族の解放運動については、ニコライ一世は当初その支援に消極的だったが、しだいに態度を軟化させる。オスマン帝国、特にその欧州部分の崩壊が不可避であり、しかも間近に迫っていることを確信したからである。最終的にオスマン帝国が崩壊した場合、その領内に住むスラヴ民族と連携することはロシアの国益増進に役立つに違いないという判断からの方針転換だった。皇帝の考え方の変化は、イデオロギーの基本的な変更というよりもむしろ戦術的な転換だった。もし、ロシアがバルカン諸国に介入しなければ、ギリシアの場合と同じように西欧が介入するであろう。西欧諸国はバルカンのキリスト教徒諸民族をロシアと対立させ、西欧型の国家として独立させてしまうだろう。一八四〇年代になると、皇帝はスラヴ派および汎スラヴ主義者の宗教的、民族主義的心情に一定の共感を示し始める。神聖ロシアをキリスト教正教の帝国と見なす彼らの神秘思想とみずからを救世主と見なす皇帝の使命感とが符合し始めたのである。

モスクワ、サンクトペテルブルク、コンスタンチノープル、
これらはみなロシア帝国の神聖な中心都市だ……
では、ロシア帝国の果てるところはどこか？　国境はどこにあるのか？
東西南北のどこまで広がっているのか？
それは今後の運命が明らかにするだろう……
七つの内海と七つの大河！
ナイル川からネヴァ川まで、エルベ川から中国まで、
ヴォルガ川からユーフラテス川まで、ガンジス川からドナウ川まで……
ロシア帝国はそこにあり……いつの時代にも滅びることはない。
精霊が予見し、ダニエルが予言したように。

（フョードル・チュッチェフ『ロシアの地理』一八四九年[34]）

汎スラヴ主義思想を提唱した指導者のひとりにモスクワ大学の歴史学教授ミハイル・ポゴージンがいた。有力な雑誌『モスクワ人』の創刊者であり、編集長だったポゴージンは、文相セルゲイ・ウヴァーロフ伯爵の紹介で宮廷と政界に出入りしていた。ウヴァーロフは官憲の追及からポゴージンを庇護し、汎ロシア主義的思想を閣僚たちの間に広めた。ロシアは宗教的な見地からスラヴ民族の解放運動を支援すべきだとする思想だった。宮廷関係者の間からもポゴージンの積極的な支援者が現れた。大物貴族政治家の娘アントニーナ・ブルードワ公爵夫人である。さらに、皇太子アレクサンドル大公もポゴージンの主張に関心を寄せ、好意を示した。一八三八年、ポゴージンはその思想を「覚書」にまとめて皇帝に提出する。「覚書」の中でポゴージンは、歴史を前進させるのは神によって選ばれた選民であり、選民による事業の継承であると論じた上で、もしロシアが神意に従ってスラヴ帝国を設立し、その使命の達成に努力するなら、世界の未来はスラヴ民族のものになるだろうと予言している。一八四二年になると、ポゴージンはさらに次のように主張する。

ロシア人としての、スラヴ民族としての、ヨーロッパ人としての、そして、キリスト教徒としての我々の目標は次のとおりである。まず、ロシア人としては、ロシアの安全保障のためにコンスタンチノープルを奪回しなければならない。スラヴ民族としては、抑圧されている数百万の同胞、信仰上の兄弟、教育者、社会事業家などを解放しなければならない。ヨーロッパ人としては、欧州大陸からトルコ人を駆逐しなければならない。そして、キリスト教正教徒としては、東方教会を守り、キリスト教世界の象徴たる十字架をコンスタンチノープルの聖ソフィア教会に戻さな

ければならない。(35)

この種の汎スラヴ主義思想に対して、ニコライ一世は表向き反対の立場を維持していた。外相のネッセリローデも、バルカン半島のスラヴ民族を支援するあらゆる動きに断固として反対だった。そんなことをすれば、ロシアの最も古い同盟国であるオーストリアを離反させ、ロシアと西欧列強との協商関係を破壊し、ロシアを世界から孤立させるというのがネッセリローデの判断だった。しかし、ポゴージンの覚書の余白に残る皇帝の書き込みから判断すれば、ニコライ一世は少なくとも個人的にはポゴージンの思想に一部共感していた節がある。

西欧の人々が抱いていたロシアへの恐怖心は、一八四八年にヨーロッパ各地で発生した革命に対するロシアの強硬な弾圧姿勢を目にすることによってさらに深まった。フランスでは、一八四八年二月に革命の波が起こり、七月王政が打倒されて、第二共和政が成立する。その時、左派の革命諸勢力を団結させたのは、ロシア軍が反動的な右派を支援し、パリの「秩序回復」のために駆けつけて来るという共通の恐怖心だった。すべての人々がロシア軍の介入を予想していた。劇作家のプロスペル・メリメはイタリアに住む友人に宛てて書いている。「私はロシア語を学び始めた。コサックがチュイルリー宮殿に入った時に彼らと会話するためだ」。春になると、民主主義革命の波はドイツに及び、さらに、ハプスブルク帝国にも広がった。かつてナポレオンが予言したように、ヨーロッパの全域が国民国家となるか、それともコサックに蹂躙されるかの分かれ道にさしかかったように見えた。西欧諸国の革命が生き残るためには、「ヨーロッパの憲兵」たるニコライ一世のロシアを相手に生死を賭けて戦う以外に道はないと思われた。ドイツでは三月革命が起こり、ドイツ史上初の国会にあたるフランクフルト国民議会が成立した。この議会に選出された代議員たちは、ドイツとフランスが協力して欧州軍を創設し、ロシア軍の侵略からヨーロッパ大陸を防衛すべきだと訴えた[36]。

ドイツとフランスにとって、ポーランドはロシアの軍事介入から身を守るための最前線に他ならなかった。一八四八年の春、フランスの国民議会は、ポーランドの独立回復を支援し、そのためには戦争も辞さないという宣言を繰り返し採択した。五月十五日、アルフォンス・ド・ラマルティーヌ外相がポーランド問題をめぐってロシアとの取引に合意したという噂（噂の内容は事実だった）が流れると、それを聞いて激昂した群衆が国民議会に乱入するという事件が発生する。「ポーランド万歳！」という群衆の叫びに応えて、急進派の代議員たちがこもごも立って演説し、分割以前のポーランドの復活を目指して、ポーランドの国土からロシア人を一掃する解放戦争を熱烈に訴えた[37]。

七月に入ると、西欧の警戒心をさらに刺激する事態が発生する。モルダヴィアとワラキアの両公国で発生したルーマニア人の革命にロシアが干渉したのである。両公国における革命は最初から反露的性格の強い革命だった。ロシアは一八二九年から三四年までモルダヴィアとワラキアを軍事占領し、撤退した後も、事実上両公国の内政を支配下に置いていた。ルーマニアの自由主義者と民族主義者はこれに反発した。ロシアは両公国の宗主権をオスマン帝国に返還したが、それに先立って両公国に「組織規程」（レグルマン・オルガニーク）を押しつけた。「組織規程」は自由主義的反対派の中心的存在だった地主貴族（ボイェリ）の政治的権利を大幅に制限した。たとえば、貴族会議が君公を選出する制度は廃止され、ロシア皇帝による任命制が導入された。一八四〇年代に入って、ヨアン・カンピネアヌのような穏健派の指導者たちが次々に亡命を余儀なくされると、民族主義運動の主導権は若手の活動家の手に移る。その多くはパリに留学した貴族の子弟だった。彼らはイタリアのカルボナリ党やフランスのジャコバン党にならって多数の秘密結社を組織していた。

一八四八年春に革命を開始したのは最大の秘密結社「フラーチャ」（兄弟党）だった。ブカレスト〔ワラキアの首都〕とヤシ〔モルダヴィアの首都〕では、「組織規程」によって廃止された旧権利の回復を要求する集会が公然と開かれ、革命委員会が結成された。フラーチャがブカレストで組織した大規模デモの圧力を受けて、ワラキアのギョルゲ・ビベスク公が退位し、臨時政府が樹立され、共和国が宣言された。「組織規程」が廃止され、自由主義的な憲法が採択された。ロシア領事はオーストリア領のトランシルヴァニアに逃亡し、ブカレストの市街では、歓呼する群衆がルーマニアの三色旗を掲げて行進した。革命の指導者たちは両公国の統一と独立民族国家の樹立を訴えた。

　事態の推移を憂慮したロシアは、革命の波が自国領土に波及することを恐れて、七月、一万四〇〇〇人の部隊を送り込んでモルダヴィアを占領した。ブカレストと同様の革命政府がモルダヴィアに樹立されることを防ぐための措置だった。ロシアは、さらに、三万人の軍隊をベッサラビアとワラキアとの国境付近に動員した。ブカレストの臨時政府を攻撃する準備だった。

　ブカレストの革命勢力は英国に支援を求めた。英国はそれまでもブカレスト駐在の英国領事ロバート・コフーン卿を通じてルーマニア民族主義者の反露活動を積極的に支援してきた。理由はルーマニアの独立を促進するためではなく、両公国におけるロシアの支配を掘り崩し、比較的穏健なトルコの宗主権を回復させることによって、英国の権益を拡大することにあった。ブカレストの英国領事館は革命派の集会場所のひとつとなっていた。英国は、また、亡命ポーランド人を密かにワラキアに入国させ、英国の後見の下でポーランド人、ハンガリー人、モルダヴィア人、ワラキア人による統一的な反露運動を組織しようとしていた[38]。

　コフーンは、ワラキアの独立を実現するために残された唯一の希望はロシアの介入を阻止することにあるとの認識から、革命派の指導部とオスマン帝国政府との間を仲介する役を買って出た。トルコにブカレストの臨時政府を承認させようとしたのである。コフーンは臨時政府がスルタンへの忠誠を維持することをオスマン帝国の太守スレイマン・パシャに保証した。それは計算づくの虚言だった。コフーンは、さらに、臨時政府はロシア人を憎んでいるので、将来露土戦争が再発した場合には大いにトルコの役に立つであろうと力説した。スレイマンはコフーンの説得を受け入れ、歓呼するブカレストの群衆を前に演説し、「ルーマニア民族」を祝福するとともに、モルダヴィアとワラキアの統合の可能性に言及した。「この統合が実現すれば、それはロシアの脇腹に刺さった棘になるだろう[39]」

それはロシアという雄牛の鼻の先で赤い布切れを振り回すような出来事だった。コンスタンチノープル駐在のロシア大使ウラジーミル・チトフはスルタンに対して直ちにブカレストの革命派との交渉を打ち切り、ワラキアの秩序を回復することを要求し、さもなければ、ロシアは介入するであろうと警告した。トルコに方向転換を促すにはこれで十分だった。九月の初め、新任の太守フアト・エフェンディが新たな使命を帯びてブカレストに派遣された。ロシア軍のアレクサンドル・デュガメリ将軍と協力してワラキアの反乱を鎮圧することがその使命だった。フアト・エフェンディは一万二〇〇〇人のトルコ兵を引き連れてワラキアに入り、ブカレスト郊外に布陣した。一方、デュガメリ将軍もベッサラビアで動員した三万人のロシア軍を率いて国境を越えた。九月二十五日、両軍はブカレストに突入し、市街戦の末に、難なく反乱軍を鎮圧した。革命の終焉だった。

ブカレストを制圧したロシア軍は一連の大量逮捕を開始した。数千人のルーマニア人が国外に逃亡した。英国籍を持つ者も逮捕を免れなかった。公共の集会はすべて禁止された。占領軍に協力する傀儡政府が樹立され、革命派の弾圧に乗り出した。政治的文書の執筆は刑事罰の対象となり、個人の手紙も警察によって検閲された。コフーン英国領事は報告している。「当地では密告制度が確立された。政治向きの話は許されず、ドイツとフランスの新聞は購読禁止となった……トルコの太守は公共の場での政治的論議の禁止を発令せざるを得ない状態である」[40]

モルダヴィア、ワラキア両公国の秩序回復に成功したロシア皇帝はオスマン帝国に新条約の締結を要求した。この地域でのロシアの支配力を確定するための条約だったが、今回の皇帝の要求には、たとえば、ロシアによる軍事占領の期間を七年間とする、両公国の支配者はロシアとトルコが共同で任命する、トランシルヴァニアで進行中のハンガリー人の革命の鎮圧に向かうロシア軍にワラキア領の自由通行権を認めるなど、度を越えた内容が含まれていた。ロシアの真の狙いが両公国の併合にあると読んだ英国大使ストラトフォード・カニングは、ロシアの要求を受け入れないことをオスマン帝国政府に要請した。しかし、要求の拒絶が戦争に発展した場合に英国が介入することを約束することはできなかった。カニングは、英国艦隊を派遣してロシアを牽制し、オスマン帝国支持の姿勢を示すべきだとパーマストン外相に進言した。カニングの考えでは、それこそが露土戦争の勃発を防止するために必要な措置だった。この時、パーマストンがカニングの進言を採用していれば、英国はクリミア戦争よりも六年早くロシアとの戦争に突入した可能性がある。しかし、パーマストン外相は今回も動かなかった。パーマストンは対露強硬派ではあったが、ドナウ両公国に対するロシア皇帝の企図がその併合にあるとは見ていなかった。それどころか、騒乱と混迷の度を深めつつあるオスマン帝国とハプスブルク帝国の秩序がロシアによって回復されたことを歓迎するという姿勢だった。

英国の支援が得られないとなれば、トルコ政府に残された道はロシアとの交渉に応ずること以外になかった。一八四九年四月に成立したバルタ・リマン条約はニコライ一世の要求の大部分を満たす内容となった。ドナウ両公国の君主はロシアとトルコによる任命制となった。貴族会議は廃止され、代わりにロシアとトルコが顧問会議を設立し、君主の動向を監視することになった。ロシア軍による占領は一八五一年まで続くことになった。バルタ・リマン条約はロシアによる全面的支配の実質的な復活を意味していた。「組織規程」体制の下で両公国に認められていた一定の自治権がこの条約によってさらに大幅に縮小されることになった[41]。以後、ドナウ両公国はロシアの勢力範囲に組み込まれ、トルコの宗主権はロシア皇帝による裁量の範囲に制限され、一八五一年以降もロシアは自由に両公国に介入し、オスマン帝国政府（「ポルト」）にさらに譲歩を強要することができるというのが、ニコライ一世の得た成果だった。

ドナウ両公国への介入に味を占めたニコライ一世は、次にハンガリー革命への介入に踏み切る。一八四九年六月のことだった。一八四八年三月、フランスとドイツの革命に刺激されてハンガリーでも革命が起こり、輝ける雄弁家ラヨシュ・コシュートが主導するハンガリー王国議会はハプスブルク帝国に対して自治を宣言し、一連の政治改革を断行した。農奴制は廃止され、帝国軍内のハンガリー人部隊とハンガリーの国家予算に関する主権が宣言された。首都ウィーンで市民革命に直面していたオーストリア帝国政府はハンガリーの自治をいったんは受け入れるが、首都の革命が鎮圧されると、ハンガリー議会の解散を命じ、ハンガリーに宣戦布告する。ハンガリー側は国内に住むスロヴァキア人、ドイツ人、ルテアニア人などの少数民族に支持され、また、同じくハプスブルク家の支配に反対するポーランド人とイタリア人の義勇兵の応援を得て、オーストリア軍を相手に互角以上に善戦し、一連の軍事的膠着状態を経た後、一八四九年四月には逆にオーストリアに対して独立戦争を宣言する。事ここに至って、十八歳にしてオーストリア皇帝に即位したばかりのフランツ・ヨーゼフ一世はロシアに軍事介入を要請した。

ロシア皇帝ニコライ一世はこの介入要請に無条件で応じた。神聖同盟の同盟国からの要請に応えることは連帯の信義にかかわる基本的な問題だった。もし、オーストリア帝国が崩壊するようなことがあれば、ヨーロッパ大陸における勢力の均衡に重大な影響が生じるからである。しかし、同時に介入はロシアの国益の問題でもあった。ニコライ一世には、ヨーロッパ中央部で革命の波が広がることを座視する余裕はなかった。ポーランド蜂起の再発につながる恐れがあったからである。ハンガリー軍には多数の亡命ポーランド人義勇兵が参加しており、ハンガリー軍を指揮する軍幹部の中にも数人のポーランド人将軍がいた。たとえば、ユゼフ・ベム将軍は一八三〇年のポーランド蜂起の軍事指導者のひとりであり、一八四八〜四九年にはトランシルヴァニアでオーストリア軍に勝利したハンガリー軍の司令官だった。ロシアにとっては、もし、ハンガリー革命を壊滅させなければ、革命がオーストリア領ガリツィア（居住者の大半はポーランド人）に波及し、ロシア帝国内のポーランド問題が再燃する恐れがあった。

一八四九年七月十七日、十九万のロシア軍がハンガリー国境を越えてスロヴァキアとトランシルヴァニアに侵入した。侵攻軍の司令官は一八三一年にポーランド蜂起を容赦なく鎮圧したあのパスケーヴィチ将軍だった。ロシア軍は八週間にわたって残忍な鎮圧作戦を展開したが、同時にロシア軍兵士の中から膨大な数の病死者を出した。主な死因はコレラだった。数の上で圧倒的に劣るハンガリー軍の大半は、八月十三日、ヴィラゴシュ〔ハンガリー王国政府と議会の避難先だったアラド近郊の町〕でロシア軍に降伏した。しかし、約五〇〇〇人の兵士（うち八〇〇人はポーランド人）はオスマン帝国領の主としてワラキアに脱出した。ワラキアではトルコ軍の一部がバルタ・リマン条約を無視してロシア占領軍と戦っていた。

敗北したハンガリー革命の指導者たちに対するロシア皇帝の扱いは寛容だった。オーストリアはハンガリー人に対して残忍な報復政策を取ったが、それについてニコライ一世は批判的だった。しかし、皇帝はポーランド人亡命者、特にハンガリー軍で活躍したポーランド人将軍たちを追及することにかけては執拗だった。将軍たちはポーランド独立を目指して再発するであろう蜂起の指導者になる恐れがあったからである。八月二十八日、ロシア政府はトルコ政府に対してロシア帝国の臣民たるポーランド人亡命者の引き渡しを要求した。一方、オーストリアも、コシュートを含む亡命ハンガリー人の引き渡しをトルコに要求した。トルコはポーランド人とハンガリー人の亡命を受け入れていたのである。犯罪者の引き渡しは国際法の定めるところだったが、トルコは、一八三一年に一定の条件でポーランド人亡命者を受け入れた西欧諸国と同様に、今回の亡命者を犯罪者と見なしていなかった。トルコはロシアに抵抗して戦う外国人兵士を政治的亡命者として受け入れる方針だった。英仏両国はトルコを激励し、トルコはロシアとオーストリアの脅迫に屈することを拒否した。それに対して、ロシアとオーストリアはトルコとの国交を断絶する。十月、英国はトルコの軍事支援要請に応えてダーダネルス海峡の外側に位置するベシク湾にマルタ駐留の英国艦隊を派遣し、やや遅れてフランスも艦隊を合流させた。英仏両国とロシアとの間に開戦瀬戸際の緊張が生まれた。

英国の世論はハンガリー人亡命者をめぐってすでに沸騰していた。強大なロシア帝国の専制政治に抵抗するハンガリー人の英雄的な闘争という構図は英国人の心を捉え、ロシアに対する憤激を掻き立てていた。英国のジャーナリズムはハンガリー革命を一六八八年の英国名誉革命になぞらえて理想化した。英国議会が専制君主ジェームズ二世を追放し、立憲君主制の基礎を確立した革命である。ハンガリー革命の指導者コシュートは自由主義の紳士、啓蒙主義的貴族制度の支持者、議会主義と立憲政治の戦士、つまり「英国タイプ」の革命家と見なされた（二年後、コシュートが講演旅行のために訪英すると、大群衆が彼を英雄として歓迎した）。ハンガリー人とポーランド人の亡命者たちはロマンチックな自由戦士の扱いを受けた。一八四九年にロンドンに政治亡命したカール・マルクスは、ロシアを自由の敵として非難するキャンペーンを始めた。ハンガリーとドナウ両公国におけるロシア軍の残虐な抑圧作戦についての報道が伝わると、英国の世論は憤激し、パーマストン外相がロシアに抵抗するトルコを支援するためにダーダネルス海峡に軍艦を派遣する方針を発表すると、喜びに沸いた。

これこそが断固たる外交政策というものだった。英国の中流階級が政府に期待していたのは、ドン・パシフィコ事件[*4]への対応が示すように、英国の自由主義的な価値観を守るためならば、世界のどこであろうと、いつ何時でも介入するという外交政策だった。

ニコライ一世は、英仏両国艦隊の出動という事態に直面して、亡命者問題についてオスマン帝国に妥協せざるを得なくなった。トルコ側は、西欧諸国が政治亡命者を受け入れる際に適用する慣例に倣って、ポーランド人亡命者をロシア国境からできるだけ遠ざけておくことに合意し、ロシア側は亡命者の引き渡し要求を撤回した。

ところが、合意成立の直前、コンスタンチノープル駐在のストラトフォード・カニング英国大使が一八四一年のロンドン国際海峡条約に関する新解釈を明らかにした。ベシク湾付近にある英国艦隊が悪天候に襲われた場合には緊急避難としてダーダネルス海峡に入ることができるという解釈だった。十月末、英国艦隊がベシク湾に到着した時、まさに緊急避難を要する嵐が発生した。英国艦隊の動きに激怒したニコライ一世は、コンスタンチノープル駐在のロシア大使ウラジーミル・チトフに命じて、英国がダーダネルス海峡への緊急避難を主張するなら、ロシアもボスポラス海峡について同等の権利を主張する旨をオスマン帝国政府に通告させた。見事な対応だった。ボスポラス海峡を通過したロシア艦隊は、はるかに遠いダーダネルス海峡から英国艦隊が到達する前にコンスタンチノープルを攻撃することができるからである。パーマストンは引き下がり、ロシアに対して謝罪し、英国政府がロンドン国際海峡条約を順守することを再確認した。英仏連合艦隊はベシク湾から引き揚げ、開戦の危機はまたもや危ういところで回避された。

パーマストンの謝罪表明がサンクトペテルブルクに送達される前に、ニコライ一世は英国のロシア大使に向かって不快感を表明している。それは西欧との戦争が始まる四年前のロシア皇帝の精神状態について多くを物語る内容の発言だった。

パーマストン卿の行動は理解しがたい。もし、彼がロシアとの戦争を望むのなら、誠実に堂々と宣戦布告すべきである。しかし、戦争は両国にとって大いなる不幸だが、ロシアは甘んじて宣戦布告を受け入れるだろう。しかし、あれこれと姑息な手段を弄することはやめた方がいい。大国の名に値しないような小細工は中止すべきだ。オスマン帝国が依然として存在するとすれば、それはロシアの力によっている。もし、ロシアが手を引けば、オスマン帝国は即座に瓦解するだろう。

十二月十七日、ニコライ一世はドナウ両公国へのロシアの影響力が再び危機にさらされる場合に備えて、ダーダネルス海峡への奇襲攻撃作戦の準備をプチャーチン提督〔一八五三年に長崎に来航。五四年、下田沖で遭難。五五年、日露修好通商条約締結〕に指示した。ロシアの黒海艦隊が英国艦隊のダーダネルス海峡侵入を阻止し得ることを確認したかったのである。皇帝は決意の印として作戦に必要な高価な蒸気軍艦四隻の建造に承認を与えた。(42)

パーマストンが衝突を回避したことは、ストラトフォード・カニングにとっては重大な打撃だった。カニングは、英国が断固たる軍事行動に出ることこそが、ドナウ両公国へのトルコの宗主権を掘り崩そうとするニコライ一世の動きを阻止する道だと信じていたからである。カニングはオスマン帝国のタンジマート改革一般については疑念を深めていたが、一八四九年以降、モルダヴィアとワラキアに対するトルコの宗主権を強化する目的で両公国における自由主義的改革の実現を急ぎ、ロシアの脅威に対抗するためにトルコの軍事力を強化することにこれまで以上の努力を払うようになる。両公国を重視するカニングの考え方をしだいに理解するようになっていたパーマストンは、一八四八〜四九年の危機を経験して、ロシアの脅威からトルコを守るには従来よりも積極的な防衛策が必要なことを認めるに至っていた。

やがて聖地問題をめぐる紛争が激化すると、ニコライ一世は自分の意志をトルコに押しつけようとして、またしてもドナウ両公国に軍事介入する。それは戦争を不可避とする種類の行動だった。

章末注

＊1　クリミア戦争が勃発すると、ロシア皇帝杯レースの名称は元のゴールドカップ賞レースに戻された。

＊2　このロシア観は冷戦時代の西欧諸国の対ソ観に明らかに酷似している。冷戦時代の反ソ感情の一部は十九世紀の反露感情に由来していたのである。

＊3　この件はクリミア戦争前夜の英国の世論にも影響を与えた。一八五四年五月、チャールズ・ディケンズの主宰する週刊誌『家庭の言葉』が「ミンスク尼僧院事件の真相」という記事を掲載したのである。記事を書いたのはフローレンス・ナイチンゲールだった。ナイチンゲールは一八四八年にローマでマクレナ・ミェチスワフスカに会って直接にその受難物語を聞き、話を書きとめたが、引き出しに入れたままにしていた。その後、シノープ沖の海戦〔一八五三年〕でロシア艦隊がトルコの黒海艦隊を撃滅するという事件が起こると、ナイチンゲールはロシアに対する英国民の警戒心を高める一助として、例の話の記録を引き出しから取り出してディケンズに送り、ディケンズは一部短縮して『家庭の言葉』に掲載した。

＊4　一八五〇年、パーマストン外相がドン・パシフィコ事件解決のために英国海軍を派遣してアテネ港を封鎖する方針を決定すると、英国民は拍手喝采した。英国臣民たるドン・パシフィコはアテネで発生した反ユダヤ暴動で家を焼かれ、その賠償をギリシア政府に請求していた。ユダヤ系のポルトガル人だったドン・パシフィコは当時アテネ駐在のポルトガル領事を務めていたが、出生地がジブラルタルだったので、英国の臣民でもあった。パーマストンは「英国臣民の権利」を守るという国家原則から艦隊の派遣を決

定した。

第4章 「欧州協調」の終焉

一八五一年五月一日、ハイド・パークでロンドン大博覧会〔第一回万国博覧会〕が開幕した。特にこの博覧会のために建設された史上最大の鉄骨ガラス張りの展示会場「水晶宮」には、英国の全人口の三分の一にあたる六〇〇万人が訪れ、巨大な展示室を巡って、工業製品、手工芸品など、世界中から集められた一万三〇〇〇点の展示品に目を見張った。過去二十年にわたる社会的、政治的変動の時期を経て開催された大博覧会は、平和と繁栄の時代の到来を約束するかのように見えた。平和と繁栄を実現した原動力は、英国の工業生産力の発展と自由貿易の原理だった。建築史上の驚異と言われた「水晶宮」は、それ自体が英国の工業力の高さの証拠であり、英国がほぼすべての産業分野で世界の最高水準に立ったことを誇示するにふさわしい建造物だった。ロンドン大博覧会はパクス・ブリタニカがヨーロッパ全域のみならず全世界を支配しようとする意志の象徴だった。

この平和を脅かす脅威があるとすれば、それはフランスだった。十二月二日は一八〇四年にナポレオン・ボナパルトが皇帝に即位した戴冠式の日だったが、その記念日にあたる一八五一年十二月二日、フランス第二共和国の大統領ルイ・ナポレオンがクーデターを起こして憲法を停止し、議会を解散して独裁者となった。翌一八五二年十一月、第二共和制は国民投票を経て第二帝政に移行し、十二月二

ルイ・ナポレオン(1854年)

日、ルイ・ナポレオンはナポレオン三世として皇帝の座に就いた。

フランスに再び皇帝が出現したことは、他の欧州列強諸国にとって警戒すべき重大事件だった。英国ではナポレオン時代の再来を恐れる論調が高まり、英国議会は英仏海峡の防備を固めるためにリスボン艦隊を呼び戻す決議を採択した。クリミア戦争で英国軍の総司令官を務めることになるラグラン卿〔フィッツロイ・サマーセット男爵〕はフランス海軍が攻撃してきた場合に備えてのロンドン防衛作戦を一八五二年の一夏を費やして策定した。一八五三年の英国海軍の年間最優先課題は対仏防衛作戦だった。オーストリアのブオル＝シャウエンシュタイン外相は、フランスの帝政移行が平和的意図に基づくことの確約をナポレオン三世に要求した。ロシア皇帝ニコライ一世もナポレオン三世に対してすべての侵略計画の放棄を要求し、もしフランスがオーストリアを侵略した場合には六万人のロシア軍を派遣して支援することをオーストリアに約束した。これらすべての動きに答えて、一八五二年十月、ルイ・ナポレオンはボルドーで次のように宣言した。「疑い深い人々はフランスの帝政は戦争を意味すると言っている。しかし、私は帝政が平和を意味することを明言する」[1]

実は、諸外国が疑いを深めるにはそれなりの根拠があった。第一に、ナポレオン三世がヨーロッパの現状に満足しているとは到底考えられなかった。ナポレオン戦争で敗北したフランスを封じ込める目的で設定されたのがヨーロッパ協調の体制だったからである。ナポレオン三世がフランス国民に圧倒的に支持された理由は、彼がナポレオン一世の栄光の記憶を甦らせたからに他ならない。もっとも、甥はあらゆる点で伯父に及ばなかった。大きくて不格好な図体、短い脚、口髭と山羊のような顎鬚をたくわえたナポレオン三世はボナパルト家の系図に連なる皇帝というよりも、一介の銀行家にふさわしい風貌だった。ヴィクトリア女王は一八五五年に初めてナポレオン三世に会った日の日記に次のように記している。「背はきわめて低い。だが、頭と上半身だけは、長身の人物にふさわしい大きさをしている(2)」

ナポレオン三世の立場からすれば、ナポレオン一世の伝統に従って外交政策を追求する以外に取るべき道はなかった。外交政策の目標は、たとえナポレオン一世時代の栄光を全面的に取り戻すことは無理だとしても、諸外国から尊敬され、国際的影響力をもつ偉大なフランスを回復することだった。そのためには、一八一五年に成立したナポレオン戦争後の国際秩序を修正し、ナポレオン一世が目指していたように、ヨーロッパを自由主義的な国民国家の集合体として再編する必要があった。この目的を達成するためには、フランスの仇敵である英国との同盟が不可欠だとナポレオン三世は考えていた。ナポレオン三世の政治的盟友で親友でもあった内相のペルシニー公爵は、一八五二年に一時ロンドンに滞在した経験から、ナポレオン三世に対して、英国を支配しているのはもはや貴族階級ではなく、新しい「ブルジョア権力」であると報告している。いずれは、英国だけでなく、欧州大陸全体がブルジョア階級によって支配されることになるであろう。英国と同盟関係を結ぶことによって、フランスは「ワーテルローの戦いを再現するよりもはるかに効果的に輝かしくも偉大な外交政策を展開し、過去の敗北を雪ぐことができるだろう(3)」。

フランスが民族の自尊心を回復するために戦うべき相手があるとすれば、それはロシアだった。第一帝政の崩壊を早めることになったモスクワからのナポレオン軍の敗走、それに続いての数々の軍事的敗北、ロシア軍によるパリ占領などは、苦痛と屈辱の記憶としてフランス人の心を離れなかった。一八一五年体制を作り上げ、フランスにブルボン王朝を復活させるという戦後の枠組みの形成にあたって大きな影響力を発揮したのもロシアだった。ロシア皇帝は自由の敵であり、ヨーロッパ大陸を自由主義的な国民国家の集合体にすることを阻む障害だった。さらにまた、ニコライ一世はナポレオン三世を皇帝として承認しない唯ひとりの君主だった。英国、オーストリア、プロイセンの三ヵ国はいずれもナポレオン三世を皇帝として認めていた(もっとも、オーストリアとプロイセンは渋々だった)。しかし、ニコライ一世はナポレオン三世を皇帝として扱おうとしなかった。皇帝の地位は神が決めるものであり、国民投票によって選ばれるものではないというのがその理由だった。ニコライ一世はナポレオン三世に対する軽侮の印として、ヨーロッパの君主間の慣例的な呼びかけである「モン・フレール(わが兄弟よ)」ではなく、「モナミ(わが友よ)」という呼びかけを使用した。*1 ナポレオン三世の顧問たち、特にペルシニー公爵はこの侮辱を逆手に取ってロシアとの国交を断絶するよう進言した。しかし、政治に個人的ないさかいを持ち込むつもりのなかったフランスの新皇帝は、「兄弟は神によって与えられるものだが、友は自分で選ぶことができる」と言い放って、進言を無視した。(4)

ナポレオン三世にとって、パレスチナの聖地問題をめぐるロシアとの紛争は、一八四八～四九年の革命で左右に分裂したフランスの国内世論を再統一するための絶好の機会だった。「ヨーロッパの憲兵」を相手に自由を求めて戦う愛国的行動ということになれば、革命を支持した左派もクーデターと第二次帝政を受け入れるだろう。右派のカトリック勢力について言えば、彼らはキリスト教とフランス文明を脅かす異端者である東方教会に対して久しい昔から聖戦を要求していた。

ナポレオン三世がカトリック強硬派のシャルル・ド・ラ・ヴァレット侯爵を駐コンスタンチノープ

ル大使に任命した背景にはこのような事情があった。ラ・ヴァレットは「ケ・ドルセー」（フランス外務省）〔オルセー河岸に位置することから、この呼び名がある〕に巣食う強力な教権派グループに属していた。ペルシニー内相によれば、このグループはその影響力を行使して聖地問題を煽り立てようとしていた。

我が国の外交政策は、外務省内に密かに食い込んでいる教権派グループによってしばしば歪められている。十二月二日のクーデターをもってしても、彼らを外務省から排除することはできなかった。それどころか、彼らは以前にもまして大胆になり、我々が国内問題に忙殺されている隙に乗じて、我が国の外交政策に聖地問題を紛れ込ませ、子供じみた成果を上げてはそれを国民的勝利であるかのように囃し立てている。

ラ・ヴァレットは聖地パレスチナに関するローマ・カトリック教会の権利は「自明である」という挑発的な主張を展開し、フランス海軍の力を動員してロシアに対抗すべきだと訴えた。フランスの過激なカトリック系ジャーナリズムはラ・ヴァレットを支持した。しかし、ナポレオン三世自身は、聖地問題について、むしろ穏健で柔軟な姿勢を維持し、政治顧問グループの筆頭だったエドゥアール＝アントワーヌ・ド・トゥーヴネルに対して、自分は聖地問題の詳細を知らないが、宗教紛争が「不釣り合いに誇張される」のは残念だという感想を漏らしている。的確な指摘だった。しかし、ナポレオン三世には、国内のカトリック勢力の機嫌を取らざるを得ない事情があった。さらに、ロシアに対抗するために英国との同盟関係を深める必要もあった。ラ・ヴァレットの挑発的な行動を抑制することは、したがって、ナポレオン三世の利益にはつながらなかったのである。ナポレオン三世がラ・ヴァレット大使をコンスタンチノープルから本国に召還したのは一八五二年の春になってのことであり、それも英国のジェームズ・マームズベリー外相からラ・ヴァレットの言動について度重なる苦情が寄せられてからのことだった。しかし、ラ・ヴァレット大使が辞任した後も、フランスはロシアを怒らせることを承知の上で砲艦外交を継続し、スルタンに圧力をかけて言うことを聞かせるというやり方を変えなかった。フランスの狙いはロシアに対抗する立場から英国との同盟を実現することにあった。[5]

フランスの外交政策はそれなりの成果を生んだ。一八五二年十一月、オスマン帝国政府（「ポルト」）はベツレヘム降誕教会の鍵の管理権をカトリック教会に与える政令を発した。この措置によってカトリック教会は「飼葉桶の礼拝堂」にも、「降誕洞窟」にも自由に出入りすることができるようになった。当時、英国の駐コンスタンチノープル大使ストラトフォード・カニングは帰国中で不在だったので、代理大使のヒュー・ローズ大佐が新政令の背景を次のように解説している。フランスの蒸気船艦隊の最新鋭砲艦シャルルマーニュ号は地中海を八・五ノットで航行することが可能であり、姉妹艦のナポレオン号は十二ノットで航行できる。それは、つまり、フランス艦隊が出動すれば、技術的に遅れたロシア艦隊とトルコ艦隊を合わせても対抗できないことを意味していた。[6]

トルコがフランスの圧力に屈したことを知って激怒したニコライ一世は、さっそく対抗措置を取った。武力による威嚇に打って出たのである。十二月二十七日、皇帝はコンスタンチノープルを電撃攻撃する準備として、ベッサラビア駐留ロシア軍のうちから第四軍および第五軍三万七〇〇〇人を動員する命令を発した。それと同時に、別の九万一〇〇〇人を動員してドナウ両公国をはじめとするバルカン地方に投入する作戦の準備に入った。ニコライ一世の怒りがいかに激しかったかは、命令の決定に先立って側近たちへの相談が一切なかったことからも窺うことができる。外相のネッセリローデにも、陸軍大臣のワシリー・ドルゴルーコフにも、秘密警察「第三部」の長官としてほぼ毎日皇帝と接触していたアレクセイ・オルロフ伯爵にも、事前の相談がなかった。しかし、すでに宮廷ではオスマン帝国の解体計画が話題に上り始めていた。噂によれば、解体の第一段階はロシアによるドナウ両公国（モルダヴィアとワラキア）の占領から始まるはずだった。一八五二年の末にニコライ一世が書き残した覚書によれば、オスマン帝国の分割に関する彼の構想は次のようなものだった。ドナウ両公国およびドナウ・デルタのドブルジャ地域はロシアが取り、セルビアとブルガリアには独立国家の地位を与える。アドリア海の沿岸地域はオーストリアの領土とし、英国はキプロス島、ロードス島、エジプトを取り、フランスはクレタ島を取る。また、現行のギリシアにエーゲ海の島嶼を加えて大ギリシアを創設する。さらに、コンスタンチノープルは国際管理下の自由都市とし、ヨーロッパ大陸のすべての地域からトルコ人を放逐すべきだと皇帝は考えていた(7)。

この頃から、ニコライ一世の対英交渉は新しい局面に入る。ロシアが近東地域の支配権をめぐってフランスを相手に決着をつけようとすれば、圧倒的な海軍力を有する英国の動きが決定的に重要なファクターとなるからだった。ニコライ一世は、一八四四年の訪英が英露両国の相互理解を深めたと今なお確信していた。だとすれば、フランスを牽制し、オスマン帝国に対してロシアが有する条約上の権利を行使するために、英国の支援を当てにすることは可能である。同時に、オスマン帝国分割の時期が来ていることを英国に納得させる必要もあった。ニコライ一世は、一八五三年の一月から二月にかけて、サンクトペテルブルク駐在の英国大使ジョージ・シーモア卿と数度にわたって会談し、トルコ問題について次のように語っている。「我々は腕の中に病人をかかえている。危篤の重病人だ。もし、必要な手筈が整わないうちに、この病人が我々の手からすり抜けてしまうようなことがあれば、非常に残念な事態が起こるだろう」。オスマン帝国が「バラバラに崩壊しようとしている今、きわめて重要なのは」ロシアと英国がその秩序ある分割について協力することであり、少なくともフランスによる遠征軍の派遣を阻止するために、英露両国の協力が必要である。フランスが軍事介入するようなことがあれば、ロシアもオスマン帝国領内に軍隊を派遣せざるを得ない。「英国とロシアの間に合意が成立すれば、それ以外の国々が何を考えるか、何をするかは問題にならない」。ニコライ一世は、ロシアがエカチェリーナ二世以来の領土的野心をすでに放棄していることを「紳士として」英国大使に保証した。コンスタンチノープルについては、ロシアはその征服を望まず、国際自由都市にすることを希望する。その意味で、英国またはフランスが単独でコンスタンチノープルを掌握することは認められない。オスマン帝国の崩壊にともなう混乱の中で、ロシアは一時的にコンスタンチノープルを管理する必要に迫られるだろうが、それは「トルコが小規模な共和国の集合体に分裂して、コシュートやマッツィーニ〔イタリア統一運動を推進した青年イタリア党の指導者〕など、ヨーロッパの革命家たちの逃亡先となることを阻止するためであり」、また、トルコ人による迫害からキリスト教徒住民を守るためである。さらに、皇帝は強調した。「私は自分に課された神聖な義務を放棄したりしない。ロシア国内で確立している我々の信仰はもともと東方からもたらされたものである。それについての我々の感謝と義務を忘れることは決してできない(8)」

シーモア大使はニコライ一世からオスマン帝国の分割案を聞かされても格別に驚かなかった。大使はジョン・ラッセル外相への報告書に、皇帝の分割案はむしろ歓迎すべきだという意見を書き添えている。ロシアと英国はともにキリスト教を奉ずる大国であり、どちらも「オスマン帝国の運命に重大な利害関係を有している」。両国がイスラム教勢力に代わってオスマン帝国の欧州地域の支配権を獲得するならば、それは「十九世紀の文明が達成し得る崇高な勝利である」とシーモアは論じた。アバディーン伯爵が首相を務める連立内閣には、ラッセル外相やウィリアム・グラッドストン蔵相〔後に首相〕のように、オスマン帝国内のキリスト教徒がトルコ人から迫害を受けている時にそのオスマン帝国を英国が支援することを疑問視する閣僚もいた。しかし、大多数の閣僚はトルコのタンジマート改革に希望を託し、改革が機能し始めるまでには時間が必要だと考えていた。この際、事を先延ばしにする遅延策は英国にとって好都合だった。英国はロシアとフランスの間で板挟みの状態にあり、しかも、ロシアもフランスも同じように信用できなかった。ヴィクトリア女王は次のような鋭い指摘を行なっている。「ロシアは我々がフランス側に傾きすぎると言って非難し、フランスは我々がロシア側に傾きすぎると言って非難している」。アバディーン内閣は、オスマン帝国の崩壊が切迫しているというロシア皇帝の意見を受け入れることを拒否し、崩壊仮説にもとづく分割計画には関与しないことで意見の一致を見た。分割計画を論ずること自体がオスマン帝国の崩壊を加速する恐れがあるという立場だった。分割計画がオスマン帝国領内のキリスト教徒の反乱を誘発し、それに対するトルコ側の弾圧を招くからである。英国議会でも、オスマン帝国の崩壊が切迫しているというロシア皇帝の主張の背景について疑惑が持ち上がった。皇帝はその主張の背後で、崩壊過程を早めるための陰謀をめぐらし、秘密工作を行なっているのではないか？　シーモア大使は二月二十一日にニコライ一世と交わした会話について次のように記録している。「一国の君主がその隣国の近い将来の運命についてかくも頑固に断言してはばからないところからすれば、ニコライ一世はオスマン帝国の崩壊をすでに既定事実として見ていると考えざるを得ない」(9)

その後も繰り返されたシーモア大使との会見を通じて、ニコライ一世はさらに確信を込めて分割計画を説明した。すなわち、トルコはポーランドの場合と同じようにロシアの属国とし、ドナウ両公国、セルビア、ブルガリアの四ヵ国には独立を認めた上で、ロシアの保護下に置くという計画だった。ニコライ一世によれば、オーストリアもすでにこの分割計画を支持していた。「理解しておいてほしいが、私がロシアの意向と言う時には、それは同時にオーストリアの意向でもある。ロシアの利益は同時にオーストリアの利益でもある。少なくともトルコに関する限り、両国の利害関係は完全に一致している」。シーモアは皇帝の「粗雑で無謀な」計画に対してしだいに不快感を抱くようになる。ニコライ一世は対トルコ戦争にすべてを賭けているかのように思われた。三〇年近く専制君主の座にある間に蓄積された傲慢さがそうさせるのだろうとシーモアは推論している。(10)

ロシア皇帝の自信を支えていた要素のひとつが英国政府から支持されているという思い込みにあったことは間違いない。ただし、それは誤解だった。ニコライ一世は一八四四年の訪英以来アバディーン伯爵との間に個人的な信頼関係が存在していると信じていた。当時外相だったアバディーンは今や首相となり、英国の指導者の中で最もよくロシアを理解する政治家となっていた。聖地問題をめぐる紛争でアバディーン首相はロシアの立場を支持したが、ニコライ一世はそれをもって自分のオスマン帝国分割案もまた英国政府に支持されたものと受けとめていた。ロシアの駐英大使ブルノフ男爵はロンドンから皇帝宛に送った報告の中でアバディーン首相の非公式発言を伝えている。すなわち、首相がオスマン帝国政府を世界最悪の政府として非難し、英国はこれ以上トルコを支援するつもりはないと発言したという報告だった。この報告はニコライ一世を喜ばせた。皇帝はシーモア大使に対してこれまで以上に率直に接するようになり、英仏連合の成立を恐れる必要がなくなったとの理解から、フランスとトルコに対してさらに強硬な姿勢を取り始める。一八五三年春のことだった。(11)しかし、ニコライ一世は、アバディーン首相が東方問題をめぐって閣内で孤立を深めており、英国の政治潮流が全体的に反ロシアの方向に傾きつつあるという事実を知らなかった。

一八五三年二月、ニコライ一世はコンスタンチノープルに特使を派遣した。聖地パレスチナに関するロシアの権利回復をスルタンに迫るためだった。熟慮の上で行なわれた特使の人選は、その使命の軍事的性格を雄弁に物語っていた。もし、平和的な解決を探るためならば、経験豊かな外交官が選ばれたはずである。だが、ニコライ一世が選んだのは泣く子も黙るアレクサンドル・メンシコフ将軍だった。六十五歳のメンシコフは一八一二年のナポレオン戦争でフランス軍と戦った古強者であり、一八二八〜二九年の露土戦争では海軍提督を務め、砲弾の直撃を受けて生殖機能を失っていた。その後、海軍大臣としてボスポラス、ダーダネルス両海峡の攻略計画の策定を主導し、一八三一年にはフィンランド総督となり、さらに、ペルシアとの交渉では首席代表を務めた。シーモアの人物評によれば、メンシコフは「非常に博識であり、皇帝の側近の中では珍しく独立独歩の気概に溢れているが、その独特の思考様式がいつも辛辣な言葉となって表現されるので、サンクトペテルブルクの人々に恐れられる」存在だった。メンシコフにはトルコとの交渉を平和的にまとめるために必要な気配りも忍耐心もない、とシーモアは指摘している。

コンスタンチノープルへの特使として軍人を派遣する必要があったとすれば、これほど適切な人選はなかった。たしかに、軍人を派遣すること自体に一定の意味があったことは否定できない。万が一、交渉が不調に終わった場合には、交渉にあたった特使自身がそのまま一〇万の兵士を指揮する司令官になるという計画だったのだ。[12]

メンシコフに与えられた使命は次の三つだった。ひとつは、ベツレヘム降誕教会の鍵をめぐってカトリック側の権利を認めた前年十一月の勅令をスルタンに撤回させること、二つ目はエルサレム聖墳墓教会に関するギリシア正教の特権を回復させること、最後は、一七七四年のキュチュク・カイナルジャ条約以来これまでに締結された諸条約がロシアに認めている権利を改めて保証する公式の協定（セネド）を締結し、ロシアが単に聖地エルサレムのみならず、オスマン帝国全域のキリスト教正教徒の利益を代表することをスルタンに認めさせることだった。聖墳墓教会に関するギリシア正教の管理権にフランスが異議を唱える事態を想定して、メンシコフは秘密の軍事協定を提案する予定だった。スルタンが西欧列強のひとつであるフランスと戦う場合には、ロシアは艦隊と四〇万の陸軍をトルコに提供するという内容だった。ただし、スルタンがキリスト教正教徒の地位を尊重することが軍事支援の前提条件だった。メンシコフの日記によれば、彼はその艦隊と陸軍部隊の指揮をまかされており、「戦争か和平かを決断する全権限」を与えられていた。交渉は説得と軍事的脅迫を取り混ぜて進められた。ニコライ一世は、トルコ側がメンシコフの要求に従わない場合には、ドナウ両公国を軍事占領し、両公国をオスマン帝国の支配から独立させる計画をすでに了承していた。皇帝の命令を受けて、すでに一四万人の陸軍部隊がベッサラビアとドナウ両公国との国境付近に集結していた。スルタンを屈服させるために強硬手段が必要な場合には、この部隊と黒海艦隊とが共同作戦を行なって、コンスタンチノープルを攻略する手筈だった。メンシコフがコンスタンチノープルに向けて出立する日にあわせて、セヴァストポリ港では黒海艦隊の観艦式が華々しく実施された。メンシコフはその使命にふさわしい名称のフリゲート艦「雷帝号」に乗船して、二月二十八日にコンスタンチノープルに到着した。埠頭にはギリシア人の大群衆が集まり、歓呼して交渉国を迎えた。メンシコフを団長とする交渉団には、第四軍参謀長ネポコイチツキー将軍、黒海艦隊参謀長ウラジーミル・コルニーロフ将軍〔後にセヴァストポリ要塞司令官〕など、多数の陸海軍幹部が参加していた。コルニーロフ将軍に与えられた任務は、電撃攻撃作戦の準備としてボスポラス海峡とコンスタンチノープルの防備態勢を偵察することだった。[13]

オスマン帝国がメンシコフの要求をそのまま呑む可能性はほとんどなかった。すべての要求を呑ませることができるとニコライ一世が考えていたとしたら、それはロシア皇帝の認識がいかに現実政治からかけ離れていたかを物語る証拠だったと言える。ネッセリローデが草案を準備した「セネド（協定)」の内容は聖地問題の枠を大きく越えるものだった。ロシアが要求したのは、オスマン帝国領内のすべてのギリシア正教の教会について、それを保護する権利をロシアに与えるという内容の事実上の新条約だった。しかも、正教の主教の任期を終身制とする案だったので、オスマン帝国政府がギリシア正教会の管理に介入する権利は永久に失われることになる。オスマン帝国の欧州部分はロシアの保護領となり、オスマン帝国自身が常にロシアの軍事力の脅威にさらされ、ロシアの属国になる恐れがあった。

しかし、外交交渉を通じて何らかの成果を達成する機会が多少はあったとしても、相手国の首都でのメンシコフの行動はすべてを台無しにしてしまう体のものだった。到着の二日後、メンシコフは外交上の先例を無視して、オスマン帝国政府を侮辱する行為に出た。公式歓迎式典に出席する際、慣例となっていた軍装ではなく、背広と外套を着用したのである。また、大宰相メフメト・アリ・パシャとの会談では、いきなりフアト・エフェンディ外相の罷免を要求した。外相が前年十一月にフランス・カトッリク教会に譲歩したというのが罷免要求の理由だった。そして、ロシアの利益について理解のある新外相が任命されるまでは交渉に入ることができないと主張した。メンシコフは、多数の出席者の面前で、フアト・エフェンディ外相を無視し、言葉さえ交わそうとしなかった。オスマン帝国の外相であっても、ロシアに対して非友好的な態度を取れば、「たとえスルタンの宮廷の中にいてさえ、辱められ、罰を受ける」ことを知らしめるための意図的な侮辱だった(14)。

トルコ側はメンシコフの外相解任要求に接して、その非礼さに仰天した。しかし、ベッサラビア国境にロシア軍が集結しているという事実を前にして、メンシコフの要求に屈せざるを得なかった。オスマン帝国政府は屈辱に耐えてフアト・エフェンディ外相を解任し、ルファト・パシャを後任候補に選んだだけでなく、その候補者をメンシコフの代理人たるロシア側の通訳が面接することさえ許容した。メンシコフはその後も無理難題を吹っかけ、ただちにすべての要求に応じなければ外交関係を断絶すると脅迫した。オスマン帝国政府の幹部たちはロシアへの反感を強め、ロシアの圧力に抵抗するために英仏両国に支援を求めようとした。オスマン帝国の主権をどのようにして守るかが最大の問題だった。

メンシコフの到着から一週間を経た頃には、交渉内容の要旨が西側のすべての国の大使館に漏れ伝わった。トルコ政府の関係者が情報を漏らすか、あるいは、売ったのである。大宰相メフメト・アリは英仏両国の代理大使と密かに接触し、ロシアの攻撃から首都を防衛する必要が生じた時のために両国の艦隊をエーゲ海に派遣するよう要請した。メフメト・アリは動揺していた。しかし、メンシコフの出方にとりわけ強い危機感を覚えたのは英国代理大使のヒュー・ローズ大佐だった。ローズ大佐の憂慮は、ロシアがウンキャル・スケレッシ条約の再現か、「または、それよりもさらに悪質な」条約の締結をオスマン帝国に迫る手段として、ダーダネルス海峡を占領するという事態だった（それは、一八四一年のロンドン国際海峡条約に明らかに違反する行動だった）。ストラトフォード・カニング大使の帰任を待たずに何らかの手を打つ必要があった。ストラトフォード・カニングは一月に駐イスタンブール大使を辞任したが、二月に入ってアバディーン内閣によって再任命され、赴任の途上にあった。三月八日、ローズ代理大使は高速蒸気船を使ってマルタに駐留する地中海艦隊の司令官ジェームズ・ダンダス卿にメッセージを送り、マルタ艦隊を率いてイズミルに近いウルラまで出動するよう要請する。しかし、ダンダス司令官は、ロンドン政府からの命令がないかぎり、ローズの要請に従うことはできないとして艦隊の派遣を拒否した。そのロンドンでは、三月十日、後に「インナー・キャビネット」を構成してクリミア戦争を指導することになる五人の大物閣僚[*2]が集まって、ローズ代理大使の要請を検討した。彼らが最も懸念したのは、ベッサラビアにおけるロシア軍の動員、「セヴァストポリにおけるロシア海軍の大規模な作戦準備」、そして、オスマン帝国政府に対するメンシコフの「敵対的な発言」だった。ロシアの狙いがトルコを壊滅させることにあると確信したジョン・ラッセル伯爵は、英国艦隊をボスポラス海峡まで進めてコンスタンチノープルを占領する方針に傾いた。そうなれば、英仏両国は、ロンドン国際海峡条約を根拠として、黒海およびバルト海でロシア艦隊と全面的に対決することになる。もし、パーマストンが賛成すれば、ラッセルの提案は英国民の大多数の支持を得る可能性があった。しかし、ラッセル以外の閣僚は慎重だった。彼らは依然としてフランスを主要な軍事的脅威と見なして警戒しており、英仏同盟が成立すればフランス海軍の脅威は解消されるというラッセル伯爵の意見に同意しなかった。ラッセルを除く多数派の閣僚は、聖地問題ではロシア側に一定の権利があり、事態が重大化した原因はフランスがロシアを挑発したことにあるという見解だった。ロシア皇帝は平和的な解決を希望しているという駐英ロシア大使ブルノフ男爵の「紳士としての」保証は信頼に値した。というわけで、ローズ大佐の艦隊出動要請は却下された。艦隊の出動を要請すること、つまり、戦争か平和かを決断することは代理大使の権限を越える問題だとされた。「トルコ政府の過剰な警戒心、および、ロシアが陸軍と艦隊を進めているという、コンスタンチノープルで一般に信じられている噂」にローズ大佐が流されたに違いないという話になった。閣僚たちは、ストラトフォード・カニングがコンスタンチノープルに帰任して、平和的解決を図るまで様子を見るという結論に達した(15)。

コンスタンチノープル駐在の英国代理大使が地中海艦隊司令官に出動を要請したというニュースは、三月十六日にパリに伝えられた。その三日後、フランス政府は閣議を開き、ドルーアン・ド・リュイ外相が、迫り来るオスマン帝国崩壊の構図を説明した。「トルコの最期を告げる弔鐘はすでに鳴り始めている。ロマノフ王朝の双頭の鷲が聖ソフィア寺院の尖塔に降り立つ姿を目にする日は遠くないであろう」。しかし、ドルーアン・ド・リュイ外相はフランス艦隊を派遣する案を退けて、少なくとも英国が艦隊を送る時までは、フランスも派遣を控えるべきだと主張した。さもなければ、ナポレオン戦争の再発を恐れるヨーロッパ諸国の中でフランスは孤立してしまうだろう。他の閣僚たちも同じ意見だった。ただし、ペルシニー内相だけは、フランスが「ロシア軍のコンスタンチノープル進撃を阻止するために立ち上がれば、イギリスは大喜びしてフランスに味方するだろう」と主張した。ペルシニーによれば、それはフランスにとって国家の名誉に関わる問題だった。十二月二日のクーデターを実行した軍隊は守るべき栄光の伝統を有する「近衛軍団」だったと指摘した上で、ペルシニーはナポレオン三世に警告した。もし、皇帝が閣僚たちの助言に従って問題を先延ばしするようなことがあれば、「次に陛下が兵士の前に姿を現わした時、兵士たちは悲しげに顔を伏せ、黙りこくるだろう。陛下が寄って立つ地盤は崩れてしまうだろう。よく御存じのとおり、軍隊を離反させないでおくためには、リスクを恐れずに行動する必要がある。ここで閣僚諸君に申し上げるが、諸君が是が非でも平和を維持しようとするなら、フランスは恐るべき大火災の中に投げ込まれることになるだろう」。行動方針をめぐって揺れ動いていたナポレオン三世は、これを聞いて、ペルシニーの主張を受け入れ、フランス艦隊の出動を命令した。ただし、出動の目的地はダーダネルス海峡ではなく、ギリシア海域のサラミス島付近までだった。「フランスはコンスタンチノープルで起こっている事に無関心ではない」という警告をロシアに与えるための出動だった。(16)

ナポレオン三世が艦隊派遣に踏み切った背景には三つの事情があった。第一に、ペルシニー内相が仄めかしたとおり、軍隊内で反皇帝の陰謀が始まっているという噂があった。反乱の芽を摘み取る最善の方法は力を誇示することにあった。一八五二年の冬、ナポレオン三世は皇后ウジェニーに宛てた手紙に次のように書いている。「軍隊内に陰謀があるという噂は確からしい。私は目を離さずに見張っている。反乱の勃発を未然に防止する方法は存在する。多分、最も有効な方法は戦争だろう」。第二に、ナポレオン三世はフランスを地中海の海軍大国として甦らせることに腐心していた。ルーヴル美術館の館長オラス・ド・ヴィエル＝カステルの回顧録にあるように、「地中海が英国艦隊とロシア艦隊によって分割されてしまえば、フランスが列強の地位から転落する」ことは誰の眼にも明らかだった。ロンドンからコンスタンチノープルに赴任する途中でパリに立ち寄ったストラトフォード・カニングは、三月十日、ナポレオン三世に謁見し、フランスの地中海政策に関するナポレオン三世の説明を拝聴した。

皇帝は、人口に膾炙した表現を使って、地中海を「フランスの内海」にするつもりはないが、「ヨーロッパの内海」にすることは歓迎すると語った。この言葉の真意についての詳しい説明はなかったが、もし、地中海沿岸の全域をキリスト教世界の支配下におくという意味なら、それは壮大な夢と言うべきだろう……私の受けた印象では、ルイ・ナポレオンは、少なくとも今のところ英国に対して友好的であり、コンスタンチノープルで起こっている諸問題についても、英国と協調して政治的に行動しようとしている。しかし、彼がトルコの主権回復を望んでいるのか、それともトルコ崩壊を待って、それをフランスの利益のために利用しようとしているのかについては、今後の推移を見なければ何とも言えない。

ナポレオン三世がフランス艦隊の出動を決断した最大の狙いは、「英国との共同行動」を通じて仏英同盟を成立させることにあった。皇帝は三月十九日の閣議で閣僚たちに語った。「ペルシニーの言うことは正しい。我が国がサラミスに艦隊を送れば、英国も同様の行動を取らざるを得ないだろう。

両国艦隊の共同行動が仏英同盟に発展すれば、両国は協力してロシアに対抗することができる」。フランス艦隊が出動すれば、それは英国の反露的な世論の共感を呼び、英国のブルジョア・ジャーナリズムの支持を取りつけて、慎重なアバディーン内閣に対仏同盟への道を選ばせることになる、というのがナポレオン三世とペルシニー内相の目論見だった。(17)

三月二十二日、フランス艦隊はトゥーロンの海軍基地を出航した。しかし、一方の英国艦隊はマルタから動かなかった。それどころか、英国はフランス艦隊の出動がいたずらに危機をエスカレートさせるとして激怒し、フランス艦隊をナポリ以東に進めないように要請した。フランス艦隊がエーゲ海に入るよりも前にストラトフォード・カニングがコンスタンチノープルに入って解決策を講ずるための時間が必要だった。四月五日、カニングがコンスタンチノープルに到着する。トルコの首都では民族主義的な怒りと宗教的な感情が沸騰し、メンシコフの要求に抵抗する気運が高まっていた。ただし、どこまで抵抗すべきか、また、いつまで西欧の軍事支援を待つべきかについては議論が分かれていた。この対立に大宰相メフメト・アリと元外相ムスタファ・レシトのライバル関係が絡んで、問題をいっそう複雑にしていた。ムスタファ・レシトは古くからストラトフォード・カニングの盟友だったが、今は下野していた。大宰相メフメト・アリがメンシコフの要求に譲歩する方向に傾いていることを聞いて、ストラトフォード・カニングはロシアとの対決を強く促し、必要ならば英国艦隊が支援に駆けつけることを(自分の一存で)確約した。また、聖地パレスチナ問題と新協定締結の要求とを切り離して考えることが重要だと助言した。聖地問題ではロシア側に条約上の地位回復を要求する正当な権利があるが、新協定(セネド)案については、トルコの主権を維持するという意味から拒否すべきだった。キリスト教正教徒の宗教上の権利は認めるとしても、ロシアが要求する仕組によってではなく、スルタンがトルコの主権を行使する形で認めることが絶対に必要だった。ロシア皇帝の真の狙いは、ギリシア正教徒の保護をトロイの馬として利用し、オスマン帝国に干渉して、その分割を促進することにある、というのがストラトフォード・カニングの見方だった[18]。

四月二十三日、スルタンは御前会議を召集した。ストラトフォード・カニングの助言を考慮した上で、メンシコフの要求を検討するためだった。結論として、聖地問題については交渉に応ずるが、オスマン帝国領内のキリスト教正教徒に関するロシアの保護権については交渉に応じないという方針が決定された。それに対して、五月五日、メンシコフは新協定案の内容を一部修正して再提案する。ギリシア正教会の主教を終身任命制とする案を撤回したのである。しかし、再提案と同時に、五日以内に新協定への署名が行なわれなければ、コンスタンチノープルから退去し、両国の外交関係を断絶するという最後通牒を通告した。ストラトフォード・カニングはスルタンに対して、脅迫に怯むことがないように助言した。五月十日、オスマン帝国政府はメンシコフの最後通牒を公式に拒絶する。メンシコフは、一方で戦争への突入を避けつつ、もう一方でニコライ一世の要求を満足させる方法を何とか探ろうとして、協定修正案への署名期限をさらに四日間延長する。この猶予期間に、ストラトフォード・カニングとムスタファ・レシトは協力して大宰相メフメト・アリの解任工作に成功する。ムスタファ・レシトが外相に返り咲き、英国大使の助言に従って対露強硬路線に転換したのである。対露強硬路線こそがスルタンの主権を維持しつつ宗教問題を解決する最も確実な道であるとの見解に基づいての転換だった。ムスタファ・レシトはさらに五日間の猶予をメンシコフに要請する。その間に、ロンドン駐在のオスマン帝国大使コスタキ・ムスルスからは、英国はオスマン帝国の主権を擁護する方針であるとの報告が入る。ムスタファ・レシトはこの報告に勇気づけられたが、閣僚たちから対露強硬路線への確固たる支持を取りつけるには、まだしばらくの時間が必要だった。

五月十五日、この問題をめぐって二度目の御前会議が開かれた。出席した閣僚とイスラム教指導者たちの反露感情はこれまでにまして激しくなっていた。ストラトフォード・カニングの工作が功を奏した結果だった。カニングは直接に閣僚や宗教指導者の許を訪ね、ロシアの要求に屈しないように説得して回った。御前会議は最終的にメンシコフの要求を拒否する。その日の夕方、拒絶通告を受けたメンシコフは、ロシアはオスマン帝国との国交を断絶することになるが、彼自身はさらに数日間コンスタンチノープルに滞在する予定であると回答する。出発延期の理由は黒海の暴風雨のためとされたが、実際には最後の瞬間に取引が成立することに期待をかけていたのである。しかし、五月二十一日、ついにロシア大使館の国旗が降ろされ、メンシコフは雷帝号に乗船してオデッサへの帰路についた。(19)

メンシコフの使命が失敗に終わったことを知って、ニコライ一世は軍事的手段に訴える必要性を確信した。五月二十九日、皇帝はパスケーヴィチ元帥に書簡を送り、もし最初から断固としてトルコに圧力をかけていれば、譲歩を引きだすことができただろうと反省している。ニコライ一世は戦争を望んでいるわけではなかった。戦争になれば、西欧列強が介入することは必至だからである。しかし、オスマン帝国をその土台から揺さぶり、ロシアが条約上の権利と見なしている正教徒保護の権利を行使するためには、戦争を脅迫の手段とすることも辞さない覚悟だった。皇帝はパスケーヴィチへの手紙で見解と心情を明かしている。

メンシコフの失敗が意味するものは戦争である。しかし、戦争に突入する前に、まずドナウ両公国に軍を進めることに決めた。それは戦争を回避しようとする私の努力を世界に示すためであり、また、私の要求に従うことをトルコ側に最終的に通告するためでもある。トルコには八日間の猶予を与えるが、要求を拒絶すれば、宣戦布告を行なうつもりである。ただし、私の目的は戦争に訴えずにドナウ両公国を占領することにある。もし、トルコ側が抵抗すれば、ボスポラス海峡を封鎖し、黒海洋上のトルコ艦船を拿捕する。オーストリアに対しては、ヘルツェゴビナとセルビアの占領を要請する。それでも効果がなければ、ドナウ両公国、セルビア、ヘルツェゴビナの独立を宣言する。そうすれば、オスマン帝国は瓦解するだろう。いたるところでキリスト教徒が蜂起し、オスマン帝国滅亡の弔鐘を鳴らすだろう。私はドナウ川を越えるつもりはない。ドナウ川を越えて攻撃しなくとも、オスマン帝国は崩壊するだろう。しかし、出動態勢は整えておかねばならない。セヴァストポリの第一三師団とオデッサの第一四師団に臨戦態勢に入ることを命令する。カニングの工作など問題にする必要もない。ロシアの名誉と信仰を守るために自分の義務を遂行するのみだ。信じられないかもしれないが、私は現在の事態を大いに悲しんでいる。私もすでに老境に入った。できることなら、平和のうちに生涯を終わりたいものだ[20]!

ニコライ一世の計画は、(西欧列強が反応する前に)電撃作戦によってコンスタンチノープルを占領するという彼自身の当初の戦術とパスケーヴィチの慎重な戦術との妥協の産物だった。ハンガリーとポーランドの反乱を残忍に弾圧したパスケーヴィチは皇帝が最も信頼する軍人だったが、皇帝の電撃作戦には懐疑的だった。ヨーロッパ全域を巻き込む大戦争に発展する恐れがあったからである。皇帝とパスケーヴィチの戦術の主要な違いは、オーストリアについての評価に起因していた。ニコライ一世はオーストリア皇帝フランツ・ヨーゼフ一世との個人的な信頼関係を過剰に重視していた。一八四九年にフランツ・ヨーゼフ皇帝の要請を受けてハンガリーの反乱からオーストリアを救ったことのあるニコライ一世は、オーストリアがトルコ問題でロシアに同調すると確信しており、必要な場合にはオスマン帝国の分割も墺露共同で行なうつもりだった。オーストリアと同盟関係を組んで行動すれば、欧州大戦はあり得ないし、トルコに譲歩を呑ませることも可能である。それがニコライ一世の攻撃的な外交政策の前提だった。一方、パスケーヴィチはオーストリアの出方について懐疑的だった。オーストリアがドナウ両公国とバルカン半島へのロシア軍の侵攻を歓迎するはずがないことをパスケーヴィチは正しく理解していた。パスケーヴィチによれば、オーストリアはそれらの地域でセルビア人その他のスラヴ民族が反オーストリア蜂起を起こすことを恐れており、もし、スラヴ人の蜂起が現実に起こった場合、また、仮にロシア軍がドナウ川を越えた場合には、オーストリアは西欧列強と組んでロシアに敵対する可能性があった。

皇帝の攻撃計画を阻止するために、パスケーヴィチは汎スラヴ主義の夢物語を持ち出してニコライ一世を説得した。トルコに要求を呑ませるためには、バルカン半島のスラヴ民族に蜂起を促し、それを支援する名目でロシア軍を派遣し、ドナウ両公国を占領すれば、それで十分である。占領期間は必要に応じて数年間とするが、汎スラヴ主義のプロパガンダを展開すれば、バルカン地域から五万人のキリスト教徒兵士がロシア軍に参加するだろう。そうなれば、西欧列強の介入を阻止し、少なくともオーストリアを中立化することが可能となる。パスケーヴィチは、四月初めに皇帝に送った覚書の中で、ロシア軍の侵攻に応じてバルカン地域で展開すると思われる宗教戦争の姿を概観している。

トルコ領内のキリスト教徒はもともと戦闘的な民族の出身者である。セルビア人やブルガリア人がこれまで平和的であったとすれば、それはこれまでのところ自分たちの村に対するトルコ支配の圧力が感じられなかったからに過ぎない。しかし、キリスト教とイスラム教の宗教紛争が勃発すれば、彼らの戦闘精神が呼びさまされるであろう。ロシア軍が戦争に踏み切った場合、彼らは自分たちの村に対するトルコの暴虐を決して容認しないだろう。キリスト教徒として抑圧されるすべての村とすべての家族がロシアの反トルコ闘争に参加するだろう。彼らはオスマン帝国を打倒するための重要な武器となるだろう。[21]

六月末、ベッサラビアに駐留するロシア軍のうちの二軍団は、ニコライ一世の命令に応じて、モルダヴィアとワラキアを占領するためにプルート川を越える。パスケーヴィチはこの侵攻が欧州大戦に発展しないことを願っていたが、たとえ欧州大戦を招くことになっても皇帝は後には引かないだろうとロシア軍司令官ミハイル・ゴルチャコフ将軍に説明している。六月二十四日のことだった。ロシア軍はブカレストまで前進し、そこに司令部を設置した。占領地のあらゆる町に皇帝の布告が貼り出された。布告には、ロシアには領土的野心がないこと、両公国の占領はオスマン帝国政府に宗教的迫害を中止させるための「保証」であることが記されていた。「オスマン帝国政府がキリスト教正教会の不可侵権を保証するならば、ロシア軍はいつでも侵攻を中止する。しかし、オスマン帝国政府が迫害を続けるなら、ロシア軍は神とともに前進し、真の信仰のために戦うであろう」[22]

占領軍の兵士たちは聖地紛争の問題などほとんど理解していなかった。「我々兵士は何も考えず、何も知らなかった。考えることは指揮官に任せ、命令されたとおりに行動するだけだった」。作戦に参加したテオフィル・クレムは回想している。当時十八歳だったクレムは読み書きのできる農奴で、ウクライナのクレメンチュークに住んでいた頃に士官候補生として召集され、一八五三年に歩兵師団に参加した。第五軍の兵士と士官の間には汎スラヴ主義の宣伝冊子が回覧されていたが、クレムは何の印象も受けなかった。「そんな思想には誰ひとり関心がなかった」。しかし、ロシア軍のすべての兵士がそうだったように、クレムは十字架を首に下げて戦闘に参加した。神のために戦うことが自分の天命だと思っていたのである。[23]

ロシア軍は基本的に農民の軍隊だった。兵士の圧倒的多数は農奴か国有地農民の出身だった。それはロシア軍の抱える主要な問題点でもあった。ロシア軍はその規模からいえば群を抜いて世界最大だった。一〇〇万の歩兵、二五万の不正規兵（主としてコサック騎兵）を擁し、加えて七五万の予備兵力が独自の軍事施設で待機していた。しかし、これらの兵力をもってしても、ロシアの長大な国境線を守るには十分ではなかった。国境地域には、バルト海沿岸、ポーランド、カフカス地方など、防備の脆弱な場所が数多く含まれていた。防備を固めるためにはさらに多くの兵力が必要だったが、農奴経済を衰退させることなく、また、農民蜂起を誘発することなく兵士を増員することは困難だった。もともと、ヨーロッパ・ロシアの人口密度は希薄だった。面積こそロシアを除くヨーロッパ全域にほぼ等しいが、人口はその五分の一に過ぎなかった。さらに、農奴人口はロシア中央部の農業地帯に集中していた。中央ロシアは戦争が始まった場合すぐに軍隊を動員する必要のある国境地帯から遠く離れていた。鉄道がなかった当時、農奴を召集し、徒歩か荷車で部隊の所在地まで輸送するだけで数ヵ月を要した。クリミア戦争が始まる以前から、ロシアの軍隊はすで能力の限界を超えていた。兵士として役に立つ農奴は事実上全員がすでに召集済みだったために、新たに徴募される兵士の質は相当に劣悪だった。最後に残された有能な農業従事者を手放すことを嫌った地主や村幹部が質の劣った農奴を軍隊に送り込んできたからである。一八四八年に作成された報告書によれば、その直近の数年間に徴募された新兵の三分の一が最低限の身長要件（一六〇センチ）を満たさないために不合格となり、さらに二分の一が慢性病その他の肉体的疾患を理由に不合格となっていた。兵力の不足を解決する唯一の方法は徴兵の対象たる社会層の範囲を拡大して、西欧諸国と同様の国民皆兵制を導入することだったが、それはロシアの社会制度の根幹をなす農奴制の終焉を意味していた。農奴制の廃止を貴族階級が認めることはあり得なかった。(24)

過去二十年間の改革にもかかわらず、ロシアの軍隊は他のヨーロッパ諸国に比べて大きく立ち遅れていた。軍人の教育水準は士官でさえも低く、兵士はそのほぼ全員が読み書きの能力を持たなかった。一八五〇年代の公式統計によれば、六個師団に相当する約一二万人の兵士のうち、読み書きのできる者は二六四人（〇・二パーセント）に過ぎなかった。ロシア軍の訓練で最優先されていたのは、閲兵式風の分列行進を重視する十八世紀的な伝統だった。カール・マルクスによれば、ロシア軍の中で昇進するのは「口うるさい教官タイプ」の軍人に限られていた。「彼らは上官に対しては常に卑屈な態度で無批判に従うが、部下の兵士の制服のボタンやボタン穴の乱れは決して見逃さない連中だった」。兵士に求められたのは戦闘能力よりもむしろ行軍の教練と正しい軍装だった。兵士のとるべき姿勢、歩幅、歩調、隊列などは歩兵操典に細かく定められており、その規則は戦闘中でさえも、戦場の具体的な条件とは無関係に、厳密に適用された。

戦闘隊形をとって前進または後退する場合、必ず正しく隊列を組み、歩調を揃える必要があった。大隊と大隊は相互の間隔を正確に保持しなければならなかった。各大隊がそれぞれに正しい歩調をとるだけでなく、すべての大隊が同一の歩調を守ることが求められた。大隊旗を掲げて先頭を進む軍曹たちも互いに歩調を揃え、常に本隊に対して垂直の列を作って進まねばならなかった。

閲兵式風の分列行進を重視する風潮と密接に関連していたのが、ロシア軍のもうひとつの特徴である兵器の後進性だった。兵士に整然とした密集隊列を組ませることを重視するやり方は、規律を維持し、大規模な隊形で移動する際の混乱を防止するための措置であり、当時の諸外国の軍隊にも共通していた。しかし、それは、性能の低いマスケット銃を使用し、その結果として、銃剣による戦闘に依存していたロシア軍にとって必要やむを得ない戦術でもあった（「勇猛なロシア兵」は銃剣で戦う時に最も強いという愛国主義的な神話がその古臭い戦術を正当化していた）。歩兵部隊には小火器を軽視する風潮があり、ある士官によれば、「マスケット銃の扱い方を知る兵士さえほとんどいない」という状態だった。「戦闘で勝利を収めるためにロシア軍が行なっていた唯一の訓練は行進の技術であり、正確な歩幅の取り方だった」[25]

しかし、ペルシア戦争、露土戦争、そしてロシアにとって最も重要だったナポレオン戦争など、十九世紀初頭のすべての主要な戦争で、これら時代遅れの戦闘技術がロシアに勝利をもたらしたことも事実だった（特に、ナポレオン軍に対する勝利はロシア軍の無敵の強さを国民に確信させた）。そのため、蒸気船と電報の新時代になっても、戦闘技術の近代化を求める圧力は強まらなかった。西欧に新たに出現した工業諸国に比べてロシアの経済と財政が立ち遅れていたことも、大規模で経費のかかる軍隊を平和時に近代化することへの重大なブレーキとなった。ロシア軍が歩兵用のライフル銃を発注するのは、クリミア戦争が始まり、ミニエ弾を使用する英仏両軍のライフル銃を前にして彼らのマスケット銃がまったく無力であることが証明された時になってからだった。

八万人のロシア軍が国境のプルート川を越えてモルダヴィアに侵攻したが、そのうち一年後まで生き延びた兵士は半分の四万人を下回った。ロシア皇帝の軍隊の損傷率は他のヨーロッパ諸国の軍隊に比べてはるかに高い。貴族出身の士官たちはわずかな手柄を立てるために膨大な数の兵士の命を惜しげもなく犠牲にした。士官たちは農民出身の兵士の安全など気にもかけなかったのである。彼らが気にかけたのは、少しでも点数を稼いで自分自身が昇進することだけだった。ただし、ロシア軍兵士の死因の大部分は戦死ではなかった。死亡者の圧倒的大多数は傷病死だった。それも、もし適切な医療が行なわれていれば一命を取りとめることが可能な種類の傷病死だった。傷病死の多さは今回に始まったことではなかった。一八二八〜二九年にドナウ両公国に侵攻した時には、全軍の半数がコレラと風土病で死亡した。一八三〇〜三一年のポーランド侵攻では、戦死した兵士が七〇〇〇人だったのに対して八万五〇〇〇人が傷病死だった。一八四九年のハンガリー戦役でも、戦場での死者は七〇八人に過ぎなかったが、五万七〇〇〇人がオーストリアの病院に収容され、その多くが死亡した。ロシア軍兵士の罹病率は平時でさえ平均六五パーセントに達した。(26)

この高い罹病率の背景には農奴出身の兵士に対する驚くほど劣悪な待遇の実態があった。鞭打ちは訓練の一環だった。上官による殴打も日常化しており、そのため連隊の兵士全員が怪我を負っている場合も稀ではなかった。糧食の補給システムは腐敗しきっていた。士官の給与支払いが滞ることが根本原因だった。政府も軍隊も慢性的な財政難に悩まされていた。配分される予算の大半は士官のポケットに入ってしまうので、兵士の糧食を調達する資金はほとんど残らなかった。供給システムが機能しない軍隊では、兵士は自分でやり繰りするしかなかった。制服や軍靴の材料は国家が供給したが、それを製品に加工するのは各連隊の責任だった。各連隊は、独自の仕立屋や靴職人だけでなく、理髪師、パン焼き職人、鍛冶屋、大工、金物細工師、指物師、塗装工、歌手、楽団員などを抱えていた。連隊の中に農村経済が持ち込まれていたのである。ロシアの軍隊はこれらの農民の技能がなければ成立しなかった。戦場に向かう際も、兵士たちは農民としての技術知識や機略に依存した。背嚢の中には負傷した時に自分で手当てするための包帯が入っていた。天幕を持たずに進軍するロシア兵にとって、露営の技術は必須の知識だった。落葉、木の枝、干し草、農作物などで身体を覆い、あるいは地面に穴を掘って眠る工夫がなければ、長途の行軍は不可能だった。(27)

ロシア軍のプルート川渡河に対応して、オスマン帝国政府はドナウ川沿いに点在するトルコ軍城塞の強化と防衛戦の準備をルメリア軍司令官のオメル・パシャに命ずるとともに、帝国領のエジプトとチュニジアから援軍を動員した。八月中旬には、二万人のエジプト軍と八〇〇〇人のチュニジア軍が動員されてコンスタンチノープル近郊に集結し、ドナウ戦線への出動を待っていた。その様子を英国大使館の書記官がストラトフォード・カニング夫人宛の手紙で報告している。

ここタラビア〔テラピア〕地区から見えるボスポラス海峡の様子をお目にかけられないのが残念です。海峡には軍船がひしめき合い、対岸の丘はその頂上までエジプト軍の緑色のテントで埋まっています。コンスタンチノープルは一挙に五〇〇年前の姿に戻ってしまいました。街には世にも奇妙な風体の連中が溢れています。ロシア人に一泡吹かせようと遠隔の地方から駆けつけた兵士たちです。ターバンを巻き、槍を抱え、棍棒を手にし、戦斧を下げた男たちが狭い通路を行き交っています。彼らは間もなくひとまとめにされて、シュムラの幕営地に送られるはずです。(28)

トルコ軍は様々な民族からなる混成部隊だった。アラブ人、クルド人、タタール人、エジプト人、アルバニア人、ギリシア人、アルメニア人、その他多数の民族が参加していた。なかにはトルコ政府に反感を抱く者もあり、トルコ人またはヨーロッパ人の指揮官の命令を理解しない者も少なくなかった(ルメリア軍司令官オメル・パシャの幕僚には多数のポーランド人とイタリア人が含まれていた)。トルコ軍の中で最も人目を引いたのは、不正規兵のバシュボズックだった。異教徒ロシアに対する聖戦(ジハード)を戦うために二〇人または三〇人単位で北アフリカ、中央アジア、アナトリアの各地から帝国の首都コンスタンチノープルに馳せ参じたバシュボズックは、あらゆる年齢層、あらゆる服装からなる雑多な騎兵集団だった。英国海軍から派遣されてトルコ海軍の訓練に当たっていたアドルファス・スレード提督は、ドナウ戦線に向けて出発するバシュボズック軍団がコンスタンチノープル市内を行進する様子をそのクリミア戦争回顧録の中に書き記している。バシュボズックの大半はそれぞれの部族独特の衣装を身にまとい、「肩帯とターバンを着用し、ピストル、ヤタガン（トルコの長剣）、サーベルなどで武装していた。まるで絵から抜け出たような姿だった。三角形の槍旗のついた槍を抱えている者もいた。各大隊が大隊旗とケトルドラム（ティンパニー）を携えていたが、それは彼らの祖先がウィーン攻略に出かける時に使った旗とドラムにそっくりだった」。トルコ軍は多種多様な言語を話す兵士たちの集団だったので、ごく小規模な部隊にも、上官の命令を兵士に伝えるための通訳と触れ役が必要だった[29]。

指揮命令系統の障害となったのは言語の壁だけではなかった。イスラム教徒の兵士たちはキリスト教徒の指揮官の命令に従うことを嫌った。それは司令官のオメル・パシャに対しても同じだった。オメル・パシャは本名ミハイロ・ラタスというクロアチア生まれのセルビア人正教徒で、オーストリアの士官学校を卒業したが、汚職の罪を問われてオスマン帝国領のボスニアに逃亡し、イスラム教に改宗した人物だった。話し好きで陽気なオメル・パシャは金モールと宝石で飾りたてた制服を着用し、自分のハーレムを持ち、ドイツ人の軍楽隊を雇うなど、ルメリア軍の司令官にのみ許される贅沢な生活を満喫していた（クリミア戦争中、オメル・パシャはこの軍楽隊にヴェルディの最新作オペラ『イル・トロヴァトーレ』から第四幕のアリア「アー・ケ・ラ・モルテ・オグノーラ〔ああ！なんと死は何時でも〕」を演奏させていた）。オメル・パシャは傑出した指揮官ではなかった。彼が昇進したのは、その見事な筆跡のおかげだったと言われている（習字の教師として若き日のアブデュルメジドに仕えていたオメル・パシャは、彼の教え子が一八三九年にスルタン、アブデュルメジド一世に即位すると、それにともなって大佐に昇進した）。その意味で、キリスト教徒の生まれだったとはいえ、オメル・パシャの経歴はオスマン帝国軍人の典型的な例だった。軍事的能力よりもスルタンの個人的寵遇によって昇進が決まるという世界だったのである。マフムト二世の軍制改革とアブデュルメジド一世のタンジマート改革にもかかわらず、近代的軍隊の基礎はまだ確立していなかった。トルコ軍の指揮官の大多数は戦場で役に立つ実戦的な指揮能力を備えていなかった。指揮官たちは兵士に密集隊形を取らせるよりも、分散配置して戦場の全域をカバーするという時代遅れの戦術に固執していた。オスマン帝国軍は待ち伏せ作戦や小競り合いなどの「小規模戦」に優れており、攻囲戦では類いまれな能力を発揮したが、マスケット銃のような滑腔銃を使って密集隊形で戦う訓練は行っていなかった。それがロシア軍との大きな違いだった。(30)

給与その他の待遇についても、トルコ軍の士官と兵士の間にはロシア軍の場合を上回る大きな格差があった。上級指揮官の多くが王侯貴族のような生活を送っていたのに対して、戦争中の兵士の給与は何ヵ月間も、あるいは何年間も不払いだった。一八四九年にコンスタンチノープルのロシア大使館に勤務していた外交官で、地理学者でもあったピョートル・チハチョーフはこの問題に注目している。チハチョーフの計算によれば、トルコ軍の場合、歩兵ひとり当たりの年間コスト（給与、糧食、衣料など）は一八ルーブル（銀ルーブル）だが、ロシア兵は三二ルーブル、オーストリア兵は五三ルーブル、プロイセン兵は六〇ルーブル、フランス兵は八五ルーブル、英国兵は一三四ルーブルだった。ヨーロッパ諸国の兵士たちはドナウ川戦線に出動したトルコ兵の様子を見て衝撃を受けた。英国軍のある士官は、「食料もなく、衣服もなく、襤褸をまとったトルコ兵はとても人間とは思えない悲惨な生き物だ」と書いている。(31) また、ロシア軍のある士官はエジプト軍を「戦闘訓練を受けたこともない老人と少年の集団」と呼んでいる。

英国内では、ロシアによるドナウ両公国侵攻という事態にどう対処するかをめぐって意見が分かれていた。閣内で最もハト派的な立場だったのはアバディーン首相だった。首相はロシアの侵攻を戦争行為と見なすことを拒否しただけでなく、この侵攻はロシアが聖地問題をめぐる正統な要求をオスマン帝国政府に認めさせるための行動であり、部分的には正当化できると考えていた。そして、ロシア皇帝が体面を失わずに撤退することを可能とするような外交交渉を進めるつもりだった。トルコに抵抗闘争を奨励する気がアバディーン首相になかったことは確かである。首相の最大の懸念はロシアに対するトルコの抵抗戦争に英国が巻き込まれることだった。トルコに対しては、不信感しかなかったのである。この年の二月、アバディーン首相はラッセル卿宛の書簡でトルコ支援のための英国艦隊派遣に反対する意思を明らかにしている。

あの野蛮人たちは私たちを憎んでいる。そして、英国と他のキリスト教列強諸国との間に反目の種をまき、その機会に乗じて有利な条件を確保しようと狙っている。精神的な支援を与えることとは必要であり、トルコの存続を引き延ばす努力も必要かも知れない。しかし、トルコ人のために武器を取るような事態は最も不幸な成り行きというべきである。

一方、閣内の主戦派だったパーマストンはロシアによる占領を「敵対行為」と見なし、英国が「トルコ保護のために」直ちに行動を起こすことを要求した。その行動とは、ロシア軍をドナウ両公国から撤退させるために、ボスポラス海峡に英国の軍艦を送ってロシアに圧力をかけることだった。ロシア嫌いの英国ジャーナリズムだけでなく、ポンサンビーやストラトフォード・カニングのような反露派の外交官たちもパーマストンを支持した。一八四八〜四九年にロシアがドナウ両公国に侵攻した時には、英国はその阻止に失敗したが、今回の占領は英国がその失敗を穴埋めする良い機会だった。[32]
ロンドンにはルーマニア人亡命者の大規模なコミュニティーが存在していた。彼らはロシアによる前回のドナウ両公国占領に際して逃れて来た人々で、英国政府の介入を求める強力な圧力団体を構成していた。閣内には、パーマストン、グラッドストンなど、ルーマニア人亡命者を支援する動きがあり、また、議会にもドナウ両公国の問題でルーマニア人を支持する議員グループが存在した。ルーマニア人の指導者たちはロンドン亡命中のイタリア人グループと密接な関係を保っており、グループの指導者ジュゼッペ・マッツィーニが設立した「民主主義委員会」に加盟していた。この「委員会」には亡命中のギリシア人やポーランド人も参加していた。ただし、ルーマニア人は民族主義者の革命的な潮流からは慎重に距離を置いていた。自由主義を重視する英国中流階級の価値観に適応する必要性を認識していたのである。有力な全国紙や雑誌の支持を受けて、ルーマニア人たちは、ロシアの侵略からドナウ両公国を防衛することはヨーロッパ大陸における自由主義擁護と自由貿易推進のために決定的に重要であるという考え方を英国の世論に納得させることに成功する。アーカートはほぼ連日『モーニング・アドヴァタイザー』紙に論評を発表し、ドナウ両公国への英国の介入を訴えた。ただし、アーカートの関心はルーマニア民族の独立の大義ではなく、トルコの主権擁護と自由貿易拡大を通じて英国の国益を増進することにあった。ドナウ両公国に対するロシアの侵攻が本格化するにつれて、ルーマニア人活動家の行動も大胆さを増し、英国民に直接訴えるための巡回演説会を開始する。彼らの訴えの要点は、ロシアの圧政に抗し、自由を求めて戦うヨーロッパ十字軍を組織する呼びかけだった。オスマン帝国内のキリスト教徒にも自由のための蜂起を訴えるなど、その呼びかけには時として極端に空想的な一面も含まれていた。たとえば、コンスタンチン・ロセッティはプリマスでの演説会で群衆を前にして「ドナウ川流域では一〇万人のルーマニア人が民主主義の戦士としていつでも蜂起する用意を整えている」と報告している。[33]

英国政府は、ドナウ両公国に侵攻したロシアの意図を明確に把握できないまま、英国艦隊の派遣先について迷っていた。パーマストンとラッセルは英国の軍艦をボスポラス海峡まで派遣して、ロシア艦隊によるコンスタンチノープル攻撃を阻止すべきだと主張した。しかし、アバディーン首相は艦隊派遣そのものに反対だった。艦隊派遣が和平交渉を危うくすることを恐れたのである。最終的に妥協が成立して、英国艦隊はダーダネルス海峡のすぐ外側のベシク湾まで進み、そこで臨戦態勢を整えることになった。ロシア軍によるコンスタンチノープル攻撃を牽制するには十分な近さだが、英露間の紛争を挑発するほどの近さではないと考えられる場所だった。だが、七月に入ると、ロシアによるドナウ両公国占領の深刻な実態が明らかになる。西欧諸国の首都に届いた報告によれば、ロシアはモルダヴィアとワラキアの太守に対してオスマン帝国政府との外交断絶を強要し、これまでスルタンに支払っていた貢納金をロシア皇帝に支払うように要求しているという。西欧側の警戒心を掻き立てる知らせだった。占領が一時的であることを保証するニコライ一世の布告とは裏腹に、ロシアの意図がドナウ両公国の永久的占領にあることを示唆していたからである。[34]

各国の反応は素早かった。オーストリアは南部国境に二万五〇〇〇人の部隊を動員した。ハプスブルク帝国領内に住むセルビア人その他のスラヴ民族がロシアの侵攻に呼応して蜂起することへの予防措置だった。フランスの地中海艦隊も臨戦態勢に入った。英国艦隊もそれに倣った。ドナウ両公国の太守に対してロシアが強行措置に踏み切ったというニュースを誰よりも早く耳にしたのはストラトフォード・カニングだったが、そのカニングは前回一八四八～四九年のロシアによる侵攻を英国が阻止し得なかった失敗を繰り返さないという決意から、ドナウ両公国を援護する決定的な軍事行動を要求する意見を本国の外務省に打電する。その内容は、第一に、ロシアが「オーストリア国境からギリシア国境までの間にあるオスマン帝国の欧州部分全域」を奪おうとしていること、第二に、もしロシア軍がドナウ川を越えれば、バルカン半島のいたるところでキリスト教徒が蜂起する可能性があること、第三に、英仏の支援があれば、スルタンとその臣民のイスラム教徒にはロシアと戦う用意があること、最後に、結果が予想できない戦争に英国が巻き込まれるのは不幸なことだが、問題を先送りして手遅れになるよりも、今のうちにロシアの脅威と対峙する方が賢明であるという指摘だった。[35]

ロシア軍の侵攻が意味する脅威の実態が明らかになるにつれて、西欧列強は自国の安全保障について重大な懸念を抱き始める。どの国もロシアが単独でオスマン帝国を解体することを座視するわけにはいかなかった。英国、フランス、オーストリア、プロイセンの四ヵ国は共同して和平交渉に当たることに合意する(プロイセンは基本的にオーストリアの方針に追随する姿勢だった)。外交交渉を主導したのはオーストリアだった。オーストリアはウィーン体制の維持に関する主要な責任国であり、同時に、ウィーン体制から最大の恩恵を得る国だったからである。対外貿易に関してドナウ川の水運に大きく依存していたオーストリアは、ロシアによるドナウ両公国の併合を許すわけにはいかなかったが、その一方で、ロシアを敵として欧州戦争を戦う余裕もなかった。欧州戦争が起これば、最大の被害をこうむるのは間違いなくオーストリアだったからである。オーストリアが提案した外交的解決は、ロシア皇帝に対トルコ要求を取り下げさせ、体面を失うことなくドナウ両公国から撤退させるという内容だった。多分に実現不可能な提案だった。

和平工作が始まり、入念に練り上げられた外交文書が欧州各国の首都の間を何度となく往復した。ロシアの利益を満足させ、同時にトルコの独立を確保し得るような処方箋の精密な文言を練り上げるために、際限なく修正が行なわれたが、最終的結論として、四ヵ国の外相がオスマン帝国政府を代表する形でウィーン会議を開き、「ウィーン覚書」の草案を採択した。一八五三年七月二十八日のことである。戦争状態を終わらせるための外交文書が常にそうであるように、「ウィーン覚書」は意図的に曖昧な文言で書かれていた。たとえば、オスマン帝国政府は帝国臣民のうちのキリスト教正教徒の保護に関するロシアの条約上の権利を尊重することに合意すると記されていた。ニコライ一世はこの「覚書」案を外交上の勝利と見なし、「何らの修正も加えずに」直ちに署名すると言明した。これが八月五日だった。しかし、トルコ側が内容の詳細について説明を求めたために、厄介な問題が発生する。「覚書」案の起草協議に参加していなかったトルコは、ロシアがオスマン帝国の内政にどこまで介入する権利があるのか、その限界が適切に設定されていない点に懸念を抱いた。この懸念はすぐに正当化される。ベルリンの新聞が暴露した秘密外交文書によれば、ロシアは正教徒保護のために聖地パレスチナなど特定の紛争地域に介入するだけでなく、オスマン帝国の全域に介入する権利を有するというのが「覚書」案についてのロシア側の解釈だった。スルタンは「覚書」案の文言について多少の修正を要求した。それは単に文言上の修正だったが、ロシアに譲歩するか、さもなければ最も豊かな領土であるドナウ両公国を失うかの選択を迫られているオスマン帝国政府にとっては重大な修正だった。スルタンは、また、外交関係を再開する前にロシア軍がドナウ両公国から撤退することを希望し、ロシアが再び両公国に侵攻しない保証を四ヵ国に求めた。主権国家としては当然の要求だったが、ロシア皇帝はこのトルコの修正要求を拒否する。「覚書」案には「何らの修正も加えずに」署名することで、すでに合意が成立しているというのがその根拠だった。ただし、トルコの強硬姿勢の裏にストラトフォード・カニングの意図があるとニコライ一世が疑っていたことも無関係ではなかった。九月初め、四ヵ国は渋々ながら「ウィーン覚書」の成立を断念する。トルコはロシアに対して宣戦布告をせざるを得ない立場に追い込まれた。何とかして外交交渉を再開する必要があった。[36]

トルコが「覚書」への署名を拒否した背景にストラトフォード・カニングの工作があったかといえ

ば、実際には、ニコライ一世の疑いにもかかわらず、カニングは大した役割を果たしていなかった。確かに、カニングはトルコの主権擁護に熱心な、ロシア嫌いの英国大使として有名だったので、ロシア皇帝を宥めるために西欧列強が仕組んだ外交的解決策を思いがけなくもトルコが拒否した事態の黒幕として疑われても不思議ではなかった。英国外務省でさえ、後になって、ストラトフォード・カニングがトルコを戦争に追いやったという見解を明らかにしている。英国大使として取るべきだった正しい行動は「覚書」案を受諾するようトルコを説得することだったが、カニングがそうしなかったのは、「あまりにも長い間トルコに住み、トルコ人に同化する一方、ロシア皇帝に対する個人的な憎悪に凝り固まっていたからである。トルコ人同様の精神構造と持ち前の気性の激しさが重なった結果、彼は本国政府の希望と指示に反する行動を取ることになった[37]」。十月一日、ジョージ・クラレンドン外相は、失敗に終わった和平交渉を振り返って、コンスタンチノープル大使にはストラトフォード・カニングよりももっと穏健な人物をあてるべきだったと反省している。ロシアの欺瞞的な計略を目の前にして「反露感情に駆られたストラトフォード・カニングは、戦争以外にトルコの取るべき道はないと最初から結論していた。ロシアに決定的な屈辱を与えないような解決策にカニングが承服することはあり得なかった[38]」。しかし、英国政府がその失敗の責任をカニングになすりつけようとするやり方は公平ではない。真実を言えば、カニングは「覚書」をオスマン帝国政府に受諾させようとして最大限の努力を払っていた。しかし、彼の影響力は、夏以来、確実に低下していた。コンスタンチノープルでは、ロシアに対する「聖戦」を要求するデモが吹き荒れていたのである。

ドナウ両公国へのロシア軍の侵攻という事態に対して、首都コンスタンチノープルでは、イスラム教徒としての宗教的反発とトルコ人としての民族主義的感情とが組み合わさって世論が沸騰していた。当初はイスラム教徒の反露感情を煽っていた政府も、今や騒ぎを抑え込もうとして苦慮していた。

宗教指導者ウラマーたちの説教はますます好戦的となり、ロシア人がモスクを破壊し、代わりにキリスト教会の建設を企んでいるという恐怖を信心深いイスラム教徒の間に掻き立てていた。その間、帝国政府はウィーンで和平交渉が行なわれていることを国民に知らせず、もし和平が成立するとすれば、それはひとえに「ロシア皇帝がスルタンを畏怖するからにほかならない」という立場を取っていた。イスラムの優越感を煽り、民族主義を鼓舞しようとするやり方だった。コンスタンチノープルでは様々な噂が飛び交っていた。たとえば、スルタンは英国とフランスの海軍を雇い上げてトルコのために戦わせている、あるいは、アラーの神はイスラム教徒を守る勢力としてヨーロッパを選んだ、さらには、ロシア皇帝は皇后をコンスタンチノープルに差し向けて和平を請い、ドナウ両公国侵攻の罪を詫びるためにクリミア半島を差し出した、などという噂だった。これらの噂の多くは、大宰相の地位を追われたばかりのメフメト・アリがムスタファ・レシトの立場を掘り崩すために意図的に流したものだった。八月末までに、メフメト・アリは「主戦派」の筆頭格となり、その「主戦派」が御前会議の中で多数を占めるようになる。メフメト・アリを支持したのはイスラム教指導者と若手官僚のグループだった。若手官僚たちの多くは信仰心に厚い民族主義者で、オスマン帝国の内政に対する西欧諸国の干渉に反対していたが、同時に、ロシアとの戦争で英仏両国を味方につけることができれば、一〇〇年にわたって軍事的敗北を重ねてきた対露関係を逆転することも不可能ではないと計算していた。そこで、英仏両国艦隊による軍事支援を取りつけるためならば、ストラトフォード・カニングの介入にも理性的に対応しようとしていたが、彼らはタンジマート改革については消極的だった。オスマン帝国領内のキリスト教徒の権利拡大を認めるタンジマート改革はイスラム支配を掘り崩す脅威になり得るというのが彼らの考え方だった[39]。

九月の第二週に入ると、コンスタンチノープルにおける好戦的ムードは最高潮に達する。開戦を要求するデモ行進が相次ぎ、ロシアとの「聖戦」を要求する大規模な請願運動が起こり、六万人の署名を集めた請願書が政府に提出された。抵抗運動を組織し、その拠点となったのはイスラム神学校（メドレセ）とモスクだった。その影響力は首都コンスタンチノープルのあらゆる街角に貼り出された檄文の文言に歴然と表れている。

あゝ、輝かしい帝王（パーディシャ）〔パーディシャは世俗の君主スルタンと宗教上の君主カリフを兼ねる帝王への尊称〕よ！　すべての臣民は、陛下のためにその生命と財産と子供たちを犠牲にする覚悟を固めている。陛下もまた歴代の帝王と同様にエユプ・エンサル〔預言者ムハンマドの高弟アイユーブ・アル・アンサーリーのトルコ名〕のモスクで授与されたムハンマドの聖剣を鞘から抜く義務を負っている。この問題について陛下の閣僚たちが逡巡しているのは、彼らが虚栄の病に冒されているためである。この状況は（滅相もないことだが）我々全員を重大な危険に陥れる恐れがある。陛下の無敵の軍団と敬虔なる臣民はその自明の権利を守るために戦うことを希望する。あゝ、我らの帝王よ！

首都コンスタンチノープルのイスラム神学校（メドレセ）には四万五〇〇〇人の神学生が在籍していたが、彼らは今や不満分子の集団となっていた。新しい世俗学校の卒業生を優遇するタンジマート改革によって、社会的地位が相対的に低下し、職業上の前途が狭まっていたからだった。オスマン帝国政府は、ロシアに宣戦布告しなかった場合に発生し得るイスラム革命に恐怖を感じていた[40]。

九月十日、三五人の宗教指導者が連名で請願書を提出し、翌日、御前会議がその請願書を審理した。ロンドンの『タイムズ』は次のように報じている。

大部分がコーランからの引用で埋め尽くされたその請願書は、イスラムの敵に対する戦争を要求する内容だった。要求が聞き入れられなければ、騒乱が発生するだろうという脅迫のメッセージも含まれていた。請願書の文言はきわめて大胆で、ほとんど不敬とも言える書き方だった。何人かの閣僚が請願者に会って説得を試みたが、請願者の反応はにべもなかった。「この請願書に書かれているのはコーランの言葉である。イスラム教徒ならコーランに従うべきだ。あなた方は異教徒である外国大使の言葉に耳を傾けているが、彼らは信仰の敵だ。一方、我々は預言者ムハンマドの息子だ。我々には軍が味方している。軍は、我々を侮辱し続けてきた異教徒どもに復讐する戦争を求めている」。閣僚たちが説得しようとするたびに、これらの狂信派は「これはコーランの言葉だ」と言い返している。閣僚たちは恐怖を感じている。現状は(トルコでは滅多にないことだが)革命勃発の前夜としか言いようがない。この危険な状態で戦争に突入するとすれば、それこそ恐るべき事態だと閣僚たちは考えている。

九月十二日、宗教指導者たちがアブデュルメジド一世に謁見し、ロシアに宣戦を布告するか、さもなければ退位すべきだと迫った。最後通牒の通告だった。スルタンは英国大使ストラトフォード・カニングとフランス大使エドモン・ド・ラクールに支援を求める。両国大使は、イスタンブールに革命が勃発した場合には、必要に応じて鎮圧のために艦隊を動員することを約束した。[41]

同じ日の夜、アブデュルメジド一世は閣僚会議を開き、ロシアに宣戦布告するという方針を決定する。ただし、宣戦布告の前提条件として英仏艦隊による支援態勢を再確認し、コンスタンチノープルで吹き荒れる抗議運動を鎮静化する必要があった。この方針は九月二十六日から二十七日にかけて開かれた拡大御前会議で公式に承認される。この会議にはスルタンの閣僚に加えてイスラム指導者、軍幹部らが参加したが、宗教指導者たちが強硬に開戦を主張したのに対して、軍幹部たちは躊躇していた。現在の軍事力でロシアとの戦争に勝利できるかどうか確信が持てなかったのである。オメル・パシャによれば、ドナウ戦線でロシア軍と戦うためには、兵員をさらに四万人増強し、数ヵ月かけて要塞と橋を補強する必要があった。最近になって陸軍総司令官に任命されたメフメト・アリ・パシャは「主戦派」と密接なつながりを持っていたが、にもかかわらず、ロシアとの戦争に勝利することが可能かどうかについて明言を避けた。海軍総司令官のマフムト・パシャも、トルコ海軍はロシア艦隊と互角に戦うことはできるが、敗北した場合の責任は取れないという立場だった。最後に、ムスタファ・レシトがイスラム指導者たちの主戦論を受け入れて結論を下した。もし、この段階で開戦に反対すればイスラム革命が勃発することを恐れたのである。イスラム革命はタンジマート改革を破壊することになるが、ロシアとの戦争に関連して西欧列強の支持を得るためには、タンジマート改革の推進が条件だった。「座して破滅を待つより、戦って死ぬ方がましだ」とムスタファ・レシトは宣言した。「神の加護によって、我々は勝利するであろう[42]」

章末注

＊1　オーストリアとプロイセンの両国王もいったんはロシア皇帝に倣って「モナミ」を使用することに合意するが、フランスとの紛争を恐れて方針を変更し、妥協策として、ナポレオン三世を「ムッシュー・モン・フレール」と呼ぶことにした。

＊2　アバディーン首相、ジョン・ラッセル下院総務、ジョージ・クラレンドン外相、ジェームズ・グラハム海相、パーマストン内相の五人。

第5章 疑似戦争

一八五三年十月四日、オスマン帝国政府はロシアに対して宣戦布告を行なった。宣戦布告は官報『タクヴィミ・ヴェカイ』に掲載され、続いて「帝国政府声明」が発表された。帝国政府がやむを得ず宣戦布告を行なうのは、ロシアがドナウ両公国（モルダヴィアとワラキア）からの軍の撤退を拒否したためであるという内容だったが、そこには平和的解決の道はまだ残されているという含みがあった。ルメリア軍司令官オメル・パシャのトルコ軍が実際に戦闘を開始するまでに十五日間の猶予期間を設け、その間にロシア軍が撤退すれば戦争には至らないという但し書きがついていたのである(1)。

この段階に至っても、外交的解決への希望はまだ失われていなかった。宣戦布告はコンスタンチノープルで吹き荒れるイスラム大衆の戦争熱を鎮静化し、同時に、西欧列強に介入を要請するための時間稼ぎの意味もあった。ロシアを相手にして本格的な戦争を戦う準備のなかったオスマン帝国の狙いは、まやかしの戦争を始めることによって、ひとつには、首都におけるイスラム革命の脅威を取り除き、もうひとつは、英仏両国に艦隊の派遣を迫り、それによってロシアを引き下がらせることにあった。

十月十九日、猶予期間が期限切れを迎えた。英仏両国はトルコに自重を促していたが、その助言にもかかわらず、トルコ軍はドナウ両公国で戦闘状態に入った。西欧のジャーナリズムが反応し、ロシ

ア と戦うトルコの大義を支持する国際的世論が高まることを計算しての動きだった。オスマン帝国政府はとりわけ英国のジャーナリズムに注目していた。英国政府の政策に大きな影響力を持つ英国のジャーナリズムの役割に期待し、トルコに同情的な報道をさせようとしていたのである。一八五三年の秋から冬にかけて、オスマン帝国政府は巨額の資金を駐ロンドン大使館に送金しているが、それは英国内で「一連の大衆デモを組織し、新聞論調に影響を与え」、その力によって英国政府を動かしてトルコ支持の介入を実現させるための工作資金だった。(2)

十月二十三日、オメル・パシャのトルコ軍はオスマン帝国政府の戦闘開始命令に従ってカラファト付近でドナウ川を渡り、コサック部隊との最初の小競り合いに勝利して、カラファトの町を奪取した。カラファト一帯は一八四八年のワラキア革命の際に反ロシア闘争の拠点となった地域で、今回も猟銃で武装した農民たちがオメル・パシャ軍に加勢してコサック軍と戦った。トルコ軍は、また、オルテニツァ付近でもドナウ川を越え、ロシア軍と激しい戦闘を展開したが、この戦闘は結局、決着がつかず、双方ともに勝利を宣言した。(3)

最初の小競り合いの報告を受けて、ロシア皇帝ニコライ一世は、すでに五月二十九日にパスケーヴィチ宛の書簡で明らかにしていた構想にもとづいて大規模攻勢をかける決心をする。しかし、パスケーヴィチ総司令官は皇帝の構想に反対だった。その反対の姿勢は五月の段階よりもさらに強まっていた。パスケーヴィチの考えでは、ロシア軍がコンスタンチノープルを攻撃するにはトルコ軍はあまりに手強く、英仏艦隊はあまりに近い距離まで進出して来ていた。九月二十四日、パスケーヴィチは皇帝に覚書を送り、ドナウ川の北側にとどまって防衛態勢を強化すること、また、ドナウ川の南側でキリスト教徒による反トルコ蜂起を組織することを進言した。その狙いはトルコに圧力をかけ、戦わずして譲歩を引き出すことにあった。「ロシアにはオスマン帝国と戦うための最強の武器があります。西欧列強もその武器の効果を殺ぐことはできない。最強の武器とはオスマン帝国内のキリスト教徒諸民族に対するロシアの影響力に他なりません」

パスケーヴィチの最大の懸念は、ロシアがバルカン半島に侵攻した場合に予想されるオーストリアの反発だった。ロシアの進出地域に隣接するオーストリア領内でスラヴ民族の蜂起が誘発されれば、オーストリアは防備上の弱点をさらけ出すことになる。そのオーストリアから攻撃される場合に備えて、パスケーヴィチはロシア軍とトルコ軍との全面対決を避けようとしていた。オーストリアとロシアが衝突する可能性が最も高い場所はポーランドだったが、もし、ポーランドがオーストリアに奪われれば、ロシア帝国の少なくとも欧州部分が崩壊を始める恐れがあった。しかし、パスケーヴィチは面と向かってニコライ一世に異を唱える勇気を持ち合せていなかった。そこで、遅延策を取り、できるだけ速やかに南進せよという命令を無視して、ドナウ河畔にとどまって防衛態勢の強化に専念した。パスケーヴィチの狙いは、ひとつには、黒海からバルカン半島に物資を輸送する補給路としてドナウ川を確保すること、もうひとつは、将来のトルコ侵攻に備えてトルコ領内に住むキリスト教徒を民兵部隊に組織することだった。トルコ侵攻の時期は早くとも翌一八五四年の春になると考えられた。「この新構想は見事に機能するはずです」とパスケーヴィチは書いている。「我々はトルコ領内で最も戦闘意欲の高い民族であるセルビア人、ヘルツェゴヴィナ人、モンテネグロ人、ブルガリア人らと密接な関係を築くことになります。彼らは、たとえロシアに対して友好的でないとしても、少なくともトルコに対しては敵対的です。彼らの手助けがあれば、ロシア人の血を流さずにオスマン帝国を壊滅させることが可能となるでしょう(4)」。外国領内で反乱を扇動する戦術が皇帝の大原則に反することを承知していたパスケーヴィチは、イスラム教徒による迫害から正教徒を保護するという宗教的な論理で自分の構想を擁護した。先例もあった。過去数次にわたって戦われた露土戦争(一七七三〜

七四、一七八八〜九一、一八〇六〜一二）でも、ロシア軍はオスマン帝国領内でキリスト教徒の蜂起を組織していた。(5)

皇帝を説得するにはそれほど手間暇がかからなかった。一八五三年十一月の初め、ニコライ一世は対トルコ戦争の戦略の概要を覚書の形にまとめ、閣僚と軍幹部に回覧した。参考資料として多くを物語るこの覚書が、皇帝の最も信頼する将軍パスケーヴィチの影響を受けて書かれたことは明らかである。皇帝はトルコに対するセルビアの反乱に期待をかけ、セルビアに続いてブルガリアも蜂起するだろうと予測している。ロシア軍はドナウ河畔で防衛態勢を確立し、その後、トルコ領内で蜂起するキリスト教徒を解放するために南進する。この戦略は、その後、ドナウ両公国を長期的に占領することを前提としていた。キリスト教徒を民兵に組織するには時間がかかるからである。ニコライ一世は少なくとも一年の占領期間を想定していた。

> トルコ領内のキリスト教徒にどの程度まで期待できるか、また、英仏両国がロシアに対する敵対的態度を続けるかどうかは、一八五五年に入れば明らかになるであろう。我々が前進するためには、トルコ領内で独立を求める最大規模の民族蜂起を利用する以外にない。民族蜂起との協力なしには、対トルコ攻勢は考えられない。戦争の主体はトルコ人とトルコ領内のキリスト教徒であり、我々はいわば予備軍なのである。(6)

ところが、慎重派のネッセリローデ外相が皇帝の革命戦略に冷水を浴びせかけた。外務省関係者の大半も同様に慎重だった。ネッセリローデは十一月八日付で皇帝宛に書簡を送り、次の三点を進言した。第一に、バルカン半島におけるスラヴ民族の大規模蜂起は期待できない。*1 第二に、バルカン半島で反トルコ蜂起を扇動すれば、ロシアがバルカン半島に野心を抱いているとの疑いを欧州諸国に抱かせることになる。第三に、トルコ側もロシア帝国領内のカフカス地方とクリミア半島でイスラム教徒の反乱を扇動する可能性があることを考えれば、革命戦略はいずれにせよ危険なゲームである。(7)

しかし、ニコライ一世にとって宗教戦争は既定路線であり、その路線から外れることはできなかった。キリスト教正教の擁護者を自任する皇帝が一外相の意見を入れて自分の使命を放棄するなどということはあり得なかった。それがプロテスタント出身の外相の意見ということになれば、なおさらである。ニコライ一世はイスラム教徒の支配からスラヴ民族を解放することを自分の神聖な義務と見なしていた。バルカン半島のスラヴ民族に対して発したすべての声明の中で、皇帝はロシアが戦っている戦争はキリスト教徒をトルコの圧政から解放するための宗教戦争であると明言している。皇帝の命令を受けたロシア軍の司令官たちは、キリスト教徒の住む町や村を占領するたびに、民衆の支持を獲得する手段としてモスクを教会に転換し、教会に鐘を寄贈した。(8)

皇帝の宗教熱は軍事上の計算と密接に絡み合い始めた。戦略家のパスケーヴィチ将軍が最も重視していたその計算とは、バルカン半島のキリスト教徒をロシアのために戦う安上がりの兵士と兵站の供給源と見なす見方だった。ニコライ一世は一八五三年までにスラヴ派と汎スラヴ主義の主張に大幅に接近していた。宮廷内には、ニコライ一世の長年の愛妾であるバルベッテ・ネリードワを含めて、汎スラヴ主義の支持者が多数存在していた。詩人フョードル・チュッチェフの娘で宮廷女官だったアンナ・チュッチェワによれば、皇太子アレクサンドル大公とその妻マリア・アレクサンドロヴナ大公妃も汎スラヴ主義的な意見を公然と表明していた。チュッチェワは宮廷での会話の中で皇太子夫妻が「ロシアの本来の同盟相手はバルカン半島のスラヴ民族であり、ロシア軍はドナウ川を越えてスラヴ民族の独立闘争を支援すべきだ」という趣旨の発言をするのを何度も耳にしている。宮廷内の汎スラヴ主義者のひとりだったアントニーナ・ブルードワ公爵夫人は、スラヴ民族解放のためにトルコだけでなくオーストリアにも宣戦布告するよう皇帝に進言していた。ブルードワ公爵夫人は汎スラヴ主義の指導者ポゴージン教授から受け取った書簡の多くを皇帝に見せていたが、それらの書簡の中でポゴージンは、ロシアが盟主となってスラヴ民族を統合し、コンスタンチノープルを首都とするスラヴ・キリスト教帝国を建設することを皇帝に要請していた。(9)

皇帝は、トルコと戦う際にトルコ領内のスラヴ民族に対してロシアが取るべき政策についてポゴージンに意見を求めた。これに応じてポゴージンは覚書を提出したが、覚書の各ページの欄外に皇帝が書き込んだコメントは、一八五三年十二月当時の皇帝の考え方について多くを物語っている。ポゴージンの覚書はロシアと西欧列強諸国との関係の詳細な分析から始まったが、その結論の大部分は西欧に対する非難だった。ポゴージンの覚書は明らかにニコライ一世の心の琴線に触れた。西欧諸国がキリスト教正教の守護者としてのロシアの役割を理解しないばかりか、ロシアを正当に扱っていないというポゴージンの意見に皇帝は共感したのである。ニコライ一世が特に共鳴したのは以下に掲げる一節だった。この中でポゴージンは、西欧諸国による外国征服は許されるが、ロシアによる外国征服は認めないという西欧列強のダブル・スタンダードを激しく非難している。

フランスはトルコからアルジェリアを奪い、英国は毎年次から次へとインドの君侯国を征服併合しているが、両国のこの動きが欧州の力の均衡を乱すとして非難されたことはない。だが、ロシアがモルダヴィアとワラキアを占領すると、たとえそれが一時的な占領であっても、力の均衡を破壊する行為として非難される。フランスはローマに侵攻し、騒乱が収まった後もなお数年間占領を続けたが、[*2]何らの非難も浴びなかった。しかし、ロシアの場合は、コンスタンチノープルの占領を計画しただけで、欧州の平和を乱す元凶として非難される。英国は清国に難題を吹っかけ、その対応を不服として宣戦布告したが、[*3]第三国がこれに介入する権利を認めなかった。しかし、ロシアが隣国と事を構える場合は、事前に欧州各国の許可を得なければならないというわけだ。英国は恥知らずな一ユダヤ人による虚偽の賠償請求を支持してギリシアを脅迫し、ギリシア艦隊を焼いたが、[*4]それは合法的な行動であると強弁している。しかし、ロシアが数百万人のキリスト教徒を保護するための条約を要求すると、ロシアが力の均衡を破って近東地域での地位を強化する動きであるとして非難される。ロシアを理解せず、理解しようともしない西欧からは、盲目的な憎悪と悪意以外には何も期待できない。（ニコライ一世はこの部分の欄外に「要するにそういうことだ」とコメントを書きこんでいる。）

ポゴージンは皇帝自身が西欧諸国に対して抱いていた不満を十分に煽った後で、ロシアによる単独行動を進言している。バルカン半島の正教徒を守り、ロシアの国益を増進するために、西欧諸国に頼ることなく、その信仰と良心に従ってロシア単独の行動を起こすべきだと訴えたのである。ニコライ一世はこの提案にも賛意を表明している。

ロシアの同盟相手は欧州のどこにあるのか？（ニコライ一世の書き込み――「どこにもない。もし、我々が無条件に心から神を信じるなら、同盟国は必要ではない」）欧州におけるロシアの真の同盟者はスラヴ諸民族である。スラヴ諸民族は我々と言語、歴史、信仰を共有する血縁の兄弟である。トルコ領内には一〇〇〇万人、オーストリア領内には数百万人のスラヴ諸民族が暮らしている。トルコ領内のスラヴ諸民族には二〇万人の兵士をロシア軍に供給する能力がある。しかも、これはクロアチア、ダルマチア、スロヴェニアのスラヴ民族を勘定に入れない数字である。（ニコライ一世の書き込み――「やや誇張がある。数字を十分の一読みかえれば、正しい指摘だ」）

ロシアに宣戦布告したことによって、トルコは両国関係を規定していた過去の条約をすべて破棄したことになる。したがって、わが国にはトルコ領内のスラヴ諸民族を解放する正統な権利と義務がある。トルコが戦争を選んだ以上、ロシアとしても戦争を通じてその義務を実現するほかない。（ニコライ一世の書き込み――「そのとおり」）

もし、わが国がスラヴ諸民族の解放と保護のために手を差し伸べなければ、我々の敵である英国とフランスが代わってその仕事をするだろう。現に、セルビア、ブルガリア、ボスニアの各地では、英仏両国が現地の西欧派スラヴ人を抱き込んで活発な工作活動を行なっている。英仏両国の活動が成功した場合、ロシアの立場はどうなるのか？（ニコライ一世の書き込み――「まったくそのとおりだ」）

そうだ！　もし、わが国がこの絶好の機会を利用しなければ、スラヴ諸民族の希望を裏切り、彼らを犠牲にすることになる。あるいは、彼らの運命をロシア以外の列強諸国の手に委ねることになる。そうなれば、我々の前には一つではなく一〇個もの狂気のポーランドが出現するであろう。それこそ我々の敵が熱望し、そのために工作している事態なのだ。（ニコライ一世の書き込み――「そのとおり」）

スラヴ諸民族を敵に回せば、ロシアは「二流国家」に凋落するだろうとポゴージンは論じている。ニコライ一世はポゴージンの覚書の最後の部分に三重の下線を引いている。

ロシアの全歴史を通じて最も偉大な瞬間が訪れようとしている。おそらく、ポルタヴァ[*5]とボロディノ〔一八一二年にロシア軍がナポレオン軍に勝利した戦場〕の勝利よりもさらに偉大な勝利の時代が到来しようとしている。ロシアは前進しなければならない。もし、前進しなければ凋落するだろう。それが歴史の法則である。しかし、ロシアが凋落するなどということが現実に起こり得るだろうか？ そんなことを神が許すだろうか？ 否である！ 偉大なロシアの魂を導いているのは神であり、その事実は神に捧げられた輝かしいページとして「祖国の歴史」に明示されている。ロシア帝国はピョートル大帝が樹立し、エカチェリーナ女帝が確立し、アレクサンドル一世が拡大したが、ニコライ一世が裏切ってローマ・カトリックに売り渡したなどという歴史を神は決して許さないだろう。そんなことはあり得ないし、起こしてはならない。神とともにある限り、ロシアが後退することはない(10)。

皇帝は正教徒を保護することが自分の神聖な使命であると固く信じていたが、同時に、西欧列強諸国から疎外されているという孤立感を深めていた。皇帝の使命感と疎外感の両方に訴えかけることによって、汎スラヴ主義のイデオロギーを皇帝に受け入れさせようとしたのは、ポゴージンの賢明なやり方だった。ニコライ一世は十一月に閣僚宛に発した例の覚書の中で、他のスラヴ諸民族を味方につける以外にロシアの選択肢はないと宣言している。ロシアの「神聖な大義」を阻もうとするトルコを西欧列強諸国が支援していることがその理由だった。列強の中でも、特に悪質なのは英国だった。

我々はオスマン帝国の数世紀におよぶ抑圧からキリスト教徒を解放するために戦っている。そして、すべてのキリスト教徒に向かってこの戦いに合流するように呼びかけている。我々はモルダヴィア＝ワラキア、セルビア、ブルガリア、ボスニア、ギリシアの独立を支持することをここに宣言する……そうする以外に英国の敵対行為を終わらせる方法が見当たらないからである。我々がこれらのスラヴ民族の独立支持を宣言すれば、さしもの英国も、トルコと同盟し、トルコ軍と手を携えてキリスト教徒に敵対することはできないだろう。(11)

ただし、ニコライ一世は汎スラヴ主義に対する疑念を完全に捨てたわけではなかった。皇帝はバルカン半島のスラヴ諸民族がロシア軍に供給し得る兵士の数について、ポゴージンの希望的観測に同調していなかった。また、トルコ領内のスラヴ民族の蜂起を扇動することについても、原則的に反対だった。皇帝の好みは、宗教的見地からスラヴ民族の解放を支持するという論理だった。しかし、ロシアによるドナウ両公国の占領に対する西欧諸国の反発が強まるにつれて、ニコライ一世は正教徒の大連合にすべてを賭けるという姿勢に傾く。万が一にもオーストリアがロシアと対立する場合には、オーストリア領内のスラヴ民族の反乱を支持するという態度さえ匂わせ始めた。老齢にさしかかった皇帝はその宗教的信念のために分別を失い、ロシアが数十年にわたる外交努力によって築いてきた近東地域の権益のすべてを危険にさらし、他のスラヴ諸民族との共闘にすべてを賭けようとしていた。(12)

皇帝が最大の期待をかけていたのは、セルビア人による反トルコ蜂起だった。そのため、すでにブカレストまで進出していたロシア軍を南西に方向転換させ、セルビア人が蜂起した場合に支援に駆けつけられる近さに位置するルセ（ルスチュク）に向かわせようとした。一方、パスケーヴィチは同じドナウ河畔にありながらずっと東の下流に位置するシリストラ付近に軍を集中してトルコ軍要塞を包囲すべきだと考えていた。ニコライ一世はパスケーヴィチ将軍に書簡を送り、軍事戦略はスラヴ民族解放の大義に従属すべきであり、スラヴ民族の解放はまずセルビア蜂起から始まると説明した。

もちろん、シリストラは重要な拠点だ……しかし、私の見るところ、キリスト教徒自身の蜂起によって解放を実現し、ロシア軍の兵力を温存するためには、ルセを奪う方が理屈にかなっている。ルセを奪えば、ワラキアの中心部に攻め入ることが可能であり、ワラキアに入ればブルガリア人の協力を得てセルビアに接近することができる。セルビア蜂起は我々にとって必要不可欠である。ルセからさらに前進するためにはキリスト教徒の大規模な蜂起が必要だが、我々がルセを占領すれば時をおかずに蜂起が始まるはずである。一方、シリストラを占領しても、セルビア蜂起を支援することは難しい。シリストラはセルビアから遠く離れすぎている。[13]

しかし、パスケーヴィチは慎重だった。彼はセルビア蜂起がオーストリアの介入を招く事態を恐れていた。セルビア蜂起が起これば、オーストリアはハプスブルク帝国領内に蜂起が波及することを阻止すべく事態に介入する可能性があった。十二月に入って、パスケーヴィチは次の二点を皇帝に進言する。ひとつは、オーストリアが攻撃してくる事態に備えて予備兵力をポーランドに配置すること、もうひとつは、ブカレストから南東に向けて軍を進め、シリストラを奪うことだった。シリストラ付近ではブルガリア人の支援を受けることができ、しかも、オーストリアの介入を恐れる心配もない。パスケーヴィチによれば、シリストラは三週間で占領できる見込みだった。シリストラを占領すれば、アドリアノープルに対して春季攻勢をかけることが可能となり、西欧諸国に介入する暇を与えずにトルコを屈服させることができる。これを聞いて、ニコライ一世は司令官パスケーヴィチの計画を承認した。[14]

ブルガリア人は一般に親露的で、過去数年間だけでも、ヴィディン、ニシュなどの町で大規模な反トルコ暴動を起こしていた。ところが、今回はロシア軍がシリストラに向けて実際に進軍を始めても、ブルガリア人による大規模蜂起は起きなかった。ブルガリア人以外のスラヴ民族も同様だった。ブルガリア人はロシア軍を解放軍として歓迎し、トルコ軍拠点への攻撃に加勢はしたが、志願兵としてロシア軍に参加する者はほとんど現れなかった。ブルガリア人による小規模かつ散発的な蜂起が発生した場合にも、ほぼすべてがトルコのオメル・パシャ軍によって残忍に鎮圧された。ブルガリア人蜂起としては最大の規模だったスタラザゴラの蜂起では、少女を含む女性数十人がトルコ兵によって強姦された(15)。

一八五四年一月、ワラキア駐在の英国領事は、ロシア占領軍が「主としてギリシア人、アルバニア人、セルビア人、ブルガリア人によって構成される志願兵部隊を編成すべく活発に募兵活動を展開している」と報告している。志願兵部隊は「ギリシア人＝スラヴ人部隊」としてロシア軍の一部に編入されるはずだった。しかし、英国領事によれば、これまでに集まった志願兵は一〇〇〇人程度に過ぎなかった。トルコに対する「聖戦」への呼びかけに応じて集まった志願兵たちは「一種の十字軍部隊を構成し、ロシア軍から武器と装備を支給されている」。彼らが「十字架の兵士」と呼ばれたのは、「白地に赤い正教の十字架」の徽章のついたシャコー〔前庇のある円筒型の軍帽〕を被っていたからである。ロシア軍のある士官によれば、志願兵は軍事訓練を受けたが、実際にはその大多数が補助警官として後方の秩序維持の任務に当たっていた。ロシア軍の占領政策は抑圧的だった。集会は禁止され、現地の行政は軍政に取って代わられ、検閲も強化された。さらに、ロシア軍は食糧を徴発し、輸送手段を接収したので、住民の間には当然ながら怨嗟の声が広がった。英国領事はモルダヴィア人とワラキア人がロシア軍に対して軽蔑の感情を抱いていると報告している。「そうしても安全と分かれば、誰もがロシア軍を嘲笑っている」。農村部ではロシア軍による食糧徴発に反発して散発的な反乱が発生したが、コサック部隊によって残忍に鎮圧された。農民が殺され、村が焼かれた。一方、オメル・パシャのトルコ軍もブルガリア人の村々を襲撃して、教会を破壊し、聖職者の首を刎ね、村人を殺して手足を切断し、少女たちを強姦するなどのテロル支配を行なった。他の村々の蜂起を防ぎ、志願兵がロシア軍に参加することを阻止するための予防措置だった[16]。

オメル・パシャ軍の当面の主要な課題は、ブルガリア人蜂起の予防もさることながら、ロシア軍がトルコの脇腹を突破してセルビアに到達することを阻止することにあった。セルビア正教の聖職者とセルビア人農民の一部に反トルコ蜂起を支持する根強い動きがあったからである（その意味では、セルビアへの進軍を優先しようとしたニコライ一世の分析と見通しは正しかったと言える）。オメル・パシャは戦略上の重要地点であるヴィディン周辺にトルコ軍部隊を結集して防衛態勢を強化した。ヴィディンはドナウ河畔の要衝で、セルビアに入るための東の関門である。一八五三年十二月、一万八〇〇〇人のトルコ軍がドナウ川を渡り、対岸のチェタテアに駐留していた四〇〇〇人のロシア軍を撃破した（その際、トルコ軍は戦場に残されたロシア軍の負傷兵一〇〇〇人以上を殺戮した。クリミア戦争のその後の様相を予告するような戦闘だった[17]）。

トルコがセルビア防衛を緊急の課題と見なしていた背景には、セルビア内政の不安定化という事情があった。オスマン帝国政府の保護下でセルビアを支配していたアレクサンダル・オブレノヴィッチ公の権威はすでに完全に失墜していた。セルビア正教会と宮廷の内部では親露派が勢力を増し、反政府蜂起の準備を始めていた。蜂起はロシア軍のセルビア到着に合わせて決行される予定だった。ベオグラード駐在の英国領事の報告によれば、セルビア軍の幹部たちはロシア軍が到着しても抵抗する気はなく、むしろロシア軍に協力するつもりだった。一八五四年一月、セルビア軍総司令官は英国領事に向かって「無敵のロシア軍に抵抗しても意味がない」と語っている。「ロシア軍はバルカン半島全域を征服し、正教スラヴ帝国を建設してコンスタンチノープルを首都にするだろう」[18]

セルビアがロシア軍に奪われれば、バルカン半島全体がオスマン帝国に反旗を翻す危険が高まる。セルビアからテッサリアおよびイペイロスまでの距離はさして遠くない。テッサリアとイペイロスでは、すでに四万人のギリシア人武装勢力がアテネのギリシア政府の支援を得て反トルコ蜂起の準備を整えていた。ギリシア政府はロシア軍がドナウ両公国に侵攻したことを好機として、オスマン帝国領内のギリシア人居住地域での反トルコ闘争を強化しようとしていた。英国はギリシア政府に対してテッサリアとイペイロスへの介入を控えるよう警告したが、ギリシア国王オトン一世はこの警告を無視する方針だった。ロシアの勝利か、あるいは、少なくともドナウ戦線の長期化を見込んでいたオトン一世は、ギリシアの領土拡大を実現することによってその独裁王政への国民の支持を取りつけようとしていたのである。一八五三年は、コンスタンチノープルがオスマン帝国軍に攻撃されて陥落してからちょうど四〇〇年目にあたる年だった。ギリシア人の民族主義的感情は高揚し、多くのギリシア人がビザンチン帝国の廃墟の上に新たなギリシア帝国を復活させるというロシアの動きに期待をかけていた。[19]

トルコはバルカン半島での領土喪失を恐れてドナウ沿岸の防備を固めつつあったが、その一方で、カフカス地方のロシア軍に対しては攻勢に出ようとした。イスラム教徒諸部族の協力が期待できるカフカス地方でロシア軍に攻勢をかければ、ロシア軍の一部をドナウ戦線から撤退させることができるという計算からである。カフカス地方でロシア支配に抵抗するイスラム教徒の反乱軍はトルコにとって強力な援護射撃だった。一八五三年三月、イスラム反乱軍の指導者シャミーリはロシア軍との戦いに関してオスマン帝国のスルタンに支援を要請している。「オスマン帝国の臣民たる我々は信仰を守るために長期にわたって異教徒と戦ってきたが、今や力を使い果たそうとしている……武器も資金もなく、悲惨な状態に追い込まれている」。チェチェンとダゲスタンを拠点として戦っていたシャミーリ軍は、ロシア軍によってその戦闘拠点から追い出されそうになっていた。ノヴォロシアおよびクリミアの総督を歴任したミハイル・ヴォロンツォフ将軍[*6]が一八四五年にカフカスの総督兼総司令官に就任して以来、カフカスのロシア軍は着実に増強されていた。ヴォロンツォフはゲリラの拠点を直接攻撃する代わりに、ゲリラ基地周辺の村々と農作物を焼き払い、兵糧攻めにする戦術を採用した。ロシア軍は森を切り倒して反乱分子をあぶり出し、反乱地域に軍用道路を建設した。この作戦は一八五三年までに確実に効果を生み、チェチェンでは数百の村々が農耕を続ける目的でロシア側に寝返り、それがゲリラ側の士気の低下を招いていた。ロシアは反乱鎮圧に成功したものと判断して、カフカス駐留の戦力を削減し、撤退した部隊の大半をドナウ戦線に振り向け始めた。ロシア軍がチェルケス地方の海岸線にそって配置していた小規模な要塞も、その多くが閉鎖された[20]。

これを好機と見て、トルコ側は攻勢に出ようとした。カフカス戦線でロシア軍を圧倒すれば、黒海沿岸の全域でペルシア人とイスラム勢力の戦いを勇気づけ、ロシア帝国の影響力を牽制することができるという思惑からだった。英国から支援の増強を引き出す可能性もあった。事実、過去数年間、英国はチェルケスとグルジアのゲリラに密かに武器と資金を供給し、シャミーリ軍との提携を促していた[21]。

一八五三年までは、トルコが公然とシャミーリを支援することはなかった。一八二九年のアドリアノープル条約によって、オスマン帝国はロシアによるカフカス領有を認めることに合意し、それと引き換えに、ロシアはオスマン帝国をメフメト・アリのエジプト軍の攻撃から守る約束だった（メフメト・アリとシャミーリは友好関係にあった)。しかし、トルコの宣戦布告によって事情は一変した。一八五三年十月九日、スルタンはシャミーリの訴えに応じて、イスラム防衛のための「聖戦」開始を呼びかけ、アブディ・パシャのアナトリア軍と連携してロシア軍を攻撃するようシャミーリ軍に要請した。事態を予測していたシャミーリは、すでに一万人の軍勢をロシア軍の軍事拠点であるトビリシに向かわせていた。さらに、トビリシ奇襲作戦のために、チェルケスとアブハジアからも聖戦に参加する志願兵が動員された。十月十七日にエルズルム駐在の英国領事が外務省に送った報告によれば、シャミーリは対ロシア戦のために二万人の戦闘員をアブディ・パシャ軍に提供した。その八日後、カフカスにおけるトルコ軍の作戦が開始される。アルダハンから出撃したアブディ・パシャ軍のバシュボズック部隊がバトゥミの北に位置するロシア軍の重要拠点シェクヴェティリ要塞を急襲して奪取し、一〇〇〇人のコサック兵を殺害した。ロシア軍の総司令官メンシコフによれば、この戦闘で数百人の民間人が拷問され、女性が強姦され、多数の少年少女が奴隷として拉致され、イスタンブールの奴隷市場で売り飛ばされた(22)。

トルコがカフカス地方で地上戦を展開するためには、黒海の海上輸送による物資補給が不可欠だったが、トルコ艦隊は一八二七年のナヴァリノ海戦〔ギリシア独立戦争に際してトルコ・エジプト艦隊と英仏露連合艦隊がギリシアのナヴァリノ湾で戦った海戦。帆走艦による最後の海戦だった〕でこうむった壊滅的敗北からまだ十分に立ち直っていなかった。英国海軍から派遣されてトルコ海軍の軍事顧問を務めていたアドルファス・スレード提督によれば、一八五一年現在、トルコ海軍には一万五〇〇〇人の水兵がおり、多少なりとも航海に耐える軍艦が六八隻あったが、優秀な士官が不足しており、兵士の大半は訓練を受けていなかった。トルコ艦隊にはロシア艦隊と互角に渡り合う力はなかったものの、トルコ側はある意味で自信を強めていた。十月末までに英仏両国の艦隊がイスタンブール郊外のベイコズ湾に入港していたからである。ベイコズ湾はコンスタンチノープルのアナトリア側からボスポラス海峡の北端を睨む位置にあった。英仏艦隊の陣容は、戦列艦（各甲板に少なくとも七〇門の砲を備えた二層甲板または三層甲板の軍艦）五隻、ツインデッカー一一隻、フリゲート艦四隻、蒸気船一三隻だった。両国の艦隊を合わせれば、ロシア艦隊を寄せつけないための十分な戦力となり得る陣容だった。一方、ロシア海軍の黒海艦隊は二つの分艦隊に分かれ、一方はウラジーミル・コルニーロフ提督に指揮されて黒海の西半分を哨戒し、もう一方はパーヴェル・ナヒーモフ副提督を司令官として黒海の東半分を支配していた。メンシコフは両方の分艦隊に対して、カフカスへ補給品を運ぶトルコ船を発見したら撃沈せよと命令していた。トルコ政府とトルコ海軍の幹部はロシア海軍の哨戒態勢を知っていたが、敢えて小規模なトルコ艦隊を黒海に派遣する決定を下す。ロシア側には、トルコ海軍が武器と兵員をカフカスに輸送していることを疑う十分な理由があった。実際に輸送は行なわれていた。しかし、トルコ側はトルコの船舶がロシア海軍に攻撃されるようなことがあれば、英仏海軍が救援に駆けつけるものと確信していた。おそらく、トルコ側の真の狙いは、ロシア海軍による攻撃を挑発し、それによって英仏両国艦隊を黒海海戦に巻き込むことにあったと考えられる。しかし、トルコ側はアナトリア海岸のシノープ湾に投錨するトルコ艦隊が危険な状況におかれていることに無関心だった。シノープ湾はロシアのナヒーモフ艦隊が容易に攻撃できる範囲に位置していた。近代的な戦艦六隻、フリゲート艦二隻、蒸気船三隻を擁するナヒーモフ艦隊はトルコ艦隊よりもはるかに強力だった[23]。

一八五三年十一月三十日、ナヒーモフの攻撃命令が下ると、ロシア艦隊の大口径砲から発射された爆弾がトルコ艦隊を跡形もなく粉砕した。海戦で爆弾が使用されたのは、歴史上これが初めてだった。ロシア海軍が開発した最新型爆弾はトルコの木造艦の甲板を貫通し、内部で爆発して船体を木端微塵に粉砕した。トルコ艦の中でただ一隻難を逃れた外輪蒸気船タイフ号には英国海軍のアドルファス・

スレード将軍が乗船していたが、彼は状況を次のように記録している。

戦闘は一時間ないし一時間半で事実上結着したが、その後も、時々、思い出したように砲弾が飛んできた。しかし、トルコ側はすでに戦闘能力を失っていた。トルコ艦隊の乗組員の半数は戦死し、各艦の大砲の大半は台座から外れ落ち、船腹は敵の激しい砲撃で文字通り叩き割られていた。火災を起こしている艦も少なくなかった。ロシア兵たちは、シノープ湾に侵入してトルコ艦隊を撃破するという目的を達成して、歓声を上げた。ロシア艦隊がこの時点で砲撃を止めていれば、後にロシア側が受けることになる当然の非難を受けることはなかっただろう。しかし、ロシアの砲艦は、すでに戦闘能力を失って残骸となっていたトルコ艦に向けて砲撃を再開した。砲艦に加えて、フリゲート艦が新たに湾内に侵入し、砲艦と並走して壊滅作戦に参加した。再開された砲撃によってトルコ側の水兵の多くが命を失い、岸に泳ぎつこうとしていた者も溺死した。ロシア側は船舶だけでなく、シノープの町にも砲弾と焼夷弾による攻撃を加えた。町は徹底的に破壊され、無事な家屋は一軒も残らなかった。住民の大半は最初の砲撃の後、知事を先頭にして町を離れて避難していた。

スレードによれば、シノープ湾の艦隊に勤務していたトルコ水兵四二〇〇人のうち二七〇〇人がロシア艦隊の砲撃によって戦死した。シノープの町も、いたるところで破壊と混乱に見舞われた。数百人の民間人が負傷して、臨時の救護所となったカフェに担ぎ込まれたが、町には医師が三人しかいなかった。ロシア艦隊による砲撃が終息し、負傷者をコンスタンチノープルに海上輸送できるようになるまで、六日間待たなければならなかった。(24)

さらにその数日後、スレードはコンスタンチノープルに戻ってオスマン帝国政府にシノープ湾海戦の詳細を報告した。スレードを驚かせたのは、報告を耳にした閣僚たちの奇妙なほど平静な態度だった。それは、トルコ側が英仏両国を戦争に巻き込むために敢えてロシア艦隊によるシノープ湾攻撃を挑発したのではないか、という疑いを裏づけるような態度だった。

滑らかな毛皮のローブを身にまとい、柔らかなクッションで覆われた快適な部屋に収まっている閣僚たちの姿を目の前にすると、シノープのみすぼらしいカフェの暗闇でもだえ苦しむ犠牲者とのあまりにも極端な対照に愕然たる思いだった。閣僚たちは悲しむべき報告を聞いても、ほとんど無関心な様子だった。海戦の数日後にレストリビューション号のモンターギュ・オライリー中尉が撮影したシノープ湾のパノラマ写真を見せた時にも、彼らは落ち着き払っていた。「何があっても動揺を顔に出さない」というオスマン帝国官僚の気質を知らない者が見れば、閣僚たちはまるで遠い中国の海域で起こった惨事の報告を聞き、その写真を見ているかのような態度だった。(25)

しかし、実際には、オスマン帝国はシノープ海戦の敗北を受けて外交努力を再開していた。戦争がエスカレートすることを阻止しようとする大宰相ムスタファ・レシト・パシャの決意と意向が働いたのである。ムスタファ・レシトによれば、戦争が全面化した場合に西欧列強の支援を確保するためには、列強を巻き込むための最後の努力が必要だった。

十二月五日、オーストリアの外相ブオル＝シャウエンシュタイン伯爵がオスマン帝国政府の和平提案をロシア側に提示した。この和平提案には、ウィーン会議の四大国（オーストリア、プロイセン、英国、フランス）が合意していた。ロシア側がドナウ両公国から直ちに撤兵することを了承すれば、トルコは和平交渉団を派遣し、国際監視団の下でロシアとの直接和平交渉に応じるという内容だった。トルコは、また、条約更新と聖地問題に関するロシアの要求の受け入れも約束した。十二月十八日、オスマン帝国の御前会議はこれらの条件が満たされれば講和を受け入れることを決定する。

しかし、コンスタンチノープルでは、この決定に憤激した神学校の学生たちがデモを始めた。「過去三日間、トルコの首都は騒乱状態にある」とストラトフォード・カニングは十二月二十三日に報告している。学生たちは非合法の集会を開き、ムスタファ・レシト・パシャをはじめとする閣僚たちを殺害すると脅迫した。コンスタンチノープルのヨーロッパ側地区でキリスト教徒の虐殺が始まったという噂が流れた。ストラトフォード・カニングは西欧各国の外交官とその家族を英国大使館に集めて保護する一方、ムスタファ・レシト・パシャに手紙を書き、学生たちに断固として対処するよう要請した。しかし、気質的に臆病な人物だったムスタファ・レシト・パシャは大宰相を辞任し、暴徒から身を隠すためにベシクタスの自宅に引き籠ってしまう。ムスタファ・レシト・パシャとの連絡が取れなくなったストラトフォード・カニングは、宗教革命の勃発を恐れて、英国艦隊の一部をベイコズ湾からコンスタンチノープルに呼び寄せるとともに、スルタンに面会して騒乱防止の対策を要求する。翌日、一六〇人の神学生が警察の手で逮捕され、政府首脳の前に引き出された。騒動の説明を求められて、学生の指導者は「コーランによって認められている講和の条件」を御前会議が無視したことへの抗議であると答えた。政府側は、まだ講和が実現したわけではなく、交渉の条件を示したのみであると説明し、それほど戦いたければ兵士として出征する意志があるかと学生たちに質問した。学生たちが、自分たちの義務はイスラムの教えを説くことであって、戦うことではないと答えると、彼らは流刑処分となり、クレタ島に送られた。(26)

シノープ湾海戦のニュースがロンドンに伝わったのは十二月十一日だった。ロシア艦隊がトルコ艦隊を壊滅させた作戦は正当な戦争行為というべきだった。結局のところ、両国は交戦状態にあったからである。しかし、英国のジャーナリズムは「不法な暴力」、「大虐殺」などの大見出しを掲げて、ロシア軍が四〇〇〇人の民間人を殺害したと報道した。大幅な誇張だった。『タイムズ』紙は宣言した。「我々が和平に託していた希望はシノープ湾海戦によって雲散霧消してしまった。これまで、我々は、英国の名誉と威厳を損なわない限りにおいて和平を追求することを英国の義務だと考えていた。しかし、ロシア皇帝は世界の海洋列強諸国に対して挑戦状を突きつけてきた。今や、戦争の本格化は避けられない」。『クロニクル』紙も宣言した。「同盟国の独立を守るためだけでなく、許し難い主張に固執してすべての文明国を敵にまわしている専制君主の野望と策謀を挫くためにも、我々は必要ならば剣を抜かなければならない」。フリート街〔ロンドンの新聞社街〕の好戦的で反露的な論調に地方新聞各紙も追随した。たとえば、『シェフィールド・アンド・ロザラム・インデペンデント』紙はその社説で「ロシア皇帝を相手に話し合っても何も生まれない」と主張している。「ロシアの悪巧みを挫くために行動すべき時が間近に迫っている」。ロンドンをはじめ、マンチェスター、ロッチデール、シェフィールド、ニューカッスルその他、多数の都市でトルコの擁護を訴える大衆集会が開かれた。スコットランドのペーズリーでは、反露派の論客デイヴィッド・アーカートが聴衆を前にして二時間の大演説を行ない、次のように訴えた。「英国民はロシアへの宣戦布告を女王陛下に求めるべきである。もし、ロシアと戦わないのなら、トルコの領海から英国艦隊を引き上げるべきである」。ロシアへの断固たる対応を女王陛下に求める請願書が新聞各紙に掲載された(27)。

英国のアバディーン内閣は保守党内の自由貿易主義派と自由党との脆弱な連立を基盤として成立した政権だったが、その外交政策はシノープ湾海戦に対する国民の反応を見て劇的な変化を遂げることになる。当初は、シノープ湾海戦の報道に対する政府の反応は冷静だった。アバディーン首相をはじめとする大多数の閣僚は、オーストリアによる和平工作に期待し、その成功のためにさらに時間をかける必要があるという認識だった。英仏両国は黒海に艦隊を派遣してその存在感を示すべきだが、海軍力の誇示はロシアに和平交渉を受け入れさせるためであって、戦争を挑発するためではないというのが内閣の共通理解だった。当時は、関係者の多くが英国はトルコの戦争に巻き込まれるべきではないと感じていた。トルコの戦争はトルコがみずから招いた悲劇だった。ヴィクトリア女王自身も次のように警告している。

これまでわが国はフランスとともに欧州大戦のリスクをすべて引き受けてきた。しかも、トルコが欧州大戦を挑発することについて何の条件もつけてこなかった。ところが、コンスタンチノープルの枢密院を構成する一二〇人の狂信的なトルコ人は好き勝手な政策を決定するだけでなく、英国とフランスがトルコの領土を守ることを当然と見なしているようだ。[28] これを容認すれば、英国議会は英国王にさえ渡したがらない権限をトルコに与えることになる。

この段階では、ロシアによるドナウ両公国の占領は戦争の原因にはならないという点でヴィクトリア女王とアバディーン首相の意見は一致していた。首相と同様に、女王もロシア皇帝ニコライ一世への信頼を捨てていなかった。一〇年前にニコライ一世に会って好印象を受けた女王は、ロシアの攻撃的な姿勢を抑制することはまだ可能だと考えていた。ヴィクトリア女王は個人的には反トルコ派だったので、それがロシアの侵攻に対する受けとめ方にも影響していた。シノープ湾海戦以前に女王が書いた日記には、「たとえトルコに重大な損害を与えることになるとしても、ロシアの行動は全体として見れば前進であり、和平に貢献するだろう」とある。しかし、その後、ロシアの侵攻に関する女王の意見は多少の変化を見せる。ロシアの侵攻がロシアとトルコの双方に西欧諸国の和平工作を受け入れさせる契機となるという希望が生まれたのである。十二月十五日の女王の日記には、「ロシアが地上戦で決定的な勝利を収めれば、それは和平の好条件となるだろう。ロシア皇帝は寛大になり、トルコ側も理性的になるからだ」という記述がある。(29)

オスマン帝国政府はコンスタンチノープルで高まる好戦的なムードを抑えるのに苦慮していたが、英国政府も、また、開戦を求める英国ジャーナリズムの鬨の声を抑えるために別の意味で苦労していた。特に、議会改革の問題を表向きの理由としてパーマストンが十二月十四日に閣僚を辞任してからは、事態が深刻化した。それまでも軍事行動を要求する世論の合唱に加わっていたパーマストンは、今や、閣外からアバディーン首相の平和主義を批判し、強引な外交政策を求める世論を積極的に組織しようとしていた。パーマストンの主張によれば、シノープ湾海戦はロシアによる英仏両国への間接的な攻撃に他ならなかった。そもそも英仏両国がボスポラス海峡に艦隊を送ったのはロシアへの警告だったからである。「ロシアはスルタンの艦隊をトルコ領の湾内で撃破したが、もし英仏艦隊がその場に居合わせれば我々は当然ながらトルコ艦隊を守るために戦ったはずだ」とパーマストンはシーモア海軍司令官に語った。シノープ湾海戦こそは、近東地域からロシアの脅威を排除するために英国が必要としていた（そして、パーマストンが待ち望んでいた）道義上の口実であり、オーストリアが主導する和平工作にこれ以上つきあうことは、英仏両国がこの「正当にして必要な戦争」を戦うための障害でしかなかった。閣内にとどまっていた閣僚の中でパーマストンを支持したのは下院総務のラッセル卿とクラレンドン外相の二人だった。クラレンドンはシノープ湾海戦に憤激する英国世論の反応を読んで主戦派に鞍替えしたのである（ヴィクトリア女王は十二月十五日の日記に、「クラレンドンが主戦派に転じたのは新聞を恐れてのことだろう」と記している）。そのクラレンドンは十二月十八日付のアバディーン首相宛の書簡で次のように書いている。「貴君は私が世論を気にしすぎると思うかもしれないが、実際にシノープの恐るべき虐殺が明らかになった以上、今後この種の暴虐を阻止するために何らかの対策を講じないならば、単に人道主義的な見地から見ても、まったくもって不名誉な態度と言わねばならない」[30]

パーマストンが閣外に出た後、政府内で主戦論を主導する役割はクラレンドンが担うことになった。シノープ湾海戦は「たとえトルコ側が妥当な講和条件を提示しても、ロシアには和平に応じる意志がない」ことの証拠であり、これ以上ロシアと話し合っても無駄であるとクラレンドンはアバディーン首相を説得し、シノープ湾海戦を「道義的論拠」としてオーストリアの和平工作を拒否し、ロシアに対して強硬策に出るよう進言した。また、和平工作を終わらせる目的で、ストラトフォード・カニング大使に指示してトルコに強硬策を取るよう提言させ、オーストリアのブオル＝シャウエンシュタイン外相には、同国がロシアに対して軟弱すぎると警告した。さらに、パリ駐在の英国大使カウリー伯爵に対しても、英仏両国が「東方の海洋大国たろうとするロシアの動きに終止符を打つべき時」がすでに来ていると語っている[31]。

パーマストンと閣内の主戦派は、フランスの支持を不可欠と考えていたが、ナポレオン三世自身もシノープ湾海戦を口実にロシアに対して強硬措置に出る決意を固めていた。ひとつには、これを機会に英国との同盟関係を強化するためであり、もうひとつは、ロシアが罰を受けないとすれば、それはフランス艦隊が侮られることを意味していたからである。フランス皇帝として許すことのできない侮辱だった。十二月十九日、ナポレオン三世はフランスと英国の艦隊が黒海に入ってすべてのロシア軍艦を強制的にセヴァストポリに帰港させるという方針を提案する。もし、英国が拒否すれば、フランスは単独でも行動するという但し書きつきだったが、これはアバディーン首相を渋々ながら従わせるのに十分な強迫だった。首相を動かしたのは、ロシアへの恐れというよりも、むしろフランス帝国復活への危惧だった。十二月二十二日、英仏両国の間に、両国の連合艦隊が協力して黒海のトルコ船舶を守るという合意が成立する。十二月二十四日、パーマストンが内閣に復帰した。押しも押されもせぬ主戦派の指導者としての復帰だった。(32)

しかし、個々の政治家や外交官の動機を分析するだけでは、クリミア戦争を引き起こした要因を解明することはできない。クリミア戦争は英国の歴史上初めてジャーナリズムと世論の動きが招来した戦争でもあった。一八四〇年代から五〇年代にかけて、鉄道の発展とともに全国紙が出現し、世論の力が英国の政治を動かす重要な役割を担うようになる。世論にこそ議会にも内閣にも劣らぬ影響力があるという議論が始まったのもこの頃である。全国紙の中でトップの座を占める『タイムズ』は伝統的に保守党と緊密な関係にあったが、しだいに国民を代表する新聞としての地位を獲得し、それを自任するようになる。同紙の外交問題担当主筆だったヘンリー・リーヴの言葉を借りれば、「第四階級」としてのジャーナリズムが成立したのだった。一八五五年、リーヴは新聞の役割について次のように書いている。「ジャーナリズムは支配階級内部の様々なグループが意見を発表するための道具ではない。むしろ国民がその総合的な知性を発揮して支配階級を批判し、コントロールするための道具である。英国を構成する『第四階級』と言ってもよい。その意味では、単に第三階級の発言を文字にして配布する存在でもない」。政府はこの新たな現実を受け入れざるを得なかった。自分の邸宅とペルメル街の貴族クラブの間を往復して暮らしていた保守党の守旧派政治家アバディーン伯爵は、「今や、英国の閣僚たる者、新聞の機嫌を取らねばならない」と嘆いている。「新聞はあらゆることに口を突

パーマストン

っ込んで、吠え立てる。新聞はガキ大将のようなものであり、しかも、政府にもガキ大将になることを要求している[33]」

その意味では、最初の近代的な政治家として出現したのがパーマストンだった。大衆的な政治基盤を獲得するためには単純な言葉で大衆に訴えかける必要があり、そのためにも新聞を活用する必要があることをパーマストンは十分に理解していた。そのパーマストンが選挙民の支持を得るために選んだテーマはロシアとの戦争だった。パーマストンの外交政策は、英国の国民性とその理想を体現したものとして、大衆の想像力をとらえることに成功した。英国民は自由を愛するプロテスタントであり、精力的で冒険心に富み、自信に満ちて大胆であり、強きを挫き弱きを助けるためには戦いを厭わず、英国民であることを誇りに思い、外国人を見下していた。特に、ローマ・カトリックと正教は軽蔑の対象だった。パーマストンは大陸にはびこるすべての悪徳と過剰をカトリックと正教に結びつけて非難することを得意としていた。積極的な対外干渉を主張するパーマストンの主張は大衆に歓迎された。英国は世界で最も偉大な国家であり、英国民に生まれなかったという意味で不運な海外の人々の間に英国式の生活様式を輸出することこそが英国政府の役割であるとするジョン・ブル主義が大衆の意識と一致したのである。

大衆が心に抱く「英国的価値観」と深く結びついた外交政策の推進者として、パーマストンは幅広い人気を集めた。パーマストンに反対して戦争への流れをとどめようとする者が現れれば、誰であれ、愛国主義的なジャーナリズムによって袋叩きにあうような雰囲気だった。たとえば、急進的な自由貿易主義者であると同時に平和主義者でもあったリチャード・コブデンやジョン・ブライトのような政治家は、ロシアを英国の国益を害する脅威と見なすことに反対したために（二人はロシアとの貿易拡大が英国の国益であると主張した）、ジャーナリズムから「親露派」のレッテルを貼られ、「反英的」として非難された。アルバート公でさえ、その大陸的な生活習慣が嫌われ、「親独派」または「親露派」として攻撃される始末だった（大多数の国民はドイツとロシアを区別していなかった）。当時のタブロイド紙『モーニング・アドヴァタイザー』など一部の新聞に至っては、アルバート公を反逆者として非難する動きさえ見せた。前年十二月にパーマストンを内相から排除したのは皇室による陰謀だったという噂が流された。パーマストンが内閣に復帰した時には、アルバート公が反逆罪でロンドン塔に幽閉されたという噂をタブロイド紙が流したために、囚人となったアルバート公を一目見ようとする群衆がロンドン塔に押しかける騒ぎになった。『モーニング・アドヴァタイザー』はアルバート公の処刑を要求し、あまつさえ次のようなコメントをつけ加えた。「国家の戦争への意欲が阻害されるよりも、タワーヒル〔ロンドン塔外の処刑場〕で反逆者の血が数滴流れる方がはるかにましだ」。激怒したヴィクトリア女王は抗議のために退位の意思をほのめかした。アバディーン首相とラッセル下院総務がすべての有力紙の編集長を集め、女王の気持を代弁して自制を求めたが、反アルバート公の報道キャンペーンは簡単には終わらなかった。編集長たちはその種の噂話を是認しており、中には編集長自身が記事を書いている場合さえあった。新聞の販売部数を伸ばすにはもってこいの話題だったのである。[34]

大衆の心の中では、ロシアとの戦争は自由を守り、文明を維持し、自由貿易を擁護する戦争、つまり「英国的原則」のための戦争に他ならなかった。ロシアと戦ってトルコを守ることは、暴君やいじめっ子から無力な者や弱い者を守るという英国の紳士的価値観と深く結びついていた。ロシアに対する反感が高まると、それと裏腹に、トルコを美徳の手本として賛美する風潮が広まった。トルコに関するロマンチックな評価は、ロシア皇帝の圧政と戦ったハンガリーとポーランドの自由戦士の亡命を一八四九年にトルコが受け入れたことにも起因していた。一八五四年の初頭、親トルコ派のアーカートが「トルコその他の諸国を分割から守るための保全協会」を設立すると、あっという間に数千人の反露急進派が加入した。

英国国教会の保守派に属するアバディーンやグラッドストンのような政治家にとっては、少なくともキリスト教国であるロシアを敵にまわしてイスラム教国のトルコを擁護することには大きな抵抗感があった。その点は、ヴィクトリア女王も同じだった。女王は、その宗教的心情から言えば反トルコ派だった（女王は、個人的には、オスマン帝国の欧州部分を新設の「ギリシア帝国」に移行させ、いずれはトルコ人を「一人残らずキリスト教に改宗させたい」と思っていた[35]）。保守派のこの抵抗感を解消するための助け舟を出したのは福音主義急進派だった。彼らはタンジマート改革をトルコのリベラリズムと宗教的寛容の証拠として指摘したのである。教会指導者の中には、オスマン帝国内でプロテスタントの伝道活動が認められていることを論拠として、トルコは中近東におけるプロテスタント信仰の布教に貢献していると論ずる者さえいた。イスラム教徒をプロテスタントに改宗させることはオスマン帝国政府によって禁止されていたので、英国国教会派の伝導団はオスマン帝国内の正教徒とカトリック教徒に的を絞って布教活動を展開していた。プロテスタントに改宗した人々は例外なく正教やカトリックの聖職者の悪徳を訴えた。英国議会上院がテッサリアとイペイロスにおけるギリシア人の反乱をオスマン帝国が抑圧した件について審議した際、アンソニー・シャフツベリー伯爵は、福音派の熱心な伝道活動を引き合いに出して、バルカン半島のキリスト教徒はオスマン帝国の政府当局によって抑圧されているのと同じ程度にギリシア正教の聖職者とその後ろ盾のロシア人によっても抑圧されていると論じている。シャフツベリー卿によれば、オスマン帝国内のキリスト教徒をプロテスタントに改宗させるためには、オスマン帝国の支配が続く方がロシア皇帝の影響力が増大するよりもむしろ好ましい事態だった。国内においてさえ聖書の流布を許さないのがロシア皇帝のやり方だからである。[*7] ロシアがバルカン半島を征服するような事態になれば、ロシア国内と同じような暗黒の支配が広がり、この地域でプロテスタントの信仰を普及する希望はすべて失われてしまうだろう。それに比較すれば、オスマン帝国政府は英国国教会の伝道活動に対して敵対的でないばかりか、プロテスタントへの改宗者を他派のキリスト教徒から保護するために介入し、一八五〇年にはプロテスタントにミッレト〔非イスラム教の宗教自治体〕の地位さえ認めたというのが、シャフツベリー卿の主張だった（ただし、シャフツベリー卿は、イスラム教からキリスト教への改宗者がオスマン帝国の法律によって死刑に処せられることには言及しなかった）。英国国教会の信者の多くがそうだったように、シャフツベリー卿はイスラム教に同情的だった。キリスト教正教の半ば異教的な騒々しい儀式よりも、イスラム教の物静かな儀式の方がプロテスタントの瞑想的な祈りの姿勢に近い気がしていたのである。それは福音派に共通の感じ方だった。たとえば、露土紛争をテーマにして十二月に開催された公開討論会では、ひとりの弁士が「トルコ人は異教徒ではない。彼らはユニテリアンだ」と主張した。これについて『ニューカッスル・ガーディアン』紙は次のように報じている。「弁士はロシア正教またはギリシア正教の教義そのものは批判しなかったが、正教徒については、酔っ払って踊り狂う厄介な連中だと述べた。個人的体験からの発言だった[36]」

演説会の聴衆はスルタンという言葉を聞いただけで拍手喝采した。たとえば、チェスターのある劇場で開催された集会では、「最大限の軍事的手段を動員して」スルタンを支援することを英国政府に求める決議が二〇〇〇人の聴衆の拍手で採択された。採択の理由は次のとおりだった。

スルタンほど英国に対して友好的な君主はヨーロッパにも他に例を見ない。スルタンほど宗教的寛容に貢献した君主も他にない。スルタンはその帝国内で宗教上の平等を実現した。英国の歴代君主に比べても劣らない明君である。スルタンは、現在の危機的状況にあっても、西欧諸国からの適切な支援があれば、その帝国に幸福と繁栄をもたらし、英国との通商関係を確立して、両国に利益をもたらすことができるだろう。

『タイムズ』紙がバルカン半島のキリスト教徒はスルタンによる支配の継続よりもロシア皇帝による保護を選択する可能性があるという趣旨の論説を掲載した時には、愛国主義者からの激越な攻撃が集中した。たとえば、『モーニング・ヘラルド』と『モーニング・アドヴァタイザー』は『タイムズ』を「反英的」として非難した。「この新聞は英語で書かれているが、英語で書かれているということを除けば英国とは無縁である。今や『タイムズ』はロシアの代弁者になってしまった(37)」

フランスでも、ジャーナリズムがナポレオン三世の外交政策に大きな影響を与えていた。最大の圧力を発揮したのはカトリック系の地方紙だった。カトリック系のジャーナリズムは聖地紛争が始まった時点ですでにロシアとの戦争を要求していたが、その声はシノープ湾海戦が報道されるとさらに大きくなった。たとえば、一八五四年一月一日付の『ユニオン・フラン＝コントワーズ』紙の社説は次のように論じている。「残念ながら、ロシアとの戦争は必要であり、不可避である。もし、フランスとイギリスがトルコに対するロシアの脅威を止めることができなければ、トルコと同様に仏英両国もいずれはロシアの奴隷となってしまうだろう」

この種の反露プロパガンダの基本理念は「野蛮と戦う文明の十字軍」という点にあった。一八五四年にベストセラーとなったギュスターヴ・ドレの反露的な画集『絵画、演劇、漫画で見る神聖ロシアの歴史』の基本テーマでもあったこの理念、つまりロシアは野蛮であるが故に攻撃的であるという言説は英仏両国の主戦派の決まり文句だった。英国では、後進国のロシアには英国を侵害する力はないとするリチャード・コブデンやジョン・ブライトの主張への反論として、この論理が利用された。ロシアは後進国であるが故に資源を得るための領土拡張を必要としているという宣伝が大々的に展開された。フランスでは、議論は文化的な色合いを強め、ロシア人とフン族との比較検討に発展した。一八五四年一月末、『アンパルスィヤル』紙はその社説で「ロシア皇帝ニコライ一世はアッティラ王〔ローマ帝国に侵入したフン族の王〕に似ている」と指摘している。

二人の類似性に気づかない者は、正義と秩序に関するすべての概念を危険にさらすことになる。ロシアが行なっていることは欺瞞の政治、欺瞞の信仰に他ならない。ロシアは西欧の文明を猿真似しようとしているが、その野蛮な実態は不信を招き、その専制政治は恐怖を振り撒いている……ロシアの専制政治は人間と動物の境界線上を這い回る狂信的な国民には似つかわしいが、文明国の国民にはふさわしくない……ニコライ一世の政策に対しては、ヨーロッパのすべての文明国で嵐のような憤激が沸き起こっている。それは強姦と略奪の政策であり、大規模な山賊行為である。(38)

カトリック系のジャーナリズムにとって、西欧文明に対する最大の脅威はロシアの宗教攻勢だった。もし、ロシア帝国陸軍の西進を阻止しなければ、正教がキリスト教世界全体を支配することになるだろう。そうなれば、再び宗教的迫害の暗黒時代が訪れ、カトリック教徒は奴隷の身分に苦しむことになるだろう。『ユニオン・フラン＝コントワーズ』紙は次のように警告している。「もし、ロシアによるトルコの征服を許すならば、遠からずコサックの軍隊が我々全員に異端のギリシア正教を押しつける日が来るだろう。その時には、ヨーロッパはその自由だけでなく、信仰をも失うことになる……子供たちはギリシア正教の教義で教育されるようになり、カトリックの信仰はシベリアの不毛な凍土で滅亡するだろう。カトリックを擁護しようとして声を上げる人々は皆シベリアに送られてしまうからだ」。また、『スペクタトゥール・ド・ディジョン』紙は、パリ枢機卿の言葉を引用して、フランスのカトリック教徒に「聖戦」を呼びかけた。聖戦とはロシア人およびギリシア人と戦ってフランスの宗教的伝統を守る戦いだった。

ロシアはすべてのカトリック信者にとって特別の脅威である。これは誰もが理解しておくべき事実である。ロシア皇帝ニコライ一世は、聖墳墓教会に関するギリシア人の特権はロシア人が血を流して実現した特権だと言っている。しかし、フランス人の十字軍が聖地パレスチナのために流した血のほんの一部でもロシア人が流すためには、今後数世紀もの時間が必要だろう……聖地には我々が維持すべき遺産があり、守るべき利益がある。しかし、それだけではない。我々はギリシア正教またはロシア正教への強制的改宗の脅威に直面している。サンクトペテルブルクでは宗教的専制を西欧に押しつける計画が進んでいる。彼らは軍事力による際限ない領土拡張を通じて我々を異端の宗教に改宗させようとしている。ロシアにボスポラス海峡の支配を許せば、次にはローマとマルセイユを征服するだろう。ロシア軍が奇襲攻撃をかければ、誰も介入できないうちに教皇と枢機卿たちは排除されてしまうだろう。

このカトリック系地方紙は、ロシアに対する聖戦はフランス国内の宗教体制を強化する機会でもあると指摘している。大革命が残した世俗化の影響に反撃し、カトリック教会を国民生活の中心に復帰させるための機会だった。一八四八年に革命のバリケードによって分断されたフランス国民が、今や信仰の擁護を通じて再統一されようとしていた。(39)

ナポレオン三世はこの機会を見逃さなかった。戦争で輝かしい勝利を上げれば、クーデターを起こした抑圧的な軍隊と国民との和解が実現するだろうというのが皇帝の目論見だった。しかし、ナポレオン三世の熱意は、結局、最後まで国民に伝わらなかった。全体として見れば、フランス国民は聖地紛争にも東方問題にも比較的無関心だった。シノープ湾海戦の報道が伝わった後も、無関心な傾向は変わらなかった。ロシアの侵略に抗して戦うことは「名誉ある道」だとナポレオン三世は宣言し、新聞は「フランス国民は憤激している」と報じていたが、フランス各地の知事や検察官の政治報告を見れば、一般の国民は冷静だったことがわかる。確かに、数の上では、英国人よりもはるかに多くのフランス人がクリミア戦争に従軍して戦い、そして戦死したが、フランス人は英国その他の同盟国の国民に比べてこの戦争に消極的だった。それどころか、宿敵英国の同盟国として戦うことに違和感を抱いていた。この戦争は大英帝国の利益のためであり、フランスは戦争に巻き込まれ、しかも戦争の代価の大半を支払わされようとしていると多くの国民が感じていた。それはナポレオン三世に反対する勢力の論点でもあった。実業界は戦争のための増税と経済への打撃を恐れて、特に強く戦争に反対していた。フランス国民の大多数は、どんな戦争であれ、戦争というものにうんざりしていた。たとえ開戦しても、フランスは一年以内に講和に追い込まれるだろうというのが大方の予測だった。

一八五四年一月には、ナポレオン三世の側近の間にも戦争に反対する慎重論が広まっていた。ナポレオン三世が招集した一月四日の国家評議会では、英仏両国が黒海に艦隊を派遣したことへのロシアの抗議が検討されたが、その席上で、政治的盟友として皇帝と親密な関係にあったジャン・ビノー蔵相とアシル・フール国家顧問の二人がロシアとの和解を提案した。フランスが不本意に戦争に引き込まれるのを避けるためだった。二人の懸念の根拠はフランス軍の準備不足にあった。一八五一年十二月のクーデター以降、フランスの軍備増強を危惧する英国に配慮して、フランス軍は縮小の方向にあったので、一八五四年の段階では戦時態勢から程遠い状態だった。ビノーは戦争が始まれば辞職すると脅かした。大規模な社会的騒乱を招くことなく戦争に必要な増税を実施することは不可能だというのが論拠だった（しかし、ビノーは結局辞職しなかった）。側近の反対意見を耳にしていったん頭を冷やしたナポレオン三世は戦争の計画を練り直し、ここで再び外交的解決の道を探る姿勢を見せる。一月二十九日、ナポレオン三世はニコライ一世宛に親書を送り、オーストリアを仲介者とする和解交渉の再開を提案した。英仏両国はロシア軍のドナウ両公国からの撤退と引き換えに黒海から艦隊を引き上げるというのが交渉の基本条件だった。ナポレオン三世のこの親書はパリ駐在のオーストリア大使ヒュブナー男爵に手交された後、皇帝が平和のために最善の努力を払っている証拠として、不安におののくフランス国民にも公表された[40]。

パーマストンをはじめとする英国の主戦派は疑心暗鬼でフランスの動向を注視していた。軍事力によってロシアとの決着をつけるという方針からナポレオン三世が最後の瞬間になって尻込みする事態を恐れていたのである。英国はどんな手段に訴えてもナポレオン三世の強硬姿勢を支え、フランスによる外交的解決を阻止しようとしていた。一八五四年の初期の段階では、戦争を望み、開戦のために熱心に動いていたのはフランスではなく、英国だった。

英国の主戦派を助けたのはロシア皇帝の非妥協的な強硬姿勢だった。一八五四年二月十六日、ロシアは英仏両国との外交関係を断絶し、ロンドン大使とパリ大使を本国に召還する。その五日後、ニコライ一世は、ドナウ両公国からのロシア軍の撤退と黒海からの英仏艦隊の引き揚げを交換条件とするナポレオン三世の和平提案を拒否し、代わりに英仏両国が艦隊を動員してトルコによる黒海沿岸への武器輸送を阻止することを要求した。シノープ湾海戦の原因がトルコの武器輸送にあったことを匂わせる要求だった。この条件が満たされた場合にのみ、ロシアはサンクトペテルブルク駐在のオスマン帝国大使との交渉に応じるというのがニコライ一世の回答だった。ニコライ一世は、この挑戦的な拒否回答が戦争を招くことを承知の上で、ロシアは現在もなお一八一二年のロシアと同様に強大であるとナポレオン三世に警告した。

ナポレオン三世の和平提案は、ロシアが英国とトルコを相手にしての軍事衝突を迫られる事態を避けるための最善の方法であり、ロシアが欧州大陸における完全な孤立を避けるための最後の機会だったが、その提案に対するニコライ一世の回答はあまりにもそっけない拒絶だった。その少し前の一月末、ニコライ一世はオーストリア、プロイセン両国との提携を確保する目的で特使アレクセイ・オルロフ伯爵をウィーンに派遣していた。オーストリアがプロイセンその他のドイツ諸邦とともに中立宣言に署名するならば、ロシアはオーストリアが西欧列強から攻撃された場合、オーストリアを防衛するという条件を伝えるためだった（オーストリアのフランツ・ヨーゼフ皇帝はフランスがイタリアの独立運動を支援する事態を恐れていた。ニコライ一世はその危惧につけ込んだのである）。しかし、オーストリアが最も警戒していたのは、ナポレオン三世の動きよりも、むしろバルカン半島へのロシアの進出だった。フランツ・ヨーゼフ皇帝はロシアとオーストリアが共同してオスマン帝国を分割するというニコライ一世の提案に耳を貸そうとせず、トルコ国境の現状維持をロシアが保証しない限り、ロシアとの協調はあり得ないという立場を明らかにした。オーストリアが最も憂慮していたのは、ロシアの攻勢に呼応してセルビア人が蜂起する事態だった。オーストラリア軍二万五〇〇〇人を投入してセルビア国境の警備を強化したのもそのためだった(41)。

オルロフ伯爵の使命が失敗したことがニコライ一世に伝わったのは二月九日だった。それに先立って、ロシア軍による占領を阻止する目的でオーストリアがセルビア国内に軍を進めたという報告も入っていた。そのような状況で、西欧列強との戦争を避けるために残された唯一の機会であるナポレオン三世の和平提案をニコライ一世がにべもなく拒絶したことは、いかにも異常な選択だったように思われる。オーストリアを敵にまわしては到底勝ち目のない戦争だった。当時のニコライ一世が理性的な判断力を失っていたという一部の歴史家の説にも一定の説得力がある。短気、無分別、抑鬱傾向、怒りっぽさなど、もって生まれた厄介な気質に加えて、三十年近くも独裁君主の座にあって阿諛追従に囲まれてきた結果身についた傲慢さがニコライ一世の判断を鈍らせていた可能性は十分に考えられる(42)。ニコライ一世は、一八五三〜五四年の危機に際して、自分の手札を過信して無謀な賭けをするギャンブラーのように行動した。これまでの儲けをすべて注ぎ込んで、あとさきを顧みずにただ一度の機会に運命を託そうとする捨て鉢の賭け事師のように、ロシアが長年地道な努力を重ねて近東地域に築いてきた権益のすべてをトルコとの戦争に賭けようとしていたのである。

しかし、ニコライ一世自身もこれをギャンブルだと思っていたのだろうか？　皇帝が書き残した資料からは、一八一二年の戦争の経験が皇帝の自信の源泉となっていたことが分かる。ロシアは単独でも世界を相手に戦うことができるとニコライ一世は確信しており、その確信の根拠として、長兄アレクサンドル一世がナポレオンを撃破した戦いに繰り返し言及している。たとえば、一八五四年二月の段階で、ニコライ一世は次のように書いている。「もし、ヨーロッパがロシアに戦争を強いるならば、私は兄アレクサンドル一世が一八一二年に示した手本に従って、怯むことなく戦うつもりだ。必要ならウラル山脈の奥地まで退却することも辞さないが、外国の軍隊がロシアの土地を踏み荒らしている間は、決して武器を収めるつもりはない(43)」

これは理性的な議論ではなかった。ロシアが動員できる軍事力の計算もなく、西欧列強の優勢な軍隊と戦う場合にロシアが直面する現実的な困難についての慎重な考慮も皆無だった。メンシコフをはじめとするロシア軍の幹部は現実的な困難を繰り返し指摘し、トルコおよび西欧列強との戦争を挑発することになるドナウ両公国への侵攻を思いとどまるよう繰り返し皇帝に進言した。しかし、皇帝の選択は理性ではなく感情にもとづいていた。皇帝を動かしていたのは自尊心と慢心であり、ロシアの力量と威信についての過信であり、そして何よりも神から与えられた世界史的使命を完遂するために宗教戦争を戦っているという信念だった。イスラム教徒の支配からキリスト教正教徒を解放するための聖戦を戦うことは神から与えられた使命であると信じているニコライ一世にこの「神聖な大義」を放棄させることは不可能だった。一八五四年三月、ニコライ一世はプロイセン国王フリードリッヒ・ヴィルヘルム四世に対して、もし西欧列強がトルコに味方するならロシアは単独でも列強諸国と戦う用意があるという決意を語っている。

この戦争は世俗的利益のためでも、征服のためでもなく、ひたすらキリスト教を擁護するための戦争である。ロシアは聖なる十字架の旗を掲げて戦っているが、キリスト教徒を自称する諸外国はキリスト教を裏切ってイスラム教の新月旗の周りに結集している。ロシアはなぜ孤立しなければならないのか？……私に残された道は戦うことだけである。戦って勝利する以外に進むべき道はない。もし勝利できなければ、聖なる信仰に身命を捧げた名誉の殉教者として滅びるのみである。これは全ロシアを代表しての私の宣言である。[44]

無謀なギャンブラーの発言というよりも、計算し尽くされた信仰者の宣言だった。

提案した和平交渉がニコライ一世によって拒否されてしまった今、ナポレオン三世に残された道は、ドナウ両公国からのロシア軍の即時撤兵を求める英国の最後通牒に共同署名することしかなかった。フランスの名誉と威信が問われていたからである。一八五四年二月二十七日付でロシア皇帝に送られた最後通牒には、六日以内に回答がなければ、英仏両国は自動的にロシアとの戦争状態に突入すると記されていた。和平交渉については何の言及もなかった。ロシア側に和平交渉の条件を云々することさえ認めないこの最後通牒は、明らかに開戦を前提としていた。ニコライ一世にしてみれば、回答することと自体が皇帝の威信を汚す行為だった。ニコライ一世が拒否することは最初から折り込み済みだったのである。最後通牒を発するのと同時に、英仏両国はすでに宣戦を布告したかのように行動した。兵士の動員が始まった。

フランス陸軍主計総監のアントワーヌ・セッティが二月二十四日付でボニファス・ド・カステラーヌ元帥に送った手紙には次のように書かれている。

ロシアはナポレオン三世の和平提案を拒絶した。したがって、戦争の準備をしなければならない。ナポレオン三世は東方に遠征軍を送る事態を避けるために最善を尽くしてきたが、今や、フランスは英国と手を携えて真っ逆さまに戦争に突入しようとしている。戦争になれば、コンスタンチノープルの城壁上に英国旗が翻る事態が起こり得る。その時、英国旗と並んでフランス国旗が翻らないような事態は許されない。英国は単独で進出した場所ではどこでも唯一の征服者となり、その獲物を独占して、決して手離そうとしないからだ。

ほぼ真相を言い当てた手紙だった。ナポレオン三世は戦争に踏み切ることをためらっていた。しかし、最終的判断としては、英国との同盟関係が必要だった。それに、近東地域における西欧列強の権益を守るための戦争に参加しなかった場合、獲物の配分にあずかれなくなる事態が憂慮された。三月二日、ナポレオン三世は上下両院の合同会議で次のように演説する。

コンスタンチノープルに対するロシアの影響力の永久化を阻止することは、英国にとってのみならず、フランスにとっても重大な利害問題である。むしろ、フランスの利害関係の方が英国よりも大きい。なぜなら、コンスタンチノープルを支配することは地中海を支配することを意味するからだ。議員諸君の中に、地中海が英国にとってのみ重大な利害関係を持つ水域だと考える者は誰一人いないだろう。フランスは地中海に面し、その海岸線は一四〇〇キロメートルに及ぶ……なぜ我々はコンスタンチノープルに遠征するのか？　英国と共同してスルタンの主権を守り、また、キリスト教徒の権利を守るためだ。海洋の自由を守り、地中海に対するフランスの正当な影響力を維持するためだ。(45)

実際には、英仏連合の戦争目的はそれほど明確ではなかった。多くの戦争がそうであったように、英仏連合による今回の東方遠征も、わけが分からないうちに始まったのである。開戦の理由を明らかにするだけでも、一八五四年末までの数ヵ月にわたる英仏両国間の調整とオーストリアとの交渉が必要だった。九月に英仏軍がクリミア半島に上陸した後になってさえ、戦争目的に関する合意は成立していなかった。

フランスと英国の思惑は最初から食い違っていた。一八五四年三月、両国は戦争目的と戦略に関する一連の共同会議をパリで開催した。フランスはクリミア半島だけでなくドナウ沿岸地域にも侵攻する作戦を主張した。オーストリアとプロイセンを味方につけた上で、英仏連合軍がドナウ両公国とロシア南部地域に進出して大規模な陸上戦を展開し、同時にオーストリアとプロイセンがポーランドに進出してロシア軍と戦うという戦略だった。しかし、英国はオーストリアを信用していなかった。ロシアに対してあまりにも融和的であるというのがその理由だった。ロシアに対する野心的な戦争計画の妨げるになり得るようなオーストリアとの同盟関係について、英国は乗り気でなかった。

英国では、戦争目的と戦略をめぐって内閣の中にさえ意見の違いがあった。アバディーン首相がトルコの主権回復に目的を絞っての限定的な作戦を想定していたのに対して、パーマストンらの主戦派は近東地域からロシアの影響力を排除し、ロシアを屈服させるための本格的な攻撃作戦を主張していた。両者の間に一応の妥協をもたらしたのは、海軍相ジェームズ・グレアム卿がシノープ湾海戦への対応策として一八五三年十二月に策定した海軍の戦略だった。まず、セヴァストポリを急襲してロシアの黒海艦隊を撃滅し、冬のうちにクリミア半島を占領する。その後、春季攻勢としてバルト海作戦を発動し、サンクトペテルブルクを攻撃するという戦略だった。これはフランスと戦争になった場合に備えてすでに策定されていた戦略の応用だった（フランスと戦う場合には、まず、シェルブールを急襲する予定だった）[46]。

一八五四年の最初の数ヵ月間、英国軍が戦時編成に移行し、英国全土に戦争熱が吹き荒れるにつれて、トルコ防衛に目的を絞った限定的戦争という考え方は影を潜める。英国の戦争目的はエスカレートしたが、それはジャーナリズムの好戦的な排外主義の結果というだけでなく、戦争になれば発生し得る膨大なコストに見合うだけの目的、すなわち「英国の名誉と偉大さにふさわしい」大々的な目的が必要であると人々が考えたからだった。パーマストンは常にその点を強調した。パーマストンが主張する戦争目的は細部では変化したが、その反露的性格では一貫していた。三月十九日付で内閣に提出した覚書の中で、パーマストンはロシア帝国を解体し、欧州地図を書き換えるという野心的な戦略計画を説明している。その計画によれば、フィンランドとオーランド諸島はロシア領からスウェーデン領に編入し、同じくロシア領のバルト諸州はプロイセンに与えられる。ポーランドは領土を拡大して独立の王国とし、ロシアからヨーロッパを守るための緩衝国となる。オーストリアはドナウ両公国とベッサラビアをロシアから獲得し、その代償として北イタリアを放棄する。クリミア半島とグルジアはトルコ領とし、チェルケスはトルコの保護国として独立する。この計画を実現するにはロシアを敵とする大規模な欧州戦争が必要であり、したがって、オーストリアとプロイセン、そして理想的にはスウェーデンをも反露同盟側に獲得しなければならない。この計画に対しては閣内から疑問が噴出した。戦争を短期間で終わらせ、「国内改革の課題への復帰」を希望していたアバディーン首相はパーマストンの計画が三十年戦争の再来を招くとして反対した。しかし、パーマストンは諦めなかった。戦争の期間が長引けば長引くほど、パーマストンは確信をもって計画を遂行しようとする。戦争が要求する膨大な人命の犠牲を正当化するには「大規模な国境線変更」が不可欠であるというのがその根拠だった。(47)

三月末、英国政界の多数意見は、トルコ防衛のための限定的戦争よりもロシアを敵とする大規模な欧州戦争を是とする考え方に傾いていた。トルコの救済が可能かどうかについて疑問を感じていたアルバート公も、欧州戦争によってロシアからその西部領土を奪えば、ヨーロッパに対するロシアの影響力を抑制することができると確信するに至っていた。「ロシアの襲撃から身を守るための領土」を約束すれば、プロイセンをこの戦争に引き込むことは可能であり、プロイセン以外のドイツ諸邦をも味方につけてロシアを無力化する政策こそが重要であるとアルバート公は提唱した。「ロシアという熊から歯を抜き取り、爪を切り落とさなければならない」。ベルギー国王レオポルド一世に宛てた手紙の中でアルバート公は次のように書いている。「ベルギーとドイツ諸邦を含む全ヨーロッパは、オスマン帝国の領土と独立の保全に最大限の利害関係を有するが、ロシアを打ち負かし、懲罰を与えることはそれと同等か、それ以上の利益をもたらす」。アッシリア学を専門とする有名な考古学者で、当時外務次官を務めていた下院議員のヘンリー・レアード卿は、ロシアを「足腰立たなくなるまで」叩きのめす戦争が必要だと主張した。ストラトフォード・カニングは、戦争によるロシア帝国の解体を提案していた。その戦争は「ポーランドその他、ロシアに虐げられている諸国を救出し、ロシアの専制から全ヨーロッパを最終的に解放する」戦争となるはずだった。カニングは、クラレンドン外相宛の書簡の中で、ロシアの意志を決定的に挫く必要性を強調している。単に「目下の侵略行為」を阻止するだけでなく、ロシアに「恒常的な自制心を体得させる」必要があるという趣旨だった。カニングによれば、西欧列強が参戦する欧州戦争の目的はロシアの脅威を最終的に排除することでなければならず、ロシアを包囲する緩衝地帯を形成するためにドナウ両公国、クリミア、チェルケス、ポーランドなどを独立させ、ロシアの恒常的な自制心が保証される時まで戦争を継続すべきだった。ロシアに対する宣戦布告の案文が作成されつつあった。ラッセル卿はクラレンドン外相に対して、女王が議会に示す宣戦布告の文案には欧州各国の国境の現状と変更に関して英国の立場を拘束する内容が含まれないように要請した(48)。

アバディーン首相はこの段階に至っても依然として開戦に消極的だった。宣戦布告の前日に当たる三月二十六日、首相はヴィクトリア女王とアルバート公に自分の立場を説明し、パーマストンが新聞と世論を味方につけて内閣を「戦争に引きずり込んだ」と述べた。三ヵ月前には、女王自身もアバディーン首相と同様にトルコ防衛を目的として英国兵士を派遣することに反対だった。しかし、今や、女王は戦争が必要なことを理解していた。女王夫妻は首相に説明した。

アルバートと私は首相に向かって今や戦争が必要であるという確信を繰り返し説明した。首相も戦争の必要性を否定できなかった。たとえ外交政策上の過ちや不幸な行き違いがあったとしても、いずれにせよ戦争は避けられなかったのであり、ロシアの強大化とその侵略行為は抑制しなければならないという私の意見を述べたが、首相はこれには同意せず、ロシアの脅威は「こけおどし」の類であり、真に恐るべき強国はフランスだけであると反論した。彼は北方三列強の同盟関係は堅持すべきだとも言ったが、その根拠については触れなかった。私たちはもちろん首相に賛同できず、ニコライ一世がもたらしたドイツ諸邦の現状を指摘し、状況が変わったことを説明した。すべてが変わってしまったのだ。しかし、アバディーン卿は納得せず、戦争をめぐる英国の世論は間違いなく短期間に変化し、再び平和を求める方向に傾くだろうと予言した。(49)

「すべてが変わってしまった」という女王の言葉の真意は必ずしも明らかではない。おそらくは、ロシアに対する英国の最後通牒にフランスが加わったこと、また、英仏両国の艦隊がすでにトルコに向けて発進したことを意味していたのであろう。あるいは、アルバート公と同様に、ヴィクトリア女王もロシアによるドナウ両公国の占領は欧州大陸全体にとっての緊急の危機と見るべきであり、ロシアに対する欧州戦争にドイツ諸邦を巻き込むべき時が来たと考えたのかも知れない。さらに、配偶者であるアルバート公に対する排外主義的な新聞キャンペーンに心を痛めていたという可能性もある。

この問題は過去数ヵ月間女王の心を離れない心痛の種だった。短期的な戦争で勝利を収めれば、王室に対する国民の支持を取り戻すことができると女王が考えた可能性もある。

同じ三月二十六日の夜、女王は従弟に当たるケンブリッジ公爵の誕生日を祝って内輪の舞踏会を催した。ケンブリッジ公は英国陸軍第一師団の司令官として間もなくコンスタンチノープルに向けて出発する予定だった。この舞踏会に招かれていたロンドン駐在のザクセン公使フィッツトゥム・フォン・エクシュテテット伯爵は次のように書いている。

女王は進んでダンスの輪に加わり、ハミルトン公爵とエルギン卿を相手にスコッチ・リールを踊った。パートナーを務めた二人はスコットランドのキルトを着用していた。私自身も女王のお相手を務めた。ワルツは苦手だと私が言うと、女王は私とカドリールを踊った。踊りながら、女王は打ち解けた口調でその日の出来事を話し、そして、明日の朝には残念ながらロシアに対して宣戦を布告せざるを得ないと打ち明けた。

翌朝の英国議会で、クラレンドン外相がロシアに対するヴィクトリア女王の宣戦布告を読み上げた(フランスによる宣戦布告はその一日後だった)。クリミア戦争の研究で偉大な業績を残した歴史家アレクサンダー・キングレークは次のように記している(彼の言葉はすべての戦争に当てはまるだろう)。

重大な行動に出る時には、その行動の根拠を文書にして残すべきである。この文書化の作業はすべての政治家にとって有益な訓練である。問題が宙ぶらりんにされて人々に不安を与えている場合、戦争に至る政策を推進する政治家たちは、口頭による議論や私的なメモの曖昧さに甘んじることなく、人類の利益のためにも、その見解を明確な文書として表現すべきである。

クリミア戦争について責任を負うべき政治家たちがキングレークの言うような文書を残していれば、この戦争の真の目的が西欧列強（とりわけ英仏両国）の利益のためにロシアの領土と影響力を削減することにあると明記されたはずである。しかし、女王の宣戦布告はそのような文書ではなかった。そこに書かれていたのは、いかなる利己心もなくトルコを防衛するための戦争、すなわち、「不正と戦う正義の戦争」というきわめて曖昧な目的だった。[50]

宣戦布告が公表されるや、正義のために戦う十字軍戦争への支持を真っ先に表明したのは宗教指導者たちだった。四月二日の日曜日には、英国の津々浦々の教会の説教壇から戦争支持の演説が行なわれた。その説教の多くがパンフレットとして刊行され、中には数万部のベストセラーとなったものもある。当時は英国国教会であれ、非国教会であれ、教会の牧師たちは尊敬される名士の地位にあった。[51] ロンドンのメイフェア区にあるコンデュィット街のトリニティー・チャペルでは、ヘンリー・ビーミッシュ師が聴衆に向かって「キリスト教国としての英国の義務」を強調した。

不誠実で野望に満ちた専制君主による不当な侵略に抗して、力の弱い同盟国の独立を守るために戦い、専制国家の利己的で野蛮な抑圧体制に懲罰を加えることは、キリスト教国としての英国の義務である。その抑圧体制は宗教的自由とキリスト教世界の利益の促進を口実として推進されているために、いっそう破壊的であり、憎むべきである。

四月二十六日の水曜日は「宣戦布告を支持する断食と祈りの日」に指定された。その日、ケジック市のセント・ジョン教会ではT・D・ハートフォード・バッターズビー師がその説教の中で次のように宣言した。

この戦争に至るまでの国際的なやり取りの中で、英国の外交官と政治家はきわめて誠実に行動し、節度を保ち、忍耐心を発揮して、誇るべき役割を立派に果たした。したがって、現在このような状況に至ったことについて、我々は何ら恥じる必要はない。むしろ、我々が正しかったことを誇りに思い、自信をもって神の前に立ち、こう言うべきである。「神よ、我々が英国民であることに感謝します。いくつかの外国に見られるように、正義に反し、強欲で、侵略的で、残忍な国家の国民でなかったことに感謝します。我々は聖書を読み、教会に通い、全世界に伝導団を送る国民です」

同じ日、リーズ市のブランズウィック・チャペルでは、ジョン・ジェームズ師が、ロシアのトルコ侵略は「人類共通の神聖な権利を侵害する攻撃であり、犯罪性においては奴隷貿易に劣らない不法行為である」と説教した。ジェームズ師は、さらに、バルカン半島のキリスト教徒はロシア皇帝の支配下に置かれるよりもスルタンの支配下にある方が宗教的に自由であると主張した。

トルコの支配はスルタンに任せるべきである。スルタンの支配にフランスと英国の支援が加われば、バルカン半島のキリスト教徒は、神の祝福を受けて、良心の自由を全面的に享受することができる……しかし、バルカン半島の支配がロシアの手に渡るようなことがあれば、キリスト教徒の宗教施設は破壊されてしまうだろう。学校は閉鎖され、教会は打ち壊されるか、あるいは、ローマ・カトリックと同様に不純で、不寛容で、堕落した宗派の寺院に転用されてしまうだろう。英国で同じような事態が起きたとしたら、英国のキリスト教徒は行動をためらうだろうか？……現代のアッティラ王の軍勢による侵略は何としても阻止しなければならない。これは神の意志による戦争である。ロシアはトルコだけでなく文明世界全体の自由とキリスト教の信仰を脅かしているからだ。(52)

ロンドンのウォルブルック区では、セント・スティーヴン教会のジョージ・クローリー師が英国の「キリスト教徒兵士」の東方派遣を記念して説教を行ない、これは「絶望的なほど堕落した国家」たるロシアの攻撃から「人類を防衛する」戦争であると述べた。これは異端のギリシア正教と戦って西欧の信仰を守るための「宗教戦争」であり、「十字軍以来の東方戦争」であり、「英国は前回のナポレオン戦争で自由を守る最後の砦となったように、今回の戦争でも信仰を守る最後の砦になるかも知れない。信仰の守護者として勝利すれば、その後、英国は神の意志によって人類の教師としての崇高な役割を担うことになるだろう」。今回の戦争を通じて、東方における英国の使命はさらに重要になるだろう、とクローリー師はつけ加えた。その使命とは、トルコ人をキリスト教に改宗させることに他ならない。「その使命の実現は困難であり、長い時間がかかるかも知れない。また、国際関係や人間的要素によって中断されるかも知れない。しかし、最後には成功するだろう。我が国が正義の戦争に勝利し、平和が回復し、異端者がキリスト教に改宗することをこの場で厳粛に祈ろうではないか？」(53)

クリミア戦争の主要な当事国であるロシア、トルコ、フランス、英国のすべてが、程度の差こそあれ、宗教問題を前面に押し立てて戦争に突入した。しかし、戦争が実際に始まると、本来の原因だった聖地問題は忘れ去られ、ロシアに対する欧州戦争という構図が浮かび上がる。英国の駐エルサレム領事ジェームズ・フィンは、聖墳墓教会における一八五四年の復活祭の行事が「静穏のうちに済んだ」ことを報告している。戦争が始まったために、ロシア人巡礼の姿がほとんど見られない状況で、ギリシア正教会による儀式が滞りなく執り行われたのである。オスマン帝国当局は毎年のように繰り返されてきた宗派間の争いの再発を防止するために万全の措置を講じていた。二、三ヵ月後には世界の関心はクリミアの戦場に集中し、エルサレムはヨーロッパの視野から消えようとしていた。しかし、聖地パレスチナから見るクリミア戦争の成り行きはヨーロッパの見方とは少々違っていた。ジェームズ・フィン領事は次のように書いている。

エルサレムからの見方は違っていた。ヨーロッパで展開されている外交交渉は重要ではあるが、それは根本的問題の表面に浮かんだ上部構造に過ぎないように見えた。外交の世界では、当初の東方問題が名前を変えて宗教保護の問題に移行したが……すべての問題の根本はパレスチナの聖地問題にあると当地では確信されている。正教徒を保護するための条約を要求するサンクトペテルブルクの主張の最初の狙いは、キリスト教発祥の地である聖域をロシアが現実に領有することにあり、はるか彼方で争っている超大国が褒賞として求めているのも、これらの聖域に他ならないと考えられている。(54)

章末注

＊1　この点については、ロシアの駐オーストリア大使ピョートル・メイエンドルフ男爵も同意見だった。メイエンドルフは十一月二十九日に皇帝に提出した報告書で、トルコ領内の「キリスト教徒少数派」がロシアに味方して戦う可能性はないと述べている。「これまでに彼らがロシアから支援を受けたことは一度もない。彼らは『軍事的には無力な状態』に置かれており、トルコに抵抗する能力を保持していない」（*Peter von Meyendorff: Ein Russischer Diplomat an den Höfen von Berlin und Wien. Politischer und privater Briefwechsel 1862-1863*, ed. O. Hoetzsch, 3 vols. (Berlin and Leipzig, 1923), vol. 3, pp. 100-104).

＊2　一八四九〜五〇年にローマの反教皇派がローマ共和国の設立を宣言して教皇を追放すると、フランスは遠征軍を派遣してこれに介入した。シャルル・ウディノー将軍が率いるフランス軍は教皇ピウス九世のローマ帰還を実現するが、その後も教皇の保護を名目として一八七〇年までローマ占領を継続した。

＊3　一八三九〜四二年のアヘン戦争を指す。

＊4　ドン・パシフィコ事件〔第3章の章末注＊4参照〕を指す。

＊5　一七〇九年のポルタヴァの戦いでピョートル大帝の率いるロシア軍がスウェーデン軍に勝利し、ロシアはバルト海沿岸の大国としての地位を確立した。

＊6　ロシア軍の大物幹部で親英派のミハイル・セミョーノヴィッチ・ヴォロンツォフ将軍と一八二五年から五五年まで英国の戦時相を務めたシドニー・ハーバート卿が伯父と甥の関係にあったことは、クリミア戦争をめぐる歴史の皮肉のひとつだった。ミハイル・ヴォロンツォフの父親セミョーン・ロマノヴィッチ・ヴォロンツォフ伯爵は長く駐英ロシア大使を務めた外交官で、退任後もロンドンにとどまり、八八年の生涯のうちの四五年を英国で過ごした親英派だった。このセミョーン・ヴォロンツォフの娘、つまりミハイルの妹キャサリンと結婚したのがジョージ・ハーバート・ペンブローク伯爵、つまりシドニー・ハーバートの父親だった。ナポレオン戦争で活躍したミハイル・ヴォロンツォフ将軍は一八二三年にノヴォロシア

の総督に任命され、オデッサの建設に尽力する。オデッサに壮大な宮殿を造営し、蒸気船団を創設して黒海の海運産業を育成し、一八二八〜二九年の露土戦争を指揮したことはヴォロンツォフ将軍の大きな功績だった。将軍は、さらに、英国贔屓のヴォロンツォフ家の伝統に従って、クリミア半島南岸のアルプカに英国＝ムーア様式の壮麗な宮殿を建設した〔設計者は英国人の建築家エドワード・ブロアだった〕。一九四五年のヤルタ会談で英国代表団の宿舎となったのは、このヴォロンツォフ宮殿である。

＊7　一八七〇年代になるまで、ロシア国内には、詩編と時禱書以外のロシア語による聖書は存在しなかった。

第6章　ドナウ両公国をめぐる攻防

一八五四年三月、ブカレスト駐留ロシア軍の司令官ミハイル・ゴルチャコフ将軍の司令部にひとりの年若い砲兵士官が着任した。その士官の名はレフ・ニコラエヴィチ・トルストイ、後の文豪トルストイである。トルストイが軍務に就いたのはその二年前の一八五二年、すでに文壇の注目を浴びる存在になっていた。当時のロシアで最も権威のある月刊誌『同時代人』に自伝三部作の第一作『幼年時代』を発表したのがこの年だった。サンクトペテルブルクとモスクワでの軽薄で自堕落な貴族生活に嫌気がさしていたトルストイは、たまたま休暇で帰省した砲兵隊士官の長兄ニコライが帰隊する際、同行してカフカスに赴き、砲兵旅団に入隊する。人生の再出発だった。入隊した砲兵旅団は、北カフカスのコサック村スタログラッツカヤに駐留することになる。トルストイはシャミーリの率いるイスラム軍との戦闘に参加し、一度ならず危うく捕虜になりかけたが、トルコとの戦争が始まると、ドナウ戦線への転属を願い出る。一八五三年十一月に次兄セルゲイ宛に書いた手紙によれば、トルストイは本物の戦争を体験したいと思っていた。「ほとんど一年ほど前から、逸る気持ちが抑えられず、何かしなければならないと思っていたが、解決策は見つからなかった。今、戦場を選ぶことができるなら、カフカスよりもトルコで戦いたいと思う(1)」

レフ・トルストイ(1854年)

一八五四年一月、トルストイは任官試験に合格し、ロシア皇帝軍の士官としては最も低い階級である准尉に任官する。配属先はワラキアの第十二砲兵旅団だった。彼は馬橇で南ロシアの雪原を十六日間走って二月二日に領地のヤースナヤ・ポリャーナに到着し、一ヵ月そこに滞在した後、三月三日に再び馬橇で出発した。道路の雪が解けて泥濘になると馬橇から馬車に乗り換え、ウクライナを縦断してキシニョフに至り、三月十二日にブカレストに到着する。到着の二日後、司令官のゴルチャコフ公自身が若き伯爵トルストイを司令部に招き、家族の一員として受け入れた。「ゴルチャコフは僕を抱擁し、毎日昼食を共にすることを約束させた。彼は僕を幕僚の一員にしたいと思っているようだ」。叔母トワネット宛の三月十七日付の手紙にはそう書かれている。

ロシア軍の士官が軍隊生活を送るにあたっては、貴族としての人間関係が大いにものを言った。トルストイはすぐにブカレストの社交界の渦に巻き込まれていく。ゴルチャコフ邸での食事、方々の屋敷に招かれてのトランプ・ゲームと音楽の夕べ、イタリア・オペラとフランス演劇など、ブカレストでは、わずか数マイル先のドナウ戦線で繰り広げられている血なまぐさい戦闘からかけ離れた別世界の社交生活が行なわれていた。五月初めの叔母宛の手紙にはこう書かれている。「僕が戦争のあらゆる危険にさらされているとお考えかも知れないが、実際にはまだトルコ軍の火薬の匂いを嗅いだことさえない。ブカレストの生活は静穏です。散歩をしたり、音楽を楽しんだり、アイスクリームを食べたりしています」[2]

トルストイがブカレストに着任したのは、ドナウ戦線におけるロシア軍の春季攻勢が始まる直前の時期だった。ニコライ一世は、英仏両国が軍隊を上陸させてロシア軍のコンスタンチノープル進出を阻止しようとする前に、可能な限り速やかにヴァルナまで南進して黒海に到達する方針を決定していた。この春季攻勢を成功させる鍵はシリストラのトルコ軍要塞を奪うことにあった。シリストラを奪えば、ドナウ戦線を支配するための強力な拠点が確保され、ドナウ川を補給経路として黒海からバルカン半島の内陸部に物資を輸送することが可能となる。シリストラは、また、トルコとの戦争にブルガリア人を徴募するための基地としても重要だった。これはパスケーヴィチ将軍がニコライ一世を説得して採用させた戦略だった。パスケーヴィチはオーストリアを刺激することを恐れていた。ロシア軍がシリストラではなく、ドナウ戦線西部のセルビア人地域に侵攻すれば、オーストリアの介入を招く恐れがあった。ロシアの攻勢に呼応してセルビア人が蜂起した場合、その蜂起はハプスブルク帝国の領内にも波及する可能性があるからである。三月二十六日、ニコライ一世はゴルチャコフ将軍への手紙にこう書いている。「英仏軍の上陸は早くとも今後二週間以降になるだろうが、彼らはヴァルナに上陸し、シリストラに向けて急進撃してくるだろう……英仏軍が到着する前にシリストラを確保しなければならない……シリストラを確保すれば、ブルガリア人の志願兵を募って部隊を補充することができる。しかし、セルビアには触れてはならない。セルビアに進出すればオーストリアを刺激することになるからだ」[3]

ニコライ一世はブルガリア人その他のスラヴ民族をロシア軍の補充部隊として動員しようとしていた。セルビア人の蜂起を扇動してオーストリアを刺激することには慎重だったが、ロシア軍の攻勢を引き金としてバルカン半島のその他の地域でキリスト教徒の反トルコ蜂起を実現し、オスマン帝国の崩壊につなげるという戦略を描いていたのである。ロシアがオスマン帝国に勝利すれば、バルカン半島に新たな宗教世界を樹立することができる。一八五四年の春、ニコライ一世は次のように書いている。「トルコ領内のキリスト教地域はすべて独立しなければならない。独立して昔のようにキリスト教公国またはキリスト教国家となり、ヨーロッパのキリスト教世界に加わるべきだ」。自分の宗教的使命を確信していたニコライ一世は、東方問題に関して彼が想定している解決方法にオーストリアが反対する場合には、オーストリアに対してさえ革命を利用するつもりだった。「ロシアの勝利はハンガリーにおけるスラヴ民族の反乱を誘発する可能性が高い」と、皇帝はウィーン駐在のロシア大使に書き送っている。「オーストリア帝国の心臓部を脅かす手段としてハンガリーの反乱を利用すべきであり、それによって、オーストリア政府に我々の条件を受諾させるべきだ」。実は、ロシア皇帝は彼のいわゆる聖戦に勝利するという目的のためなら、従来維持してきた原則的な立場を事実上すべて放棄しようとしていた。西欧列強諸国の反露的な姿勢に憤激していたニコライ一世は、フランス軍を東方地域から撤退させるためにスペインで革命を扇動するという戦術に言及し、オーストリアの力を殺ぐためにロンバルディアとヴェネツィアで活動するマッツィーニのイタリア統一運動と連携する計画さえ考えていた。しかし、スペインとイタリアで革命的民主派と連携するという戦略は結局実現しなかった(4)。

スラヴ派はロシア軍の春季攻勢を新たな宗教時代の幕明けを告げる世界史的事件として受けとめ、歓迎していた。それは「ツァーリグラード」を首都として東方キリスト教帝国を復活させる第一歩となるはずだった。ツァーリグラードとは彼らがコンスタンチノープルにつけた新しい名称である。詩人のアレクセイ・ホミャコーフ〔ロシア国粋派を代表する宗教哲学者、ジャーナリスト〕は詩集『ロシアに寄せて』(一八五四)の中で、春季攻勢を「聖戦への呼びかけ」と呼んで称えている。

立ち上がれ、わが祖国よ！
われらの同胞のために！　神は命じている
燃えさかる波を越えてドナウ川を渡れと……

ホミャコーフはかつて一八三九年にも同じ表題の詩を書き、真実の信仰であるキリスト教正教を世界諸国に広げるというロシアの使命に言及し、その際にロシアが傲慢にならないよう警告していた。しかし、一八五四年の今回の詩では、「流血の戦闘を恐れることなく、神の剣を振るって敵を懲らしめる」ことをロシアに求めている(5)。

しかし、ロシア軍の前進は緩慢だった。トルコ軍がドナウ川北岸の拠点を守って執拗に抵抗したために、戦闘は事実上の膠着状態に入っていた。イブライル（ブライラ）では、二万人のロシア軍精鋭部隊がドナウ川を遊弋《ゆうよく》する砲艦と蒸気船の支援を得てトルコ軍の要塞群を攻撃したが、陥落させることができなかった。要塞都市マチンでも、六万人のロシア軍が城外に野営陣地を築いて攻めたてたが、要塞を落すことができなかった。ガラツィでも、ロシア軍はトルコ軍に前進を阻まれていた。ドナウ川を渡って奇襲攻撃をかけるために松材の帆柱から筏と船橋を作る作業に追われていたが、ようやく船橋が完成するのは三月末になってからだった(6)。

シリストラを目指して南進していたロシア軍部隊は、ドナウ・デルタ特有の湿地帯に入り込んで苦戦していた。一八二八～二九年の露土戦争でも、多数のロシア兵がコレラとチフスに感染して倒れた場所だった。人口のまばらなドナウ・デルタでは糧食の補給がままならず、飢えと病気による犠牲者が瞬く間に急増した。ドナウ両公国に侵攻したロシア軍二一万のうち、四月までに九万人が罹病して戦闘不能となった。兵士に与えられる糧食は乾パンだったが、あまりにも不味い上に栄養価が低く、犬も鼠も食べないような代物だったと、あるフランス軍士官は証言している。一八五四年の夏、その士官はロシア軍が要塞都市ギュルゲヴォ（ジュルジュ）から撤退する際に放置していった大量の乾パンを目撃したのである。また、ロシア軍に勤務していたドイツ人軍医は、ロシア兵がひとたび負傷し、または罹病すると「まるで蝿のようにバタバタと死んでいく」様子を見て、その最大の理由は「ロシア兵に提供される糧食の質の悪さ」にあると証言している。「ロシア兵は神経系統があまりにも貧弱なので、血液をほんの数オンス〔一オンスは約二八CC〕失っただけで倒れてしまう。健康な人間なら間違いなく回復できるような傷が原因で、多くのロシア兵が死亡している[7]」

ロシア軍の兵士たちは、戦場の悲惨な状況を手紙に書いて故郷の家族に知らせている。多くの手紙が金を送ってくれるように懇願している。憲兵隊によって検閲された手紙のうち、不穏当と見なされたものはゴルチャコフ将軍の許に送られ、その一部が文書館に残された。これらの素朴な手紙からは、当時のロシア兵の日常の現実を垣間見ることができる。たとえば、第八騎兵大隊所属の歩兵グリゴリー・ズビャンカは妻のマリア宛の一八四五年三月二十四日付の手紙に次のように書いている。

> 今、ワラキアにいる。ドナウ川の岸近くだ。対岸には敵の陣地があって……毎日川越しに撃ってくる。いつ何時、弾に当たって死ぬかもしれない。命が助かるように神様に祈るばかりだ。そうやって日々を過ごしているが、今のところ無事だ。何もかも神様の思し召しと思って感謝している。だが、毎日、昼も夜も飢えと寒さで苦しんでいる。食料は一切支給されないので、何とか自分の才覚で切り抜けなければならない。神様、お助け下さい。

トボリスク歩兵連隊第二大隊の兵士ニキーフォル・ブラークはキエフ州シドロフカ村に住む両親と妻と子供たちに宛てて次のように書いている。

今はロシアから遠く離れた所にいる。この辺の土地柄はロシアとは全く違っている。ほとんどトルコそのものと言ってもいい。いつ戦死するかも知れない状態だ。実を言えば、連隊はトルコ軍との戦いでほぼ全滅してしまった。だが、俺は神様の思し召しでまだ無事に生きている……家に帰ってみんなに会いたい。会って話がしたい。危険は去っていない。死ぬことは恐ろしい。(8)

損耗の規模が拡大するにつれて、パスケーヴィチ将軍はますます強固に皇帝の攻撃作戦に反対するようになる。かつてはシリストラ侵攻を提唱した将軍だったが、セルビア国境付近でのオーストリア軍の増強が明らかになった今、いかなる方向であれ、攻撃作戦自体が危険をはらんでいた。英仏両軍はすぐにも黒海沿岸に上陸する恐れがあった。南部ではトルコ軍が防衛線を堅持していた。加えて、バルカン半島の西部でオーストリア軍が動員を開始すれば、ドナウ両公国に進出したロシア軍は三方から包囲され、深刻な危険にさらされる。パスケーヴィチは皇帝に退却命令を要請し、シリストラに対する攻撃を躊躇した。可能な限り速やかに前進せよというニコライ一世の命令に抵抗したのである。オーストリアが攻撃してきた場合、対抗するための十分な予備兵力が不足する恐れがあった。

オーストリアの出方に対するパスケーヴィチの憂慮には根拠があった。オーストリア軍は、セルビアに対するロシアの脅威の増大に対抗してすでに警戒態勢に入り、セルビア国境付近に部隊を動員していた。ロシア軍の侵攻に呼応して発生し得るセルビア人の蜂起を迅速に鎮圧するための措置であり、また、ロシア軍がハプスブルク帝国の支配下にあるセルビアに東方から接近することを牽制する動きだった。一八四五年春の全期間を通じて、オーストリアはロシアに対してドナウ両公国からの撤退を要求し、撤退に応じなければ英仏連合に加わるとの警告を繰り返している。英国も、セルビアに対するロシアの影響力増大を憂慮していた。ベオグラード駐在の英国領事によれば、セルビア人の間では、「ロシア軍はシリストラを陥落させれば、次にはすぐにセルビアに侵入するだろう。その際はオーストリア領内の南スラヴ民族による蜂起に参加しよう」という扇動がさかんに行なわれていた。英国領事はパーマストンの指示を受けて、もしセルビア人がロシア軍に呼応して武装蜂起するようなことがあれば、英仏両国は軍事介入するだろうと警告した。(9)

四月二十二日は東方正教会の暦では復活祭の土曜日だった。この日、英仏艦隊が初めてロシア領土に対する直接攻撃を行なった。黒海沿岸の最大の港湾都市オデッサを砲撃したのである。英国軍は捕虜として拘束していたロシア商船の船員から、ロシア軍がドナウ戦線への移送に備えて六万人の兵力と大量の武器弾薬をオデッサに集結させたとの情報を得ていた(ただし、オデッサ港の防備は貧弱であり、六基の砲台以外には英仏艦隊の砲撃から町を守る手段を持たなかった)。英仏艦隊はオデッサ総督のドミートリー・オステン゠サーケン将軍に最後通牒を送り、港内のすべての船舶の引き渡しを要求した。回答の期限切れとともに砲撃を開始した連合艦隊の陣容は外輪蒸気船九隻、ロケット・ボート六隻、フリゲート艦一隻だった。砲撃は十一時間続き、港湾施設に重大な損傷を与え、船舶数隻を破壊し、市民数十人を殺害した。港近くの高台に立つ新古典様式のヴォロンツォフ宮殿も砲撃されたが、その際、オデッサの初代総督リシュリュー公爵の像も被弾した。ただし、皮肉なことに、最大の被害を受けた建物はプリモールスキー・ブールヴァール〔海岸遊歩道〕に面して立つロンドン・ホテルだった。

第二回目のオデッサ砲撃は五月十二日に行なわれた。その日、英国海軍の砲艦タイガー号が濃霧のために座礁し、陸上からの激しい砲撃にさらされた。砲艦の乗組員はシチェゴロフという名の若い少尉が率いるコサック部隊の小隊に降伏し、捕虜となった。英国側はタイガー号に火を放って焼こうとしたが果たせなかった。港の防波堤では、日傘を持った貴婦人たちが並んで作戦を見物した。難破船となったタイガー号からは、ラム酒の瓶の入った木箱を含む残骸のかけらが岸壁に流れ着いた。タイガー号の乗組員（士官二四名と水兵二〇一名）はコサック兵に監視されてオデッサの街路を行進させられ、投獄された。その間、ロシア軍の兵士と民間人からの罵声にさらされた。よりによって復活祭に攻撃してきた異教徒に対する市民の怒りは激しかった。ロシア正教の司祭たちも市民の怒りを扇動した。ただし、砲弾による負傷が悪化し、壊疽に罹って六月一日に死亡したタイガー号艦長のヘンリー・ウェルズ・ジファードに対しては正式の軍葬が営まれ、昔ながらの騎士道精神に則って、毛髪の一部が英国の未亡人宛に送られた。タイガー号の大砲は戦利品としてオデッサ港に陳列された。[*1]

ロシア正教の聖職者たちは、英国海軍の外輪蒸気船が座礁してロシア軍に鹵獲された事件を、神聖な復活祭の土曜日に攻撃を仕掛けてきた英仏艦隊への神の懲罰の象徴と見なし、これこそが宗教戦争開始の合図であると宣言した。岸壁に漂着したラム酒はロシア軍の水兵とドックの労働者によって瞬く間に飲み干された。泥酔による混乱の末に、死人の出る大騒ぎとなった。タイガー号の残骸のかけらは後に記念品として一般に販売された。コサック士官のシチェゴロフは一夜にして有名人となり、まるで聖人のように称えられた。シチェゴロフを記念するブレスレットやメダルが作られ、モスクワやサンクトペテルブルクのような遠い都会でも売られた。さらに、シチェゴロフという銘柄の煙草が新発売となった。煙草の箱にはシチェゴロフの肖像が描かれていた。[10]

オデッサ砲撃は、英仏連合軍がドナウ川戦線のすぐ間近に迫ったことを意味していた。今や、英仏軍がシリストラに到達し、トルコ軍を支援してロシア軍を撃退する時期がいつになるかが問題だった。

コンスタンチノープル攻撃作戦の続行がロシアに災厄をもたらすことを恐れて退却を望んでいたパスケーヴィチは、メンシコフ宛の四月二十三日付の手紙に次のように書いている。メンシコフはクリミア駐在ロシア軍の最高司令官に任命されたばかりだった。

残念ながら、今や、海洋大国たる英仏両国だけでなく、オーストリアまでもが我が国の面前に立ち塞がり、前進を阻んでいる。オーストリアはプロイセンの支持を確保している模様だ。英国はどんな犠牲を払ってでもオーストリアを味方につけようとするだろう。ドイツ諸邦の支援がなければ、英国はロシアに対して手が出せないからだ……しかし、全欧州を敵にまわしてしまえば、ロシアはドナウ戦線で戦うことはできない。

パスケーヴィチは春の間ずっと引き延ばし策を取り、皇帝のシリストラ攻撃命令をやり過ごしていた。四月中旬にはシリストラ付近のドナウ川に浮かぶ複数の島を五万人のロシア軍が占領したが、それでもなお、パスケーヴィチは攻撃を開始しなかった。ニコライ一世はパスケーヴィチの消極的な姿勢に激怒し、オーストリアが敵陣営に加わる可能性をみずから認めながらも、直ちにシリストラ攻撃を開始するよう、パスケーヴィチを督促した。四月二十九日付のパスケーヴィチ宛の怒りに満ちた書簡は次のように叱咤《しった》している。「たとえオーストリアが我々を裏切って攻撃してきても、第四軍団と竜騎兵師団をもって対抗すれば十分である！　これ以上何も言うことはない。言い訳は無用だ！」

ロシア軍は三週間にわたる小競り合いの末に、五月十六日になってようやくシリストラの南西方向にある高地を占領した。その時になって初めてパスケーヴィチはシリストラへの砲撃を開始した。ただし、砲撃の目標はシリストラ要塞そのものではなく、シリストラから数キロ離れて半円形に配置された石造りの防塁と土塁だった。パスケーヴィチの狙いはトルコ軍を消耗させて抵抗力を挫き、ロシア側に多大の損傷を出さずに要塞都市を奪うことにあった。しかし、実際に攻囲作戦を指揮していた指揮官たちは作戦が簡単に成功しないことに気づいていた。宣戦布告以後の数ヵ月間にトルコ側は防備を増強していた。シリストラの要塞や防塁は、塹壕戦と地雷戦の専門家であるプロイセン軍出身のグラッハ大佐の指揮で大幅に強化され、ロシア軍の砲撃によってもほとんど被害を受けなかった。ただし、アラブ・タビアと呼ばれる重要な土塁はロシア軍の砲撃で激しく損壊したので、トルコ側は包囲攻防戦の期間を通じて何度も作り直さなければならなかった。シリストラを守るトルコ側の兵力は一万八〇〇〇人、大多数がエジプト兵とアルバニア兵で構成されていたが、その戦意の高さはロシア軍を驚かせた。アラブ・タビアの土塁を守るオスマン帝国軍の指揮を取っていたのは、経験豊かな二人の英国士官、セイロン・ライフル旅団のジェームズ・バトラー大尉とボンベイ砲兵旅団のチャールズ・ネイスミス中尉だった。「どんな危険にも動じないトルコ兵の冷静さには感嘆するほかない」とバトラー大尉は書き残している。

胸墻《きょうしょう》を築き直すために土塊を投げ上げる作業をしている時だった。五分間に三人の割で次々に兵士が撃たれて倒れた。安全に作業できる人数の上限が二人に限られるような危険な場所だった。しかし、一人が倒れると、次の兵士が黙ったままその兵士の手からシャベルを取って仕事を引き継いだ。まるで平和時に道路の側溝を掘っているかのような冷静さだった。

実質的な損害を与えるためには要塞に接近する必要があることに気づいたパスケーヴィチは、カルル・シーリデル将軍に命じて城壁の近くまで砲を運搬するための大規模な塹壕網の掘削を開始した。

やがて、シリストラ攻防戦は夜明けから日没までロシア軍が一方的に砲弾を撃ち込むという単調な繰り返しとなった。ドナウ川に浮かぶロシア砲艦も砲撃に加わった。要塞に立て籠るトルコ軍の兵士たちは絶えず砲撃の危険にさらされ、しかも、その状態は戦史上前例を見ないないほどの長期にわたったが、防衛線が突破される兆候はなかった。[11]

バトラー大尉はシリストラ攻防戦の様子を日記に書きとめている。大尉によれば、ロシア軍の重砲の威力は「過度に誇張されており」、トルコ軍はその小型砲で十分に対抗し得る状況だったが、トルコ軍兵士の行動は「まったく機敏さを欠いていた」。トルコ軍が重視したのは宗教の役割だった、と大尉は指摘している。毎朝、要塞のスタンブール門の内側で祈禱集会があり、守備隊司令官のムーサ・パシャが兵士たちに向かって「預言者ムハンマドの子孫の名に恥じない戦いぶりで」シリストラを守れと呼びかけ、それに応えて「兵士たちは『アラーは偉大なり！』と叫ぶのだった」[*2]。市内にはすでに安全な建物はなかった。住民は穴を掘って避難所を作り、昼間の砲撃から身を守っていた。街から住民の姿が消え、「通りで見かけるのは犬と兵士だけになった」。ロシア軍が日没前に撃ち込む最後の砲弾が城壁を越えて飛び込んでくる時の様子をバトラー大尉は次のように記している。「見ていると、九歳か十歳ぐらいの子供たちが数人、砲弾を追いかけて走り回っていた。砲弾は方々にぶつかって跳ね返ったが、子供たちはまるでクリケットのボールを追いかけるような真剣な態度で、真っ先に砲弾を手に入れようとしていた。守備隊司令官が砲弾一発につき二〇ペラの報奨金を支給するからだった」。暗くなると、ロシア軍の塹壕から歌声が聞こえてきた。「ロシア軍は時々ポルカやワルツの演奏つきで一晩中大騒ぎをすることがあった」

シリストラを迅速に奪取せよという皇帝の命令に急かされて、パスケーヴィチは五月二十日から六月五日までの間に、歩兵部隊による襲撃を二〇回以上にわたって敢行するが、依然として突入することはできなかった。ロシア軍のある大尉は五月三十日の報告書に「トルコ兵は悪鬼のように反撃してくる」と記入している。ロシア軍の小部隊が要塞の塁壁をよじ登ったが、防御側との白兵戦の末に撃退されてしまう。六月九日には、シリストラ要塞の城門の外で大規模な戦闘があった。ロシア側は大軍を投入して襲撃したが撃退され、トルコ軍は退却するロシア軍を追撃してロシア軍の拠点を攻撃した。戦闘が終わると、戦場には二〇〇〇人のロシア兵の死体が残されていた。翌日、バトラー大尉は日記に次のように記している。

多数の住民が城門から外へ出て、ロシア兵の死体から首を切り取り、戦利品として城内に持ち込もうとした。報奨金を期待しての行動だった。しかし、敵の首を城内に持ち込むことは野蛮な行為として禁止されていた。そのため、城門の外には首が山積みにされ、埋葬されずに長期間放置された。我々が司令官のムーサ・パシャとともに座っていると、乱暴者の兵士がやって来て、ロシア兵から切り取った左右の耳たぶを司令官の足元に投げてよこした。また、別の兵士は、預言者ムハンマドの名を上げて命乞いをするロシア軍士官の喉をナイフで無慈悲に切り裂いてやったと自慢した。

ロシア兵たちの死体は埋葬されることなく数日間地上に放置されたが、その間に町の住民が死体からすべてを剝ぎ取った。死体から手足や首を切断し、あるいは持物を奪うという行為にはアルバニア人の非正規兵も加わった。バトラー大尉はこの「胸糞悪い光景」を目撃して、次のように書き残している。「辺りにはすでに耐え難い悪臭が漂っていた。塹壕の中には、素裸にされたロシア兵の死体が不自然な姿勢で横たわっていた。首も手足も切断されて失われた死体があった。喉を切り裂かれ、首と胴体が皮一枚で繋がっている死体もあった。ある死体は両手を空に突き上げ、別の死体は倒れまいとするかのように手を前方に差し伸べていた(12)」

トルストイがシリストラ戦線に到着したのはこの戦闘の当日だった。セルシプトフスキー将軍の司令部に兵站将校として配属されたのである。将軍の司令部はシリストラ郊外の丘の上にあった。ムーサ・パシャの別邸を接収し、その庭に設置されていたのである。トルストイはこの安全な観測地点から眺めた戦闘の様子を叔母への手紙で次のように書いている。

私のいる場所からドナウ川とシリストラ付近の全景が手に取るように見える。ドナウ川に浮かぶ島々の一部はロシア軍が占領しているが、別の一部にはトルコ軍が残っている。シリストラ要塞と市街地、城外の防塁群も見える。昼夜を問わず、大砲と小銃の射撃音が聞こえてくる。望遠鏡を使えばトルコ兵の表情も見ることができる。人間が殺し合う様子を眺めて楽しむというのは確かに異常なことだが、私は毎朝、毎夕、荷馬車の上に乗って何時間も戦場を眺めている。観戦しているのは私一人ではない。戦場の光景は美しいと言ってもよいくらいだ。夜間は特にきれいだ……夜になると、ロシア軍の兵士は塹壕掘りに取りかかる。トルコ軍はそれを阻止しようとして襲撃してくる。小銃の音と光が織りなす光景は何ともいえず美しい。当地に着いた最初の晩……懐中時計を手に持って砲撃の回数を数えてみた。一分間に一〇〇発を数えた。しかし、近くにいても少しも恐怖を感じない。夜間は何も見えないので、ともかく火薬を多く使う方が有利なのだ。だが、数千発の砲弾が飛び交っても、それによる死者は双方あわせてせいぜい三〇人程度にすぎない(13)。

パスケーヴィチは、六月十日の戦闘中に砲弾の破片で負傷したと称して（実際には負傷していなかったが）司令官を辞任してしまう。後任の司令官にはゴルチャコフが任命された。同意できない攻撃作戦を指揮する重圧から解放されたパスケーヴィチは、馬車に乗って戦線を離れ、ドナウ川を越えてモルダヴィアのヤシに退避した。

六月十四日、オーストリア軍の動員状況がニコライ一世に報告された。七月になればオーストリアは英仏連合に加わってロシアに宣戦布告する見込みであるという内容だった。問題はオーストリアだけではなかった。英仏軍が今にもシリストラに到達する可能性についても対処しなければならなかった。皇帝は、時間切れが迫っていることを承知の上で、シリストラに対する最終攻撃を命令した。新司令官ゴルチャコフは六月二十二日の早暁に総攻撃をかける準備に入った。(14)

その頃、英仏両国は陸軍をヴァルナ〔現ブルガリア東部、黒海沿岸の港町〕に上陸させて陣容を整えつつあった。二ヵ月前の四月初旬、両国軍はいったんガリポリ〔ダーダネルス海峡に近いマルマラ海入口の港町〕への上陸作戦を開始していた。ロシア軍がコンスタンチノープルを攻撃する可能性に備えて、首都防衛のために上陸を急いだのである。しかし、ガリポリ周辺の地域には大規模な軍隊を扶養する能力がないことがすぐに判明する。二〜三週間、ほとんど存在しない補給物資を徴発しようとして悪戦苦闘した後、両国軍は首都コンスタンチノープル付近に移動したが、その後、さらに北上してヴァルナ港を拠点とすることに決めたのである。ヴァルナでは英仏艦隊から物資の補給を受けることができた。

英仏両国の陸軍はヴァルナ要塞の古い港を見下ろす丘の上に互いに隣接して駐屯地を設営したが、双方ともに相手への警戒心を解くことができなかった。何ともしっくりしない同盟関係だった。英仏両国が経験した最近の歴史は、根深い相互不信の連続だった。たとえば、英国軍総司令官のラグラン

ラグラン男爵

卿〔フィッツロイ・ジェームズ・ヘンリー・サマーセット男爵〕は日頃からロシアよりもフランスを敵視する発言をすることでよく知られていた。すでに老境に入ろうとしていたラグラン卿は、ウェリントン公爵の補佐官として一八〇八〜一四年の半島戦争〔英国、スペイン、ポルトガルの連合軍がイベリア半島からナポレオン軍を駆逐した戦争〕に従軍し、その後、ワーテルローの戦いで右腕を失った人物だった。*3

英仏両軍の間には最初から戦略上の食い違いがあった。当初、英国軍はともかくガリポリへの上陸作戦を優先し、その後慎重に内陸部に進出する計画だった。一方、フランス軍はコンスタンチノープルへのロシア軍の侵攻を有効に阻止する目的で、最初からヴァルナに上陸する案を主張した。フランス側は、また、英国はその優れた海軍力を発揮して海上戦を担当すべきであり、一方、フランス軍はもっぱら地上戦を主導するというもっともな提案を行なった。地上戦になれば、フランス軍はアルジェリア征服戦争の教訓を生かすことができるからである。しかし、英国軍にとっては、フランス軍から指図を受けることなど、考えただけでもぞっとする事態だった。英国側はフランス軍総司令官のサンタルノー元帥〔アルマン＝ジャック・ルロワ・ド・サンタルノー〕を信用していなかった。このボナパルト派の元帥は証券取引所を舞台にした無謀な投機で悪名を馳せており、英国の指導層の多くはサンタルノーが優先するのは英仏同盟の大義ではなく、自分の個人的利益ではないかと疑っていた（アルバート公はサンタルノーがロシアから賄賂を受け取る可能性があると思っていた）。フランス人に対する嫌悪感は英国軍の下級将校や兵士にまで浸透していた。ラグラン卿の甥で、副官の一人でもあったナイジェル・キングズコート大尉は次のように書いている（ラグランは多数の甥を副官として登用していた）。「フランス人は嫌いだ。サンタルノー元帥の幕僚たちは、わずかな例外を除いて、誰も彼も猿のような連中だ。腹帯で身体を締め上げているが、腹帯の上と下の部分は風船のように膨らんでいる」[15]

フランス軍の方も同盟相手の英国軍を批判的に見ていた。ヴァルナ駐留フランス軍のジャン＝ジュール・エルベ大尉は両親宛の手紙に「英国軍の陣地を訪ねてみて、自分がフランス人に生まれた幸運を実感した」と書いている。

英国軍の兵士は士気が高く、力が強く、体格も立派だ。彼らの制服は洒落たつくりで、すべて新品だ。態度物腰も申し分なく、作戦行動は正確で規律正しい。軍馬も見事だ。しかし、英国軍には重大な弱点がある。兵士が快適な環境に慣れすぎていることだ。戦場で英国軍兵士の要求を満たすことは至難の業だろう[16]。

アルジェリア征服戦争中にフランス軍精鋭歩兵部隊として編成された第一ズアーヴ大隊の士官ルイ・ノワールは、ヴァルナ駐留の英国軍兵士の悲惨な状況について、次のような印象を書き残している[*4]。ルイ・ノワールが特に衝撃を受けたのは、士官が兵士を鞭で打ちすえるという英国軍の習慣だった。英国軍では規律違反と泥酔が重大な問題だったが、問題を引き起こした兵士には鞭打ちの刑罰が加えられていたのである。封建制度はフランスではすでに消滅したが、英国にはまだ残っているというのが、ルイ・ノワールの感想だった。

英国では、もっぱら社会の屑のような連中を集めて軍隊を編成しているようだ。下層階級の出身者が軍隊の給与を魅力と思うことは間違いない。もし、金持ちの上流階級の子弟が徴兵されていれば、士官が兵士を鞭で打つことは軍事刑法によって違法行為となっているはずだ。英国軍にはびこる体罰は実に胸糞の悪い光景だ。フランスでは一七八九年の大革命で国民皆兵制が採用され、それと同時に軍隊内の体罰は廃止された……フランス軍を構成するのは市民であり、フランス軍の規律は軍法によって支配されている。軍法は厳格だが、すべての軍人に平等に適用される。しかし、英国の兵士はいまだに農奴に似た扱いを受けている。英国の兵士は政府の所有物なのだ。そのため、英国軍には二つの相反する特徴がある。ひとつは鞭打ち、もうひとつは物質的な快適さを求める傾向だ。英国兵は本能的に快適さを求めている。快適なテントで寝起きし、ローストビーフを頬張り、葡萄酒とラム酒をたっぷりと飲むこと、これが英国兵には欠かせない軍隊生活であり、彼らの勇気の源泉なのだ……しかし、快適な生活を保証する物資は常に順調に補給されるわけではない。泥にまみれて眠り、自分で薪を見つけて調理しなければならず、ローストビーフも酒も手に入らないような戦場では、英国兵士の戦闘能力が低下し、士気の喪失が全軍に広がる事態は避けられない。(17)

フランス軍は多くの点で英国軍よりも優れていた。フランスの士官学校で教育された新しいタイプの職業軍人たちは、貴族出身の英国軍士官に比べて、戦術面でも、戦闘技術の面でも、はるかに優れていたが、それだけでなく、士官と兵士は互いに社会的に身近な存在だった。一六〇〇メートルの距離から連射して正確に敵を倒すことのできる先進的なミニエ銃を装備したフランス軍歩兵部隊の優れた攻撃能力は広く鳴り響いていた。特に、ズアーヴ大隊は急襲と戦術的退却を繰り返すという新しい戦法をアルジェリア戦争で習得し、その勇猛さはフランス軍の全歩兵部隊の手本となっていた。フランス軍の先頭に立って戦うズアーヴ大隊の兵士は歴戦の勇士であり、山間部の困難な地形での戦闘を得意としていた。何年間もアルジェリア戦線で苦楽を共にしてきた戦友同志の連帯感（あるいは一八四八年の革命に際してパリのバリケードで共に戦った同志の連帯感）は強固だった。アルジェリアでサンタルノー軍のスパーイ軽騎兵連隊に入隊したフランス軍士官のポール・ド・モレーヌによれば、ズアーヴ大隊はその「特別の磁力」でパリの青年たちを惹きつけていた。一八五四年以降、ズアーヴ大隊への青年たちの大量入隊が始まる。「ズアーヴ兵のロマンチックな制服、闊達で勇猛な外観、伝説的な武勇など、すべてがナポレオン時代以後に失われていた騎士道精神の魅力に輝いていた」[18]

アルジェリア戦争を戦ったばかりのフランス軍は、ワーテルロー以来本格的な戦闘を経験していない英国軍に対して明らかに優位だった。英国軍は多くの点でフランス軍に半世紀の遅れを取っていた。フランス軍兵士三五万のうち実に三分の一がアルジェリア戦争の経験者だった。その経験からフランス軍が学んだのは、戦場で規律と能力を維持するためには小規模な戦闘単位が決定的に重要な役割を果たすという原則だった。二十世紀の軍事理論では常識となるこの原則を最初に提唱した軍事理論家のアルダン・デュ・ピークは、パリ郊外のフォンテンブローにあったサン・シール陸軍士官学校を卒業後、ヴァルナ上陸作戦に大尉として参加し、指揮官としてクリミア戦争を戦った経験からその理論を形成した。フランス軍は、また、進撃する軍隊への有効な補給作戦についても英国軍に比べてはるかに優秀だった。両国の補給能力の差は、ガリポリ上陸の時点ですでに明らかだった。英国の輸送船は入港後二日半もの間兵士を上陸させることができなかった。作戦に同行した『タイムズ』紙の特派員ウィリアム・ラッセルによれば、「上陸後の補給の準備が何ひとつ整っていなかったからである」。それに対して、大規模な補給船団を伴うフランス軍は見事な上陸作戦を展開した。「輸送船が入港した時点で、フランス軍の幕営地には、病院、パンとビスケットを焼く窯、補給品と手荷物を運ぶ荷馬車の列など、必要な態勢はすでにすべて整っていた。一方、英国海軍の軍旗を掲げた補給船は湾内に一隻も見当たらなかった。偉大なる海洋国家英国を支える補給船としては、民間会社の外輪蒸気船が一隻あるのみだった[19]」

英国軍はクリミア戦争の勃発によって不意を突かれた形だった。軍事予算は過去何年間も縮小傾向をたどっていた。ジョン・ラッセル伯爵の政権が軍事費のわずかな増額をようやく議会に認めさせることができたのは、ナポレオン三世のクーデターとフランスの膨張政策が英国の脅威と感じられた時期、すなわち一八五二年の初めになってからのことだった。一八五四年の春には、英国軍の兵と下士官合わせて一五万三〇〇〇人のうち、三分の二に相当する一〇万人あまりは大英帝国の海外領土に駐留していた。したがって、黒海派遣軍を編成するためには急遽兵員を増員する必要があった。国民皆兵制のフランスとは違って、英国軍が兵士を集めるには、給与を交換条件として志願兵を募る以外に道はなかった。一八四〇年代には、屈強な成人男子の大部分が大規模な産業プロジェクトに吸収されるか、あるいは米国またはカナダへ移住してしまい、残されたのは失業者と最貧窮層、たとえば、アイルランド飢饉の犠牲者などに限られていた。彼らは借金を清算するために、あるいは子供の貧窮院行きを免れるために、兵士の給与に飛びついた。兵士募集の主要な舞台は借金を抱えた貧乏人の酔っぱらいが集まるパブや市場や競馬場だった[20]。

英国軍兵士の多くは社会の最貧層の出身者だったが、一方、士官は主として貴族階級の出身だった。貴族階級は官位を買うことによって士官の地位を保証されていたのである。上級指揮官の大多数は老齢の紳士であり、宮廷と深い関係にあったが、軍事技術や戦闘経験とはほとんど無縁だった。軍事専門家をそろえたフランス軍とはかけ離れた状況だった。陸軍総司令官のラグラン卿は六十五歳、工兵隊司令官のジョン・バーゴイン卿は七十二歳、総司令部の上級指揮官のうち五人は総司令官と親戚関係にあり、最も若いケンブリッジ公はヴィクトリア女王の従弟だった。英国軍の哲学と文化は、ロシア軍の場合と同じく、まだ十八世紀から抜け出ていなかったのである。

ラグラン総司令官は英国軍の兵士に身体にぴったり合った細身の軍服を着せ、高い筒型軍帽（シャコー）を被らせて戦場に送り出すことに執着した。それは練兵場で分列行進する時には見栄えのする制服だが、戦場での実用には向かなかった。一八五四年五月に戦時相のシドニー・ハーバートが軍装規則の緩和を進言し、同時に毎日髭を剃る義務規定の見直しを提案した時、ラグラン卿は次のように回答している。

軍人が髭を生やすことを容認するという貴下の提案をやや別の観点から検討した結果、今のところ、採用することは不可能であるとの判断に達した。確かに、フランス人はアフリカ人、トルコ人その他の異教徒を真似た軍服を好んで取り入れているようだが、私は、幾分旧弊ながら、英国人はあくまでも英国人らしくあるべきだと考えている。また、常日頃から気づいていることだが、英国の下層階級にとって衛生観念の基本は髭を剃ることから始まる。髭を剃ることを基本とする衛生観念は兵士の間で広く共有されている。同盟諸国の軍人が髭を蓄えていることを羨んでいるのは士官や将官だけだ。ただし、遠征先で高温や埃にさらされる場合には、太陽光線の影響も考えられるので、髭に関する規則を緩和するかどうかを検討する必要が生じるかも知れない。しかし、英国人にふさわしい身づくろいは極力維持したいものだ。(21)

髭剃りを強制する規則は、七月のトルコの猛暑を経験した後でさすがに廃止されるが、その後も、英国軍の兵士は装飾の多い厚手の制服を脱ぐことができなかった。それに比べて、ロシア軍やフランス軍の制服は軽く、簡便だった。英国軍第一近衛連隊のジョージ・ベル大佐はこれについて次のような苦言を呈している。

制服を着用し、着替えを背嚢に入れればそれで十分なはずだが、英国軍の兵士はまるで大荷物を背負ったロバのようだ。軍隊外套と毛布、息も詰まるほど胸を締めつけるベルト、銃と装具、ミニエ弾六〇発、これらすべてが兵士の背中にのしかかっている。有難いことに、革製の堅い襟カラーだけは廃止された。『パンチ』と『タイムズ』のおかげだ。新聞が世論を動かすまで、軍当局は当事者の経験に基づく提言に四〇年間も耳を貸さず、兵士を襟カラーから解放しなかった。重い荷物を背負って身動きもままならない兵士に襟カラーを強制し、なかば窒息状態で戦場に送り込んでいたのだ。次に廃止したいのは、いわゆる「アルバート帽」だ。[*5] この軍帽の頂上部のエナメル革は普通の一〇倍もの太陽光線を集めるので、被っていると脳味噌が焼けるようだ。この気候なら、昼間、軍帽の上に糧食の牛肉を乗せておけばこんがりと焼けるほどだ。[22]

英仏両軍はヴァルナ周辺の平原に野営陣地を設営したが、当面はシリストラ攻防戦の進展についての知らせを待つ以外に何もすることがなかった。そこで、両軍の兵士たちはヴァルナ市内の飲み屋や売春宿に気晴らしを求めた。暑い日が続いたが、現地の水を飲むことは禁止されていたので、兵士たちは浴びるように酒を飲んだ。特に、ラキと呼ばれる安くて強い地酒が好まれた。飲めば、当然ながら、大騒ぎになった。フランス軍士官のポール・ド・モレーヌが書き残したところによれば、「市内各所にできた俄か作りの酒場には数千人の英仏軍兵士が詰めかけ、泥酔するまでありとあらゆるワインと蒸留酒を喉に流し込んでいる……トルコ人たちは酒場の戸口に立って、神が彼らに遣わした支援軍の奇妙な振舞いを驚きもせず、無表情に眺めている」。スコットランド近衛連隊の副官だったヒュー・フィッツハーディング・ドラモンドはヴァルナから父親宛に次のように書き送っている。

友軍のスコットランド高地連隊の連中はまるで鯨のように酒を飲む。我が連隊の兵士たちも、スクタリに駐留していた頃に比べて、酒量が増えている。しかし、最も行儀の悪い無法者はフランス軍のズアーヴ兵だ。連中はあらゆる悪事を働いている。一昨日も殺人事件があった。先週は、ヴァンセンヌ猟騎兵連隊の兵士が酔っぱらったズアーヴ兵の短剣で身体を二つに切り裂かれるという事件があった。フランス兵も英国兵も同じように大酒飲みだが、酔うと、フランス兵の方が余計に乱暴になる。

ヴァルナの住民から多数の苦情が寄せられた。住民の大半はブルガリア人だったが、少数派としてかなりの数のトルコ人も住んでいた。住民の不満は高まっていた。英仏軍の兵士たちはイスラム教徒が経営するカフェに入り込んで酒を注文し、アルコールは売らないと聞くと乱暴を働いた。支援軍としてやって来た英仏軍の方がロシアの脅威よりも重大な危険であると住民が感じたとしても無理のない状況だった。コンスタンチノープルで事態を観察していたアドルファス・スレード提督は次のように書き記している。

フランス兵たちは祈禱中のモスクに入り込んで中を歩き回り、ヴェールで顔を隠した女性にあからさまに色目を使い、野良犬を毒殺し、港ではカモメを撃ち、通りでは鳩を撃ち、ミナレットでアザーン〔告知の朗誦〕を唱えるムアッジン〔唱手〕の真似をしてからかい、ふざけ半分に墓石を壊して道路に投げ出している……トルコ人はこれまでに何度も耳にしたことのある文明というものの実態を遂に目のあたりにして唖然としている。文明は、今、東洋の灼熱の太陽の下で、強盗、泥酔、賭博、買春をほしいままにしている。(23)

ヴァルナ郊外の平原では、英仏軍に隣接してトルコ軍も幕営していたが、そのトルコ軍についての英国軍側の評価は決して高くなかった。ラグラン卿の補佐官だったキングズコートは父親宛の手紙に次のように書いている。「トルコ軍とのつきあいは長くないが、同盟相手として最悪だと言わざるを得ない。トルコ軍は地上最悪の嘘つきだ。トルコには一五万人の兵力があると言うが、調べてみると三万人しかいない。すべてがその調子だ。これまで耳にしたことから判断しても、ロシア軍がなぜトルコ軍を踏みつぶさなかったのか理解できない」。フランス軍もトルコ軍を信頼していなかった。ただし、アルジェリア人を多数含むズアーヴ連隊だけはトルコ軍と友好関係にあった。ズアーヴ連隊のフランス人士官ルイ・ノワールは英国軍兵士のトルコ軍に対する態度は帝国主義的な人種差別だと感じていた。スルタンの軍隊では、英国軍兵士は嫌われていた。

> 英国軍は自分たちがトルコを助けるためではなく、征服するために来たと思っているようだ。ガリポリに駐留していた頃、浜辺を散歩していたトルコ人紳士を英国軍兵士が突然取り巻いてからかった。彼らはトルコ人の周りに円を描き、この円はトルコを意味すると紳士に告げる。次に紳士を円から押し出し、円を半分に区切って、片方に「英国」、もう片方に「フランス」と書き、トルコ人を少し離れた場所に押しやって、そこに「アジア」と書くのだった。(24)

植民地主義的な偏見が災いしたのか、英仏両軍とトルコ軍との連携は思ったように進まなかった。ナポレオン三世はトルコ軍を怠惰で腐敗した軍隊と見なしていた。パリ駐在の英国大使カウリー伯爵はラグラン卿に対して、国家の安全保障に関するような軍事作戦を行なう場合には「トルコ軍を信用してはならない」と助言している。英仏両軍の司令官は、トルコ軍にふさわしい仕事は要塞の防衛戦程度だと判断していた。塹壕掘りなどの補助的作業は任せられるが、城外の戦場で英仏軍に伍して戦うだけの規律も勇気もトルコ軍にはないと思っていたのである。[25]トルコ軍はロシア軍の攻撃からシリストラを立派に防衛していたが、その事実は英仏軍の人種差別的偏見を覆すことにはならなかった（シリストラ防衛はトルコ軍を指揮している英国人士官の功績とされた）。この偏見は戦場がクリミア半島に移るとさらに顕著になる。

実際には、トルコ軍は善戦してロシア軍の攻撃からシリストラを守っていた。ロシア軍は、一八五四年六月二十二日にシリストラへの最終攻撃を実行する予定だった。前日の二十一日の朝、ゴルチャコフ将軍は幕僚を従えて最初の攻撃目標となるアラブ・タビア防塁の前の塹壕を視察した。トルストイはゴルチャコフの姿に感銘を受け、長兄のニコライに宛てて次のように書き送っている（トルストイはこの時のゴルチャコフの姿を参考にして『戦争と平和』のクトゥーゾフ将軍を描いたといわれている）。「その日の朝、砲火にさらされる将軍を初めて目にした。しかし、将軍は作戦全般の問題に心を奪われていて、飛んでくる砲弾にも銃弾にもまったく気づかない様子だった」。その日一日、ロシア軍は五〇〇門の大砲を動員して要塞を砲撃し、トルコ側の抵抗を弱めようとした。砲撃は夜になっても止まなかった。総攻撃の開始時刻は翌朝三時だった。「全員が緊張して待機していた」とトルストイは書いている。「戦闘の前夜はいつもそうだが、我々は明日もいつもと変わらぬ普通の一日が来るのだと考えるように努めていた。だが、総攻撃のことは頭を離れなかった。全員が胸の奥にかすかな疼痛を感じていたことは間違いない（かすかな疼痛ではなく、隠しようのない激痛を感じる者も少なくなかった）」

兄さんも知っているとおり、会戦の前夜には誰でも緊張と苦痛を味わう。恐怖を感ずる暇が残されている唯一の時間帯だからだ。恐怖ほど不愉快な感情はない。しかし、日付が変わって攻撃開始の瞬間が近づくにつれて、恐怖は去って行く。三時少し前、攻撃開始の合図であるロケット弾が上がるのを待ち構える時間になると、気分はすっかり明るくなる。もし誰かが攻撃中止の知らせを持ってきたりしたら、かえって周章狼狽することになるだろう。

トルストイが恐れていた事態が現実となった。朝の二時に、副官の一人がゴルチャコフ将軍に皇帝からの攻撃中止命令を伝達したのである。「これだけは間違いなく言うことができる」とトルストイは長兄に書き送っている。

攻撃中止の命令を聞いた時には、兵士も、士官も、将軍たちも例外なく失望落胆した。私はシリストラの城内からやって来る密偵たちと何度か話をしたことがあるが、彼らのもたらす情報によれば、アラブ・タビア防塁を落せば、シリストラは三日以上持ちこたえられないだろうという話だった。アラブ・タビアを落すことは可能だと誰もが考えていた。それだけに、攻撃中止命令は一層残念だった。(26)

攻撃中止命令の裏側にはトルストイが知らない事情があった。あるいは知っていても考えたくなかった事情かも知れない。この時点で、フランス軍三万、英国軍二万、トルコ軍二万の連合軍がシリストラ防衛に加わる準備を終わっていたのである。さらに、セルビア国境に一〇万の兵を集結させていたオーストリアがロシア皇帝に最後通牒を送り、ドナウ両公国からの撤兵を要求した。オーストリアは武装中立の立場を装いながら英仏連合に味方するという巧みな戦略を採用していたが、今や、ハプスブルク帝国軍を動員し、ドナウ川流域からロシア軍を駆逐しようとしていた。領内でスラヴ人の蜂起が発生する事態を恐れていたオーストリアは、ドナウ両公国内にこれ以上ロシア軍が駐留することを許すわけにいかなかった。両公国へのロシア軍の駐留は単なる駐留ではなく、日増しにロシアへの併合の様相を帯びつつあったからである。しかし、もし、オーストリアが西からロシア軍を攻撃すれば、ロシア軍はドナウ川の補給線を失うだけでなく、退路を断たれる恐れがあった。南からは英仏連合軍が迫ろうとしていた。ロシア皇帝としては派遣軍が包囲されて壊滅する前に退却させる以外に道はなかった。

ニコライ一世はオーストリアの裏切りを許すことができなかった。一八四九年にハンガリー人の反乱からオーストリア帝国を救出したのは他ならぬロシアだった。自分より三十歳以上も若いオーストリア皇帝フランツ・ヨーゼフに対して父親のような愛情を感じていたニコライ一世は、感謝されて当然と思っていた。そのオーストリアが最後通牒を突きつけてきたことに衝撃を受け、見るからに悲嘆の表情を浮かべたニコライ一世は、壁に掛かったフランツ・ヨーゼフの肖像画の前に立ち、みずからの手で「汝、忘恩の徒!」と書き込んだ。七月に入って、ニコライ一世はオーストリアの駐サンクトペテルブルク大使エステルハージ公爵に向かって、オーストリアはロシアから受けた恩義を忘れたのか、と抗議している。「二つの帝国を結びつけていた信頼が失われた以上、これまでのような親密な関係は存続し得ない[27]」

ニコライ一世が退却命令の理由を説明するためにゴルチャコフ将軍に送った書簡には、当時の皇帝の心の動きを暗示するような個人的な感情が綴られている。

親愛なるゴルチャコフ将軍。苦渋の決断ながら、パスケーヴィチの持論に同意せざるを得ない仕儀となった……多くの努力を積み重ね、多数の勇敢な兵士の命を失った今になって、何の成果もなくドナウ川流域から撤退するのは痛恨の極みである。私にとってそれがいかに大きな打撃かは言うまでもない。想像してみてほしい。しかし、地図を見れば、パスケーヴィチに反論することとは難しい。今のところ、危険はそれほど切迫していない。貴下の部隊は恥知らずのオーストリア軍に厳罰を加えることのできる位置を確保している。私が恐れるのはこの退却が部隊の士気を損なうことだ。兵士の士気を鼓舞してほしい。一八一二年の戦争がそうであったように、これは戦術的な一時的退却であって、後に大攻勢に出るためであることをすべての兵士に理解させてほしい[28]。

ドナウ両公国からのロシア軍の撤退が始まった。血の匂いを求めて追撃してくるトルコ軍を振り切っての退却だった。兵士は疲労し、戦意を喪失していた。数日間食べていない兵士も少なくなかった。病人と怪我人の数が多すぎたために、その全員を荷車で運ぶことは不可能だった。数千人の傷病兵が放置され、トルコ軍の手に落ちた。七月四日、要塞都市ギュルゲヴォ（ジュルジュ）を守っていたロシア軍はトルコ軍の襲撃を受け、三〇〇〇人の戦死者を出した（トルコ軍を指揮していたのは英国人士官だった）。トルコ軍はルセ（ルスチュク）でドナウ川を渡り、英国砲艦の支援を受けてギュルゲヴォ要塞のロシア軍を攻撃した。ゴルチャコフはシリストラから撤退した部隊をギュルゲヴォ防衛の補強に振り向けたが、持ちこたえることができず、退却命令を出す。ギュルゲヴォ要塞の上に英国旗ユニオン・ジャックが翻り、トルコ軍はロシア兵に対する残虐な復讐を開始した。オメル・パシャと英国士官たちの眼の前でロシア軍の負傷兵一四〇〇人が殺害され、手足と首を切断された[29]。

トルコ軍の復讐は明らかに宗教的な色彩を帯びていた。ロシア軍の姿が町から消えると、トルコ軍の兵士たち（主としてバシュボズック兵とアルバニア兵）はキリスト教徒の住宅と教会を次々に襲って略奪した。ギュルゲヴォの住民の大半はブルガリア人のキリスト教徒だったが、彼らは退却するロシア軍と行動を共にした。大急ぎで家財道具を荷車に積み込み、列をなして北へ向かったのである。ロシア軍と住民が去った後のギュルゲヴォに入ったフランス軍士官の一人が町の様子を書き残している。

一万二〇〇〇人の住民の大半は退却するロシア軍とともに町を離れ、残っていたのはわずか二五人だけだった！　無事な姿を保っている家屋はほとんどなかった……略奪者たちは住宅を荒らすだけでは満足せず、教会も襲っていた。私がこの目で見たギリシア正教の教会は恐るべき状態だった。年老いたブルガリア人の聖具保管係が残骸を片付けていた。破壊されたイコンや割れた窓ガラス、壊れた彫像、砕けたランプ、その他の聖具が積み上げられていた。野蛮な行為を行なったのはロシア軍か、それともトルコ軍か、私は身振り手振りで彼に尋ねてみた。彼は歯を食いしばって一言、「トルコ」と答えたが、その口調からは、もしバシュボズックを捕えたらただでは置かないという決意が窺えた[30]。

退却するロシア軍が町や村を通過するたびに、トルコ軍の報復を恐れる住民が避難民となってロシア軍の列に加わった。数千人のブルガリア人農民が家畜を連れ、荷車に家財を積んで避難民となった。道路は大混乱に陥り、人々はパニック状態となった。農民の荷車で道路が塞がれ、ロシア軍の退却の速度が鈍った。ゴルチャコフ将軍は兵士を使って避難民を排除しようとしたが、幕僚たちの説得で排除を諦める。最終的には、ブルガリア人約七〇〇〇家族がロシアを目指して北上した。七月十九日にブカレストに到達したトルストイは、退却する途中の村で目撃した様子を叔母宛の手紙で次のように描写している。

牛乳と果物を調達するためにある村に入ったが、村はすでにトルコ軍によって焼き払われた後だった。ブルガリア人はロシア軍と行動を共にしていた。ドナウ川を越えればロシアの臣民になれるというゴルチャコフ将軍の布告が知れ渡ると、この地域のすべての農民が家族と家畜を連れて橋に押しかけてきた。全員の受け入れは不可能だったので、ある時点で打ち切らざるを得なかった。ゴルチャコフ将軍はこの事態に心を痛め、農民の代表者の一人一人と言葉を交わして事情を説明し、荷車と家畜を残して橋を渡ることを提案し、さらに、ロシアに到着するまでの最低限の食料を分け与え、彼らが民間の船でドナウ川を渡るための費用を個人的に負担した。[31]

ブカレスト市内も同じように混乱を極めていた。ロシア軍兵士の間に不満が広がり、兵士の多くが原隊を離れて市内に身を隠した。脱走兵を匿う者は厳罰に処すという緊急の通告が軍当局から出された。ロシア占領軍に協力していたワラキア人の志願兵部隊は雲散霧消してしまった。ワラキア人志願兵の一部は英仏軍に合流しようとして南下した。ロシア軍はブカレストから撤退するにあたって、「裏切り者のワラキア人」向けの陰鬱な警告文をロシア皇帝の名で発表した。

> ロシア皇帝は信仰を同じくする正教徒が非キリスト教徒の政府に従うことができるとは信じていない。もしワラキア人がこれを理解できないとすれば、それは彼らが西欧の影響を受けて誤った信念に染まっているからである。しかし、皇帝は神から与えられた正教の指導者としての使命を貫徹し、真の信仰であるギリシア正教を信ずる人々をオスマン帝国の支配から解放する所存である。これは輝かしい統治期間が始まって以来の皇帝の課題である。偽の宗教を掲げる無力な西欧諸国の意図が何であろうと、今こそ長年の計画を実行する時である。正教を裏切るワラキア人は皇帝の怒りを招き、必ずやその忘恩の代償を支払うことになるであろう。

　七月二十六日、ゴルチャコフはブカレストのワラキア人貴族たちを集めてこの宣言を読み上げ、最後にこうつけ加えた。「諸君、我々は今ブカレストを離れるが、まもなく戻って来るつもりだ。一八一二年を忘れないでくれたまえ(32)」

　ロシア軍退却の知らせはモスクワとサンクトペテルブルクのスラヴ派にとって重大な衝撃だった。バルカン半島へのロシア軍の侵攻をスラヴ民族の解放戦争と見なしていたスラヴ派は、自分たちの理想が打ち捨てられたという思いで意気消沈していた。コンスタンチン・アクサーコフ〔『家族の記録』の著者セルゲイ・アクサーコフの長男〕が夢見ていたのは、ロシアの指導の下にスラヴ民族の連邦国家を樹立することだった。アクサーコフによれば、戦争はコンスタンチノープルのハギア・ソフィア寺院に十字架を打ち立てるまでは終わらないはずだった。ドナウ両公国からのロシア軍撤退の報に接して「不快感と屈辱感」に打ちひしがれたアクサーコフは弟のイワン・アクサーコフへの手紙に次のように書いている。

ロシア軍の退却はまるで正教の信仰からの退却のように感じられる。これが信仰の喪失か、あるいは聖戦からの逃亡だとしたら、ロシアはその歴史上最も恥ずべき瞬間を迎えたことになる。我々は敵を打ち破ったが、我々自身の恐怖心には勝てなかった。そして、今、何ということだ！……我々はブルガリアから退却しつつある。だが、哀れなブルガリア人はどうなるのか？ ブルガリアの教会の十字架はどうなるのか？……ロシアよ！ お前が神を見捨てるなら、神もお前を見捨てるだろう！ 神聖な信仰を守り、スラヴの同胞を苦しみから解放する使命を神から託されながら、お前はその使命を放棄した。ロシアよ！ お前は神の怒りを招くことだろう。

スラヴ派の多くがそうだったが、アクサーコフ兄弟もロシア軍が撤退する事態を招いた責任は「ドイツ人」の外相ネッセリローデにあると思っていた。右派はネッセリローデを反逆者と見なし、「オーストリアの手先」として非難した。サンクトペテルブルクとモスクワの上流階級の間では、退却命令を撤回し、オーストリアと英仏を相手にロシアが単独で戦い続けるよう皇帝を説得しようとする動きが、汎スラヴ主義派の指導者ポゴージンを中心にして始まった。ロシアは全ヨーロッパを敵にまわしても単独で戦うべきだと彼らは主張していた。西欧の影響力からスラヴ諸民族を解放するための聖戦こそ、救世主としてのロシアが果たすべき役割だった。[33]

オーストリア軍はロシア軍が撤退した後のワラキアに入って秩序の回復に着手した。コロニーニ＝クロンベルク将軍に率いられる一万二〇〇〇のオーストリア軍部隊はブカレストまで進出したが、そこでロシア軍の撤退後にいち早くブカレストを占領していたトルコ軍と衝突した。トルコ軍のオメル・

パシャ司令官はみずから「ドナウ両公国をロシア軍から解放した新総督」と名乗り、オーストリア軍司令官コローニ＝クロンベルクへのブカレストの引き渡しを拒否した。オーストリア帝国臣民の身分を放棄してトルコ軍の司令官になったオメル・パシャは、苦労して手に入れた獲物をオーストリア皇帝の廷臣に引き渡す気にはなれなかった。コローニ＝クロンベルク将軍はフランツ・ヨーゼフ皇帝の家庭教師を務めた人物で、ハプスブルク帝国のすべてを擁護する立場だったが、一方、オメル・パシャはそのハプスブルク帝国を脱出してオスマン帝国に亡命した経歴の持ち主だった。英仏両軍はオメル・パシャのトルコ軍に味方した。英仏はこれまでオーストリアにドナウ両公国への介入を促す努力を重ねてきたが、実際に介入が実現した今、必ずしも手放しで喜べない状態だった。ロシアの支配から両公国を解放するためにオーストリアが貢献したことは認めるが、一方で、オーストリアがドナウ両公国の長期的な占領を意図している疑いもあった。オーストリアはロシア軍撤退後の政治的空白につけ込んで両公国の支配権を得ようとしているか、あるいは英仏両国を差し置いてロシアとトルコの紛争に独自の解決を押しつけようとする可能性があると思われたのである。英仏両国の疑いを増幅させるような事態が発生した。退却するロシア軍を追撃してオメル・パシャ軍がベッサラビアに入ることをオーストリア軍が妨害したのである（ベッサラビア侵攻はナポレオン三世の念願の戦略だった）。オーストリアは、さらに、ロシア軍が占領中に任命した地主貴族を復権させた。ロシアとの関係修復を意図する動きであることは明らかだった。英仏両国の見るところでは、オーストリアがドナウ両公国に進出したのは、欧州協調を維持するためでも、トルコの主権を擁護するためでもなく、オーストリア自身の政治的動機のためであることは明らかだった。(34)

七月末、フランスはドナウ・デルタのドブルジャ地方に遠征軍を進めた。その目的は、ひとつには、オーストリアの脅威に対抗するためであり、もうひとつは、ロシア南部とクリミア半島を攻撃する足場を黒海沿岸に確保するためだった。派遣されたフランス軍は、ユスーフ将軍の率いる非正規兵の騎兵部隊バシュボズック（フランスでは「スパーイ・ドリエン」と呼ばれていた）、カンロベール将軍の第一師団、ボスケ将軍の第二師団、ピエール・ナポレオン公〔ナポレオン三世の従弟〕の第三師団によって構成されていた。このうち、バシュボズック部隊を指揮するユスーフ将軍は当時フランス領だったエルバ島でジュゼッペ・ヴァンティーニとして生まれ、六歳になった一八一五年にバーバリー海岸を根城にする海賊〔バーバリー諸国はエジプトを除く北アフリカ諸国、すなわち、オスマン帝国支配下で半独立状態にあったモロッコ、アルジェリア、チュニス、トリポリ〕にさらわれ、チュニス太守の宮廷で奴隷として育てられた人物だった。後にアルジェリアに逃れたユスーフはスパーイ騎兵部隊を組織して指揮官となり、フランス軍のアルジェリア征服戦争に加わった。その功績が認められて、フランス軍の一翼を担うバシュボズック部隊の理想的な指揮官と見なされていた。ユスーフ将軍は七月二十二日までにヴァルナで四〇〇〇人のバシュボズックを中核とする騎兵旅団を編成することに成功する。オスマン・トルコ軍がフランス軍に提供したこの四〇〇〇人のバシュボズックに加えて、その他の非正規兵部隊もユスーフの騎兵旅団に参加した。異色のクルド人騎兵部隊もそのひとつだった。「クルディスタンのジャンヌ・ダルク」と呼ばれた七〇歳の女性指導者ファティーマ・ハヌムに率いられるクルドの部族民は、長剣と短剣とピストルで武装し、イスラム聖戦の象徴である緑の旗を掲げて疾駆した。ユスーフ将軍自身もロシアとの戦争を聖戦（ジハード）として戦うよう部下を鼓舞していた。戦争に参加する際の彼らの伝統的な動機である略奪以外にも戦うべき目標があることを教えようとしたのである。フランス軍は略奪を根絶する方針だった。所属するズアーヴ旅団とともにユスーフ軍に加わってヴァルナからドブルジャに向けて北上したフランス人士官ルイ・ノワールは、バシュボズック兵たちが次のように話すのを耳にしている。「我々はカリフでもあるスルタンを助けるためにこの地に来た。報酬を貰わずにスルタンのために戦って死ねば、まっすぐに天国に行くことができる。だが、報酬を貰って戦えば、天国に行く権利を失う。すでに地上で報酬を受け取ってしまうからだ[35]」

しかし、天国行きの約束もユスーフ軍の規律を保証することはできなかった。ヴァルナからの出発命令が出たとたんに、バシュボズック兵の脱走が始まった。外国人指揮官の下で戦うことはできないというのが彼らの言い分だった（シリア人、トルコ人、クルド人の兵士には、ユスーフ将軍の話すチュニス方言のアラビア語が理解できなかった）。ユスーフ軍の先遣部隊は、トゥルチャ〔現ルーマニア東部の町〕付近に達してコサック部隊の姿を見たとたんに、一斉に逃亡してしまった。残されたフランス人指揮官たちは兵士なしで戦い、全員が戦死した。七月二十八日、ユスーフ軍の本隊はコサック部隊を打ち負かし、退却に追い込んだが、それと同時に規律を失った。ほしいままの略奪と殺戮が始まったのである。兵士たちは殺害したキリスト教徒の首を切り取ってユスーフ将軍の許に持ち帰った。褒賞を期待しての行動だった（オスマン帝国軍では、聖戦に勝利した場合、民間人を含む異教徒の首に褒賞金が与えられる習慣があった）。一部の兵士たちはキリスト教徒と見れば女性や子供まで殺害し、その死体を切り刻んで持ち帰った。これも褒賞金目当てだった[36]。

翌七月二十九日、ユスーフ軍の兵士の中から初めてコレラによる死者が出る。ドナウ・デルタの湖沼地域は病原菌の巣窟だった。死亡者の数は驚くべき速度で増大した。下痢に苦しみ、連日の炎天下の行軍で脱水状態となった兵士たちは歩きながら路傍に倒れ込み、そのまま絶命した。ユスーフ軍は急速に瓦解していった。兵士たちはコレラを恐れて脱走し、あるいは木陰を求めて座り込んだまま動かなくなった。ユスーフ将軍は退却命令を出した。生き残りの兵士約一五〇〇人が出発地のヴァルナにたどりついたのは八月七日だった。

しかし、ヴァルナでもコレラの流行が始まっていた。ヴァルナに限らず、コレラはいたるところで猖獗《しょうけつ》を極めていた。一八五四年の夏には、実にヨーロッパ南東部の全域がコレラに冒されていたのである。まず、フランス軍の幕営地でコレラが発生し、すぐ続いて英国軍の幕営地も汚染された。陸地から海に向けて吹く熱風が運んでくる石灰石の白い粉が幕営地を覆い、その上に蠅の死骸が黒い毛布のようにかぶさった。罹病した兵士たちは吐き気と下痢に苦しみ、テントに倒れ込んで横たわり、そして死んでいった。病因が分からなかったので、兵士たちは夏の暑さを凌ぐために生水を飲み続けた。ただし、すでにアルジェリアでコレラ禍を経験したことのあるズアーヴ部隊の一部は生水を避け、湯を沸かしてコーヒーを飲むか、ワインを飲んでいた（フランス軍は大量にコーヒーを消費していた）。一八三〇年代から四〇年代にかけて、ロンドンをはじめとする英国の諸都市でもコレラは周期的に発生していたが、コレラの疫学的因果関係が明確に理解されるのは一八八〇年代に入ってからのことである。一八四九年には、ロンドンの開業医ジョン・スノーが飲料水を煮沸すればコレラに罹らないという説を提唱したが、その発見は一般には無視されていた。ヴァルナでのコレラ蔓延についても、周辺の湖沼から発する瘴気、過度の飲酒、腐った果物などが原因と考えられたものの、軍当局は基本的な衛生規則さえ順守していなかった。便所の汚水は溢れるにまかされ、死体は炎天下に放置されていた。病人は荷車でヴァルナ市内の兵舎に運ばれたが、兵舎はネズミの巣であり、看護兵は疲労困憊していた。八月に入るとフランス人尼僧の小グループが到着して病人の看護を開始した。死亡者は毛布にくるまれて集団墓地に埋められた（すると、トルコ人が墓地を掘り返して死体から毛布を剝ぎ取った）。八月の第二週までに英国兵士五〇〇人が病死し、フランス軍の死者は毎日六〇人の割合で増えつつあった[37]。

そのヴァルナで大火災が発生する。八月十日の夕方、旧市街の商業地区で始まった火事はあっという間に港まで燃え広がった。港には船への積み込みを待つ英仏軍の補給品が集積されていた。ロシアに同情的なギリシア人かブルガリア人の放火犯が火事を起こしたことはほぼ間違いない（黄燐マッチを持った数人の男が火元近くで逮捕された)。英仏両軍が幕営地からポンプを持って駆けつけた時には、すでに町の半分が炎に包まれていた。ラム酒やワインのケースを積み上げていた商店や埠頭倉庫が焼かれて爆発し、アルコールが川となって道路を流れた。消火に当たっていた兵士たちは溝に顔を突っ込んでごくごくと酒を飲んだ。火災はどうやら収まったが、英仏両軍の補給基地は甚大な被害をこうむった。「ヴァルナには作戦に必要なすべての弾薬と補給品、食料が集積されていた」とフランス軍のジャン゠ジュール・エルベ大尉は八月十六日付の両親宛の手紙に書いている。「英国軍、フランス軍、トルコ軍の火薬庫はどれも皆、大火災の中心地に位置していた。町の大半が焼失し、それとともに郊外に幕営していた兵士の希望も消滅した(38)」

火災が終息した時点で、英仏軍には八日分の糧食しか残されていなかった。コレラと飢餓で全滅する前に兵士をヴァルナから別の場所に移動させる必要があった。

ロシア軍をドナウ両公国から駆逐した今、英仏両軍にとっては、勝利宣言をして帰国するという選択肢もあった。この段階で戦争を終わらせることは不可能ではなかった。平和維持部隊としてオーストリア軍とトルコ軍がドナウ両公国を占領すればよかったのである(現に、両軍は八月半ばまでに占領地域の区分けに関する取り決めを行ない、ブカレストを共同管理下に置くことで合意に達していた)。英仏両国はロシアが再びトルコ領土を侵略しないように睨みをきかせ、いつでも介入する構えを見せれば、それで事足りたはずである。では、ロシアがドナウ両公国から撤退した後、英仏両国はなぜ和平を追求しなかったのか? ロシアとの戦争に勝利した今になって、なぜロシアへの侵攻を決定したのか? そもそも、クリミア戦争はなぜ必要だったのか?

英仏両軍の司令官はロシア軍の退却によって一種の挫折感を味わっていた。大軍を率いてはるばるトルコの地までやって来たのに、サンタルノー仏軍総司令官の言葉を借りれば、「勝利を盗み取られた」のである。これまでの努力を正当化するためには、大規模な軍事的勝利を実現する必要があった。動員開始以来六ヵ月を経たが、敵に対して英仏軍が武器を使う機会はほとんどなかった。両軍はトルコ人にからかわれ、母国でも馬鹿にされていた。八月十七日付の『ニューヨーク・タイムズ』紙には次のような論説が掲載された。筆者はカール・マルクスだった。「ヴァルナには八万人ないし九万人の英仏軍兵士が駐留している。英国軍の指揮官はウェリントン公爵の元副官、フランス軍の指揮官は元帥である（この元帥の最大の戦功がロンドンの質屋で達成されたというのは本当の話である）。兵士たちはヴァルナに駐留しているが、フランス軍は何もせず、英国軍は何もしないそのフランス軍を全力で支援しているという話だ[39]」

ロンドンの英国政府も、ロシア軍をドナウ両公国から駆逐しただけではこれまでの犠牲を正当化し得ないと感じていた。パーマストンらの「主戦派」は、ロシア軍を無傷のまま放置しておいて和平交渉に入ることはできないと考えていた。ロシアに「重大な損害」を与えること、とりわけ、黒海地域でロシアの軍事力を壊滅に追い込むことによって、トルコの安全を確保し、近東地域における英国の利益に対するロシアの脅威に終止符を打つことが彼らの狙いだった。熱血漢として聞こえた戦時相のニューカースル公爵は、すでに四月の段階で、たとえロシア軍をドナウ両公国から追い払ったとしても、「それがトルコに対するロシアの侵略を将来にわたって予防する保証にならなければ、英仏両国の努力にふさわしい目標が達成されたとは言い難い」と述べていた[40]。

では、「重大な損害」とは何を意味するのか？　内閣は様々な選択肢を検討した。ロシア軍を追撃してベッサラビアに侵攻する案はあまり有効とは思えなかった。ベッサラビアに入ればコレラの危険にさらされることは明らかだった。フランスはポーランド解放を目指す大陸戦争を提案していたが、その種の革命戦争への加担は、たとえ英国の保守派を納得させることができたとしても（できそうもない話だったが）、オーストリアの強硬な反対に遭遇することは必至だった。一方、バルト海海戦によってロシアを屈服させる可能性も高くはなかった。バルト海での軍事作戦は春から始まっていたが、英仏連合バルチック艦隊の総司令官チャールズ・ネーピア提督は、すでに開戦まもない時期に、作戦の成功は困難であるとの結論に達していた。首都サンクトペテルブルクを守る海軍基地クロンシュタット要塞は難攻不落であり、ヘルシングフォルス（ヘルシンキ）港の入口に位置するスヴェアボリ要塞〔現スオメンリンナ要塞〕も、クロンシュタットほどではないが、周辺の浅瀬を航行できる新型の砲艦および臼砲艦がなければ攻略することはほとんど不可能だろうとネーピアは考えていた。[*6] カフカス地方に駐留するロシア軍を攻撃する案も選択肢のひとつだった。チェルケス人勢力の代表者がヴァルナの連合軍陣地を訪れ、もし英仏が陸軍部隊と艦隊をカフカスに派遣するなら、カフカス全域でロシア軍に対するイスラム聖戦を開始することを約束した。オメル・パシャもカフカス侵攻作戦を支持していた。[41] しかし、どの案をとっても、セヴァストポリ港と黒海艦隊を叩く以上に重大な損害をロシアに与え得るとは思われなかった。ロシア軍がドナウ両公国から撤退した時点で、英国政府はロシアに決定的な打撃を与える唯一の作戦はクリミア侵攻であるという結論に達したのである。

　クリミア侵攻作戦が浮上したのは、前年一八五三年の十二月だった。海軍相ジェームズ・グレアム卿がシノープ海戦への対応策としてセヴァストポリ急襲作戦を策定したのがそもそもの始まりだった。「熊の牙は抜いてしまわなければならない」とグレアム卿は書き残している。「黒海艦隊とその基地を破壊してしまわないかぎり、コンスタンチノープルの安全も、欧州の平和も保障し得ないことは明白である」[42]。グレアム海軍相の作戦は、閣議で公式に検討されたことはなかったが、戦略上の前提として受け取られていた。七月二十九日、戦時相ニューカースル公は現地のラグラン将軍に電報を打ち、クリミア半島侵攻を命ずる内容の内閣の指示を伝える。電文は強い調子で作戦の即時実行を命じていた。「万やむを得ない事情がないかぎり」、少しの遅滞もなくセヴァストポリを攻囲し、ロシアの黒海艦隊を壊滅しなければならない。ただし、必要に応じてカフカス地方のロシア軍に対しても副次的な攻撃を行なうものとする。電文を読んだラグラン総司令官は、内閣がクリミア侵攻を唯一の選択肢として全員一致で決定したという印象を受けた。[43] しかし、実際には、クリミア侵攻作戦の実現可能性については閣内に意見の対立があり、いわば妥協の結果として作戦が決定されたのである。アバディーン首相派は戦争の目標をトルコの主権回復に限定して、クリミア侵攻よりも小規模な作戦を想定していた。一方、パーマストン派はクリミア侵攻をひとつの足掛かりとしてロシアとの全面戦争に突入することを目論んでいた。民間のジャーナリズムもロシアに決定的な打撃を与えることを要求して、政府への圧力を強めた。好戦的となった世論は、勝利の象徴としてセヴァストポリを攻略し、黒海艦隊を撃滅することを求めていた。ロシア軍がすでにドナウ両公国から撤退した以上、クリミア侵攻作戦は不必要になったとする考え方に耳を貸す雰囲気はどこにもなかった。

「この戦争の本当の主要目的はロシアの侵略主義的野望を打ち砕くことにある」とパーマストンは翌一八五五年になって本音を語っている。「我が国がトルコに遠征したのは、スルタンとイスラム教徒を支援するためというよりも、トルコからロシアを追い出すためだった」。パーマストンによれば、クリミア侵攻はロシア帝国に対する長期的戦争の第一段階にすぎなかった。一八五四年三月十九日にパーマストンが内閣に提出した覚書によれば、黒海地域、カフカス地方、ポーランド、バルト海地域からロシアの影響力を排除し、ロシア帝国を解体することが長期的な戦略目標だった。八月末までにパーマストンの戦争拡大方針は閣内でかなりの支持を集めることになる。さらに、フランス外相のエドゥアール・ドルーアン・ド・リュイが非公式ながらパーマストンへの支持を表明した。「小規模な戦果」

だけでは、この戦争に不可避的にともなう人的損害を十分に補償することができない。ドナウ川地域、カフカス地方、ポーランド、バルト海地域での「大規模な国境線変更」のみがこの戦争を正当化し得るであろう。この点で両外相の意見は一致していた[44]。

しかし、アバディーンが首相の座にある間は、パーマストンの戦争拡大策が英仏連合の基本方針として採用されることはなかった。英仏両国にオーストリアを加えた三ヵ国は数ヵ月にわたって協議を行ない、八月八日、ロシアとの和平交渉条件について合意に達する。英仏墺三ヵ国が合意した和平交渉の条件は次の四項目にまとめられたが、その内容はパーマストンの構想に比べてはるかに限定的だった。

・ロシアはセルビアとドナウ両公国に対して有する特権をすべて放棄すること。セルビアとドナウ両公国の安全は英仏墺三ヵ国とオスマン帝国が保障するものとする。
・すべての国の商船にドナウ川の自由航行を保証すること。
・一八四八年のボスポラス・ダーダネルス両海峡条約を「欧州における力の均衡状態を考慮に入れて」改定すること（ロシアは黒海の制海権を放棄すること）。
・ロシアはオスマン帝国領内のキリスト教徒の保護者たる地位を放棄すること。オスマン帝国領内のキリスト教徒の安全は欧州五大列強（オーストリア、英国、フランス、プロイセン、ロシア）がオスマン帝国政府との合意に基づいて保障するものとする。

四項目の対露要求は控えめな内容だったが（これ以上に厳しい条件をロシアに要求することは、オーストリアが認めなかった）、同時に、かなり曖昧でもあった。この曖昧さは、英国が戦争の進行にともなって新たな条件を追加する余地を残すことになる（英国はロシアの弱体化を狙っていたが、その狙いを実現するための具体的な戦略はまだ確定していなかった）。実は、英仏両国は、オーストリアの知らないところで、秘密の第五項目に合意していた。それは、両国が戦争の進捗状況に応じて対露要求の内容を拡大することができるという内容の合意だった。パーマストンの考えでは、この対露戦争はクリミア作戦が勝利した後もさらに継続すべき長期的な戦争だった。その長期戦を遂行するためにはフランスとオーストリアを英国の同盟国として引きとめておく必要があり、そのための手段が四項目合意だったのである。[45]

しだいに大胆になったパーマストンは、クリミア作戦に関する大規模な長期戦略を提案する。クリミア半島をトルコ領とするだけでなく、アゾフ海、チェルケス、グルジア、ドナウ・デルタなどの地域をロシアから奪って新たにトルコ領に組み入れるという提案だった。しかし、この野心的な構想に賛同する意見は少なかった。ナポレオン三世は、念願の「栄光の勝利」の象徴としてセヴァストポリを奪うことを主要な目標と見なしていた。フランス皇帝にとって、セヴァストポリ奪取は、ドナウ両公国を占領したロシアに対する懲罰を意味していた。英国の閣僚の大半もナポレオン三世と同じように感じていた。セヴァストポリを陥落させればロシアは屈服し、西欧列強は勝利を宣言してロシアに和平条件を呑ませることができるというのが一般的な見方だった。しかし、それは合理性を欠く予測だった。首都サンクトペテルブルクを守る位置にあるクロンシュタット要塞その他のバルト海地域の要塞に比べれば、セヴァストポリはロシア帝国の辺境にある前哨基地のひとつにすぎない。セヴァストポリを奪えばロシアを屈服させることができるという考え方には論理的な根拠がなかった。誤った前提が正されないままに作戦が始まった結果、連合軍は容易に陥落しないセヴァストポリに対する集中攻撃を続行し、当時としては軍事史上最も長期的で、最も犠牲の大きい攻囲戦を戦うことになる。

トルコに対するロシアの支配力の鍵は黒海艦隊よりもむしろロシア陸軍が握っていたのだが、それにもかかわらず、ロシア陸軍に打撃を与える戦略の検討はセヴァストポリ作戦の陰に隠れて進まなかった。(46)

クリミア侵攻は、その基本的な構想の段階で論理的な誤謬を含んでいただけでなく、作戦の計画も準備も杜撰だった。まず、クリミア侵攻は本格的な情報活動を経ることなしに決定された。英仏両軍の司令部には侵攻すべき地域の正確な地図さえ揃っていなかった。入手し得た情報といえば、旧聞に属する旅行記のたぐいに限られていた。軍事指導部は、たとえば、ウィリアム・レノックス・ド・ルース男爵の『クリミア旅行記』やアレクサンダー・マッキントッシュ少将の『クリミア日記』を読んで、クリミア地方の気候は冬でも温暖であるという印象を抱いていた。両書はともに一八三五年の発行である。もちろん、それより新しい旅行記の中には、一八五三年の秋に発行されたローレンス・オリファントの『一八五二年ロシア黒海沿岸地方の旅』のように、現地の冬の寒さを指摘するものもあったが、結果的には、冬用の軍服も、冬用の幕営装備も準備されなかった。クリミア作戦は短期間で終了し、霜が降りる前に勝利が得られるという希望的観測が優先したのである。クリミア半島に駐留するロシア軍の兵力の実態も明らかになっていなかった（ロシア軍の兵力は四万五〇〇〇と八万の間と推定されていた）。クリミア半島におけるロシア軍部隊の配置状況も不明だった。ヴァルナには九万人の英仏軍が駐留していたが、連合艦隊がヴァルナからクリミアまで一度に輸送できる兵員数は六万人に限られていた。攻囲戦を戦う場合、攻撃側が防御側の三倍の兵力を必要とすることは軍事理論上の常識だが、最も楽観的に計算しても六万という数は必要な兵員の半分以下だった。しかも、六万人を輸送するためには、救急搬送用の馬車、輜重隊用の牛馬、一部の基本的な補給品をヴァルナに残さなければならなかった。ドナウ戦線から退却しつつあるロシア軍がクリミア半島に振り向けられる可能性も十分にあった。ドナウ戦線からロシア軍の増援部隊がクリミアに到着する前にセヴァストポリを電撃攻撃して陥落させ、その軍事施設と黒海艦隊を壊滅させるのが最上の戦術と考えられた。セヴァストポリへの電撃攻撃が成功しない場合には、クリミア半島とロシア大陸とをつなぐペレコプ地峡を占領し、ロシア軍の増強と補給を阻止する必要が生ずるはずである。ニューカースル戦時相は七月二十九日付のラグラン総司令官宛の電報で、ペレコプ地峡占領作戦を「遅滞なく」実行するよう命令した。しかし、ラグランはこの命令に応じなかった。遠征軍の兵士はクリミア半島内陸部高地の炎暑に耐えられないというのがその理由だった(47)。

クリミア侵攻作戦の開始時期が迫るにつれて、英仏両軍の指導者たちは尻込みを始めた。特にフランス軍の指導部はある種の疑念を払拭できないでいた。英国のニューカースル戦時相がラグラン総司令官に命令電報を打ったのと同じように、フランスの陸軍相ジャン＝バプティスト・フィリベール・ヴァイヤン元帥も現地のサンタルノー総司令官に作戦開始命令を打電したが、サンタルノーは作戦について依然として疑問を感じており、彼の幕僚の大部分も総司令官と同様に躊躇を捨てきれなかった。セヴァストポリ攻略によって利益を得る国があるとすれば、それはもっぱら海洋国家の英国であり、フランスにとっては、得るところの少ない作戦ではないか、というのがフランス軍指導部の疑念だった。しかし、いつまでも疑念を抱えて躊躇しているわけにはいかなかった。ロンドンとパリの政治家たちは、国内世論の要求を満たすためにも軍事攻勢を求めていた。コレラに汚染されたヴァルナ地域から兵士たちを一刻も早く移動させる必要性も高まっていた。八月末にサンタルノーはある結論に達する。すなわち、ヴァルナでコレラに罹病してすでに死亡した兵士の数に比べれば、セヴァストポリ攻略作戦を決行した場合に失われる戦死者の方が少ないだろう、という結論だった(48)。

乗船命令は兵士たちの大半に安堵感を与えた。フランス軍のエルベ大尉によれば、「兵士たちは、飢えと病気で無駄に死ぬよりも、兵隊らしく戦って死にたいと思っていた」。また、英国騎兵連隊士官のロバート・ポータルは「兵士も、士官も、自分たちの運命にうんざりしていた。その憂鬱は日々強まるばかりだった」と書き残している。

兵士たちが公然と話す声が聞こえる。毎日、戦友の死体を埋葬する以外にすべきことがない。俺たちは戦うために連れてこられたのではない。ここで無為に日々を過ごし、コレラと熱病で死ぬために送り込まれたのだ……フランス軍の陣地では兵士の反乱が起こったという噂がある。フランス軍の兵士たちは、どこへでも行くし、何でもするが、この地にとどまって無駄に死ぬことだけはご免だと言い張っているそうだ。

フランス軍陣地での反乱の噂は、連絡将校としてフランス軍司令部に配属されていた英国軍のローズ大佐も確認している。ローズ大佐は九月六日にロンドンに送った報告書の中で、フランス軍指導部は「兵士の間に不安定な心理状態が広がり、士気の低下が見られる」ことを認識していると指摘している。(49)

兵士たちが病気で倒れてしまう前に、あるいは上官への反抗を開始する前に、船に詰め込んで戦場に送り出すべき時が来ていた。というわけで、八月二十四日に乗船が始まった。まず、歩兵部隊が艀《はしけ》で本船に運ばれ、次に騎兵部隊と騎馬、弾薬を積んだ荷車、補給品を積んだ馬車、輜重用の牛馬、そして最後に重砲が船に運ばれた。幕営地から桟橋まで行進してきた兵士たちのうちの多くが、病気と衰弱のために背嚢と銃の重さに耐えきれず、元気な戦友に荷物を預ける有様だった。フランス軍には三万人の兵員を運ぶのに十分な数の輸送船がなかったので、輸送船代わりに戦艦を使わざるを得なかった。兵士を満載したフランスの戦艦は、途中でロシアの黒海艦隊に遭遇した場合に戦艦としての戦闘機能を発揮できない状態だった。そのため、輸送船団を護衛する役割は英国艦隊が一手に引き受けることになった。英国軍の兵士は外輪蒸気船二九隻と戦列艦五六隻によって輸送され、その外側を戦艦が囲んで護衛しつつ進んだ。兵士たちが艀に乗り込む際、ヴァルナの埠頭で不穏な騒動が起きた。英国から部隊とともにヴァルナまで来ていた兵士の妻たちについて、その全員をクリミアに連れて行くことはできないという通達が出たのである。[*7] 亭主から引き離されると聞いて、女房たちは悲嘆にくれ、その一部がわれさきに艀に殺到した。男に変装して紛れ込む者もあった。最後の瞬間になって、同情した指揮官たちが大多数の妻の乗船を認めた。ヴァルナに残った妻には糧食が与えられないという情報が伝わったからだった。

乗船は九月二日に完了したが、出港は悪天候のために九月七日まで延期された。外輪蒸気船、戦艦、兵員輸送船、帆船、陸軍の艀、その他の小型船など、全部で四〇〇隻からなる船団の指揮官は英国海軍少将エドムンド・ライアンズ男爵だった。ライアンズ男爵の乗る旗艦アガメムノン号は英国海軍初のスクリュー蒸気船で、大砲九一門を備え、一一ノットで航行することができた。歴史家のアレクサンダー・キングレークは「九月七日の美しい朝の情景は、兵士たちにとって決して忘れられないものとなった」と書いている。

海面にはまだ月の光が破片のように漂っていたが、船団の無数の甲板に立つ兵士たちは東の空が白む様子を見ることができた。陸地からは夏の微風が追い風となって吹き寄せていた。四時四十五分、ブリタニア号から錨を上げる合図の砲声が響いた。蒸気機関の煙があたり一面に立ち込め、どこからどのような命令が来るのかを確かめるのさえ困難だった。しかし、やがて、旗艦アガメムノン号がそのすべてのマストに信号旗を掲げて出航する姿が見えた。艦上のライアンズ提督が船団全体を指揮して命令を下していた。フランス軍の外輪蒸気船と兵員輸送船が続き、さらにフランス軍の巨大艦が列を作って出航した。フランス軍の方が英国軍よりも機敏で、整然と行動していた。フランスの輸送船はきわめて小型で、どれも兵士を満載していた。英国の輸送船団は一列三〇隻の五列縦隊を組んで進んだ。最後に、全船団を護衛する役割を担って、英国艦隊の戦艦が一列縦隊でゆっくりとヴァルナ湾を出港していった。[50]

章末注

＊1　その一部は現在もオデッサのプリモールスキー・ブールヴァール〔海岸大通り〕に面した市議会議事堂の前に展示されている。

＊2　後にムーサ・パシャはシリストラの防衛成功を神に祈る夕刻の祈禱集会の最中に直撃弾を受けて死亡する。この事件はシリストラ防衛戦の宗教的意義をさらに高めることになった。

＊3　右腕の切断手術は麻酔なしで行なわれた。手術が終わると、ラグラン卿は切断された右腕を要求した。妻から貰った指輪を回収するためだった。この出来事はラグラン卿の豪胆な資質を物語るエピソードとなった。

＊4　設立当初のズアーヴ連隊は北アフリカ山地に住むズアーワと呼ばれるベルベル族によって編成されていた。後には、フランス人の兵士たちもズアーヴ連隊に入隊したが、彼らもズアーワ族と同じようにムーア人風の衣装と緑色のターバンを着用した。

＊5　英国軍の筒型軍帽（シャコー）は「アルバート帽」とも呼ばれていた。アルバート公がデザインした軍帽と思われていたのである。

＊6　事態はネーピアが懸念したとおりに進んだ。八月八日、ネーピア提督が指揮する英仏連合艦隊はオーランド諸島にあるロシア軍のボーマルスンド要塞を攻撃した。スウェーデンとフィンランドの間に位置するオーランド諸島を攻撃した狙いは、スウェーデンを戦争に巻き込むことにあった。サンクトペテルブルクを攻撃するためには、スウェーデン軍の支援が是非とも必要だったからである。激しい砲撃の結果、ボーマルスンド要塞は瓦礫と化し、二〇〇〇人のロシア軍守備隊は降伏した。しかし、ボーマルスンド戦は、クロンシュタットやサンクトペテルブルクとは違って、局地的な勝利にすぎなかった。英国の強い働きかけにもかかわらず、スウェーデンははかばかしい反応を示さなかった。バルト海作戦でさらに華々しい戦果を上げない限り、サンクトペテルブルクを脅かすことはおろか、スウェーデンを参戦に踏み切らせる見込みも立たなかった。さらに、バルト海作戦の意義について、英国とフランスの間には意見の食い違いが生じていた。英国はバルト海海戦に積極的だった。特に、パーマストンはロシア帝国を壊滅に追い込む長期戦略の一部としてフィンランドの奪取を目論んでいた。一方、フランスはバルト海海戦に関して英国ほど熱心ではなかった。もっぱら英国の利益拡大に関連すると思われる戦域にこれ以上のフランス軍を投入することに消極的だったのである。ナポレオン三世にとっては、戦争の檜舞台はあくまでクリミア半島であり、バルト海はクリミア半島へのロシア軍の増強を阻止するための副次的な戦域にすぎなかった。

＊7　英国陸軍はガリポリ遠征に当たって一中隊あたり四人の妻に部隊との同行を許可していた。同行を認められた妻たちは「員数内」の扱いを受け、軍から糧食を与えられて、料理と洗濯を担当した。

第7章 アリマ川の戦い

英仏連合艦隊は縦列の輸送船団を組んで黒海洋上を東進していた。林立するマストはあたかも動く森のようであり、その森の随所から立ちのぼる煙と蒸気が巨大な黒雲となってたなびいていた。「海上に突如として一大工業都市が出現したかのような驚くべき光景だった」とフランス軍の軍医ジャン・カブロルは旗艦ヴィル・ド・フランス号から見た情景を書き残している。そのカブロル軍医の患者だったフランス軍総司令官サンタルノー元帥は今や重篤の病人となっていた。艦上のフランス軍兵士の背嚢には、八日分の糧食として支給された米、砂糖、コーヒー、豚脂、ビスケットなどが詰め込まれていた。さらに、甲板で寝るための大型毛布が一人に一枚ずつ乗船時に配られていた。それに比べて、英国軍兵士の糧食は貧しかった。ヴァルナに駐留していた第五〇歩兵連隊の兵士ジョン・ローズは両親宛に次のように書き送っている。「一番困るのは、金を出してもラム酒が買えないことです。食料の配給は一日につき黒パン一ポンド半と肉一ポンドですが、とても人間の食えるような代物ではありません(1)」

船上の兵士たちは行き先を知らなかった。ヴァルナに駐留していた間も、作戦計画が彼らに知らされることはなかった。そのため、兵士たちの間には、ありとあらゆる噂が飛び交っていた。行き先はチェルケスだという説もあり、オデッサという説も、クリミアという説もあった。確かなことは誰にも分からなかった。地図を持たず、また、ロシアの南部沿岸地方について何ひとつ情報を得ていなかった兵士たちは、海岸線を目にしても、アフリカの海岸を見るのと同じような印象しか持たなかった。遠征というよりも、冒険に満ちた探検旅行という気分だった。無知であるが故に想像力を逞しくした兵士たちの中は、ロシアの「ジャングル」に上陸して熊やライオンを相手に戦うと信じる者もいた。何のために戦うのかも明らかではなかった。フランス軍兵士のひとりが故国に送った手紙には、「ロシア人を打ち負かすため」に戦うとあり、別の兵士の手紙には「神の意志を行なうため」と書かれていたが、それ以上に明確な目的は理解されていなかった。ローズ二等兵の手紙から判断すれば、同盟関係を正確に理解している兵士は多くなかったはずである。ローズ二等兵は、イングランド西部地方の発音の影響からか、綴りの間違いを数多く含む両親宛の手紙で、「現在、海上を航行している。あと四八時間ほどでセバストポールに着くという話だ」と書き送っている。

セバストポールから六マイルほど離れた地点に上陸し、最初はトルコ軍とともにロシア軍と戦うということです。英仏両軍に加えてトルコ軍三万とオーストリア軍［ローズはホーストレア軍と書いている］四万というこちらの陣容を見れば、ロシア軍は武器を捨てて降参するだろうと誰もが言っています。神の配慮ですべてがうまく行き、無事に故郷に戻れたら、戦争のことをもっと詳しく話してあげます。(2)

ヴァルナを出港した時点では、英仏両軍の司令部はクリミア半島のどこに上陸するかを決定していなかった。九月八日、カラドック号艦上のラグラン英国軍総司令官はヴィル・ド・フランス号艦上のサンタルノー仏軍総司令官と協議した（隻腕のラグラン卿はヴィル・ド・フランス号に乗り移ることができず、胃癌に苦しむサンタルノー元帥は病床から起き上がれなかったので、二人の話合いは伝令を介して行なわれた）。面倒なやり取りの末に、ラグラン卿は上陸地点をカラミタ湾とすることを提案し、サンタルノー元帥がこれに同意した。カラミタ湾はセヴァストポリの北方四五キロメートルに位置する長い砂浜の湾である。九月十日、カラドック号はサンタルノーの副官フランソワ・カンロベール将軍を含む英仏両軍の幹部を乗せて、クリミア半島西海岸の偵察活動を行なった。当初、英仏軍はセヴァストポリを急襲して一挙に占領する計画だったが、セヴァストポリから距離のあるカラミタ湾を上陸地点に選んだことで急襲計画は事実上不可能となった。

カラミタ湾への上陸に際しては、ロシア軍から側面攻撃を受ける可能性があった。これを防ぐために、上陸に先立って湾の北方に位置するエフパトリア港を占領することが決定された。エフパトリアはクリミア半島西海岸で唯一投錨に適する港町で、飲み水と食料の供給地でもあった。海上からエフパトリアの町を見ると、その最大の特徴は立ち並ぶ無数の風車だった。交易の拠点であり、クリミア半島の草原地帯で生産される穀物の積出し港として発展したエフパトリアの人口は約九〇〇〇人、主としてクリミア・タタール人、ロシア人、ギリシア人、アルメニア人、それにカライ派のユダヤ人によって構成されていた。町の中心部には、ユダヤ人のための立派なシナゴーグがあった(3)。

エフパトリア占領は英仏連合軍によるロシア領土への初めての上陸作戦だったが、事は滑稽なほど簡単に進んだ。九月十三日の正午、英仏軍の船団がエフパトリア港に入港すると、町の住民たちが埠頭に集まり、屋根に上り、あるいは窓から首を突き出して事の成り行きを見物する中を、市長のニコライ・イワノヴィッチ・カズナチェーエフが主桟橋の先端に立って英仏連合軍の軍使を出迎えた。小柄で白髪のカズナチェーエフは市長であると同時に守備隊司令官であり、港の検疫官も兼ねていたので、制服に勲章をつけて正装し、何人かのロシア軍士官を従えていた。通訳を連れて上陸した軍使は降伏を要求した。エフパトリアには療養中の数人の兵士を除いてロシア軍部隊は駐留していなかったので、カズナチェーエフには英仏連合艦隊に抵抗する手段がなかった。しかし、いささか無意味ながらも、彼は自分の職務を冷静に遂行しようとした。占領軍が検疫所での検疫手続きを経た上で上陸することを要求したのである。翌日、町は少人数の連合軍部隊によって占領された。占領軍は町の住民に身の安全を保証し、物資の徴発に関しては必ず代金を支払うことを約束し、もし住民が町から退去することを希望するなら、そのために二四時間の猶予を設けると布告した。しかし、行政府の役人や地主など、ロシア人を中心とする地域住民の多くはすでに退去した後だった。彼らは英仏艦隊が洋上に姿を見せた瞬間に全財産を荷車に積み込み、ペレコプ地峡を目指して逃れていった。クリミア半島が敵の手で本土から遮断される前に地峡を越えてロシアに戻ろうとしたのである。ロシア人が恐れていたのはクリミアの人口の八〇パーセントを占めるタタール人だった。タタール人にとってロシア人は侵略者だったからである。英仏連合艦隊がクリミア沿岸の沖合に姿を見せた途端、タタール人農民は支配者ロシア人に対して蜂起し、大規模な武装集団を組織して英仏連合軍の侵攻を助け、ペレコプ地峡を目指して避難するロシア人を襲撃した。武装集団は、また、「エフパトリアに設立されたトルコの新政府」の代理人として財産を没収すると称して、略奪を行なった。(4)

クリミア半島沿岸部の全域でロシア人が一斉に避難を開始したために、一種のパニック状態が起きていた。ロシア人に続いて、ギリシア人も避難し始めた。道路は北上する避難民とその荷車、家畜でごった返した。一方、北からペレコプ地峡を通ってクリミア半島に入るロシア軍の増援部隊が避難民の流れに逆らって南下しつつあった。半島の内陸部にある行政の中心地シンフェロポリも、沿岸部から押しかけた避難民で溢れかえっていた。彼らは英仏艦隊の規模について途方もなく大袈裟な話を広めていた。「気が動転して取り乱し、何も手に着かない状態の住民も少なくなかった」とシンフェロポリの住民の一人ニコライ・ミフノは回想している。「人々は、できるだけ早く荷物をまとめて、一刻も早くクリミア半島から脱出しようとしていた……彼らは、英仏軍はシンフェロポリを目指してまっすぐに進んで来ているが、シンフェロポリには応戦するだけの防衛能力がない、と恐ろしげに声を潜めて言いふらしていた」(5)

無防備であるという感覚がパニック状態に拍車をかけた。クリミア駐留ロシア軍の司令官メンシコフは不意を衝かれていた。冬の訪れを間近に控えたこの時期に連合軍が攻撃してくる事態を予想していなかったメンシコフは、クリミア防衛に必要な規模の動員を行なっていなかったのである。ロシア軍は半島南西部の海岸地域に陸軍三万八〇〇〇人と海軍一万八〇〇〇人、さらに、ケルチとテオドシア周辺に一万二〇〇〇人の兵員を配置していたが、それは恐怖に駆られた住民たちが想像する英仏侵略軍の規模を大きく下回る人数だった。シンフェロポリの守備軍は一大隊にすぎなかった。(6)

九月十四日は四二年前の一八一二年にフランス軍がモスクワに入城した記念日だった。この日、英仏連合軍の輸送船団はエフパトリア南方のカラミタ湾に錨を降ろした。一方、さらにその南に位置するアリマ高地にはメンシコフがセヴァストポリへの道路を防衛するために主要部隊を配置していた。メンシコフ軍のコサック連隊に属するロベルト・ホダセーヴィチ大尉はアリマ高地から見た光景を次のように書き残している。

アリマ高地に到着し、命令された配置に着いた。そこからは見たこともない美しい光景が見えた。エフパトリアの海岸線の陸側には複数の塩湖があり、カラミタ湾の沖合には英仏軍の船団が停泊している。夜になると、船のマストに色とりどりのランタンが灯される。これほど多数の船が集まっている光景を目にして、兵士も士官も息をのむ思いだ。海を見るのが初めての兵士たちにとっては尚更である。兵士たちは「見ろ！ 異教徒たちが波の上にモスクワを建てたぞ！」などと言っている。船のマストが聖都モスクワの教会の尖塔に見えたのだ。(7)

まず、フランス軍が上陸を開始した。先陣部隊が砂浜に這い上がり、距離を計測した上で各部隊別の上陸地点を区分するために色分けした天幕を張った。指定された上陸地点を目指して、カンロベール将軍の第一師団、ボスケ将軍の第二師団、皇帝の従弟にあたるピエール・ナポレオン公の第三師団が上陸し、日暮れまでに砲兵隊を含む全フランス軍が上陸を完了した。兵士たちはそれぞれの天幕にフランス国旗を掲げた後、燃料と食料の調達に出かけた。アヒルや鶏を持ち帰るグループがあり、近隣の農場で見つけたワインを水筒に入れて持ち帰るグループもあった。フランス軍士官のポール・ド・モレーヌと彼のスパーイ軽騎兵連隊がロシア上陸の晩に口にした最初の食事には肉もパンもなかったが、「ビスケットとシャンパンはあった。勝利を祝うために取っておいたものだった」。(8)

フランス軍に比べて、英国軍の上陸は不手際と混乱の連続だった。両軍のこの違いはクリミア戦争の全期間を通じてますます鮮明になるであろう。英国軍はロシア軍の抵抗を受けずに上陸する場合を想定していなかった（カラミタ湾の浜辺への上陸には戦闘がともなうと思い込んでいたのである）。そこで、最初に歩兵部隊が上陸した。歩兵部隊が上陸している間、海はまだ穏やかだった。しかし、次に騎兵部隊が上陸を開始する頃になると、風が強まって波が高まり、軍馬の上陸は困難を極める状態となった。すでに上陸を完了していたフランス軍の総司令官サンタルノー元帥は、新聞を手にして浜辺の椅子にゆったりと腰を下ろし、この光景を眺めつつ、苛立ちを募らせていた。英国軍の上陸の遅れによって、セヴァストポリを急襲するという彼の計画は台無しになりつつあった。サンタルノー元帥はナポレオン三世宛に書き送っている。「英国軍には、何事につけ遅れを取るという不愉快な性癖がある(9)」

英国軍の歩兵部隊と騎兵部隊が上陸を完了するまでに五日かかった。兵士の多くがコレラに罹患していたので、ボートから浜辺まで担いで運ばなければならなかった。陸揚げした荷物や装備の運搬手段も用意されていなかったので、現地のタタール人農家から荷車や馬車をかき集めなければならなかった。兵士にはヴァルナを出発する際に支給された三日分の糧食以外には水も食料も支給されなかった。しかも、天幕と背嚢は輸送船に残したままだった。そこで、上陸後の数日間は、風雨を凌ぐ覆いもなく、豪雨と炎天にさらされて過ごすことになった。陸軍軍医のジョージ・ローソンは故国の家族に書き送っている。「毛布と外套以外には何も持たずに上陸した。喉が渇いてたまらなかった。上陸初日は熱暑だった。前の晩に降った雨水を水たまりからすくって飲むしかなかった。水は茶色く濁っており、コップに入れると底が見えなかった(10)」

九月十九日、ようやく英国軍の態勢が整い、連合軍は夜明けとともにセヴァストポリに向けて前進を開始した。フランス軍は右側を、つまり海岸に近い方を進んだ。その青色の制服は英国軍の真紅の上着と好対照のいろどりだった。連合艦隊も、陸上を行く兵士の前進と合わせて、海岸線を南下した。英仏両軍の歩兵部隊は、幅六・五キロ、長さ五キロ弱の密集隊形を組んで前進した。英国軍第二〇連隊の軍楽隊長フレデリック・オリヴァーの日記によれば、「喧騒と活気に満ち溢れた行軍」だった。兵士の隊列とは別に、「騎兵隊、砲兵隊、弾薬輸送隊、騎馬、輜重隊の牛馬、ロバ、ヒトコブラクダの群れ、ヒツジ、ヤギ、牛馬の大群が列をなして進んだ。家畜は徴発隊が近隣の農家から集めたものだった」。太陽がじりじりと照りつける昼ごろになると、隊列が乱れ始めた。喉の渇きに耐えかねた兵士が地面に座り込んで動かなくなり、あるいは、水を求めて隊列を離れ、道路沿いのタタール人の村に入り込んだ。カラミタ湾から一二キロほどの距離に位置するブルガナク川に到達したのは、午後も半ばを過ぎた頃だった。川を目にした途端、規律は完全に崩壊してしまった。英国軍の兵士たちは隊列を乱して川の流れに身を投じ、泥水をすすって渇きを癒した。[11]

その時、ブルガナク川の対岸の斜面にロシア軍が初めて姿を現わした。川岸から南に向かってせり上がる斜面を駆け下って来た約二〇〇〇騎のコサック騎兵部隊が、すでに川を渡っていた英国軍第一三軽騎兵連隊の偵察部隊を襲撃し、射撃を加えてきた。英国陸軍の華と謳われていた軽騎兵連隊は数の上では二分の一だったが、コサック部隊に向けて突撃する態勢に入った。しかし、コサック部隊の背後に大規模な歩兵部隊が控えていることを見て取ったラグラン総司令官は退却を命じた。ロシア軍歩兵部隊の存在は斜面の一番下にいた騎兵隊指揮官のルーカン伯爵とカーディガン伯爵からは見えなかった。英国軽騎兵部隊は後退し、コサック部隊は退却する敵を嘲り笑ってさらに射撃を続け、英国側に数人の負傷者が出た。[*1] その後、コサック部隊は南のアリマ川まで後退した。ロシア軍はアリマ川南岸の高地に防衛陣地を築いていたのである。ブルガナク川の小競り合いは英国の軽騎兵連隊にとって屈辱的な出来事だった。みすぼらしい格好のコサック部隊の攻撃を受け、味方の歩兵部隊の眼の前で、戦わずして敗走したのである。貧しい労働者と農民の出身者が大多数を占める歩兵部隊は、優雅な制服を身に着け、快適に騎馬を走らせる騎兵部隊が面目を失ったことに悪意ある喜びを感じていた。ある二等兵は家族宛の手紙に書いている。「いい気味だった。孔雀のように着飾った連中にはいい薬になっただろう[12]」

英国軍はブルガナク川を渡ってその南岸の高地を占領し、そこに野営した。野営地からは、南に五キロ離れたアリマ高地に集結しているロシア軍の様子を見ることができた。翌朝になれば、英国軍は高地から谷間に下り、アリマ川の対岸で待ち構えるロシア軍と衝突することになるであろう。

ロシア軍の司令官メンシコフ将軍は陸上兵力の大半をアリマ高地の防衛に振り向ける方針だった。メンシコフ軍は九月十五日にセヴァストポリに入って防御を固めつつあったが、そのセヴァストポリへの敵の接近を防ぐための最後の天然の要害がアリマ高地だったからである。しかし、将軍は英仏軍がその第二陣をケルチまたはテオドシアに上陸させる事態を恐れていた(ニコライ一世も同様の危惧を抱いていた)。そのため、大規模な予備兵力をケルチまたはテオドシア方面の作戦のために残しておく必要があり、結果として、アリマ高地に動員できる兵力は三万五〇〇〇にとどまった。英仏軍の六万を大きく下回る兵力だった。しかし、アリマ高地を支配していることは決定的に優位な条件であり、さらに一〇〇門以上の大砲も配備済みだった。セヴァストポリに通ずる街道は海岸から四キロの地点でアリマ川と交差するが、その街道を見下ろす数ヵ所の高台に防塁を築き、そこに重砲を配置していた。ただし、海岸線に面する崖には砲は配置されていなかった。崖は非常に急峻なので海岸線から敵が侵入することはあり得ないというのがメンシコフの判断だった。ロシア軍は着々と準備を整えつつあった。アリマ高地に近いブルリューク村からタタール人農民を強制退去させ、家々からベッド、ドア、板切れ、木の枝などを徴発して高地に運び上げ、俄か作りの宿舎を建てた。そして、農民が放棄した農場から葡萄を徴発して貪り食った。空き家になった農家には乾草と麦藁を詰めて、敵軍がやって来たら火をつける構えだった。ロシア軍の指揮官たちは少なくとも一週間はアリマ高地を守ることができると確信していた。メンシコフはその六倍の六週間、高地を維持することを皇帝に約束していた。六週間あれば、セヴァストポリの防御を強化するために貴重な時間を稼ぐことができるだけでなく、作戦全体を冬季に持ち込むことができる。冬こそはロシアが侵略軍と戦う際の最大の味方だった。ロシア軍の士官の大半は勝利を確信していた。彼らは英国兵が勇敢なのは植民地で「野蛮人」を相手に戦う時だけだと言って嘲笑し、一八一二年の勝利を想起して乾杯し、フランス軍を海に追い落とすと息巻いていた。メンシコフも自信満々だった。セヴァストポリから貴婦人たちをアリマ高地に招いて観戦させる予定を組んでいたのもその自信の表れだった[13]。

しかし、ロシア軍の兵士たちは司令官ほど自信に満ちていなかった。ロシア軍に勤務していたドイツ人軍医フェルディナント・プフルークによれば、「兵士たちは皆、翌日の戦闘は敗北に終わるだろうと思っている様子だった」[14]。ヨーロッパの主要国の軍隊と戦った経験のある兵士はほとんどいなかった。海岸線からすぐの沖合には、敵の大艦隊が錨を下ろし、砲門をこちらに向けて英仏の地上軍を援護する構えだった。それを見ただけで、兵士たちは戦う相手が自分たちよりもはるかに強大であると感じていた。上級指揮官たちの多くは、ナポレオン戦争の勝利の記憶を呼び起こすことができたが、実戦経験のない若い兵士たちには、頼りになるような思い出はなかった。

会戦前夜の兵士の誰もがそうであるように、兵士たちは内心の恐怖を戦友に悟られないように努めていた。日中の炎暑が一転して、寒さが身にしみる夜となった。敵味方の兵士たちがともに翌朝の戦闘に備えて覚悟を固めつつあった。多くの兵士にとっては、これが人生最後の晩になろうとしていた。兵士たちは火を起こし、食事を作り、そして待った。大半の兵士がほとんど何も食べなかった。ある者はいつも通りにマスケット銃の掃除をし、ある者は家族に手紙を書いた。多くの兵士が祈りを捧げた。ロシア正教の暦では、翌日は聖母マリアの誕生を祝う祝祭日だった。聖母マリアの加護を求める祈禱が行なわれた。焚火を囲んで座り、夜遅くまで話し込むグループがここかしこに見られた。年輩の兵士が若い兵士たちに過去の戦争の話を聞かせた。酒を飲み、煙草を吸い、冗談を言い合い、つとめて平静を装っていた。時々、兵士たちの歌声が高原に響き渡った。セヴァストポリ街道に設営されたメンシコフ将軍の幕営にも、タルチンスキー連隊の軍楽隊の演奏する音楽と兵士の合唱が聞こえてきた。兵士たちはゴルチャコフ将軍の作った歌を深い低音で歌っていた。

生きるに値するのは
常に死を覚悟する者だけだ。
ロシア正教の戦士たちよ、
躊躇うことなく敵を撃ち滅ぼせ。
フランス人も、イギリス人も何するものぞ。
ましてや愚かなトルコの輩よ。
出てこい、異教徒ども。
目に物見せてやる。
目に物見せてやる。

暗い夜空に満天の星が輝く頃、焚火は燃えかすとなり、話し声もしだいに止んだ。兵士たちは身体を横たえて眠ろうとしたが、実際に眠りについた者は少なかった。高地と渓谷を包む不気味な静寂を破るのは、無人となった村の中をうろつく飢えた犬の吠え声だけだった[15]。

ホダセーヴィチ大尉は朝の三時になっても眠れなかった。まだ暗かった。ロシア軍の露営地では兵士たちが「ブルリューク村からの略奪品を燃やした巨大な焚火の周りに集まっていた」。

しばらく経って、私は高台へ登ってみた（私たちの大隊は谷間に宿営していた）。敵軍の宿営地を一目見てやろうと思ったのだ。だが、見えるのは焚火の明かりだけで、時々、明かりが遮られるのは人影がその前を横切るからのようだった。すべては静かだった。戦闘の前夜とは思えなかった。敵味方の両軍が、いわば、枕を並べて眠っていたのだ。夜が明けたら、そのうちの何人が、そして誰が、戦陣に散ることになるのか、それは誰にも分からないが、心にひらめく予感があった。私もその一人ではないのか(16)?

午前四時、フランス軍陣地に動きがあった。兵士たちがコーヒーを沸かし、ロシア軍をひとひねりすることについて冗談を言い合っているところへ、背嚢を背負って整列せよとの命令が伝えられた。第二二連隊の大尉が兵士に呼びかけた。「よく聞け! 諸君はフランス人か、それともフランス人ではないのか? 今日、第二二連隊はその名を轟かせる働きをしなければならない。さもなければ、諸君はただのろくでなしだ。一人でも後れを取る者がいたら、このサーベルではらわたを貫いてやる。整列! 右へならえ!」。ロシア軍の陣地でも兵士たちが夜明けとともに起床し、上官の言葉に耳を傾けていた。「諸君、今こそ待ち望んでいた時が来た。ロシアの地を汚してはならない。敵軍を撃退し、父なる皇帝の期待に応えよう。そうすれば、勝利の栄冠とともに故郷に帰ることができる」。午前七時、ロシア軍陣地では聖母マリアの加護を求める祈りが唱えられ、従軍司祭がイコンを掲げて兵士の列の間をめぐった。兵士たちは深く頭を下げて十字を切り、祈りを捧げた(17)。

午前半ば、連合軍は平坦部に出て集結を開始した。セヴァストポリ街道の左手の内陸側を英国軍が進み、右手の海側をフランス軍とトルコ軍が前進することになった。フランス軍とトルコ軍の最右翼は海岸線の崖に近いところを進むことになった。天気は快晴、太陽が眩しく照りつけていた。無風だった。ロシア軍が陣地とした高台のひとつテレグラフ・ヒルには、メンシコフに招かれた晴れ着姿の見物人たちがすでに馬車で到着していた。そのテレグラフ・ヒルからは、英国兵とフランス兵の制服の色の違いをはっきりと見分けることができた。耳をすませば、鼓手の打ち鳴らすドラムの音、喇叭とバグパイプの響き、金属のぶつかり合う音、馬の嘶きさえも聞こえてきた(18)。

ロシア軍は自軍の陣地から一八〇〇メートルの地点に射程の限界を示す標識棒を立てていた。連合軍がその標識棒まで前進してきた時点で、ロシア軍の大砲が火を噴いた。しかし、英仏軍はアリマ川に向かって前進を続けた。前日に合意した計画では、両軍は前線に広く散開して同時に前進し、まず、左手の内陸側から敵に側面攻撃をかける予定だった。しかし、最後の瞬間になって、ラグラン総司令官は英国軍に停止を命じた。その間にフランス軍は戦線の右翼を突破して前進し続けた。ラグラン卿は英国軍部隊に地面に伏せるよう命じた。そこはすでにロシア軍の射程内だったが、必要なら川岸まで突進できる位置だった。英国軍は午後一時一五分から二時四五分まで一時間半も地面に伏せて待機していた。その間、ロシア軍の砲撃を受けて多数の死者が出た。ラグランの優柔不断がもたらすことになる驚くべき失策の最初の例だった(19)。

英国軍が地上に身を横たえている間に、ボスケ将軍のフランス軍師団は海側のコースを進んでアリマ川の川岸に到達した。対岸で彼らを待っていたのは、アリマ高地まで続く標高差五〇メートルの急峻な斜面だった。メンシコフは、この地形があまりに急峻なので、砲兵隊による防御は不必要と判断していた。ボスケ師団の先頭はズアーヴ連隊だった。ズアーヴ連隊の大半はアルジェリアで山岳戦を経験した北アフリカ出身の兵士だった。彼らはアリマ川の岸辺に到達すると背嚢を地面に置き、身軽になって川を泳ぎ渡った。そして、樹木の茂みに巧みに身を隠しつつ素早く崖をよじ登った。木の枝を伝わって崖を昇る猿にも似た敏捷な身のこなしはロシア軍を驚かした。斜面を登りきったズアーヴ兵たちは岩や灌木の陰に潜み、ロシア軍の最前線を守っていたモスクワ連隊の兵士を一人ずつ狙い撃ちしながら後続部隊の到着を待った。最初の後続部隊として現場に到着したフランス人士官ルイ・ノワールの回想によれば、「ズアーヴ部隊の兵士たちは非常に巧妙に身を隠していたので、よく訓練された指揮官でも彼らの所在を確認することができなかった」。ズアーヴ部隊の行動に勇気づけられて、フランス軍は続々と急斜面をよじ登った。歩兵だけでなく、砲兵隊も一二門の大砲を引き上げた。大砲を引く馬が岩だらけの斜面を嫌うと、兵士たちはサーベルの腹で馬を叩いて励ました。フランス軍の大砲が到着したのは、メンシコフが慌てて歩兵と砲兵の増強部隊を戦線中央部から左翼に回したのとほとんど同時だった[20]。

戦況は明らかにロシア側に不利だった。ロシア軍の砲兵部隊が前線の左翼に到着した時には、フランス軍のボスケ師団とトルコ軍の大半がすでに斜面を登り切っていた。ロシア軍の大砲二八門に対して、フランス軍の大砲は一二門にすぎなかったが、ロシア軍の大砲に比べて口径が大きく、射程も長かった。フランス軍は小銃部隊を使ってロシア軍の砲兵隊を一定の距離以内に近づかせない戦術を取った。フランス軍側の大砲だけが威力を発揮し得る距離を維持するためだった。優位に立ったことを感じたズアーヴ兵の一部は興奮してポルカを踊り始めた。ロシア軍の砲弾が届かないことを知った上で敵を嘲る行為だった。一方、海上の英仏連合艦隊も高台のロシア軍陣地への砲撃を開始した。艦砲射撃はロシア軍の兵士と士官の士気を大いに挫いた。ロシア軍の砲兵部隊が到着した時には、モスクワ連隊はズアーヴ部隊の激しい銃火を浴びて退却を始めていた。ズアーヴ部隊のミニエ銃はロシア軍歩兵の旧式マスケット銃に比べて射程距離も精度も格段に優れていた。ロシア軍の左翼を指揮していたV・I・キリヤコーフ中将は滅多に素面《しらふ》でいたことのない人物で、ロシア帝国陸軍の中で最も無能な指揮官として知られていた。キリヤコーフはこの日もシャンパンの瓶を片手に現れ、ミンスク連隊に対してフランス軍への射撃を命令したが、彼が射撃を命令した標的はフランス軍ではなく、実は味方のキエフ騎兵連隊だった。キエフ騎兵連隊は味方からの砲火を浴びて壊滅した。酔っぱらいの指揮官への信頼を失い、フランス軍のミニエ銃の狙いの正確さに恐れをなしたミンスク連隊は退却を開始した(21)。

戦線の中央部では、カンロベール将軍とピエール・ナポレオン公のフランス軍師団が正面にそびえるテレグラフ・ヒルからのロシア軍の砲撃を受けて、アリマ川の北岸に釘付けになっていた。ピエール・ナポレオン公はロシア軍の圧力を分散するために、左手に位置する英国軍のド＝レイシー＝エヴァンズ将軍に対して前進を要請した。ラグラン総司令官はフランス軍の攻撃が成功するまでは英国軍を動かさない方針を貫いて、ド＝レイシー＝エヴァンズ将軍に対してフランス軍の要請には従わないよう指示したが、ついに周囲の説得に応じて前進命令を出した。午後二時四五分、軽騎兵師団、第一師団、第二師団の歩兵部隊に前進命令が出たが、それ以上の具体的な指示はなかった。いかにもラグラン卿らしい曖昧な命令の出し方だった。英国軍総司令官の思考様式は過去のナポレオン戦争時代の観念のままでとどまっており、固定した陣地に対する歩兵部隊の直接攻撃という戦術から一歩も出ていなかった。

地面に伏せていた英国軍兵士たちが立ち上がると、葡萄畑に潜んでいたコサック部隊の斥候兵がブルリューク村の民家に火を放って英国軍の前進を止めようとした。しかし、実際には、火災の煙があたりに立ち込め、ロシア軍の砲撃から英国軍を守る役割を果たした。英国軍歩兵部隊は小銃の射撃効果を最大限に発揮するために、細い横列をつくって前進した。ただし、指揮官の指揮がよっぽど有効でないかぎり、起伏の激しい斜面を進む兵士たちがこの隊形を維持することは困難だった。煙の中から細い赤い線となって現れた英国軍の隊形はロシア軍を驚かした。コサック部隊のホダセーヴィチ大尉は回想している。「敵は何とも風変わりな隊形で進んできた。二列横隊で進んでくる歩兵部隊など見たことがなかった。あのような脆弱な隊形で頑強なロシア軍の隊列に攻撃をかけるだけの士気の高さを英国軍の兵士が維持できるとは考えられなかった」

炎上するブルリューク村や葡萄畑を通過する時には、英国軍も横隊の隊形を維持することができなかった。一頭のグレーハウンド犬がウサギを追って兵士たちの周りを駆け回っていた。少人数のグループに分かれた英国兵はブルリューク村と葡萄畑からロシア軍の斥候部隊を追い出しつつ前進した。ダービーシャー連隊の兵士ブルームフィールドは回想している。「目前のロシア軍斥候兵を排除しながら前進した。斥候兵の中には逃れようとして木に登り、そこから狙い撃ちして来る者もあった。上から打つ方が明らかに有利だが、我々も樹上の敵を見つけて撃ち落とした。落ちてくる敵の兵士の足や衣服の端が枝に引っかかって何時間もぶら下がったままになっている場合もあった」。アリマ川に近づいた英国兵はロシア軍の射程内に入った。撃たれた兵士は声も発せずに倒れ、隊列はそのまま前進を続けた。歩兵師団の司令官だったジョージ・ブラウン中将は回想している。「最も驚くべきは、兵士たちが黙って死んでいく様子だった。兵士たちは声も立てず、何事もなかったかのように倒れ、反転し、隊列から消えて行った。小さな弾丸がその目標に命中したことは明らかだが、その結果は不思議な沈黙でしかなかった。倒れた兵士は地面に倒れ、我々は彼らを残して前進した」(22)

英国軍の兵士たちは猛烈な砲火にさらされつつ、アリマ川の北岸に到達し、三々五々集合して背から背嚢を下ろした。川の水深は不明だった。浅い場所を見つけた兵士たちは小銃と弾薬袋を頭上に捧げて渡渉を始めた。背の立たない場所では泳ぎ渡るしかなかった。急流に呑まれて溺れる者もいた。その間も、ロシア軍の砲撃は絶え間なく続いた。土塁の陰に設置された一四門とアリマ川にかかる橋の両側の二四門の大砲から発射されるブドウ弾と榴散弾が渡河中の英国軍に浴びせかけられた。ダービーシャー連隊の兵士ブルームフィールドがアリマ川の橋近くに到達した時には、「川面は血で赤く染まっていた」。川面に隙間なく浮かぶ死体を掻き分けて水の中に入るだけの勇気を持たない兵士も少なくなかった。彼らは川の堤にしがみついたまま、動けなくなっていた。馬上の士官たちが川岸を早駆けで往復し、兵士たちに泳ぎ渡るよう督励した。時にはサーベルを振りかざして威嚇する士官もいた。アリマ川を渡りきった時点で、部隊はすべての規律を喪失した。中隊や連隊の区分は崩壊し、さっきまで二列横隊の隊形を守っていた兵士たちは、混乱した烏合の衆となってしまった。ロシア軍は高地の頂上付近にある大要塞の両側から斜面を下り始め、斜面の底の川岸に停滞する英国軍目がけて射撃を加えてきた。英国軍側では騎馬の士官が兵士の周りを早駆けで走り回り、隊列を立て直そうとしていた。しかし、渡河で疲れ果てた兵士たちにとっては無理な相談だった。兵士たちは丘の上から狙われない堤の陰に隠れたままだった。中には座り込んで水筒の水を飲む者、パンと肉を取り出して食べ始める者もあった。

軽騎兵師団第一旅団の司令官だったウィリアム・コドリントン将軍は、この危険な状況を打開するために、必死で兵士の隊列を立て直そうとしていた。アラブ種の白馬に拍車を入れて、丘を駆け上がった少将は歩兵の集団に向かって怒鳴った。「銃剣を着けよ！　堤から出て前進攻撃せよ！」。間もなく、コドリントン旅団は連隊の区分を失ったまま密集集団となってクルガン・ヒルを登り始めた。旅団の下級指揮官たちは隊列の立て直しを諦め（もうその時間はなかった）、「ともかく前進せよ」と兵士を督励した。斜面の開かれた部分に到達すると、大半の兵士が五〇〇メートル先にある大要塞のロシア軍の大砲目がけて叫び声を上げて突進した。ロシア軍の砲手たちは二〇〇〇人の英国兵が暴徒の群れのように斜面を駆け登ってくる光景に目を見張った。格好の標的だった。突進した先頭部隊は大要塞前の塹壕に到達し、一部の兵士は胸墻をよじ登り、別の兵士は砲身の狭間から要塞内に潜り込もうとした。ロシア軍は急ぎ砲身を引っ込め、小銃と剣で応戦した。数分のうちに大要塞の内部は大混乱となり、胸墻の上でも戦闘が始まった。歓声とともに英軍の軍旗が翻り、ロシア軍の大砲二門が鹵獲された。

しかし、さらに上の高台に控えていたロシア軍の中から、ウラジーミルスキー連隊の四大隊約三〇〇〇人が突如として大要塞になだれ込んだ。クルガン・ヒルからも激しい砲撃が始まった。銃剣を着けたロシア軍歩兵部隊は「ウラー」と叫んで一斉に要塞に突入し、英国軍を追い払い、斜面を下って後退する英国軍に追い討ちの射撃を加えた。英国軽騎兵師団は戦線を立て直して反撃に出ようとしたが、その時、突然、思いがけなくも「戦闘停止」を告げる喇叭が響き渡った。すぐにすべての連隊で「戦闘停止」の喇叭が繰り返された。英国軍は混乱しながらも数分間射撃を中止した。決定的な数分間だった。後に分かったことだが、英国軍のある士官が突入して来るロシア軍をフランス軍と取り違えて部下に射撃停止を命令したのだった。間違いが判明し、再び戦闘命令が出た時には、ウラジーミルスキー連隊のロシア兵が優位を確保し、じりじりと斜面を下って前進して来ていた。英国軍は辺り一面に死者と負傷者を残して後退した。そこへ本物の退却喇叭が響いた。軽騎兵師団の兵士たちは算を乱して斜面を敗走し、川岸の避難場所に逃げ込んだ。

英国軍の突撃が失敗に終わった理由は、支援の第二波攻撃が行なわれなかったことにあった。軽騎兵師団を支援するための近衛旅団の前進をケンブリッジ公が押し止めていたのだが、それは、ラグラン総司令官から何の命令も出ていなかったからである（ラグラン卿が犯した失態のもうひとつの例だった）。近衛旅団の右手に位置していたド゠レイシー゠エヴァンズ将軍がラグラン卿からの命令のように見せかけて、ケンブリッジ公に前進命令を伝えた。その時、ラグラン卿がどこにいたのか、その所在を知る者はいなかった。*2

近衛歩兵旅団を構成していたグリネディアー連隊（近衛歩兵第一連隊）、フュージリアー連隊（ハイランド連隊）、コールドストリーム連隊（近衛歩兵第二連隊）の三連隊がアリマ川を渡渉した。近衛歩兵の赤い上着と黒の毛皮帽が川を渡る光景は実に印象的だった。しかし、渡河には成功したものの、兵士たちが南岸で隊列を組み直すには長い時間がかかった。ハイランド歩兵旅団司令官のコリン・キャンベル卿は、手際の悪さにしびれを切らして、直ちに前進するよう命令した。銃剣による突撃の効果を固く信じていたキャンベル卿は「ロシア軍との距離が一ヤード以内になるまでは」小銃を発射しないように命じていた。いち早く渡河していたフュージリアー連隊が真っ先に斜面を駆け上がって突進した。軽騎兵師団が犯した過ちを繰り返したのである。その軽騎兵師団はロシア軍の歩兵に追撃されて斜面を駆け下ってくるところだった。両グループの兵士が途中で真っ向から交差した。衝突の影響を大きくこうむったのはフュージリアー連隊の方だった。ぶつかって倒れる兵士が続出し、辺り一面に毛皮帽がころがった。敗走するグループが通り抜けた後で、態勢を立て直した時、歩兵師団の兵力は半分程度に減っていた。彼らは混乱状態で大要塞を目がけて走り続けた。この混乱の中に二十三歳のヒュー・アンズリー少尉がいた。少尉はその場面を次のように回想している。

突然、ロシア軍が大要塞の前に戦列を敷いて激しく撃ってきた。次に、ロシア軍第二三連隊が集団隊形をつくって斜面を下り、我々に襲いかかった……私は「近衛歩兵部隊、前進せよ！」と叫び続けた。塹壕まで三〇ヤードから四〇ヤードまで迫った時、マスケット銃の銃弾が私の頰を貫通した。一巻の終りかと思った時、副司令官が拳銃を片手に騎馬で登って来て退却命令を伝えた。私は川に向かって全力で斜面を駆け下った。ロシア軍の銃撃はますます激しくなった。私は二発目の銃弾を受けるに違いないと思った。斜面を半分ほど駆け下ったところでつまずいて倒れた。てっきり撃たれたと思ったが、立ち上がることができた。さらに走り続けた。転んだ時にサーベルと毛皮帽を失くしていた。ついにアリマ川の岸辺に着き、土手の陰に逃げ込んだ。そこにはすでに多数の兵士が避難していた。

アンズリー少尉は重傷だった。弾丸は左の頬から入って口の右端から抜けたと思われたが、その際、二三本の歯と舌の一部が失われた。少尉の周囲には敗走してきた連隊の兵士たちがひしめいていた。彼らは繰り返し伝えられる前進命令を無視して、その後の戦闘の間ずっと堤の陰に隠れたままだった。(23)

フュージリアー連隊が退却した後の間隙を埋めるために、残りの二連隊(グリネディアー連隊とコールドストリーム連隊)に前進命令が下った。しかし、二連隊は斜面を駆け上がれという前進命令を無視し、その代わりに、二〇〇〇人の近衛歩兵が独自の判断で横列を組み直し、ロシア軍歩兵部隊に向けてミニエ銃による一斉射撃を行なった。一斉射撃は一四回繰り返されたが、その威力は機関銃六基による掃射に相当した。ロシア軍歩兵部隊は茫然自失のうちに折り重なって地面に倒れ、生き残った兵士たちは斜面を駆け上がって退却した。近衛歩兵連隊は、銃剣を着けて突撃せよという指揮官の命令を無視して、画期的な新戦法を編み出したのである。射程距離の長いミニエ銃による一斉射撃というこの戦法はクリミア戦争初期のすべての局面で決定的な威力を発揮することになる。ミニエ銃は最新兵器だった。大多数の連隊は、クリミアへの動員の途中で初めてミニエ銃を支給され、大急ぎで速成の操作訓練を施されたばかりのところだった。その時点では、ミニエ銃の戦術上の意義はまだ理解されていなかった。ロシア軍のマスケット銃や大砲の射程よりもはるかに遠い距離から正確に目標を倒すことのできるミニエ銃の殺傷能力は、アリマ川の戦闘での近衛歩兵部隊の自発的な戦闘行動を通じて初めて明らかになったのである。ロシア軍工兵総監のエドゥアルト・トートレーベン伯爵はその

『クリミア戦争史』の中でミニエ銃の威力に接した時の衝撃を次のように回想している。

英国軍歩兵部隊は、上官の命令を待つまでもなく、躊躇せずに狙撃手としての任務を遂行した。自分たちが手にしている銃の命中率の高さと射程距離の長さを確認した英国兵たちは、自信を持って一斉射撃を開始した……我が軍のマスケット銃の銃弾は三〇〇歩以上離れた敵には届かなかったが、英国兵のミニエ銃は一二〇〇歩の距離から我々を狙って撃ってきた。ミニエ銃の優越性を知った敵は接近戦を避けた。我が軍の部隊が前進して攻撃するたびに、敵は一定の距離を保って後退し、そこから恐るべき精度で一斉射撃を加えてきた。攻撃を敢行するたびに、我が軍の損害が拡大した。敵の圧倒的な弾幕を突破することは不可能だった。結局、我が軍は敵に到達する前に退却を余儀なくされた。

高台に布陣していたロシア軍歩兵部隊と砲兵部隊は、塹壕を掘っていなかった。そのため、命中率の高い英国軍のミニエ銃による攻撃から身を守る術がなかった。陣地を維持することは不可能だった。英国側では、近衛歩兵部隊の右翼に位置していたド＝レイシー＝エヴァンズ将軍の第二師団が銃撃に加わった。第二師団の第三〇連隊は川岸にとどまっていたが、そこからロシア軍砲兵部隊の砲手たちの姿を見ることができた。第三〇連隊のミニエ銃による射撃を受けたロシア軍砲兵部隊は、どこから銃弾が飛んでくるのかを確かめる間もなく、陣地を放棄して退却せざるを得なかった。ロシア軍の歩兵部隊と砲兵部隊が退却するのを見て、英国軍は敵軍の死傷者を踏み越えつつ、ゆっくりと斜面を登って前進した。ダービーシャー連隊の兵士ブルームフィールドは書いている。「地面に倒れていたロシア軍の負傷兵たちが口々に何か叫んでいた。水を求めていたのだ。私の属する中隊の戦友の一人がロシア軍の負傷兵に水を与えた。戦友が通り過ぎて背を向けると、そのロシア兵は肘をついて半身を起こし、水をくれた英国兵にマスケット銃を向けて発射した。弾丸は頭をかすめた。戦友はすぐに駆け戻ってロシア兵の胸を銃剣で突いた」。午後四時、英国軍は四方八方からロシア軍陣地に迫っていた。左翼に位置していた近衛歩兵部隊はクルガン・ヒルに到達し、そこに踏みとどまっていた最後のロシア軍部隊を制圧しつつあった。残りの近衛歩兵部隊とコドリントン将軍の軽騎兵部隊は大要塞に迫りつつあり、第二師団はセヴァストポリ街道を攻め登っていた。アリマ川下流から高台に至る急斜面はフランス軍の支配下に入っていた。勝敗の帰趨はすでに明らかだった(24)。

敵軍が接近するのを見て、ロシア軍陣地ではパニックが始まっていた。射程距離の長い英国軍の小銃による一斉射撃の威力の大きさは誰の目にも明らかだった。正教の司祭たちが隊列の間を回って祝福を与え、兵士たちは熱を込めて祈りを捧げる一方、士官の一部は騎乗して走り回り、革紐の鞭を振るって兵士を突撃させようとしていた。しかし、ロシア軍の指揮系統はすでに破綻していた。コサック部隊のホダセーヴィチ大尉は回想している。「次に何をすべきなのか、どこからも指示が来なかった。戦闘は五時間以上続いていたが、その間、師団長の将軍はおろか、旅団長の准将も、連隊長の大佐さえも、姿を見せず、声も聞こえなかった。前進するのか、退却するのかについても、何の命令もなかった。退却する際にも、右へ下がるのか、左に下がるのか、誰も知らない状態だった」。酔っぱらいの司令官キリヤコーフ中将はアリマ高地の左翼のロシア軍に対して退却命令を出したが、その時点で臆病風に吹かれたのか、自分自身は姿を消して数時間行方不明になっていた（後に地面の窪みに隠れている所を発見された）。アリマ高地からの退却作戦は下級指揮官たちが担わなければならなかった。「部隊の規律を維持することはきわめて困難だった」とホダセーヴィチ大尉は回想している。大尉は「隊列を最初に乱す者は俺がたたき切る」と言って兵士を脅迫せざるを得なかった。その脅迫は一度ならず実行された。
どこへ向かって退却すべきかの指示もないまま、ロシア軍の兵士たちはともかく敵から遠ざかろうとして右往左往し、丘を駆け下りて谷間に逃げ込もうとしていた。騎乗した士官たちは、パニック状態で逃げ惑う兵士を止めようとして鞭を振るい続けた。牛の群れを駆り集めるカウボーイに似ていた。しかし、兵士たちは指揮官のやり方に我慢できなくなっていた。ホダセーヴィチ大尉は二人の兵士の会話を耳にしている。

兵士一　ほら見ろ。戦闘中、士官のお偉方たち雲隠れして姿を見せなかったが、今になって、小悪魔のようにうじゃうじゃ顔を出して、「静かにしろ！　歩調を整えろ！」などと怒鳴りまくっている。
兵士二　お前は例によって文句ばかりだ。ポーランド人のように文句ばかり言っていると神様の罰が当たるぞ。生きていられるだけでもありがたいと思えよ。
兵士一　いつもながらお前はいい加減なことを言う奴だ。いちど鞭で打たれれば思い知るだろう。

ホダセーヴィチは、また、ロシア軍陣地の無秩序と混乱について語り、素面《しらふ》とは言えない士官たちについて語り、「敵の騎兵隊が迫って来て、負傷して逃げ遅れたロシア兵の頭上にサーベルを振り下ろす様子を、高地の部隊の二列目から見ていた時の恐怖の一〇分間」について語っている。(25)
ロシア軍が戦闘に敗れたのは、英国軍のミニエ銃の性能の高さの故だけではなかった。結局のところ、ロシア軍の敗北の最大の原因は、兵士が戦意を喪失したことにあった。アルダン・デュ・ピークはアリマ川の戦闘を経験したフランス軍の軍人を対象にアンケート調査を行ない、その結果を分析して軍事理論を組み上げたが、その理論によれば、近代戦において勝敗を分ける決定的な要因は兵士の士気を維持できるかどうかだった。デュ・ピークによれば、敵味方がともに大集団として対峙する場合、実際に物理的な衝突に至ることはむしろ稀である。なぜなら、衝突しようとする最後の瞬間にどちらかの集団が戦意を喪失して敗走するのが常だからである。戦場で最も重要なのは軍規を維持できるかどうか、すなわち、兵士を掌握し、恐怖心による逃亡を抑制する能力が指揮官にあるかどうかである。戦場で兵士が命を失う危険が最大になるのは、敵に背中を向けた時である。したがって、指揮官の最も重要な任務は兵士の恐怖心を抑制することにある。その任務を達成するために、指揮官は自分の権威を高め、兵士たちの間に連帯感を築き上げる必要がある。

兵士を命令に服従させ、次に取るべき行動の内容を理解する能力を得させるためには、規律感覚を植えつけなければならない。すなわち、上官を尊敬し、信用すること、戦友を信頼すること、戦友を見捨てた場合の譴責と報復を恐れること、戦友に伍して行動する勇気を持つこと、要するに、連帯意識を持たせなければならない。連帯意識を育てるのは組織である。四人の兵士が連帯すればライオンをも倒すことができる。

二十世紀の軍事理論の中心テーマとなる士気の問題をデュ・ピークに初めて気づかせたのは、アリマ川の戦闘を経験した兵士から一八六九年に届いた手紙だった。その兵士は彼の上官である中隊指揮官の決定的に重要な行動をデュ・ピークに報告している。その少し前、大隊司令官が喇叭手に退却喇叭を吹かせたために、フランス軍は混乱に陥っていた。ロシア軍の騎兵部隊が突撃してくると誤解して慌てた大隊司令官が退却を命じたのである。中隊指揮官はこの混乱に終止符を打ち、部隊を立て直した。

幸いにも、中隊指揮官のダゲール大尉は沈着冷静だった。大尉は退却喇叭が重大な誤りであることを見て取ると、大音声で「前進せよ！」と命令した。この一声で退却の流れは止まり、我々は再び攻撃に移った。この攻撃によってフランス軍は敵を圧倒し、戦闘は勝利に終わった。二次攻撃を受けてロシア軍は戦列を乱し、銃剣を交えることもなく敗走した。大隊を指揮していた少佐は誤解から退却喇叭を吹かせて事を台無しにするところだったが、ひとりの大尉の「前進せよ！」の一声で勝利が決まったのである。(26)

戦闘の勝敗は、午後四時半にはすでに決していた。ロシア軍の大半は指揮系統を失い、行き先も行動方針も知らないまま、小グループに分かれて、カチャ川を目指して退却していた。多くの兵士はその後何日間も自分の連隊に巡り合うことができなかった。フランス軍はテレグラフ・ヒルの頂上付近でメンシコフ将軍の馬車を鹵獲した。コサック部隊が運び去ろうとして放棄したものだった。馬車の中には野戦用の調理道具、皇帝からの手紙、五万フランの現金、フランス語のポルノ小説、メンシコフ将軍の軍靴、婦人用の下着などが残っていた。馬車の周囲には、セヴァストポリから観戦に訪れていた見物人たちが残したピクニック用品、パラソル、双眼鏡などが散乱していた。(27)

戦場は負傷者と死者で埋め尽くされた。この日の死傷者は英国軍二〇〇〇、フランス軍一六〇〇、ロシア軍五〇〇〇と言われているが、正確な数字は確定できない。放置されたまま収容されなかった死傷者が多かったからである。英国軍は丸二日をかけて負傷者を収容したが、ヴァルナからの輸送船には医薬品が積まれていなかった。救急用の荷車も、馬車も、担架も、救急医療班とともに、まだヴアルナにとどまっていたのである。そこで、軍医たちは戦場から負傷者を搬送するために兵站部の軍事用荷車を借用せざるを得なかった。兵站部の保管係だったジョン・ロウは荷車に積んであった馬の鞍をすべて下ろして負傷者の搬送を手伝ったが、再び鞍を積みに戻る途中で一団の負傷した士官たちに行き会った。その中の一人が例のヒュー・アンズリー少尉だった。

腕に重傷を負った第三〇連隊の士官がいた。彼はフュージリアー連隊の士官に支えられてようやく歩ける状態だった。そのフュージリアー連隊の士官も前のめりに身体を傾けて、やっとのことで歩いていた。口からは血がしたたり落ちていた。喋ることができなかったので、小さな手帳を出して筆談で身分を名乗った。名前はアンズリー卿、口を撃たれて歯と舌の一部を失い、弾丸がまだ首の中に残っているということだった。彼はフュージリアー連隊の軍医の所在を尋ね、荷車で運んでほしいと言った。私は軍医の所在はまったく知らないと答えた……さらに、荷車を自分の裁量で使うことができないこと、何を運ぶかについては命令に従わねばならないことを伝えた。

ヒュー・アンズリー少尉は自力で軍医を探さなければならなかった。彼がどのような治療を受けたかは不明である。弾丸の摘出だけは行なわれたはずだが、おそらく、ショックと苦痛を和らげるための麻酔薬も適切な包帯も用いられなかったであろう。当時の戦場医療はまだ初歩的な段階だった。軽騎兵連隊の軍医ジョージ・ローソンによれば、たまたま古いドアを見つけて臨時の手術台として利用するまでの間、手術は地面で行なわざるを得なかった(28)。

翌日の早朝、ラグラン卿の甥で、副官の一人でもあったサマーセット・カルソープは魔法瓶にブランディーを入れて、「ひとまわり、戦場の見回りに出かけた」。

哀れな姿で戦場に横たわる負傷兵たちは昨晩よりも静かになっていた。夜の間に多数の負傷兵が絶命し、まだ命のある者も衰弱して大声が出せず、低く唸ることしかできなくなっていたからである。私は喉を潤す物を持ってきてよかったと思った……恐るべき光景だった。死者たちはありとあらゆる形で息絶えていたが、私の見たところでは、額や心臓を撃ち抜かれて死んだ兵士たちは顔に微笑みを浮かべ、手足を広げて仰向けに倒れている場合が多かった……一方、腹を撃たれて死んだ兵士たちは激しい苦悶の表情で手足を折り曲げていた(29)。

クリミアから帰還した
ヒュー・アンズリー。
頬の傷跡を黒い絆創膏で隠している。

ロシア軍は自軍の負傷兵を収容できるような状態ではなかった[*3]。まだ自力で歩ける負傷兵は救護を探し求めてさ迷っていた。かなりの数の負傷兵がアリマ川から南へ一五キロ離れたカチャ川河畔の救護所にたどりついた。カチャ川の救護所を通り過ぎて、遠くセヴァストポリまで何日間も足を引きずって歩きとおした者もいた。戦闘が終わった日の晩に荷車を引いてアリマ川からカチャ川に向かったロシア軍の雑役兵が、途中で目撃した光景を記録している。

自分の連隊に見捨てられた数百人の負傷兵が地面に横たわり、悲痛な叫び声を上げたり、唸ったりしていた。彼らは身振り手振りで、荷車や馬車に乗せてくれと訴えた。しかし、私にはどうすることもできなかった。荷車はすでに積み過ぎの状態だった。連隊の馬車が迎えに来るだろうと言って彼らを慰めようとしたが、もちろん馬車が迎えに来ることなどあり得なかった。一人の負傷兵は身体をねじって這い進もうとしていた。彼は両手を失い、腹を撃ち抜かれていた。別の一人は片足を吹き飛ばされ、顎を砕かれ、舌をもぎ取られ、全身に傷を負っていた。その必死の表情から、水を求めていることが分かったが、水はどこにもなかった。

すでに歩行能力を失っていたロシア軍の負傷兵約一六〇〇人は戦場に放置されたたま数日間を過ごすことになった。英仏軍は自軍の負傷兵の収容に追われて、ロシア軍兵士の救護に着手する余裕がなかったからである。ともあれ、死者は埋葬され、負傷兵は荷車に積まれて船に乗せられ、コンスタンチノープル郊外のスクタリにある野戦病院に収容された[30]。

アリマ川会戦の三日後、『タイムズ』紙の戦争特派員ウィリアム・ラッセルは「地面に置き去りにされていたロシア軍の負傷兵たちが身体を震わし、唸り声を上げる」様子を目撃している。

ロシア軍の負傷兵たちが集められ、随所に小山のように積み重ねられていた。荷車に積み込みやすくするためだった。一方、傷口を抱えて、藪の陰に隠れ、野獣のような獰猛な眼つきでこちらを睨んでいる負傷兵もいた。必死で何かを訴える負傷兵もいた。言葉は分からなかったが、その仕草から水または手当てを求めていることは明らかだった。何人かはもぎ取られた手足を差し出し、あるいは弾丸に射抜かれた痕跡を指し示して、うめいていた。彼らの渋面には恐ろしい怒りの形相が宿っていた。その眼は狂信と敵意に満ちていた。負傷兵たちを憐れみ、同情を感じていた人々も、連中のこの眼つきを見れば、彼らが野蛮な情熱から英仏軍の負傷兵を殺害した連中であり、寛大にも彼らに水を与えた通りすがりの人道主義者を背後から撃つ連中であることを(不本意ながらも)理解したであろう。(31)

ロシア軍の負傷兵に同情して水を与えた英仏軍の兵士がその負傷兵に撃たれるという事態が多発した。ロシア軍が英仏軍の負傷兵を射殺しているという報告も一件や二件ではなかった。これらの事件の背後には、ロシア兵が恐怖と憎悪を吹き込まれているという事情があった。アリマ川で捕虜となったロシア兵をフランス軍が尋問した結果、英仏軍は残忍で野蛮な怪物の集団であり、人肉を食う連中だという類の途方もない話を従軍司祭から吹き込まれていたことが判明した。ロシア兵による「卑劣な」殺害行為の噂が伝わると、英国兵だけでなく、英国内の世論も激しく反応した。ロシア人は「野蛮人以外の何者でもない」という偏見が助長された。しかし、英国側の激昂には偽善的な一面があった。なぜなら、英国兵がロシア軍の負傷兵を殺害した事例も少なからず発生しており、英国軍がロシア兵捕虜を「厄介払い」と称して射殺するという不穏当な事態も報告されていたからである。英国兵は水を与えるためだけにロシア軍の負傷兵に近づいたわけではなかった。物を盗むために近づく場合も少なくなかった。英国兵はロシア軍の戦死者や負傷兵の首から銀の十字架を盗み、背嚢の中を探って記念の土産品を盗むなど、好き勝手な振舞いに及んでいたのである。フュージリアー連隊の兵士ヒュー・ドラモンドが母親宛に送った手紙には次のような一節がある。「アリマ川の戦いに勝利した後、お母さんにぴったりの美しい戦利品を手に入れました。ギリシア正教様式の大きな銀製の十字架です。救世主キリストの像とロシア語の文句が刻んであります。我々との戦闘で哀れにも戦死したロシア軍の大佐がじかに肌につけていた十字架です[32]」

もし、英仏軍がアリマ川の戦いで勝利した後、その勢いのままにロシア軍を追撃して前進を続けていれば、セヴァストポリを急襲し、おそらくは、数日以内に陥落させることができたはずである。その場合、戦死者数はむしろ低い水準にとどまったものと考えられる。しかし、実際には、英仏軍は戦略を誤って前進を中止し、攻撃を遅らせてしまった。そのため、セヴァストポリ攻防戦は以後三四九日間にわたって続くことになり、その結果、戦死者の数は数万人の規模に達するのである。

アリマ川で敗退したロシア軍は混乱状態に陥っていた。そのため、九月二十一日の段階では、セヴァストポリは事実上無防備だった。兵士の士気も低下していたが、さらに悪いことに、メンシコフ将軍はセヴァストポリ防衛のための兵力を増強しない方針を決定していた。メンシコフはカチャ川まで退却したロシア軍の残存兵力を集めると、バフチサライに向けて進軍を開始したのである。目的は英仏連合軍がペレコプ地峡を抑えてクリミア半島をロシア本土から切断する事態を阻止するためであり、ロシア本土からの援軍を受け入れるためだった。結果としてセヴァストポリの防衛はわずか五〇〇〇人の陸軍部隊と一万人の海軍部隊に委ねられることになった。これらの部隊の兵士たちは都市防衛戦争の訓練をまったく受けていなかった。ロシア側は英仏軍のクリミア侵攻が春以降になると予測していたので、セヴァストポリの防衛態勢を強化していなかった。市の北側の防備は一八一八年に構築されたままで、以来ほとんど改善されていなかった。*4 特に、星形要塞では、補修されずに長年放置されてきた防壁が崩落し始めており、本格的な攻撃に耐えるために必要な数の大砲の備えもなかった。一方、市の南側の防備についても、メンシコフが一八五四年一月に砲台三基の増設を命令した程度で、防備が格段に強化されたとはとうてい言い難い状態だった。もっとも、海に面した部分には長大な防壁が築かれ、強力な砲台が随所に配置されていた。また、港の入口には防備の堅い二つの要塞、検疫所砲台とアレクサンドル要塞が配置され、英仏連合艦隊の砲撃にも十分に対抗できる態勢だった。しかし、その内側の陸上の防備は脆弱だった。石の壁と土塁を組み合わせた高さ四メートル、厚さ二メートルの防壁とその随所に設けられた砲台の防衛範囲は、市の南岸の一部に限られていた。すべての防備を動員しても迫撃砲の砲弾には耐えられなかった。石の壁によって防ぐことのできるのはマスケット銃の銃撃だけだった。全体的に見て、セヴァストポリの防備はきわめて脆弱であり、いつ陥落してもおかしくなかった。セヴァストポリ防備態勢構築の責任者だったトートレーベン工兵総監自身の言葉によれば、「市内への敵の侵入を防ぐ手立ては存在しないも同然だった」[33]。

ロシア軍は、セヴァストポリまで迅速に後退して防備を固めるという戦術を取らなかった。実際には、アリマ川の戦場から退却した後、多数のロシア兵が無秩序に分散して民家に押し入り、略奪を繰り返したために、迅速な行動が不可能だったのである。略奪の対象となったのは、アリマ川でロシア軍が敗北したという噂を聞いて慌てて逃亡した地主たちの屋敷だった。部隊からはぐれた兵士たちは、上官の監視のない場所で完全に規律を失っていた。ある目撃者の証言によれば、「最悪だったのはコサック兵だった。連中は手当たり次第にあらゆるものを盗んでいった」。

「戸締りされた家を見つけると、彼らはドアを蹴破り、窓を打ち砕いて侵入し、部屋から部屋へと荒らしまわり、運べるものは何でも盗んでいった。家主が家の中のどこかに現金や宝石を隠して逃げたに違いないと思って、兵士たちは枕や椅子のクッションなど、あらゆる物を引き裂き、本を見れば引きちぎった。どう見ても兵士の役には立ちそうもない大型の鏡があったが、連中は鏡を細かく割り、その破片をポケットに入れるのだった[34]。

英仏連合軍の司令部はロシア側の混乱と醜態を察知していなかった。英国軍の総司令官ラグラン卿は当初の戦争計画に従って可能な限り迅速にセヴァストポリを強襲しようと考えていたが、この段階ではフランス軍の準備が整っていなかった。フランス軍は背嚢をアリマ川北岸に残して渡渉し、急斜面をよじ登って戦ったので、この際、背嚢を取りに戻らなければならなかった。フランス軍は、また、英国軍と違って十分な騎兵部隊を伴っていなかったので、ロシア軍を追尾して迅速に前進する戦術には消極的だった。出鼻を挫かれて、司令部は行動方針について迷い始めた。タタール人の密偵たちからは、セヴァストポリの北側を守る星形要塞は難攻不落であり、メンシコフは星形要塞に依拠してセヴァストポリの防衛に全力を投入する計画だが、その一方で市の南側はほとんど無防備に近いという、まったくの偽情報が伝えられていた。この偽情報を信用した司令部はセヴァストポリを北側から急襲するという当初の計画を諦め、セヴァストポリを迂回して南側に回り込むという戦術に変更した。これは英国軍工兵総監ジョン・フォックス・バーゴイン卿が強力に提唱した戦術でもあった。[*5]

戦術転換をもたらしたのは偽情報だけではなかった。ロシア側が自軍の艦船を沈めるという思い切った行動に出たことも大きな要因だった。ロシア海軍の黒海艦隊司令部は航行速度と砲撃能力の両面で英仏連合艦隊に及ばないことを悟ると、五隻の帆船と二隻のフリゲート艦を沈めて港の入口を封鎖したのである。英仏軍の北側からの攻撃を支援するために英仏連合艦隊が入港することを阻止するための措置だった。七隻の艦船は引き船によって所定の位置まで曳航され、マストから旗が降ろされ、祈りの儀式が執り行われた後、九月二十二日の深夜、海底へと沈められた。ただし、フリゲート艦の「三聖人号」だけは首尾よく沈めることができなかった。翌朝、別の砲艦が至近距離から二時間にわたって「三聖人号」を砲撃し、ようやく撃沈した。その砲撃音は当時カチャ川付近にいた英仏軍の耳にも届いた。フランス軍総司令官のサンタルノー元帥は砲撃音の理由を知って述懐した。「これは一八一二年のモスクワの戦いのパロディーに他ならない」[35]

セヴァストポリ港が封鎖された以上、北側から市を攻撃した場合に海上からの直接的な支援を望むことは不可能になった。そこで、英仏連合軍の司令部は、北側からの攻撃を諦め、市を迂回して南に回り込んで攻撃する決定を下した。その場合には、連合艦隊はバラクラヴァ湾（英国艦隊）またはカムイシュ湾（フランス艦隊）を利用して陸軍を支援することが可能となる。しかし、この戦術転換は決定的な判断ミスだった。実際には、セヴァストポリの南側の防衛態勢は北側よりも堅固だったばかりか、連合軍が南側に回り込んだ場合には、本土からクリミア半島へのロシア軍の補給ルートを絶つことが困難になるからである。補給ルートをめぐる攻防は戦略上の決定的な要素だった。もし、セヴァストポリを迅速に陥落させていれば、問題は深刻にはならなかった。しかし、急襲計画を放棄した瞬間から、英仏軍司令部は要衝の攻囲戦という伝統的な軍事作戦の罠にはまっていった。ゆっくりと組織的に塹壕を掘り進んで防壁に近づき、砲撃を繰り返した後に、歩兵部隊が突入するという十七世紀以来の攻囲戦術が展開されようとしていた。特にフランス軍には、この伝統的な攻囲戦術による長期戦を好む傾向があった。その姿勢は英国軍にも伝染した。英国軍も、長期戦の方が急襲戦術よりも損傷が少ないと考えたのである。かつては急襲作戦の支持者だった英国軍工兵総監のバーゴイン卿は、今回の戦術転換にあたって、セヴァストポリを急襲すれば五〇〇〇人の戦死者が出るが、それは「絶対に正当化し得ない」犠牲であると主張した。それが馬鹿げた論理だったことは、アリマ川の戦闘で英仏軍がすでに三六〇〇人の犠牲者を出していたことを考えれば明らかである（その後のセヴァストポリ攻防戦ではさらに数万人の戦死者が出ることになるであろう）[36]。

九月二十三日、セヴァストポリの東側を迂回して南下する行軍が始まった。英仏軍はカチャ川とベリベク川の肥沃な渓谷地帯を抜けるのに丸二日を要した。その間、兵士の一部は住民が逃亡して無人となった農場に入り込み、葡萄、桃、梨、苺などにありついたが、その一方で、疲労困憊し、脱水症を発症して倒れる兵士も少なくなかった。コレラで死亡する兵士も相変わらず続出し、行軍は埋葬のためにしばしば停止した。渓谷を抜けると、セヴァストポリ東方のインケルマン高地に達し、高地を覆う深い樫の森を進むと、やがて空の見える開けた場所に出た。十八世紀に入植して農場を開いたスコットランド人の名前を取ってマッケンジー高地と呼ばれる場所である。この地点で、英国軍の先頭部隊がロシア軍に遭遇した。バフチサライを目指して北東に向かっていたメンシコフ軍の最後尾の部隊だった。ラグラン卿の幕僚とともに先頭を進んでいた第一五近衛騎兵連隊のルイス・ノーラン大尉は、英国の騎兵部隊がロシア軍に目に物見せる絶好の機会が来たと感じた。クリミア上陸以来、ブルガナク川でも、アリマ川でも、騎兵隊の出番がなかったことにノーラン大尉は不満を募らせていた。しかし、今回も近衛騎兵師団の指揮官ルーカン卿はロシア軍の最後尾部隊に対する突撃を許さなかった。ノーラン大尉は怒りに震えた。大尉の戦場日記には、追尾を逃れて去ってゆくロシア軍部隊をマッケンジー高地から見下ろした時の情景が描かれている。

破壊を免れた大砲と輸送馬車が何台か猛烈な勢いで逃げ降りて行った。歩兵も算を乱して急斜面を駆け下りて行く。銃も持たず、ヘルメットも被らない兵士が少なくなかった。英国軍砲兵隊からの追い撃ちを受けて、逃走はさらに速度を増し、斜面の下のロシア軍の隊列目がけて、転がるように走り降りて行った。我が騎兵隊の二連隊が斜面の途中までロシア軍を追尾し、全部で二二両の馬車と馬を鹵獲した。その中にはゴルチャコフ将軍の旅行用馬車と二頭の見事な黒馬が含まれていた。[37]

南下する英仏軍の隊列はしだいに長く伸びて行った。疲労が原因で落伍者が続出し、また、深い森の中で道に迷う者も少なくなかった。規律が失われ、多くの兵士がロシア軍のコサック兵と同じように、持ち主が逃げた後の農場や屋敷に侵入して略奪を始めた。たとえば、フランス軍の兵士たちはビビコフ公の邸宅を襲撃し、地下の巨大なワイン貯蔵庫からシャンパンとブルゴーニュ・ワインを奪って痛飲し、窓を打ち砕き、家具類を窓から外へ放り投げ、床の上で排泄するなど、乱暴狼藉の限りを尽くした。サンタルノー元帥もその場に居合わせたが、略奪を阻止しようとはしなかった。略奪は疲労困憊した兵士のための褒賞と見なされたのである。サンタルノー自身も、略奪品である小型の単脚テーブルを兵士たちから贈られて、コンスタンチノープルに残した妻の許に送り届けた。ズアーヴ部隊の兵士の一部はビビコフ邸の婦人用寝室から衣服を盗み出して身にまとい、女装して踊り出した（ズアーヴ部隊には演劇の伝統があった）。また、別の一部はグランドピアノを探し出して、ワルツを演奏し、部隊全員が演奏に合わせて踊った。屋敷の住人たちはフランス軍が到着する二、三時間前に逃げ出したばかりだった。フランス軍士官のひとりは次のように回想している。

小さな寝室に入ると、マントルピースの上の花瓶にはまだ新鮮な切り花が差してあった。円形テーブルの上にはフランス語の雑誌『イリュストラスィオン』が何冊かとペンと紙の入った文箱があり、書きかけの手紙が残されていた。若い女性から婚約者に宛てた手紙で、その婚約者はアリマ川で戦っている軍人らしかった。女性はロシア軍の勝利を心から信じていると書いていた。しかし、残酷な現実によって手紙は未完に終わり、幻想も希望も打ち砕かれたのだ。(38)

英仏連合軍がセヴァストポリを目指して南下しているという噂が伝わると、クリミア半島全域のロシア人社会がパニック状態に陥った。アリマ川での敗北の知らせは、彼らの士気に対する決定的な打撃だった。ロシア国民が、一八一二年以来、特にフランス軍に対して抱いてきたロシア軍不敗神話が崩壊したのである。クリミア半島の行政首都だったシンフェロポリでは人々のパニック状態があまりにも激しかったので、総督のウラジーミル・ペステリが町からの全員退去を命令した。ロシア人たちは財産を荷車に積んで町を離れ、ペレコプ地峡を目指した。英仏軍によって地峡が封鎖される前にロシア本土に避難しようとしたのである。ペステリ総督自身は、病気と称して、真っ先にシンフェロポリを脱出した。パニックが始まって以来、総督は公衆の面前から姿を消し、市内の秩序崩壊を阻止する措置を取らなかった。タタール人が市内のロシア人の商店や倉庫から軍事物資を運び出して連合軍に手渡すことさえ取り締まらなかった。ペステリ総督が警備兵に守られ、部下の官僚の長い列を引き連れて馬車でシンフェロポリを脱出した時、多くのタタール人が彼の馬車に向かって嘲りの声を上げた。「見ろよ！　異教徒《ジャウア》*6が逃げて行くぞ！　解放の日はもうそこまで来ている！」(39)

英仏連合軍が上陸して以来、クリミア半島のタタール人は自信を深めていた。それまで、タタール人は用心深くロシア皇帝への忠誠を装っていた。クリミア半島のロシア当局も、ドナウ戦線での戦闘が始まって以来、タタール人を厳重な監視下に置き、コサック部隊が凶暴なやり方で村々を巡察していた。しかし、英仏軍上陸の知らせが伝わると、タタール人は連合軍に協力する立場を鮮明にして、結集し始める。特に、ロシアの支配に抵抗する姿勢を失っていなかった若い世代が活発な動きを見せた。彼らは英仏連合軍を解放軍と見なし、トルコ軍をカリフの軍隊として認めて、モスクではその勝利を祈った。農村部から数千人のタタール人がエフパトリア港まで出向いて連合軍を歓迎し、トルコ政府に忠誠を誓った。彼らは「トルコの新政府」がエフパトリアに設立されたと信じていたのである。

連合軍はすぐにエフパトリアのロシア人市長を解任し、市内のタタール人商人トパル・ウメル・パシャを新市長に任命した。連合軍は、また、クリミア汗国の旧君主の末裔であるムサド・ギレイを同行していた。ムサド・ギレイはクリミア・タタール人に連合軍のクリミア侵攻を支援するように呼びかけた。[*7]

タタール人は報酬を目当てに牛馬や荷車を連合軍に提供した。密偵の役割を買って出る者もいた。また、独自の騎馬集団を作って農村部を巡回し、ロシア人地主を脅迫する動きもあった。家畜や食料や馬匹を「トルコ政府」に供出しなければ家を焼くか、命を奪うという脅迫だった。サーベルで武装したタタール人の騎馬集団は羊皮製の帽子をわざと裏返しにして被っていた。クリミア半島におけるロシア人支配が覆ったことを表現する象徴的な行為だった。「クリミア半島のすべてのキリスト教徒はタタール人の武装集団に恐怖を感じている」とヘルソン・タウリーダ教区のイノケンティー総司教は報告している。邸宅を奪われたロシア人地主のひとりは、タタール人の武装騎馬集団を扇動していたのはイスラム教指導者（ムッラー）だったと証言している。イスラム教によるクリミア半島支配の復活を信じるムッラーたちは、キリスト教徒に対する復讐を呼びかけていた。タタール人による残虐な復讐の対象となったのはロシア人だけではなかった。アルメニア人やギリシア人も襲撃された。教会が焼かれ、正教の司祭が殺害された。ロシア当局はロシア人住民の宗教上の恐怖心を利用して、ロシア軍への後方支援を強化しようとしていた。九月いっぱいクリミア半島各地を視察したイノケンティー総司教は、英仏軍の侵攻に対する抵抗は「宗教戦争」であると宣言し、「イスラムの軛から正教の信仰を守るという神聖にして偉大なロシア人の使命」を説いて回った。[40]

九月二十六日、英仏連合軍はカディコイ（カディコフカ）村に到達した。カディコイ村からはクリミア半島南岸の海岸線を望むことができる。同じ日、病状が悪化したサンタルノー元帥はフランス軍総司令官の地位をフランソワ・カンロベール将軍に譲り、蒸気船に乗ってコンスタンチノープルに向かった。しかし、コンスタンチノープルに到着する以前に船上で心臓発作を起こして死亡してしまう。遺体はそのまま蒸気船でフランス本国まで運ばれた。サンタルノー元帥の遺体を運んだ蒸気船は、セヴァストポリ攻囲戦がすでに始まったという誤報をパリにもたらした。これを信じた英国の駐仏大使カウリーは、連合軍が「数日以内にセヴァストポリを奪取する見込みである」という情報をロンドンに送った。(41)

しかし、実際にセヴァストポリの攻囲戦が始まるまでには、その後さらに三週間の準備が必要だった。すでにロシアの冬の冷気が身に沁みる季節となっていた。連合軍はセヴァストポリを南側から見下ろす高台にゆっくりと陣地を築いていった。当初、英国軍とフランス軍はバラクラヴァを共通の補給港として利用していた。バラクラヴァは狭い入り江の奥に位置する港で、入り江の入口は、崖の上に古いジェノアの要塞跡があることを除けば、海側からは容易に気づきにくい場所にあった。*8 しかし、バラクラヴァ港は両軍の帆船が出入りするには狭すぎることがすぐに明らかになり、その結果、フランス軍は補給港をカムイシュ湾に変更する。カムイシュ港は補給基地としてバラクラヴァよりも優れていた。バラクラヴァよりも規模が大きいばかりでなく、ケルソネソスのフランス軍陣地からも近い距離にあった。ケルソネソスはウラジーミル大公がキエフ・ルーシにキリスト教をもたらした聖地である。

十月一日、エルベ大尉を含む数人のフランス軍士官が、セヴァストポリまでわずか二キロメートル地点の高台まで、偵察を兼ねて散歩に出かけた。高台から双眼鏡でセヴァストポリを見下ろすと、「この有名な町についての好奇心を満たしてくれる十分な情報を得ることができた」とエルベ大尉は翌日の両親宛の手紙に書いている。

眼下のセヴァストポリでは、大勢の男たちが鶴嘴やシャベルを振るって防塁の補強工事をする姿が見えた。男たちに混ざって女も何人か働いていた。港には陰鬱な外観の軍艦が何隻か停泊していた。舷側には白い帆布と黒々した舷門が見えた。銃眼からは砲口が突き出していた。ロシア軍がすべての艦砲を要塞に運び上げることができれば、賑やかな砲撃戦が展開されることは間違いない(42)。

章末注

＊1　この戦闘で最初の負傷者となった英国兵は第一三軽騎兵連隊のプリーストリー軍曹だった。プリーストリー軍曹は片足を失って本国に送還され、後にヴィクトリア女王からコルク製の義足を下賜された。(A. Mitchell, *Recollections of One of the Light Brigade* (London, 1885), p. 50)

＊2　ラグラン総司令官は午後二時四五分に歩兵部隊の前進を命令した後で、驚くべき行動に出た。歩兵部隊の攻撃の様子をよく見るために、馬に乗って前線に出たのである。数人の幕僚とともにアリマ川を渡ったラグラン卿は、テレグラフ・ヒルの支脈のひとつに登った。そこは姿を隠す手段のない露出した突出部で、英国軍の前線の前方に位置し、むしろロシア軍の斥候部隊に近い場所だった。幕僚の一人だったエドワード・ゲージ大尉は翌日付の手紙で次のように書いている。「脱出できたことは奇跡だった。砲弾が至近距離で爆発し、右からも、左からも、頭上からも流れ弾が飛んできた。ミニエ銃とマスケット銃の銃弾が耳をかすめた。私のすぐそばで馬が撃たれ、乗り手も倒れた。幕僚たち（私もその一人だった）が次々に死傷したが、

私は無事に逃れることができた。信じられない経験だった」（NAM 1968-07-484-1, 'Alma Heights Battle Field, Sept. 21st 1854'）

＊3　ダーリア・ミハイロヴナという名のロシア人女性が単独で負傷兵の救護に当たっていた。荷車も救護用品もすべて彼女が自分の財産をはたいて用意したものだった。当時、ダーリア・ミハイロヴナは十八歳、父親はシノープの海戦で戦死したセヴァストポリ軍港所属の水兵だった。英仏軍がクリミア半島に上陸した当時、ダーリアは洗濯女としてセヴァストポリ海軍守備隊で働いていたが、伝説によれば、彼女は父親の遺産をすべて売り払い、その金でユダヤ人商人から荷車と馬を買い入れ、髪を短く切って水兵に変装し、ロシア軍部隊に従ってアリマ川戦線に赴いた。戦場では負傷兵に水と食料とワインを配って歩き、負傷兵の傷を酢で洗って手当てをした。包帯は自分の衣服を裂いて作ったものだった。兵士たちはダーリアの変装を見抜いていたが、彼女を追い払うようなことはなかった。ダーリアはその後もカチャ川の救護所で働き、セヴァストポリに戻ってからは病院の看護婦として働いた。「セヴァストポリのヒロイン」の評判はすぐに広まった。彼女は庶民の愛国心の鏡、ロシア女性の「自己犠牲の精神」の象徴として、アレクサンドル・プーシキンなど多くの詩人によって称えられる存在となった。セヴァストポリの病院に収容された兵士たちは彼女の姓を知らなかったので、ダーリアを「ダーシャ・セヴァストポリスカヤ」と呼び、それが彼女の歴史上の呼び名となった。一八五四年、ダーリアは貴族出身以外のロシア女性として初めて皇帝から黄金勲章を授与され、さらに皇后から「セヴァストポリ」と刻銘された銀の十字架を下付された。一八五五年、ダーリアは除隊した負傷兵と結婚し、セヴァストポリ市内で居酒屋を開業し、一八九二年に没するまで市内で暮らした。（H. Rappaport, *No Place for Ladies: The Untold Story of Women in the Crimean War* (London, 2007), p. 77）

＊4　一八三四年にセヴァストポリの防備強化計画が策定されたが、ロシア帝国軍事省の工兵総局は予算不足を理由に計画を実施しなかった。しかし、同じ時期に、国境から数百キロも内陸に入ったキエフの防備強化には膨大な予算が投入された。ニコライ一世はオーストリア軍がロシアの南西部を通って侵入してくる

事態を恐れており、その攻撃に備えて大規模な予備兵力をキエフ地域に駐留させていたが、セヴァストポリの防備強化については、その必要性を認めなかった。トルコまたは西欧列強が黒海方面から攻撃してくる可能性を軽視していたのである。蒸気船の出現によって大規模な兵力の海上輸送が可能になったことの重要性を見落としていた結果だった。

＊5　ロシア側の資料によれば、偽情報を流したタタール人の密偵たちは、それが露見した時点で英国軍によって銃殺された。（S.Gelshel'man, *Nravstvennyi element pod Sevastopolem* (St Petersburg, 1897), p.86）

＊6　「ジャウア」はバルカン半島のキリスト教徒に対するトルコ語の蔑称。

＊7　ロシアによるクリミア併合以降、ギレイ一族はオスマン帝国に亡命していた。十九世紀初頭、ギレイ家はバルカン半島でオスマン帝国の行政官となり、軍務にも参加した。オスマン帝国にはクリミアからの亡命者によって構成される各種の軍事組織が存在していた。彼らは一八二八〜二九年の露土戦争でロシアと戦い、一八五三〜五四年にもドナウ戦線でトルコ軍の一部として戦った。ヴァルナを本拠地としていたムサド・ギレイは、タタール人に支援を訴えるためと称して連合軍の司令部を説得し、クリミア侵攻に同行した。九月二十日、連合軍はムサド・ギレイの功績を称えた上で、その役割は終わったとしてヴァルナに送り返す。クリミア戦争終結後、フランスはムサド・ギレイにレジオン・ドヌール勲章を贈った。

＊8　バラクラヴァ（「美しい港」を意味する「ベラ・クラヴァ」に由来する）はジェノア人が名づけた地名である。ジェノア人はこの地に港を建設し、十五世紀にトルコ軍によって追放されるまで盛んに活躍して港を繁栄させた。トルコ軍によって略奪破壊されて以来、十九世紀までバラクラヴァは事実上の廃墟となっていたが、町を見下ろす高台の修道院にはギリシア人兵士の小部隊が駐留していた。そのギリシア人部隊は侵攻した連合軍によって排除された。

第8章 秋のセヴァストポリ

偵察に出たフランス軍のエルベ大尉は二キロ離れた地点からセヴァストポリを遠望したのだったが、もし、その時、実際に市内に足を踏み入れていたとしたら、この町が高度の緊張状態を強いられつつ、熱に浮かされたように活発に活動する様子を眼にしたであろう。一八五四年十一月にセヴァストポリに入ったトルストイを待っていたのはまさにそのような状況だった。トルストイは、『セヴァストポリ物語』の冒頭で、早朝の町が夜の眠りから覚めて活動を始める様子を次のように描写している。

町の北側地区では、夜の静寂がしだいに破られ、一日の活動が始まろうとしていた。歩哨当番の交代に向かう兵士の一団が通り過ぎる。兵士たちの担ぐマスケット銃が触れ合ってカチカチと音を立てる。地下の掩蔽壕から這い出して来たひとりの兵士が日焼けした顔を冷水で洗い、朝焼けの東の空に向かって素早く十字を切り、祈りの言葉を口にする。駱駝に引かれた大型の荷車《マジャーラ》が高い板囲いの縁まで血だらけの死体を満載して軋みながら共同墓地に向かって行く。埠頭に近づくと、石炭、牛肉、肥料、ゴミなどの臭いが次々に押し寄せてくる。埠頭には、薪、ばら肉、蛇籠、小麦粉の袋、鉄の棒など、ありとあらゆる品物が分類されて積み上げられている。異なる連隊に属する兵士たちが、ある者は背嚢とマスケット銃を背負い、ある者は丸腰で、あたりを歩き回り、煙草を吸い、互いに罵り合っている。煙突から煙を吐きつつ停泊している船の甲板に重い荷物を運び上げている兵士もいる。兵士、水兵、商人、女性など、あらゆる種類の客を満載した小型の渡し船が絶え間なく発着している……

　南側地区の埠頭も、人で溢れかえっている。灰色の制服を着た陸軍の兵士たち、黒い制服の水兵たち、色とりどりの衣装をまとった女たちがひしめき合う。農婦がロールパンを売っている。サモワールを抱えたロシア人の農民《ムジーク》たちが「あったかい蜂蜜湯《スビーチェニ》*1だよ！」と大声で叫んでいる。埠頭の波打際には、錆びた砲弾、榴散弾、ブドウ弾などが積み上げられ、大小の口径の鋳鉄製の大砲がころがっている。少し離れた広場には大量の角材が積み上げられ、その横に砲架が並び、兵士たちが眠っている。馬の群れと馬車も見える。緑色の野砲と弾薬箱の横には、歩兵のマスケット銃が交差されて立てかけられている。兵士、水兵、士官、商人、女や子供が絶え間なく動き回る中を、乾草、袋、樽などを積んだ荷車が行き交う。コサック部隊の兵士や将校が騎馬で通るかと思うと、将軍を乗せた一頭立ての軽四輪馬車《ドローシキ》もやって来る。広場の右手の通りはバリケードで封鎖されており、そのバリケードの隙間から小型の砲身が突き出ている。その傍らに水兵が一人腰を下ろしてパイプを燻らしている。広場の左手には美しく均整のとれた建物があり、入口上部の三角形の部分《ペディメント》に彫られたローマ数字が見える。その数字の下では、数人の兵士が血で汚れた担架を抱えて立ちつくしている。どこを見ても、軍隊の野営地の荒々しい印象しかない(1)。

セヴァストポリは軍港の町だった。町の人口は四万人だったが、そのほぼ全員が何らかの形で海軍基地に関わる生活を送っていた。駐留する守備隊の兵力は一万八〇〇〇、この人数でセヴァストポリの軍事力を支えていた。水兵の中には、一七八〇年代にセヴァストポリ港が開港して以来この町で暮らしてきた家族の出身者も少なくなかった。セヴァストポリはその社会構成から見ても特異な町だった。町の大通りで目立つ服装は海軍の制服であり、フロックコート姿を目にすることはほとんどなかった。博物館、美術館、コンサートホールなどの文化的な施設は存在しなかった。町の中心部に並び立つ新古典主義様式の大袈裟な建物群は、提督府、海軍士官学校、武器庫、守備隊本部、造船所、酒保、軍用倉庫、海軍病院など、すべてが軍関連の施設だった。ただし、海軍士官用の図書館はヨーロッパで最も充実した軍事図書館のひとつだった。貴族会館(「ローマ数字の彫られた美しく均整の取れた建物」)は包囲攻防戦の間、病院に転用されていた。

セヴァストポリは西側で広大な黒海に接しており、その黒海から東に向けて切れ込む狭い湾によって北側地区と南側地区に二分されていた。南北の両地区を直接に結ぶ交通手段は渡し船だけだった。南側地区の中心は軍港であり、その周りには新古典主義様式の優雅な建物が立ち並んでいた。それに比べて、北側地区はまるで別世界だった。立派な道路や大きな建物は見あたらず、漁民と水兵の家族が菜園で野菜を育て、家畜を飼って、昔ながらの生活スタイルで暮らす地域が北側地区だった。南側地区は、中央部の軍港を境にして、さらに東西に分かれていた。町の主要施設は軍港の東側に集中しており、西側の大半は海軍ドックによって占められていた。水兵たちは守備隊の兵舎で暮らすか、家族持ちの場合は小さな木造の家に住んでいたが、彼らの住宅から町を取り囲む防壁まではわずか数メートルの距離しかない場合が多かった。女たちは防壁や稜堡の壁と住宅の間に綱を張って洗濯物を干していた。(2)

トルストイに限らず、セヴァストポリを初めて訪れた人々の多くが「軍事基地と都市生活が奇妙な形で混在し、美しい街並みとみすぼらしい野営地が併存する様子」に強い印象を得ている。一八五四年秋にセヴァストポリに着任した砲兵隊の青年士官エヴゲニー・エルショーフは、包囲下の混乱の中でも市民が普通の日常生活を送る様子に驚いている。「人々が日常生活を続けていることが何とも不思議だった。若い母親が乳母車を押しながら静かに散歩している。商人たちは売り買いにいそしみ、子供たちは街路を走り回って遊んでいる。しかし、町は戦場に囲まれており、市民の生命は常に危険にさらされているのだ(3)」

英仏連合軍がクリミア半島に上陸する直前の数週間、市内では人々がまるで明日が来ないかのように刹那的な生活を送っていた。賭け事にうつつを抜かし、大酒を飲み、乱痴気騒ぎを繰り返す日が続いた。娼婦の商売は繁忙を極めた。しかし、実際に英仏軍が上陸すると、人々は冷水を浴びたように冷静さを取り戻した。比較的若手の上級将校たちはロシア軍が英仏軍を撃退する可能性について楽観的だった。彼らは一八一二年の記憶を呼び起こして乾杯した。「仲間の気分は高揚していた」と海軍の士官候補生だったミハイル・ボチャノフは回想している。「我々は敵を少しも恐れていなかった。ただし、我々の勤務する軍艦の艦長だけは楽観主義に与しなかった。艦長はしばしば外国を訪問した経験があり、常々、『憎しみからは、力は生まれない』という諺を口にしていた。その後の事態は艦長の方が我々よりも見通しが正しく、状況を正確に把握していたことを証明している(4)」

アリマ川の戦闘でロシア軍が敗北したという知らせは、セヴァストポリ市民の間にパニックを引き起こした。今にも英仏軍が市の北側から突入してくると誰もが予想していたので、南岸の沖合に連合艦隊の姿を見た時には、すでに南北から挟み撃ちになったと感じた。「私の知るかぎり、全員が祈りの言葉を口にしていた」と住民の一人は回想している。「敵軍の侵入が迫っていると全員が思っていた」第四要塞の砲台指揮官だったニコライ・リプキン大尉は、九月末にサンクトペテルブルクの兄宛に送った手紙に次のように書いている。

住民の多くはすでにセヴァストポリを離れて避難したが、我々軍人は踏みとどまっている。招かれざる客がやって来たら思い知らせてやるためだ。九月二十四日から二十六日までの三日間、教会関係者が行列をつくって市内を練り歩き、すべての砲台を巡回した。行列に参加した女性たちが捧げ持つ十字架とイコンに向かって、その後、野営陣地の前に立ち並んで出迎える兵士たちが深々と頭を下げる様子は胸を打つ光景だった……ところで、多くの教会はすでに宝物を疎開させている。我々は疎開させる必要はないと言ったが、誰も耳を貸さなかった。人々は恐怖に駆られているのだ。今にも陸上と海上の両方から敵の総攻撃があると思い込んでいる。今のところ、当地の状況はこんなところだが、今後どうなるかは神のみぞ知ると言うしかない。

リプキン大尉は楽観的だったが、ロシア軍の司令部は、アリマ川の戦闘で敗北を喫した直後の一時期、セヴァストポリを放棄する戦術を真剣に検討していた。北側地区の埠頭には、守備隊が退去する場合に備えて、兵員を輸送するための八隻の蒸気船が用意され、南側地区の埠頭には護衛のための軍艦が一〇隻集結していた。敵軍の接近が伝えられると、住民の多くがロシア軍守備隊の警戒線を突破して自力でセヴァストポリを脱出しようとした。そうこうするうちに、市内への水の供給が危機的状況に陥った。市外から湧水を供給するシステムが止まったために、全住民が井戸水に依存せざるを得なくなった。しかし、井戸水は毎年この時期に枯渇状態となる。実は、市内に湧水を送る水道管が英仏軍の布陣する高地に埋設されていることをロシア軍の脱走兵の口から知った英仏軍が、その水道管を切断したのである。セヴァストポリにとって、残された水源は海軍ドックからの導水渠のみとなっ

た。(5)

英仏連合軍は包囲陣地を整え、砲撃を開始する準備を進めていたが、その間、セヴァストポリのロシア軍は昼夜を分かたず主として市の南側の防備を強化していた。メンシコフ将軍の姿がどこにも見あたらないので、防備増強の責任は黒海艦隊参謀総長のコルニーロフ、工兵総監のトートレーベン、シノープ海戦の英雄でセヴァストポリ軍港司令官のナヒーモフの三人の司令官が共同で負担していた。特に、ナヒーモフは水兵の間で「俺たちの将軍」として人望が高かった。メンシコフが宮廷の廷臣だったのに対して、これら三人の司令官は軍事の専門家であり、新しいタイプの戦争指導者として、驚嘆すべきエネルギーを発揮していた。なかでも、コルニーロフはあらゆる場所に顔を出して、防備の強化に当たる人々を激励し、セヴァストポリの防衛に成功すれば全員に褒賞を与えると約束して回っていた。砲台指揮官として、リプキンと同じ第四要塞に配属されたトルストイは、セヴァストポリ着任後二日目に兄宛に送った手紙で、巡察中のコルニーロフ提督の様子を書き送っている。兵士たちに向かって「諸君の健康を祈る！」といつものように挨拶する代わりに、コルニーロフは「諸君、死ぬべき時が来たら死んでくれるか？」と呼びかけた。「すると、兵士たちは『喜んで死ぬぞ！ コルニーロフ閣下、万歳！』と叫んだ。兵士たちは芝居がかった効果を狙っていたわけではない。彼らの顔には冗談の色はなく、誰もが真剣そのものだった(6)」

しかし、コルニーロフ自身は、セヴァストポリの防衛が可能かどうかについて確信を持てないでいた。九月二十七日に妻に書き送った手紙には次のような記述がある。

守備隊の兵力は水兵が一万、それに予備役が五〇〇〇人いるにすぎない。武器は種々雑多で、槍さえも含まれている。兵力が十分でないのに、防衛線は何マイルもの長さに及び、しかも、随所に孤立した部隊がいて、連絡もままならない。しかし、なるようになるしかない。我々は持ちこたえる覚悟だ。持ちこたえられれば、それは奇跡だが、もし、持ちこたえられなければ……

コルニーロフの不安をさらに増幅させるような事件が発生した。水兵たちが埠頭で大量のウォッカを見つけて酔っぱらい、三日三晩にわたって乱痴気騒ぎを繰り広げたのである。コルニーロフは残りのアルコールをすべて廃棄させ、水兵を正気に戻して戦闘配置につけなければならなかった。[7]

防衛態勢の整備は行き当たりばったりで、てんやわんやの騒ぎだった。作業を始めようとすると、まず、セヴァストポリ市内にはシャベルがないことが分かった。そこで、できるだけ多くのシャベルをオデッサから調達することになった。三週間後にオデッサからシャベル四〇〇挺が届くまでの間、セヴァストポリでは木の板を剝がして作った木製のシャベルで作業が進められた。水兵、陸軍兵士、戦争捕虜、男女の市民（娼婦を含む）など、町の全人口が狩り出されて、塹壕掘り、荷車での土運び、防壁やバリケードの作製、砲台を築く材料となる蛇籠[*2]を土と粗朶《そだ》で作る仕事などの作業にあたった。その間、艦船から取り外してきた大砲を水兵のチームが砲台に運び上げた。土を運ぶ作業にはあらゆる手段が動員された。籠や袋やバケツがない場合には、衣服を袋代わりにして土を運んだ。敵軍が今にも攻め込んでくるという不安が作業を急がせた。一年後にこの防備補強工事の跡を視察した連合軍側は、ロシア人の創意工夫の才能と技術の高さに目を見張ったという。[8]

セヴァストポリの人々が英雄的な努力を払って市の防衛強化にあたっているとの報告を受けた皇帝ニコライ一世は、九月末にゴルチャコフ将軍に書簡を送っている。一八一二年にナポレオン軍の攻勢からロシアを守った時の「ロシア精神」を想起し、その精神で英仏軍の侵略に抵抗するよう要望する内容だった。「我々は貴官がロシア精神を発揮してセヴァストポリと黒海艦隊を守り、ロシアの国土を救うことを神に祈っている」。その次の数行には皇帝自身が下線を引いて、強調している。「決して屈服してはならない。一八一二年に祖国を守ったロシア人と我々が同じロシア人であることを世界に示さなければならない」。皇帝は、また、メンシコフ将軍宛にセヴァストポリ市民に向けたメッセージを書き送った。当時、メンシコフはセヴァストポリ北東のベリベク川の近くにいた。

　若い水兵たちに、彼らこそが私の希望であると伝えてほしい。決して敵に屈服することなく、神の慈悲を信じ、ロシア人であることを忘れず、祖国と信仰を守るために、神のご意志に謙虚に従うように伝えてほしい。諸君に神の加護があることを祈る！　諸君と我々の神聖な大義のために祈りを捧げる(9)。

一方、連合軍側も、その後延々と続く攻囲戦の準備に着手していた。ラグラン総司令官は直ちに攻撃を開始したいと思っていた。ロシア軍の防衛態勢に弱点があることを知っていたからである。第四師団の司令官ジョージ・キャスカート将軍からも助言が寄せられていた。キャスカート卿の部隊はセヴァストポリの町全体を見下ろす高台に布陣していた。率直で賢明なキャスカートはその高台の陣地からラグラン総司令官宛に手紙を送っている。

　閣下とジョン・バーゴイン卿がこの高台まで足を運ぶ機会があれば、ロシア軍のお粗末な防衛態勢の実態をすべて見ることができる。連中は数ヵ所で稜堡を強化しているが、町を取り囲んでいる防壁はまるで隙間だらけの公園の柵のような有様で、本格的な補修は行なわれていない。夜中に行動すれば、我々は徒歩で防壁を越えて町の中に入り、一兵の損傷も出さずに戻って来る自信がある。ロシア軍の全軍が起きていても、夜明けの一時間前までに戻れば問題ない。昼間でも、背嚢を背負わずに走り込めば、何発か撃たれるだけで稜堡までたどり着けるはずだ。

一方、かつては急襲戦術の提唱者だった工兵総監のバーゴイン卿は、今は急襲反対に転じていた。人命の損失を懸念する立場から、まず砲撃によって敵の火力を制圧し、その後に歩兵による侵攻を行なうべきだと主張したのである。フランス軍もこれと同じ意見だった。そこで、連合軍は攻囲戦用の大砲を陸揚げし、高地まで運び上げるという面倒な作業に着手する。しかし、大砲の陸揚げは問題続出の難事業だった。まず、艦砲を軍艦から取り外すための解体作業が必要だった。「重い艦砲を取り外して陸揚げし、砲台に据え付ける作業は実に厄介だった」と近衛歩兵第一連隊のウィリアム・キャメロン大尉は父親宛の手紙に書いている。

まず、艦砲をバラバラに分解しなければならなかった。通常の攻囲戦用大砲なら、砲架に乗せたまま転がして動かすことができるが、艦砲には小さなローラーがついているだけなので、簡単に動かすことができない。我々の部隊は重量四・七トンの六八ポンド砲五基の陸揚げを完了した。これらの艦砲は攻囲戦用の大砲として前代未聞の威力を発揮するだろう。ただし、砲台となる地面は凹凸の激しい岩盤なので、胸墻《きょうしょう》用の土を大量に運び上げなければならなかった。(10)

大砲の陸揚げと砲台への設置が最終的に完了するまでに、結局一八日間が必要だった。ロシア側にとっては、防衛態勢を強化するための貴重な時間稼ぎとなった。

英国軍が艦砲の取り外しと陸揚げ、移送に苦労している間、フランス軍は主として塹壕掘りの作業に追われていた。ロシア軍の砲撃を受けつつ、ジグザグに塹壕を掘り進んで、セヴァストポリの防壁にできるだけ近づくという作業である。最も危険なのは、ロシア軍の砲撃から身を守る手段がない段階で最初に塹壕を掘り始める時だった。シャベルと鶴嘴を抱えた第一陣の八〇〇人が夜の闇にまぎれて匍匐前進し、岩を盾にしてセヴァストポリの国旗掲揚要塞まで約一キロメートルの地点に達し、指揮官の命令一下、列を作って地面を掘り始めた。掘り出した土は蛇籠に入れて目の前に積み上げ、ロシア軍の砲撃から身を守る楯とした。それは一八五四年十月九日から十日にかけての夜のことだった。空には雲がなく、月が照っていた。しかし、北西から風が吹いていたおかげで、塹壕を掘る音は町まで届かなかった。夜が明けてロシア軍が眠い目をこすりながら事態に気づいた時には、フランス軍はすでに延長一〇〇〇メートルの塹壕を掘り終わっていた。激しい砲撃が始まったが、その後毎晩三〇〇〇人のフランス兵が塹壕を掘り続け、ロシア軍の砲撃で破壊された部分は翌日にすぐ補修した。頭上をかすめる砲弾の下での作業だった。十月十六日までに、フランス軍の最初の砲台五基が完成した。砲台は土嚢と木製の柵で固められ、頑丈な胸壁と胸墻で囲われていた。カノン砲、臼砲、榴弾砲など、合せて五〇門を超える大砲が設置された。[11]

　フランス軍に続いて英国軍も塹壕掘りに取りかかり、さらに、左翼の高台グリーン・ヒルと右翼の高台ヴォロンツォフ・ヒルの両方に最初の砲台を設置した。深い谷によって隔てられた二つの砲台には、それぞれ五〇〇人の砲兵部隊が昼夜の別なく詰め、それに倍する人数の歩兵が守備にあたった。守備隊はしばしば夜間出撃を敢行した。「二四時間ぶっ続けで塹壕掘りをして、朝の四時にやっと非番になった」と第二〇歩兵連隊のウィリアム・ラドクリフ大尉は家族宛の手紙に書いている。

　夜の間に積み上げた胸墻の下に入れば、かなり安全だったが、それでも常に伏せていなければならなかった。敵はこちらの胸墻を目標に昼も夜も砲撃してくるからだ。しかも、塹壕は半分しか完成していない。塹壕を掘る時には複数の見張りを立てる。彼らはほんの数インチだけ首を出して、敵の砲台を見張り、昼間なら煙が見えた時、夜なら火花が見えた瞬間に「砲撃！」と叫ぶ。すると、塹壕の中の全員が地面に伏せ、あるいは胸墻の陰に隠れて、砲弾をやり過ごし、砲撃が終わると、また作業に取りかかる。このやり方を守っているので、これまでのところ、死者は流れ弾に当たって死んだ一人だけだ(12)。

十月十六日、英国軍の塹壕網はまだ完成していなかったが、セヴァストポリに対する砲撃開始が最終的に決定された。連合軍の陣地では楽観的な予測が広まっていた。「フランス軍陣地でも、英国軍陣地でも、また、海軍司令部でも、砲撃開始から四八時間以内にセヴァストポリを廃墟の山にしてやると幹部たちは豪語している」。軽騎兵師団の参謀将校だったヘンリー・クリフォードは家族への手紙にそう書いている。また、アリマ川の戦闘を軍艦の一番高いマストから観戦し、その後、海兵隊の一員として上陸した海軍士官候補生のイヴリン・ウッドは次のように書き残している。

十月十六日、部隊の連中はセヴァストポリ陥落の時期についてさかんに賭けを行なっている。大方の予測は「陥落は数時間以内」に集中した。ただし慎重な年配者の多くは、要塞は四八時間程度持ちこたえるだろうという意見だった。四八時間は最も長い予測だった。最近、ある兵士が私にパリ製の腕時計を二〇シリングで売りつけようとした。アリマ川の戦闘で戦死したロシア軍士官から奪った戦利品だった。しかし、私の仲間たちは、まだ買うべき時ではないと忠告してくれた。遅くとも四八時間後には、二〇シリングよりもずっと安い値段でいくつでも金時計が買えるようになるというのがその理由だった[13]。

十月十七日の夜明け、霧が晴れると、ロシア軍は英仏軍の砲台から砲身が狙いを定めているのに気づいて、敵の砲撃開始を待たずに全線で砲撃を開始した。連合軍側もそれに応じて砲撃を開始した。英国軍の大砲七二門、フランス軍の大砲五三門が一斉に火を噴いた。砲撃戦は数分以内に頂点を迎えた。喇叭や太鼓の合図をかき消すように、大砲の発射音、飛び交う砲弾の轟音と風切り音、耳を聾する爆発音などが響き渡った。セヴァストポリの町全体が濃い黒煙にすっぽりと包まれ、連合軍側の砲手は目標を正確に見ることができなくなった。ヴォロンツォフ・ヒルの採石場から総司令官ラグラン卿とともに砲撃の様子を観察していた副官のサマーセット・カルソープは次のように書いている。「我々はただ座って、砲撃が順調に進むことを祈るばかりだった[14]」

住宅を破壊され、瓦礫の陰で砲撃に耐えていた数千人のセヴァストポリ市民にとって、この日は人生最悪の一日となった。住民の一人は書き残している。「こんなひどい経験は初めてだ。見たことも、聞いたこともない惨状だ。二四時間絶え間なく砲撃が続いて、息を継ぐ暇もなかった。足の下で地面が揺れ動いた……黒い煙が空を覆って太陽を隠し、夜のように暗くなった。煙は部屋の中にまで入ってきて充満した[15]」

砲撃戦が始まると同時に、コルニーロフ提督は副官のV・I・バリャチンスキー公をともなって防衛陣地の見回りに出かけた。まず、セヴァストポリの防衛拠点の中で最も危険な位置にある第四要塞を視察した。第四要塞は英国軍とフランス軍の両方から砲撃を受けていた。「第四要塞の内部は恐るべき状態だった。損害は深刻だった。激しい砲撃を受けて砲兵隊員の大半が戦死し、死傷者は折り重なって地面に倒れたまま放置されていた。担架で運び出す作業が間に合わなかったのだ」とバリャチンスキーは回想している。コルニーロフは第四要塞のすべての砲台を見て回って兵士を励まし、次に第五要塞に移動した。第五要塞も第四要塞に劣らず激しい砲撃を受けていた。コルニーロフはそこでナヒーモフに出会った。例によって肩章つきのフロックコートという出で立ちのナヒーモフは、顔面を負傷していた。ナヒーモフ自身はそれに気づいていないようだったが、コルニーロフと会話するナヒーモフの様子をバリャチンスキーが見ると、ナヒーモフの顔の傷から首をつたわって流れ落ちる血が聖ゲオルギー十字勲章の白いリボンを汚していた。言葉を交わしている三人の近くに一人の士官が立っていた。バリャチンスキーはその士官の顔に「眼球がないことに気づいた。彼の顔は血だらけの肉の塊だった」。その士官は顔から血を拭うような動作をしながら、バリャチンスキーに煙草を一本せがんだ。コルニーロフは、これ以上は危険だという側近の助言にもかかわらず巡察を続け、レダン要塞とも呼ばれる第三要塞を訪ねた。第三要塞は英国軍の重砲による集中砲撃の目標となっていた。コルニーロフが到着した時、要塞の指揮官はポパンドゥール大尉だったが、大尉はその後すぐに戦死し、後任の指揮官も次々に戦死して、結局、その日のうちに指揮官が六人交代した。コルニーロフは第三要塞から塹壕網に入り、英国軍の砲兵陣地への至近距離を経由して峡谷を越え、マラホフ要塞に到達した。マラホフ要塞で負傷兵たちに声をかけた後、巡察の最後の地点であるウシャコフ峡谷に向けて斜面を下り始めた。その時、一発の砲弾がコルニーロフを直撃した。コルニーロフは下半身を吹き飛ばされ、軍事病院に運ばれたが、病院に到着した直後に絶命した。(16)

正午少し前になって、英仏連合艦隊が砲撃に参加した。沖合八〇〇メートルないし一五〇〇メートルの海上に弧を描いて停泊していた連合艦隊が、セヴァストポリの湾口を取り囲む形で艦砲射撃を開始したのである（湾口そのものはロシア軍が艦船を沈めて封鎖していたので、連合艦隊はそれ以上目標に接近することができなかった）。連合艦隊の舷側砲一二四〇門が六時間にわたって市街を砲撃した。応戦するロシア側の沿岸砲台の大砲は一五〇門にすぎなかった。「驚くべき砲撃戦だった」と沖合から観戦していた商船の船員ヘンリー・ジェームズは日記に記している。「戦列艦の重砲による連続砲撃の音が巨大な太鼓の轟きのように延々と鳴り響いた……そして、砲弾が雨霰となって要塞直下の海面に降り注いだかと思うと、次には、城壁を越えてセヴァストポリの市内に落ちて行くのが見えた」。連続射撃にともなって大量の黒煙が発したため、ロシア軍側からは艦隊の姿が見えなくなった。ロシア軍の砲手の多くは戦意を失ったが、中には頭上に砲弾を浴びつつも勇気を失わず、見えない艦隊に対して閃光を目当てに砲撃を続ける者もあった。フランス艦隊の集中砲火を浴びたロシア軍第一〇要塞の砲兵士官の一人は、これまでの戦闘では勇敢に戦って褒賞を与えられた兵士たちがこの日の砲撃戦が始まった途端に恐慌状態に陥って逃げ出すのを目にした。「私自身も二つの感情に引き裂かれていた」とその士官は回想している。「一方では、その場を逃げ出して家族を助けに行きたいと思い、もう一方では、とどまって軍人の義務を果たさなければならないという思いがあった。しかし、やがて、軍人の義務感よりも父親としての気持ちが勝って、私は家族を探しに走り出した」[17]

実際には、英仏艦隊は戦果を上げた以上に大きな損害をこうむっていた。主として木造帆船によって構成される連合艦隊は、セヴァストポリの各要塞の石の防壁に接近して攻撃することができなかった（その意味では、ロシア軍による港湾封鎖は効果的だった）。さらに、ロシア軍の砲撃を受けて火災を起こす艦船が続出した。ロシア軍の砲門は少なかったが、陸上の砲台からの狙いは海上の連合艦隊の長距離砲よりも正確だった。連合艦隊は約五万発の砲弾を沿岸の要塞に撃ち込んだ後、実質的な戦果を上げることなく錨を上げて沖合に引き上げた。損害を点検すると、五隻の艦船が大破し、水兵三〇〇人が戦死、五〇〇人以上が負傷していた。甲鉄蒸気戦艦を欠く連合艦隊は、セヴァストポリ攻囲戦の全期間を通じて、陸軍を補助する二次的な戦力としての役割しか果たし得なかった。

しかし、連合軍は陸軍による地上戦でもはかばかしい戦果を上げたとは言えなかった。フランス軍はロドルフ山を奪取するはずだったが、前進する前に弾薬の集積所を爆破されて砲撃を中止せざるを得なかった。英国軍はロシア軍の第三要塞を砲撃してかなりの打撃を与えた。その日、ロシア軍は全部で一一〇〇人の死傷者を出したが、その大半は第三要塞に集中していた。しかし、英国軍は大型の臼砲を欠いていたので、十分な優位を確保することができなかった。英国軍が誇る六八ポンドのランカスター砲は着弾した後に爆発するかどうか不安定なばかりか、射程距離が短く、軽量の砲弾を吸収するロシア軍陣地の土塁に対して効果を上げることができなかった。「ランカスター砲は役立たずの失敗作です」と、翌日、ラシントン大尉はエアリー将軍に報告している。「ランカスター砲の砲弾は十分な距離を飛ばず、敵に損害を与えるよりも味方の砲眼を破壊する場合の方が多い……部下の指揮官たちに対しては、ゆっくりと確実に砲撃するよう指示したが……敵までの距離はあまりにも遠く……届いたとしても、砲弾は土塁に吸い込まれてしまう。まるでプリンに砲弾を撃ち込んでいるような感じです[18]」

連合軍による初日の砲撃は十分な戦果をもたらさなかった。この事実によって、連合軍は現実が予想外に厳しいことを思い知らされる。「セヴァストポリはまるで不燃性の建築材料で造られた町のように見えた」とファニー・デュバリーは書いている。ファニー・デュバリーは第八アイルランド近衛軽騎兵連隊の主計官だった夫ヘンリー・デュバリーに同行して観戦旅行に来ていたのである。「昨日の砲撃中、市街地から二度にわたって火の手が上がるのが見えたが、二度ともすぐに消し止められてしまった[19]」

アリマ川の戦闘で敗北を喫したロシア軍は、連合軍に対して一種の無力感を感じていたが、今回の砲撃戦はその無力感を一挙に払拭した。敵が無敵ではないことが判明したことで、ロシア軍の希望と自信が回復したのである。「ロシア軍の砲兵隊に町を守る力があるとは思っていなかった」と、ある市民は翌日の手紙に書いている。「だから、我が軍の砲台がすべて無事であり、すべての砲が役割を果たしていることを知った時の驚きは大きかった……ロシアの味方である神は、我々が信仰のためにこうむった辱めを償ってくれたのだ」(20)

初日の砲撃戦を切り抜けたロシア軍は、次には反撃に出ることを決定する。包囲を突破して出撃し、バラクラヴァを攻撃して、連合軍の補給経路を切断するという作戦である。アリマ川での敗北後、メンシコフはバフチサライを目指して進んでいたが、今や作戦を変更し、セヴァストポリの東側のチョールナヤ渓谷に部隊を集結させ、これにドナウ戦線から撤退してきたパーヴェル・リプランディ中将指揮下の第一二歩兵師団を増援部隊として合流させた。十月二十四日の夕方、六万人のロシア軍野戦部隊、三四大隊の騎兵部隊、七八門の大砲がフェデューヒン高地のチョルグン村周辺に集結して、翌朝に予定されたバラクラヴァの英国軍への攻撃開始に備えていた。

ロシア軍がバラクラヴァを攻撃目標に選んだのは賢明な選択だった。英国軍自身も気づいていたが、その補給線は長く伸びすぎており、大軍によって急襲された場合に補給基地のバラクラヴァを防衛する手立ては整っていなかった。英国側はコーズウェイ高地の七ヵ所に小規模な稜堡を設置していた。コーズウェイ高地の稜線にはヴォロンツォフ道路が走っているが、道路の北側にはフェデューヒン高地との間を隔てる北渓谷が切れ込んでおり、道路の南側にはバラクラヴァ港まで続く南渓谷があった。七ヵ所の稜堡のうち四ヵ所には英国軍の一二ポンド砲が二基ないし三基設置されており、トルコ軍(主として召集されたばかりの新兵)が守備にあたっていた。これらの稜堡の南側にはコリン・キャンベル卿の率いる第九三歩兵旅団が布陣し、バラクラヴァ港の防備を担当していた。その横にはルーカン伯爵の騎兵師団が配置され、さらに、バラクラヴァ港との間の高地には英国海兵隊一〇〇〇人の部隊が数門の野戦砲とともに控えていた。ロシア軍の攻撃を受けた場合には、キャンベル卿は英国歩兵部隊の支援だけでなく、セヴァストポリ側の高地に布陣するフランス軍のピエール・ボスケ将軍からの支援も当てにすることができたが、いずれにせよ、支援軍が到着するまでの間は五〇〇〇人の態勢でバラクラヴァを守らなければならなかった。[21]

十月二十五日、ロシア軍は夜明けとともに攻撃を開始した。野戦砲兵中隊がカマラ村付近までに進出して、カンロベール・ヒルの英国軍第一稜堡に向けて猛烈な砲撃を開始したのである（カンロベール・ヒルは英国軍がフランス軍の新総司令官フランソワ・カンロベール将軍に敬意を表してこの高地につけた名称だった）。英国軍総司令官ラグラン卿は、すでにその前夜、ロシア軍の脱走兵の口からロシア軍の攻撃が間近であるという情報を得ていたが、わずか三日前に同様の偽情報に踊らされて一〇〇〇人の兵をバラクラヴァに無駄に派遣した苦い経験があったために、今回は対策を取らなかった（これもラグラン卿の評価を貶めることになる失策のひとつだった）。ただし、ラグラン卿はロシア軍の攻撃開始の報告を受けるとすぐにサプーン高地に出かけた。サプーン高地からは両軍の戦闘の様子を眼下に見渡すことができる。

第一稜堡を守っていた五〇〇人のトルコ軍兵士は、シリストラでロシア軍に抵抗した時と同じ頑強さで戦い、一時間以上にわたって持ちこたえた。その結果、三分の一以上のトルコ軍兵士が戦死した。その時点で、一二〇〇人のロシア兵が銃剣をかざして稜堡を急襲した。疲労の極にあったトルコ軍兵士は英国軍から委ねられていた大砲七門のうち三門を残して稜堡を放棄して逃走した。サプーン高地からラグラン総司令官の参謀として戦況を観察していたカルソープ卿は回想している。「残念至極だったが、第一稜堡の裏口から兵士が細い列を作って丘の斜面を駆け下り、バラクラヴァ寄りの英国軍の前線に向かって逃走する姿が見えた」。第一稜堡から戦友が退却する姿を見て、第二、第三、第四稜堡のトルコ軍兵士もバラクラヴァ港方向に逃げ出した。彼らの多くは毛布と鍋を抱え、「船！　船！」と叫びながら英国軍の前線を通過して行った。カルソープが見守る先で、約一〇〇〇人のトルコ軍兵士がコサック騎兵の大部隊に追われて丘を駆け下って行った。「コサック騎兵の奇矯な叫び声が我々のいる所まで聞こえてきた。彼らは馬を疾駆させて、不幸なイスラム教徒たちを追撃し、多数を槍で突き殺していた」

トルコ軍兵士がカディコイ村を走り抜けようとした時、そこに居合わせた英国軍兵士の妻たちが大声で囃し立てた。逞しい腕をした洗濯係の妻の一人が「鉄のように頑丈な両手で」トルコ軍兵士の首根っこをつかみ、地上に並べて陽に干してあった洗濯物を踏みつけた罪を咎めて思いっきり蹴りとばした。トルコ軍兵士たちが彼女の夫の属する第九三歩兵連隊を見捨てて逃走してきたことを知ると、彼女は怒鳴り声を上げて、激しく叱責した。「卑怯な異教徒どもめ！　キリスト教徒のハイランド連隊を見捨てて逃げるとは何事か！」。トルコ軍兵士たちは女を宥めようとした。誰かが彼女を「コカーナ」[*3]と呼んだ。洗濯女はいっそう激昂し、「コカーナだって！　そうとも、私はコカーナだよ」と叫んで、棒切れを振り回し、トルコ軍兵士たちを追い回した。疲労困憊し、意気消沈したトルコ軍兵士たちはさらに斜面を駆け下り、バラクラヴァ港の見える谷底に到達すると、荷物をすべて投げ捨てて倒れ込み、やっと一息入れた。なかには祈禱用のマットを広げ、メッカに向かって祈りを捧げる者もあった[(22)]。

英国側はトルコ軍兵士を臆病者として非難したが、それは公平ではなかった。ルーカン卿のトルコ語通訳を務めていたジョン・ブラントによれば、この時のトルコ軍兵士の大多数は実はチュニジア人だった。彼らは戦闘経験がなく、訓練も受けていなかった。クリミアに到着したばかりで、しかも、ほとんど飢餓に近い状態だった。数日前にヴァルナを出発して以来、彼らはイスラム教徒に食べることが許されている糧食を与えられておらず、そのため、民間人を襲撃してようやく食料を得ていた。ジョン・ブラントは逃走したトルコ軍兵士たちを騎馬で追いかけ、ルーカン軍の指揮官とともに彼らを第九三歩兵連隊の背後に再結集させようとしたが、「喉の渇きと疲労で衰弱した」兵士たちから抗議を受けた。彼らは、英国軍はなぜ支援に来なかったのかと質問し、水も食料もなしに数日間も稜堡の中に放置されたと苦情を言い、支給された砲弾は稜堡の大砲には使えない代物だったと断言した。包帯で頭をくるみ、長いパイプを咥えた兵士がブラントに向かって言った。「いったい俺たちにどうしろと言うんだ？　すべては神のご意志のままだ」[23]

　ロシア軍歩兵部隊はコーズウェイ高地の四つの稜堡をすべて占拠したが、第四稜堡だけは砲架を破壊した上で放棄した。歩兵部隊の後ろからルイジョフ将軍指揮下の騎兵部隊が北側の斜面を登って稜線に姿を現わし、南渓谷に布陣する英国軍の第九三歩兵連隊に攻撃を仕掛けてきた。今や、第九三歩兵連隊はバラクラヴァ港に通ずる道路を守る唯一の部隊だった。これまで南渓谷にいた英国騎兵部隊がロシア騎兵部隊を迎え撃つためにセヴァストポリに近い高台に移動してしまっていたからである。コーズウェイ高地の稜線からルイジョフ軍の騎兵部隊四大隊約四〇〇〇人が第九三歩兵連隊めがけて突撃してきた。[*4]その時、英国軽騎兵旅団の陣地近くの葡萄畑から観戦していたファニー・デュバリーの目に飛び込んできたのは恐るべき情景だった。「弾丸が飛び交い始めて間もなく、ロシアの騎兵隊が稜線を越えて斜面を駆け下り、我がハイランド連隊の細い列に向かって突進して行った。何という光景だったろう！　猛烈な勢いで押し寄せる騎兵隊の大軍に対して、歩兵連隊は細い列を作って立ち並んでいた。いったい歩兵連隊に何ができるというのだ？　彼らはただ立っているだけだった」。歩兵部隊が騎兵隊の攻撃にさらされた場合、方形の密集隊形を作って対抗するのが常識だったが、司令官キャンベル卿は長い二列横隊を作って騎兵隊の襲撃を待つという戦法を選んだ。アリマ川の戦闘で効果をあげたミニエ銃の威力を信じていたのである。騎兵隊が迫りつつある中、キャンベル卿は騎乗して歩兵の列を見て回った。第九三ハイランド歩兵連隊の指揮官の一人アンソニー・スターリング中将によれば、キャンベル卿は、「『諸君、この場で死ぬつもりで、足を踏ん張って立ちたまえ』と言ったが、それは本気で言っている言葉のようだった」。高台から状況を見守っていた『タイムズ』紙の戦争特派員ウィリアム・ラッセルの目には、歩兵連隊の隊形は「細く、赤い鋼鉄の筋」のように見えた（これが誤って引用され、以来、「細い赤い線」という言い方が定着した）。赤い軍服の英国歩兵部隊が細い横列を作るのを見て、ロシア軍の騎兵部隊に一瞬躊躇する動きがあった。騎兵隊が約一〇〇〇メートルの距離に迫った時点で、キャンベル卿は最初の一斉射撃を命じた。硝煙が晴れた時、第九三歩兵連隊のマンロー軍曹は、「敵の騎兵隊が依然として真っ直ぐにこちらに向かって来るのが見えた。二回目の一斉射撃が終わると、騎兵隊の隊列に多少の混乱が起こったようだった。敵は直進できなくなり、進行方向の左手に旋回し始めた」。三回目の一斉射撃は左側に転回する騎兵隊の側面をかなりの至近距離から狙う形になった。騎兵隊はそのまま左方向に鋭く方向転換し、元来た斜面を駆け登って逃げ帰った。(24)

しかし、撃退されて逃げ帰ったのは、ルイジョフ軍の騎兵部隊のうち、第一陣の四大隊だけだった。次には、第二陣として騎兵隊の本隊二〇〇〇騎がコサック兵を両側に従えてコーズウェイ高地の斜面を駆け下り、第九三歩兵連隊に向かって突進した。この第二次攻撃から英国の歩兵連隊を救ったのは、ようやく駆けつけた英国重騎兵旅団約七〇〇騎による支援だった。歩兵連隊が危険な状況にあることをサプーン高地から見て取ったラグラン総司令官が重騎兵旅団の八大隊に対して、南渓谷に戻って歩兵連隊を支援するよう命じたのである。重騎兵部隊は谷底からゆっくりと敵に向かって斜面を登り始めた。そして、歩兵連隊の列を通過すると、隊列を整え、残り一〇〇メートルの地点から突進して敵軍に突入し、剣を振り回して切りかかった。先陣を切って突入したスコットランド・グレー隊とイニスキリング隊（第六竜騎兵中隊）はロシア軍に包囲された形になった。ロシア軍は英国重騎兵部隊が突入する直前に前進を止めて左右に開いていたのである。しかし、すぐに第四竜騎兵中隊と第五竜騎兵中隊が突入してロシア軍の両翼と後尾を攻撃した。激突した英露両軍の騎兵は密集状態での接近戦となった。剣術の冴えを見せることが不可能なほど狭い範囲での戦いとなり、まるで取っ組み合いの喧嘩のようにむやみやたらに剣を振り回すしかなかった。第五竜騎兵連隊の特務曹長ヘンリー・フランクスは竜騎兵のハリー・ハーバートが三人のコサック騎兵に取り囲まれているところを目撃した。

ハリーは一人のコサック騎兵の首の後ろ部分に激しく切りつけて、無力化した。もう一人はそれを見て退散した。三人目の敵の胸先を剣の切っ先で突こうとした時、ハリーの剣が柄から三インチほどの所で折れてしまった……ハリーは重量のある剣の柄をコサック兵に向かって投げつけた。柄は顔に当たり、コサック兵は落馬した。死にはしなかったが、顔は台無しになった。

第四竜騎兵中隊のウィリアム・フォレスト少佐はこの時の死に物狂いの戦闘を次のように回想している。

ロシア軍の騎兵の一人が私の頭部に剣を打ち下ろした。しかし、真鍮の兜が幸いして浅い切り傷を受けただけだった。こちらも切りかかったが、たいした打撃は与えられなかった。その時、肩に衝撃を感じた。別のロシア騎兵が切りつけて来たのだ。しかし、刃の角度がよほどおかしかったのだろう。軍服は切られたが、肩からはわずかに血がにじむ程度だった。

この戦闘は一〇分足らずで終わった。両軍とも損傷は驚くほどわずかだった。戦死者数はどちらも一〇人程度、負傷者は三〇〇人ほどで、その大部分がロシア軍側の損害だった。ロシア軍騎兵隊は重い軍服と分厚いシャコー帽のおかげで剣による被害を免れていたが、彼ら自身の剣も背の高い馬に乗る英国騎兵隊の長い剣に対して効果を発揮することができなかった。[25]

この種の戦闘では、最終的にどちらか一方が戦意を失って退却することになるのが普通である。最初に怯んだのはロシア軍だった。ロシア軍騎兵連隊は戦闘の激しさに動揺し、方向転換すると、北渓谷への斜面を全速力で駆け下り、英国軍騎兵隊の追撃を受けながら、コーズウェイ高地とフェデューヒン高地のロシア軍砲兵部隊からの掩護射撃の届く範囲に後退した。

ロシア軍の騎兵部隊が後退したのを見て、セヴァストポリ周辺の高台に布陣していた英国軍歩兵部隊が第九三歩兵連隊を支援するために南渓谷に進出した。まず歩兵第一師団が到着し、第四師団が続いた。フランス軍からも第一歩兵師団とアフリカ猟騎兵部隊二大隊が支援に駆けつけた。連合軍の歩兵部隊が集結したことで、ロシア軍騎兵部隊が再度攻撃してくる恐れは取り除かれた。バラクラヴァは危機を脱した。

ロシア軍は損失を最小限にとどめるために陣地への後退を開始したが、その際、占拠していた稜堡から英国軍の大砲を取り外して持ち去ろうとした。その行動が、サプーン高地のラグラン総司令官とその幕僚たちの目にとまった。英国軍はウェリントン公爵以来一度も大砲を失ったことがなかった。少なくとも、ウェリントン公爵の信奉者たちはそう信じていた。コーズウェイ高地の稜堡から英国軍の大砲が奪われ、戦利品としてセヴァストポリ市内を引き回されるという事態は、ラグラン卿にとって耐えがたい屈辱だった。そこで、騎兵師団の司令官であるルーカン卿に対してコーズウェイ高地の即時奪還が命じられた。到着したばかりの歩兵部隊に奪還作戦を支援させることが約束された。しかし、ルーカン卿のいる場所からは歩兵部隊が見えなかった。ルーカン卿としては、ロシア軍の歩兵部隊と砲兵部隊を相手に騎兵だけで行動する気はなかったので、四五分間、命令を無視して何の行動にも出なかった。四五分後、ラグラン総司令官からルーカンの許に二度目の命令書が届いた。「総司令官は貴官の騎兵部隊が迅速に前線に移動することを希望する。敵を攻撃し、敵が大砲を運び去ることを阻止せよ。歩兵部隊と砲兵部隊が貴官の作戦を支援する。貴官の左手後方にはフランス軍の騎兵部隊も控えている。直ちに行動せよ」

命令書の内容は明確でないばかりか、ある意味で馬鹿げていた。ルーカンは命令書の大砲が何を意味するのか理解できずに途方に暮れた。ルーカンが位置していたのはコーズウェイ高地の西端だったが、そこから右手を望むとロシア軍が稜堡のトルコ軍から奪った英国軍の大砲が見えた。しかし、左を向くと、北渓谷の底にロシア軍の大軍が集結しており、そこにも多数の大砲が見えた。さらに左手奥のフェデューヒン高地から下る斜面の下にもロシア軍の砲兵部隊がおり、大砲を搬送しつつあった。もし、奪還すべき大砲がコーズウェイ高地の英国軍の大砲であることをラグランの命令書が明確に特定していれば、有名な「軽騎兵部隊の突撃」はまったく違った形を取っていたであろう。しかし、現実の命令書は曖昧で、奪還すべき大砲がどれか明記されていなかった。

命令書の真意を説明できる人物がいたとしたら、それは命令書を届けに来た近衛騎兵連隊のノーラン大尉以外にあり得なかった。しかし、軽騎兵の多くがそうだったが、ノーラン大尉もルーカン卿やカーディガン卿の指揮に対する不満を募らせていた。英国軽騎兵部隊がその世界最強の評判にたがわず勇敢で華々しい攻撃を展開できないでいるのは、指揮官が無能だからだと思い込んでいたのである。

騎兵隊は、ブルガナク川でもアリマ川でも、退却するロシア軍への追撃を許されなかった。バラクラヴァへの行軍の途中、マッケンジー高地で東進するロシア軍の最後尾に遭遇した時も、ルーカン卿は騎兵隊の突撃を認めなかった。さらに、この日の朝、英国の重騎兵隊が数の上で上回るロシア軍騎兵部隊と一戦を交えていた時にも、カーディガン卿はわずか数分の距離にいた軽騎兵部隊が敗走する敵軍を追撃することを許さなかった。軽騎兵部隊は、ブルガナク川で彼らを嘲笑したコサック部隊と英国重騎兵部隊の戦闘を傍観させられたのである。指揮官の一人はカーディガンに向かって何度も突入の許可を求めたが、カーディガンが却下すると、敬礼のために抜いた剣の腹を自分の脚に叩きつけた。不服の意思表示だった。彼以外にも不服従の気配があった。第八近衛アイルランド軽騎兵連隊の兵士ジョン・ドイルは次のように回想している。

重騎兵部隊を支援することが許されないことについて、軽騎兵部隊の間に不満が高まっていた。騎兵たちは鐙《あぶみ》に足を踏ん張って馬上で立ち上がり、「なぜここに留まっていなければならないのか?」と叫んだ。そして馬を急に走らせて歩兵の列を追い抜き、ロシア軍を追撃する構えを見せた。しかし、ロシア軍はすでに遠くへ逃げ去ってしまっていた。(26)

ルーカンがノーラン大尉にラグラン総司令官の命令書の真意を問い質している最中にも、周囲には不服従の雰囲気が高まっていた。後にルーカン卿がラグラン総司令官に送った手紙によれば、攻撃対象はどの大砲かと質問したのに対して、ノーラン大尉は「きわめて礼を失した態度で、自信たっぷりに」北渓谷の谷底を指差して「あそこです。司令官殿。奪うべき大砲はあそこにあります」と言った。ルーカンによれば、ノーラン大尉が指差したのはコーズウェイ高地の稜堡にある英国軍の大砲ではなく、北渓谷の谷底に見えるコサック騎兵隊とロシア軍の大砲一二門だった。北渓谷の北側のフェデューヒン高地と南側のコーズウェイ高地にもロシア軍の大砲とライフル部隊が残っていた。ルーカンがカーディガンに命令を伝達すると、カーディガンは北渓谷の谷底に突進してロシア軍の大砲とマスケット銃に包囲される作戦は狂気としか考えられないと指摘した。しかし、ルーカンは命令には従うべきだと主張した。カーディガンとルーカンは義理の兄弟の間柄だったが、互いに嫌悪し合っていた。ラグラン総司令官の命令が無視される事態は一度ならず発生していたが、今回ラグランから与えられたと思われる馬鹿げた命令を二人が相談の上で巧みに回避することができなかった理由は、二人の険悪な関係にあったとするのが歴史家の通説である。しかし、突撃命令を待ちかねて逸り立つ軽騎兵部隊の雰囲気をルーカンが無視し得なかったという解釈も可能だろう。軽騎兵部隊はロシア軍騎兵部隊との対決を望んで逸っていた。もし、ルーカンが突撃を許さなければ、規律が失われる恐れがあった。後にルーカン自身がラグランに書き送ったところによれば、彼がラグランの攻撃命令に従った理由は、もし、そうしなければ、「私も騎兵部隊も拭い去ることのできない汚名を着ることになる」と思ったからだった。ルーカンは部下からの悪評を恐れ、英国軍の笑いものになることを恐れていた。[27]

六六一人の軽騎兵部隊は北渓谷への斜面を並足で静かに下り始めた。先頭はカーディガン卿が指揮する第一三竜騎兵連隊と第一七槍騎兵連隊、すぐ後ろに第一一軽騎兵連隊、さらに、第八軽騎兵連隊と第四（近衛）軽竜騎兵連隊が続いた。谷底の敵陣までは約二〇〇〇メートル、軽騎兵部隊の通常の速度なら七分で到達する距離だった。進路の前方と右手、左手の三方にロシア軍の大砲とマスケット銃が待ち構えていた。第一列が速度を速足に切り替えた時、第一七槍騎兵連隊を率いていたノーラン大尉が急に単騎ギャロップで前進し、剣を抜いて振り回した。多くの説によれば、ノーラン大尉は部下に突進を促して叫んだことになっているが、その一方、作戦の間違いに気づき、軽騎兵部隊を率いてコーズウェイ高地に引き返そうとした動きだったという説もある。コーズウェイ高地に引き返し、さらに南渓谷を下れば、ロシア軍の大砲の標的にはならないからである。しかし、どちらの説が正しかったにせよ、ロシア軍が発射した最初の砲弾がノーラン大尉の頭上で炸裂し、大尉は戦死してしまう。ノーラン大尉の例に従ったのか、自分自身の勇敢さのためか、あるいは側面からの砲撃と銃撃からできるだけ早く脱出するためか、その理由はいまだに不明だが、先頭の二連隊の騎兵たちは命令を待つまでもなく馬を全速疾走させて突撃を開始した。第一三竜騎兵連隊の一人が叫んでいた。「さあ、突進するぞ。槍騎兵連隊の奴らに先を越されてなるものか！」[28]

全速力で突撃する騎兵隊は左右と前方の三方向から十字砲火を浴びることになった。砲弾が炸裂して地面が抉られ、マスケット銃の銃弾が雨霰となって降り注いだ。騎兵たちは次々に撃たれ、馬とともに倒れた。「大砲の砲声と砲弾の炸裂音は耳を聾するばかりだった」と第一一軽騎兵連隊のボンド軍曹は回想している。

硝煙が立ち込めて、前がほとんど見えなかった。あたり一面に馬と兵士が倒れていた。怪我をしていない馬も興奮して制御できなくなっていた。私の左手を進んでいたオールリードという名の騎兵が、まるで石ころのように鞍から転げ落ちた。振り返ると、気の毒に頭の右半分を吹き飛ばされ、脳漿の一部がはみ出した状態で仰向けに倒れていた。

第一七槍騎兵連隊の兵士ワイトマンは目の前で軍曹が撃たれる瞬間を目撃した。「一斉射撃を受けて、軍曹は頭を吹き飛ばされた。ところが、頭を失った後も、身体だけは鞍から落ちずに、さらに三〇ヤードほど前進した。右腕にしっかりと槍を抱えたままだった」。第一列の騎兵と馬の大半が撃たれて倒れたので、一〇〇メートル後方を進んでいた第二列は速度を落とした。地上にころがる死傷者だけでなく、乗り手を失って暴れ回る馬を避けなければならなかったからである。[29]

第一列の生き残りは数分以内に谷底のロシア軍砲兵部隊の中に突入した。カーディガンは、ロシア軍砲兵部隊による最後の一斉砲撃を至近距離から受けつつ、怯む馬を励まして真っ先に突入したと言われている。「前方から炎と煙と怒号が押し寄せてきた。まるで、火山の噴火口に突っ込んでいくような気分だった」と第一七槍騎兵連隊のトーマス・モーリー伍長は回想している。軽騎兵部隊はロシア軍の砲手たちを蹴散らしつつ、コサック部隊に切りかかった。コサック部隊は大砲を守るために前進するようルイジョフ将軍から命令されていた。英国騎兵隊はロシア軍の大砲の一部を運び去ろうとした。隊形を整える間もなく攻撃されたコサック部隊はパニック状態に陥った。ロシア軍のある士官によれば、「統制のとれた英国騎兵部隊の集中攻撃を受けて、コサック部隊は隊形を整えることができず、大混乱に陥った」。コサック兵たちは方向転換して逃れようとしたが、英国軽騎兵連隊によって逃げ道が塞がれていることを見て取ると、やみくもにマスケット銃を発射し始めた。銃弾は味方のロシア軍をなぎ倒した。撃たれたロシア軍は混乱して方向転換し、後方の連隊目がけて退却した。ロシア軍の騎兵部隊全体がチョルグン渓谷の方向に向かって一斉に敗走した。大砲を引きずって退却する騎兵もいた。英国の軽騎兵部隊は、数の上ではロシア軍の五分の一にすぎなかったが、そのままロシア軍を追撃し、チョールナヤ川に到達した。

チョールナヤ川を見下ろす丘の上にいたロシア軍砲兵部隊の下級士官ステパン・コジューコフは、ロシア軍軽騎兵部隊が混乱のうちに敗走する様子を見ていた。コジューコフによれば、退却する騎兵部隊がチョールナヤ川に架かる橋に押し寄せたので、一帯は大混乱になった。コジューコフの砲兵部隊とウクライナ連隊には騎兵部隊の退却を阻止する命令が出されていた。

味方の騎兵部隊は総崩れだった。部隊はまったくの混乱状態で敗走し、その混乱はますますひどくなっていった。チョルグン渓谷の入口には救護所が設置されていたが、その救護所の周りの狭いスペースに軽騎兵連隊とコサック連隊の兵士たちが無秩序に蝟集して橋を渡ろうとしていた。しかも、その集団のあちらこちらに敵軍の赤い軍服が見えた。おそらく、英国兵自身も、何が起こっているのか理解できずにロシア軍同様に驚いていたに違いない……しかし、パニック状態に陥ったロシア軍の軽騎兵とコサック兵が恐れるに足りないことを見て取ると、英国騎兵隊は剣を振り回すのをやめ、やって来た道をたどって引き返そうとした。引き返せば、その途中で再びロシア軍の大砲とマスケット銃の十字砲火を浴びることになる。英国兵の死に物狂いの勇気をどう評価するかは難しいところだった。英国軍は追撃の途中で少なくとも四分の一の兵力をすでに失っていたが、今また危険と損傷に直面しながら少しも怯まない様子だった。命知らずの英国兵たちは隊列を立て直し、死傷した仲間が転々と倒れている道筋をたどって退却して行った。負傷者を含めて、投降する英国兵は一人もいなかった。ロシア軍の軽騎兵部隊とコサック部隊が正気に戻るには長い時間がかかった。彼らは英国軍の全騎兵部隊が追撃して来たと思い込んでいたのだ。取るに足らない少人数の勇敢な英国軍軽騎兵部隊によって粉砕されたという腹立たしい事実を認めることは容易ではなかった。

最初に我に返ったのはコサック部隊だったが、彼らは戦闘に戻ろうとしなかった。戦闘に復帰する代わりに、別の任務に取りかかったのである。「それは、捕虜を捕え、地上に横たわる負傷兵にとどめを刺し、後に売り払って金に換える目的で英国軍の軍馬を駆り集めるという任務だった[30]」

英国の軽騎兵連隊が十字砲火を浴びつつ北渓谷の斜面を駆け昇るのを見て、ロシア軍のパーヴェル・リプランディ中将はその退却を阻止するよう命令した。しかし、コーズウェイ高地にいてリプランディの命令を受けたポーランド槍騎兵連隊は、たった今勇猛果敢な突進を見せた英国軽騎兵連隊との激突を躊躇っていた。英国軽騎兵連隊がロシア軍の砲撃をものともせず、コサック部隊を敗走に追い込むところを目にしたばかりだった。ポーランド槍騎兵連隊は英国軍の負傷兵の集団には攻撃をかけたが、本隊に対しては何もしなかった。英国軍第八軽騎兵連隊と第四竜騎兵連隊をまとめて退却の指揮を取っていた竜騎兵連隊の指揮官ジョージ・パジェット卿は、「敵の槍騎兵部隊が速足でこちらに向かって来るのが見えた」と回想している。

ところが、敵はある距離まで近づくと、前進を止めた（一時的な停止とは思えなかった）。彼らは困惑の表情としか言いようのない顔つきをしていた。その日、敵がこの表情を浮かべるのを見るのはこれで三度目だった。我々の部隊の右端の隊列が敵の先頭部隊の最右翼と一時的に接触したが、彼らは事実上何もしなかった。両軍はほとんど一馬身の距離ですれ違った。敵は我々が通り過ぎるのを黙って見逃したのである。我々は一兵の損傷も出さずに敵軍の鼻先をすり抜けた。どうしてそんなことができたのかは分からない。不思議としか言いようがない。仮に敵軍が英国のご婦人連中によって構成されていたとしたら、我々は誰一人として無事にすり抜けられなかっただろう。(31)

当時、英国のご婦人連中の一部は実際に戦場付近のサプーン高地にいて、突撃した英国軽騎兵隊の生き残りが多数の負傷者を含めて三々五々よろめきながら帰還する姿を司令部の高官たちとともに観戦していた。そのうちのひとりファニー・デュバリーは、恐怖に目を見張ってその情景を見守っていたが、それだけにとどまらず、その日の夕刻には、夫とともに馬で出かけ、戦闘のあった場所の惨状を詳細に見て回った。

今朝の戦闘の跡を馬でゆっくりと見て回った。あたり一面に馬の死骸がころがっていた。数えきれないほどの数だった。瀕死の馬もいた。すぐ近くにロシア兵が一人うつぶせに倒れて死んでいた。葡萄畑にはトルコ兵の死体もあった。馬の死骸からは鞍がすべて失われていた。瀕死の馬からも鞍が奪われていた。馬は激しい苦痛の表情を浮かべていた……目を転ずると、負傷兵たちが斜面を這い上がる姿が見えた。(32)

突撃に参加した軽騎兵隊員は六六一名、そのうち一一三名が戦死し、一三四名が負傷、四五名が捕虜となった。馬は三六二頭が殺害され、あるいは鹵獲された。英国軍の死傷者数はロシア軍側の損害(死傷者数一八〇名、そのほとんどが第一列と第二列の兵士だった)に比べてはるかに多いというわけではなかったが、英国の新聞各紙は現実を大きく上回る大袈裟な数字を報じた。たとえば、『タイムズ』紙は、突撃に参加した八〇〇騎のうち帰還したのはわずか二〇〇騎だったと報じた。また、『イラストレイティド・ロンドン・ニュース』紙は、無事帰還した騎兵は一六三騎にすぎなかったと報じた。この種の報道を通じて、悲劇的な「大失策」とそのために軽騎兵部隊が払った英雄的な犠牲という神話が急速に広まり、アルフレッド・テニソンの有名な詩「軽騎兵部隊の突撃」によって歴史に刻まれることになる。この詩が発表されたのは戦闘が行なわれた日からわずか二ヵ月後のことだった。

「軽騎兵部隊、前進せよ！」
この命令を聞いて狼狽《うろた》えた者がいただろうか？
誰も狼狽えなかった。ただし、兵士たちは知っていた
誰かが失策を犯したことを。
しかし、口答えは兵士の仕事ではない。
理由を聞くことも兵士の仕事ではない。
彼らの仕事は義務を果たして死ぬことだ。
死の谷に向けて
六〇〇騎が突入して行った。

しかし、「栄光の悲劇」という神話とは裏腹に、騎兵部隊の突撃は、重大な損傷を出したとはいえ、ある意味では成功だった。作戦の目的は敵の防衛線を混乱させ、敵を恐怖に陥れて戦場から駆逐することだったが、ロシア側も認めているように、軽騎兵部隊はこの目的を十分に達成した。バラクラヴァで英国軍が犯した本当の失策は、軽騎兵部隊の突撃ではなく、重騎兵部隊が敗走させ、軽騎兵部隊が追撃したリプランディ軍を徹底的に壊滅させなかったことにあったというべきであろう(33)。

英国軍はバラクラヴァの敗北の原因をトルコ軍になすりつけた。トルコ軍が臆病風を吹かせてコーズウェイ高地の稜堡を放棄したことが敗北の原因だったとして非難したのである。後には、また、略奪を働いたという理由でも、トルコ軍を非難した。トルコ軍は英国軍の財産を盗んだばかりでなく、近隣の村々を襲い、「バラクラヴァ周辺の不幸な農民を情け容赦なく残酷に扱った。農民の喉を切り裂き、すべてを奪い去った」などという内容の非難だった。しかし、ルーカン卿のトルコ語通訳だっ

たジョン・ブラントによれば、その非難は一方的であり、公平を欠いていた。もし、略奪が行なわれたとすれば、それは「軍部隊の周囲に群がり、戦場をうろつき回る得体のしれない連中」の仕業だった。だが、トルコ軍の兵士たちは、クリミア戦争のその後の全期間を通じて、ひどい扱いを受けることになる。彼らは英国軍の兵士によって日常的に殴られ、悪口を浴びせられ、唾を吐きかけられ、あざ笑われた。ブラントによれば、英国兵の中には「バラクラヴァ付近の道路の水たまりや泥濘を越える時に、トルコ兵を馬代わりに使い、荷物ごと自分を担がせる者もあった」。トルコ軍の兵士は英国軍から奴隷同様に見下され、塹壕掘りとして、また、バラクラヴァ港からセヴァストポリ周辺の高地まで重い荷物を運び上げる人夫として使役された。宗教上の理由から英国軍の糧食の大半を食べることができなかったトルコ軍の兵士たちは常に飢餓状態にあり、追い詰められた一部の兵士は食糧を盗み始めた。窃盗が発覚した場合、トルコ軍の兵士たちは英国軍の上官によって鞭打ちの刑を受けたが、鞭打ちの回数は英国軍の兵士に対する上限の四五回を上回った。十月二十五日にバラクラヴァで戦ったトルコ軍兵士四〇〇〇人のうち、その半数が一八五四年末までに栄養失調で命を失い、残りの半数も激しい消耗から戦闘任務に復帰することができなかった。それでも、トルコ軍は威厳を失わなかった。ブラントは「ひどい扱いを受けつつ、長引く苦痛を耐え忍ぶトルコ軍の忍耐強さに感銘を受けた」と記している。バラクラヴァのトルコ軍を統括していたエジプト人の指揮官ルステム・パシャは兵士たちに忍従を説いた。「英国軍がスルタンによって招かれた客人であり、オスマン帝国の独立を守るために戦っていることを忘れてはならない」(34)

ロシア軍はバラクラヴァの戦いを勝利と見なして祝った。コーズウェイ高地の英国軍稜堡を奪取したことは明らかに戦術的な成功だった。翌日、セヴァストポリでは正教による祝いの儀式が執り行われ、英国軍から奪った大砲が町中を引き回された。今や、ロシア軍は英国軍がバラクラヴァ港からセヴァストポリ周辺の高地に物資を運び上げる補給線を攻撃するための拠点を確保していた。英国軍はカディコイ村周辺の丘に防衛線を引いてその内側に閉じこもる形となった。セヴァストポリの市内では、ロシア軍の兵士たちが英国軍の外套、剣、軍服、シャコー帽、長靴、騎兵隊の乗馬などの戦利品を手にして行進した。この勝利によってセヴァストポリ守備隊の士気は大いに上がった。ロシア軍はアリマ川の敗北以来失っていた自信を回復した。野戦の戦場でも英仏連合軍と互角に戦えるという自信だった。

皇帝ニコライ一世がガッチナ宮殿〔サンクトペテルブルクの南四五キロに位置する離宮〕で「勝利」の知らせを聞いたのは十月三十一日だった。その日の朝、セヴァストポリから到着した使者が吉報をもたらしたのだ。その日、宮殿のアーセナル・ホールで開かれた演奏会に出席し、皇后とともにベートーヴェンを聞いたアンナ・チュッチェワは日記に次のように書いている。

> その知らせは全員の精神を高揚させた。皇帝は勝利の報を知らせに皇后の許にやって来たが、感動のあまり言葉が出ず、私たち全員が見ている前で、聖なるイコンの前に跪いて涙を流した。皇帝の取り乱した様子を見て、皇后と皇女マリア・ニコラエヴナはセヴァストポリが陥落したに違いないと思い込んで、二人ともがっくりと膝をついた。しかし、皇帝はすぐに冷静さを取り戻し、喜ばしい知らせを全員に告げた。直ちに感謝のための祈禱会の開催が命じられ、宮廷内の全員が参加した。[35]

バラクラヴァ戦の勝利に気をよくしたロシア軍は、翌日、コサック山上の英国軍に対して右翼からの攻撃を企てた。コサック山とは、セヴァストポリの東端からチョールナヤ川の河口付近まで南北に走る丘陵の稜線のことで、緩やかに起伏するV字型のその稜線の延長は約二・五キロメートルだった。英国軍はこの丘陵をインケルマン山と呼んでいた。十月二十六日、フョドーロフ大佐の指揮する五〇〇〇人のロシア兵がセヴァストポリから出撃して東進し、途中右に曲がってコサック山の斜面を登り、英国軍第二歩兵師団の不意を突いた。ジョージ・ド＝レイシー＝エヴァンズ将軍の第二歩兵師団はホーム・リッジと呼ばれる高地に布陣していた。ホーム・リッジは丘陵の南端に位置し、その南の急斜面を下ればバラクラヴァの平地に至る。当時、ド＝レイシー＝エヴァンズの指揮下にあった師団の兵力は二六〇〇人にすぎず、残りは別の場所で塹壕掘りに従事していた。しかし、ホーム・リッジの前哨拠点にあたるシェル・ヒル歩哨所の部隊がミニエ銃で応戦してロシア軍を食い止めている間に、ド＝レイシー＝エヴァンズは砲兵部隊を動員し、敵から見えない場所に一八門の大砲を設置し、敵を十分に引きつけてから一斉砲撃を加えた。ロシア軍は壊滅的打撃を受け、ホーム・リッジ前の灌木地帯に数百人の死傷者を残して退散した。(36)

加えて、死傷者を上回る数のロシア兵が英国軍の捕虜となった。投降者も脱走兵も少なくなかった。捕虜たちはセヴァストポリ市内の状況について恐るべき情報を漏らした。セヴァストポリでは水不足が深刻化しており、市内の各病院は砲撃による負傷者とコレラ患者で溢れかえっている。ロシア軍に勤務していて捕虜となったドイツ人士官が英国軍に語ったところによれば、「セヴァストポリの街路には死傷者が放置されており、耐え難い悪臭が立ち込めているので、市内にとどまることはとうていできない。人々は町がまもなく英国軍の手に落ちるだろうと思っている」という状況だった。英国軍第二〇歩兵連隊の主計官ゴッドフリー・モスリーは次のように記録している。

数日前にセヴァストポリから出撃してきたロシア軍部隊は……全員が酔っぱらっていた。我々が捕虜としたロシア軍士官の話によれば、市内の病院はどこも悪臭ふんぷんで、ほんの少しの時間もいたたまれない状態だという。ロシア軍は兵士に酒を飲ませて判断力を奪い、その上で「英国の犬どもを海に追い落とす」ために出撃する部隊への志願兵を募っている。しかし、英国軍は追い落とされるどころか、短時間の戦闘でロシア軍に七〇〇人以上の損傷を与え、彼らをセヴァストポリに追い返した。同じ士官によれば、我々が早い時期に攻め込んでいれば、容易にセヴァストポリに入城することができたはずだが、今となっては、そう簡単には攻略できない、ということだった。(37)

実は、この日のロシア軍の攻撃は皇帝ニコライ一世が命令した偵察作戦だった。皇帝はインケルマン高地の英国軍に対して新たな大攻勢を準備していたのである。ニコライ一世はフランスのナポレオン三世がクリミア半島に増援部隊を送り込もうとしているという情報を得ていた。フランスの増援軍が到着する前に、兵力の数的優位を利用して、できるだけ早くセヴァストポリの包囲を突破すること、あるいは、少なくとも冬が来るまで英仏連合軍の動きを封じてセヴァストポリを救出すべしという命令がメンシコフ将軍に与えられた（ニコライ一世は一八一二年以来の決まり文句を援用して、「私を決して裏切らない将軍がいる。それは一月と二月にやって来る冬将軍だ」と言った）。十一月四日までにロシア軍は増強を実現した。ベッサラビア駐留の第四軍からソイモノフ中将の第一〇師団とパヴロフ中将の第一一師団がクリミア半島に移動し、その結果、メンシコフ将軍の兵力は水兵を別として一〇万七〇〇〇に達した。当初、メンシコフは攻勢に打って出るという皇帝の作戦に反対だった（将軍は今でもセヴァストポリを放棄する戦術の提唱者だった）。しかし、皇帝は断固として方針を曲げなかった。自分の意志を貫き、兵士を激励するために三男のニコライ大公と四男のミハイル大公を前線に送り込んできたほどだった。皇帝の圧力に屈して、メンシコフは出撃作戦に同意する。戦う相手としてはフランス軍よりも英国軍の方が組し易いとメンシコフは考えていた。インケルマン山の高地に砲兵部隊を配置することができれば、セヴァストポリを包囲する連合軍の右翼を背後から脅かすことができる。ロシア軍がインケルマン高地を確保している限り、包囲作戦の続行は不可能になるはずだった。[38]

　十月二十六日のロシア軍の出撃はロシア側に多大の損傷を与えたが、同時に、インケルマン山に関する英国軍の防備の弱点を暴露する結果となった。ド＝レイシー＝エヴァンズとバーゴインの両将軍はラグラン総司令官に対してインケルマン高地は決定的に重要な戦略地点であり、兵力を増強して防備を強化すべきであると繰り返し進言していた。インケルマンの南に位置するサプーン高地の歩兵師団を指揮していたフランス軍のボスケ将軍も、ラグランに連日手紙を送り、同じ趣旨の警告を行なった。フランス軍総司令官のカンロベールは直ちに支援を提供すると申し出た。しかし、ラグランはロシア軍から攻撃を受けた後になっても防備を強化しなかった。カンロベールは「これほど重要で、しかも敵の攻撃にさらされ易い地点の防備がまったく強化されないでいる」ことにあきれている。[39]

　しかし、ラグランが無策だった背景には、単なる怠慢以上の問題があった。英国軍は全般的な兵力不足という基本的な弱点を抱えていたのである。英国軍の戦線は長く伸びきっており、すべての拠点を守るだけの十分な兵力が不足していた。戦線の数ヵ所が同時に総攻撃を受けた場合、それを撃退できる見込みはなかった。しかも、十一月の初め、英国の歩兵部隊は疲労困憊していた。クリミア半島上陸以来、ほとんど休息する時間がなかったのである。歩兵のヘンリー・スミスは一八五五年二月の両親宛の手紙に次のように書いている。

アリマ川の戦闘が終わり、バラクラヴァへの移動が済んだ後も、休む間もなく働かされた。九月二十四日以来、一日の睡眠時間が四時間という日が続いた。ひとつの仕事が終わると、コーヒーを沸かす間もなく、別の仕事が割り当てられるという状態のまま十月十四日の攻略戦開始となったが、私たちは疲れ果てていたので、砲弾や銃弾が雨霰のように降り注いでも、お構いなく倒れ込んで寝てしまった。大砲の砲口の真ん前でも寝てしまったほどだ……一日二四時間塹壕の中で肩まで泥に埋まって過ごした。その後、身体を乾かすための一時間の休息もなく、骨の髄まで冷え切った状態のまま、インケルマンまで行軍させられた。その間、一切れのパンも、一口の水も与えられず、飢えと渇きに苦しんでの行軍だった。(40)

メンシコフの作戦は十月二十六日の急襲攻撃の大規模な再現だった(今回の作戦のリハーサルとなった十月二十六日の急襲は後に「小インケルマン作戦」と呼ばれることになる)。十一月四日の午後、ベッサラビアの第四軍の到着からわずか数時間後に、メンシコフは翌朝六時に攻撃を開始する命令を出す。ソイモノフが率いる一万九〇〇〇人の兵と三八門の大砲は十月二十六日と同じルートで出撃することになった。ソイモノフ軍はシェル・ヒルを奪取し、そこでパヴロフ軍と合流する予定だった。一万六〇〇〇人の兵と九六門の大砲を擁するパヴロフ軍はインケルマン橋付近でチョールナヤ川を渡り、シェル・ヒルまでの斜面を登ることになっていた。合流後、両部隊はピョートル・ダンネンベルク将軍の指揮下に入り、リプランディ軍がサプーン高地のフランス軍ボスケ部隊を牽制している間にインケルマン山から英国軍を駆逐するはずだった。

この作戦を成功させるためには、攻撃する各部隊の間の緊密な連絡調整が不可欠だった。しかし、無線通信が存在しなかった当時、緊密な即時的連絡は望むべくもなかった。ましてや、ロシア軍には満足な地図さえ無かったのである。[*5] 戦闘の途中で司令官がダンネンベルクに交替するというやり方も混乱を招く結果となった。ダンネンベルク将軍はナポレオン戦争の古強者ではあったが、不決断によって敗北を招いた経歴を持ち、その名前が兵士たちの士気を鼓舞するような存在ではなかった。しかし、この作戦の最大の欠点は、三万五〇〇〇人の兵士と一三四門の大砲を狭い稜線に展開するという構想そのものにあった。シェル・ヒルは岩だらけの灌木地帯で、その幅は三〇〇メートルしかない。これに気づいたダンネンベルクは最後の瞬間になって戦闘計画を変更する。十一月四日の深夜、ダンネンベルクはソイモノフ軍が北側からインケルマン山に登るという当初の計画を変更し、インケルマン橋まで進んでパヴロフ軍の渡河を支援するよう命令する。攻撃軍はインケルマン橋から三方向に分かれて斜面を登り、登り終わってから英国軍を包囲するという作戦だった。突然の作戦変更は混乱を招いた。しかし、混乱はそれだけにとどまらなかった。午前三時、ソイモノフ軍はセヴァストポリからインケルマン山に向かって東進していたが、そこへダンネンベルクの新しい命令が伝えられた。直ちに方向転換して西に向かい、西側から英国軍に迫ることを求める命令だった。ソイモノフはそんなことをすれば全作戦が危うくなるとの判断からこの命令を無視したばかりでなく、インケルマン橋でパヴロフ軍に合流するという当初の予定にも従わず、来た道を戻って北側からインケルマン山を攻撃するという独自の作戦に移行した。つまり、ダンネンベルク、ソイモノフ、パヴロフの三司令官がそれぞれまったく別々の作戦計画を立ててインケルマンの戦闘に突入したのである。(41)

午前五時、ソイモノフ軍の最前線部隊は音を立てずにインケルマン高地の北斜面を登っていた。野砲二二門を引いての登坂だった。過去三日間激しい雨が降り続いたので、急斜面は泥濘で滑りやすく、兵士も馬も重い野砲を引き上げる作業に悪戦苦闘した。その晩、雨は上がっていたが、濃い霧が立ち込めていて、それがソイモノフ軍の登坂作戦を英国軍の監視から隠していた。アンドリヤーノフ大尉は回想している。「私たちは霧に包まれていた。一メートル先もよく見えなかった。湿気が身に沁みて、骨の髄まで冷え切っていた」(42)

深い霧という気象条件は、その日の戦闘の推移にとって決定的に重要な要素となった。兵士たちは霧で視界を失い、上級指揮官の姿を視認することができなかった。上級指導部からの命令はほとんど伝わらない状態だった。兵士が頼りにしたのは中隊の士官たちだったが、士官の姿が見えない場所では自分たちで何とかしなければならなかった。自分自身の判断で、あるいは霧の中でわずかに見える身近な戦友と協力して、出たとこ勝負で戦わねばならなかった。それは近代的な軍隊の実力を最終的に試すことになる「兵士の戦闘」だった。すべては小規模な戦闘集団の結束力にかかっていた。すべての兵士が自分自身の将軍とならねばならなかった。

初めのうち、霧はロシア軍にとって有利に働いた。ロシア軍は霧に隠れて前進し、英国軍のすぐ近くまで接近することができた。これによって、英国軍のミニエ銃の長い射程距離に対して射程の短いロシア軍のマスケット銃と大砲の不利な条件が解消された。シェル・ヒルに置かれていた英国軍の歩哨所はロシア軍の接近に気づかなかった。英国軍は悪天候を避けるために掩蔽壕に入っていたのである。そこからは何も見えなかった。確かに、その日の夕方には、移動する軍隊が発するような不審な音が聞こえていたが、適切な警戒警報は出されていなかった。その夜、インケルマン山上の歩哨所で任務に就いていた二等兵のブルームフィールドはセヴァストポリの町の物音(教会の鐘が夜を通して断続的になり続けていた)を耳にしたが、何も見ることはできなかった。ブルームフィールドは回想している。「その晩は濃い霧が立ち込めていた。一〇ヤード離れれば人の姿もまともに見えないほどの深い霧だった。しかも、一晩中、粉糠雨が降り注いでいた。すべては順調だったが、真夜中頃、歩哨の兵士から車輪の軋むような音がするとの報告が入った。砲弾や弾丸を積み降ろすような物音もしたということだった。しかし、当直士官はその報告を無視した。夜の九時ごろから、セヴァストポリの教会の鐘が鳴り始めて、止まらなかった。楽団の演奏も聞こえた。町全体が騒々しく活動しているような音が響いていた」

シェル・ヒルの歩哨所は何が起こったのかも分からないうちにソイモノフ軍の斥候部隊によって制圧されていた。続いて、霧の中から六〇〇〇人のロシア軍歩兵部隊が襲いかかってきた。コリヴァンスキー連隊、エカチェリンブルク連隊、トムスキー連隊の前衛部隊だった。ロシア軍はシェル・ヒルの頂上に大砲を設置して英国軍を圧倒し始めた。「我々が後退すると、ロシア軍は想像を絶するような叫び声を立てて襲いかかってきた」と歩哨所の指揮官だったヒュー・ローランズ大尉は回想している。大尉は部下を率いて隣の高地まで退却し、ミニエ銃で応戦するよう命令したが、弾薬が雨で濡れてしまったために銃は使い物にならなかった(43)。

英国軍第二歩兵師団の陣地では、銃声を聞いて初めて敵襲に気づいた兵士たちが下着姿で走り回っていた。彼らはようやく軍服を着てテントをたたむと、銃をつかんで整列した。ダービーシャー連隊のジョージ・カーマイケル大尉は回想している。「大混乱が起き、誰もが大慌てだった。手綱から放れた輜重用の牛馬が銃声におびえて陣地の中を駆け回っていた。任務で外に出ていた兵士たちが駆け戻ってきて隊列に加わった(44)」

数日前に落馬して負傷していたド゠レイシー゠エヴァンズ将軍に代わって、ジョン・ペネファザー将軍が第二歩兵師団の指揮を取っていた。ただし、ド゠レイシー゠エヴァンズも顧問の資格で司令部に詰めていた。ペネファザーは十月二十六日にド゠レイシー゠エヴァンズが採用した戦術とは異なる戦術に出た。つまり、いったん退却してホーム・リッジの裏手に控える砲兵隊の射程内に敵を誘い込むのではなく、前哨線に兵力を注ぎ込んでロシア軍の前進を阻止し、支援部隊の到着を待つという戦術だった。ペネファザーは第二師団の兵力がロシア軍の六分の一以下であることを知らなかった。しかし、濃い霧のためにロシア軍側も英国軍の兵力上の劣勢に気づいていなかった。

ペネファザーの部隊は勇敢に戦って持ちこたえた。兵士たちは霧と硝煙の中で小集団に分断され、孤立した状態でロシア軍に反撃していた。しかし、その姿はペネファザーからは見えず、したがって、命令も届かなかった。ホーム・リッジの砲兵部隊からの援護砲撃はあったが、砲撃は正確さを欠いていた。砲兵部隊は目標も定めずに漠然と敵の方角に向けて砲撃していたのである。砲台の後方に控えていたダービーシャー連隊のカーマイケル大尉は、はるかに優勢なロシア軍の砲撃に対抗して英国の砲兵部隊が最善の努力を続けている様子を見ていた。

砲兵隊はシェル・ヒルから撃ってくる敵の大砲の閃光を目当てに砲撃している様子だった。こちらが撃てば、その閃光を目当てにして敵は何倍もの砲撃を加えてきた。何人かの砲手が倒れた。命令により山稜の陰に伏せていた歩兵部隊からも負傷者が出た。私の中隊にも砲弾が落下してきた。第一列にいた兵士の一人が左腕と両足を吹き飛ばされた。第二列にいた兵士が戦死した。ただし、その兵士には外傷が確認できなかった。他の中隊からも死傷者が出ていた……砲兵隊は装塡が可能な限りの速度で速射していた。砲弾を発射するたびにその反動で砲架が後退し、歩兵部隊の近くまで下がってきた……我々は砲手たちに手を貸して大砲を元の位置に戻した。砲弾を運ぶ手伝いをする兵士もいた。(45)

この段階で英国側にとって何よりも重要だったのは、砲声を絶やすことなく砲撃を継続し、できるだけ多くの砲弾を撃ち込むことだった。それによって大砲の門数を実際よりも多く見せかけ、援軍が到着するまでの時間を稼ぐ必要があった。
もし、ソイモノフが英国の脆弱な防衛態勢に気づいていれば、直ちにホーム・リッジへの強襲を命じていたはずである。しかし、濃い霧の中で敵情はまったく見えなかった。英国軍は猛烈な勢いで砲撃してきた。さらに、短距離から恐るべき正確さで撃ち込んでくる英国軍のミニエ銃に直面して、ソイモノフはホーム・リッジへの突撃開始を躊躇っていた。結局、パヴロフ軍の到着を待って突撃することになった。ところが、その数分後に、ソイモノフ自身が狙撃されて戦死してしまう。プリストヴォイトフ大佐が部隊の指揮を引き継いだが、そのプリストヴォイトフも数分後に被弾する。次に指揮官となったウワジノフ＝アレクサンドロフ大佐もすぐに撃たれて戦死してしまうと、その後は誰が指揮官なのか分からなくなった。進んで狙撃兵の標的になることを望む者はいなかった。アンドリヤーノフ大尉が司令部の将軍たちの指示を仰ぐために後方に派遣され、馬で出かけた。貴重な時間が浪費された[46]。

一方、パヴロフ軍は午前五時頃にインケルマン橋に到着していた。しかし、ダンネンベルク司令官の命令で派遣されて来ていた海軍部隊は橋の補強を完了していなかった。パヴロフ軍は橋の補強が完了するまで二時間近くも足止めされ、チョールナヤ川を渡ったのは午前七時だった。渡河したパヴロフ軍は分散して三方向からインケルマン山の稜線を目指した。オホーツク、ヤクーツク、セレギンスクの三連隊と砲兵部隊の大半は右手のサッパー街道を登ってソイモノフ軍に合流することになり、ボロディンスキー連隊は中央のボロヴィア渓谷を登り、タルチンスキー連隊は採石場渓谷の岩だらけの急斜面を登ってサンドバック砲台を目指した。このルートはソイモノフ軍の砲兵部隊によって掩護されているはずだった[47]。

稜線上では、高地と高地の間で激しい砲撃戦が展開されていた。その間、両軍の歩兵の小集団が灌木の茂みに隠れて走り回り、互いに撃ち合っていた。戦闘が最も激しかったのはサンドバッグ砲台を守る英国軍の右翼付近だった。ロシア軍タルチンスキー連隊の前衛部隊は渡河から二〇分後にサンドバッグ砲台に到着し、英国軍の防衛線を突破した。しかし、そこへアダムズ准将の指揮する七〇〇人の英国歩兵部隊が駆けつけて反撃し、両軍入り乱れての激しい白兵戦になった。その間、どちらかの軍がサンドバッグ砲台を奪い、また奪い返すという事態が繰り返された。午前八時の段階で、アダムズ軍の兵力はロシア軍の十分の一にすぎなかった。しかし、サンドバッグ砲台をめぐる戦闘はごく狭い稜線上で展開されていたので、ロシア軍は数に物を言わせることができなかった。英国軍はいったん砲台を取り戻したが、ロシア軍は諦めずに波状攻撃をしかけてきた。アダムズ軍の兵士エドワード・ハイドは砲台防衛戦の様子を次のように書き残している。

　ロシア軍の歩兵部隊が押し寄せて、前からも横からも砲台によじ登って来た。これを撃退するのは大変な難事だった。ロシア兵は胸墻の上から頭を出し、砲眼から覗き込んできた。我々は時を移さずロシア兵の頭や眼に向かって発砲し、あるいは銃剣を突き出した。連中はまるで蟻のように群がって襲ってきた。一人を撃退すると、その死体を踏み越えて、すぐに別の一人がよじ登って来た。全員が猛烈な喊声を上げて突進してきた。砲台の中の我々ももちろん黙ってはいなかった。喊声を上げ、大声で怒鳴った。それだけではなかった。人が倒れる音、銃剣やサーベルがぶつかり合う金属音、銃弾の飛び交う音、砲弾の唸り声などが溢れ、霧が立ち込め、火薬と血の匂いがして、砲台の中は何とも言い表せないほどひどい状況だった。(48)

やがて、ロシア軍の攻勢はそれ以上押しとどめることが困難なほど激しくなった。ロシア兵が砲台の中になだれ込み、アダムズ軍はホーム・リッジへの退却を余儀なくされる。しかし、まもなくケンブリッジ公の率いる第一近衛歩兵連隊から支援部隊が到着し、サンドバッグ砲台周辺のロシア軍を攻撃した。両軍にとって、今や、サンドバッグ砲台は実質的な軍事的意味以上に象徴的な重要性を帯びるに至っていた。第一近衛歩兵連隊の兵士たちは銃剣を構え、ロシア軍に向かって突撃した。ケンブリッジ公は兵士たちに分散しないように、また、ロシア軍を追撃して斜面を駆け下りないように呼びかけていた。しかし、喧噪の中で指揮官の命令は聞こえず、霧のために指揮官の姿も見えなかった。第一近衛歩兵連隊のジョージ・ヒギンソン大尉は「岩だらけの斜面を登って来る敵の大軍に対する逆落とし攻撃」に参加していた。

勝ち誇ったような喊声が聞こえた……勇敢な近衛歩兵たちだったが、統制が失われつつあることは確かだった。その日、正常な戦闘隊形が維持できたのはほんの短時間で、戦闘の大半は中隊単位の小集団によって遂行された。しかも、濃い霧とマスケット銃の硝煙に遮られて、集団間の連絡はまったく不可能だった。

戦闘はますます激しさを増し、戦場は混乱の度を深めていった。斜面の途中にいる敵を追い落としたかと思うと、斜面のさらに上にいた敵にすぐさま反撃されて追い落とされるという状態だった。両軍とも統制を失い、無秩序な暴徒の殺し合いが展開された。指揮系統はすでに存在せず、兵士たちは怒りと恐怖に支配されて暴れ回っていた（濃い霧で相手の姿が見えないことが恐怖を増幅した）。彼らは突撃し、反撃し、喚き、叫び、小銃を乱射し、滅多矢鱈に剣を振り回し、弾薬がなくなると石や岩を投げ、銃の台尻で殴り、足で蹴りつけ、歯で噛みついて、戦い続けた。(49)

この種の戦闘では、小規模な戦闘集団の結束力が決定的に重要な意味を持つ。小集団の指揮官と兵士たちが集団の規律と連帯意識を維持できるかどうかにすべてがかかっていた。小集団がその組織を維持し、恐怖を克服して、逃げ出さずに戦い抜くことができるかどうかという試練に、ロシア軍タルチンスキー連隊の兵士たちは耐えられなかった。

タルチンスキー連隊第四大隊の中隊指揮官の一人ホダセーヴィチ大尉に与えられた任務は、インケルマン山の東斜面を占領すること、そして、パヴロフ軍の別の部隊が塹壕用の蛇籠や粗朶を運び上げるルートを確保することだった。しかし、ホダセーヴィチ隊は霧の中で道に迷って左に逸れ、すでに稜線に達していたソイモノフ軍エカチェリンブルク連隊の兵士たちが仏頂面で待機している戦列の中に迷い込んだ。エカチェリンブルク連隊はホダセーヴィチ隊を採石場渓谷へ下がらせようとした。この段階でホダセーヴィチ大尉は兵士を把握できなくなっていた。兵士たちは分散してエカチェリンブルク連隊の中に紛れ込み、指揮命令を受けないまま斜面を登り始めた。前方には小さな砲台があり、その周囲にロシア兵の姿が見えた。「彼らは『ウラー』という喊声を上げ、我々に帽子を振って早く登って来るように促していた」と、ホダセーヴィチ大尉は回想している。「前進を告げる突撃喇叭が鳴り響いていた。私の部下たちは隊列を離れて我先に走り出した」。サンドバッグ砲台に到達した時点で部隊の統制は完全に失われた。異なる連隊の兵士たちが無秩序に混ざり合い、指揮命令の系統は存在しなくなった。ホダセーヴィチは身近にいた兵士たちに銃剣による突入を命令して、砲台を制圧した。しかし、英国軍を斜面の下に追い落とすには至らず、そのまま砲台の中にとどまることになった。その場にいた別の士官は回想している。「砲台を奪った兵士たちは任務を忘れ去り、戦利品の略奪に夢中になった。指揮官の数が足りず、兵士の行動を統制することができなかった」

濃い霧で相手の姿が見えず、しかも、異なる連隊の兵士が混在していたために、ロシア軍が友軍に向かって発砲する事態が多発していた。たとえば、ソイモノフ軍のエカチェリンブルク連隊はサンドバッグ砲台のロシア軍部隊を銃撃していた。砲台にはまだ英国軍がいると思って攻撃した者もいたが、命令に従わない友軍の兵士を懲らしめるために射撃を命じた指揮官もいた。「異常な混乱状態だった」とホダセーヴィチ大尉は回想している。「ある者はエカチェリンブルク連隊を呪い、ある者は砲兵隊に向かって登って来るよう叫んでいた。喇叭手は攻撃喇叭を吹き続け、鼓手は攻撃の合図を叩き続けていた。しかし、誰も動こうとせず、ただ羊の群れのように立ち尽くしていた」。突然、左旋回を命ずる喇叭が鳴った。タルチンスキー連隊はパニック状態に陥った。フランス軍の太鼓の連打が聞こえたような気がしたのだ。ある士官は回想している。「あちこちから『援軍はどこだ？』という叫びが上がった」。援軍が来ないことを恐れた兵士たちは斜面を駆け下り始めた。ホダセーヴィチによれば、「士官たちは『止まれ！』と命じたが、何の効果もなかった。兵士たちには、その場にとどまる気は毛頭なかった。彼らは恐怖に陥って、好き勝手な方向に走り出した」。恐怖に駆られた兵士たちの退却は止めようがなく、その多くが採石場渓谷の一番下まで駆け下った。渓谷の底部にはセヴァストポリに水を供給する道水渠があった。そこへ、第一七歩兵師団の司令官キリヤコーフ中将が現れた。アリマ川の戦闘に参加しなかったキリヤコーフ中将は白馬に跨って道水渠に現れ、鞭を振り回して、兵士たちに渓谷を登るように命令した。しかし、兵士たちは中将の命令を無視して叫び返した。「自分こそ登るがいいさ！」。ホダセーヴィチ大尉は自分の中隊の兵士を集めようとしたが、一二〇人いた中隊兵士のうち残っていたのは四五人にすぎなかった。(50)

タルチンスキー連隊の兵士たちはフランス軍の太鼓の連打を聞いたような気がしたが、それは聞き違いではなかった。サプーン高地からホーム・リッジの戦闘を観察していた英国軍総司令官のラグラン卿は午前七時にフランス軍のボスケ将軍に対して緊急の支援要請を行なった（ラグランは、また、ロシア軍の砲撃に対抗するために包囲陣地から一八ポンド砲二門をサプーン高地に運び上げる命令を下した。ただし、この命令の実行は困難を極めた)。ボスケ軍は早朝の砲撃戦の音を聞いた時から英国軍が危険にさらされていることを察知していた。ズアーヴ兵たちはすでに前の晩からロシア軍の移動を嗅ぎ取っていた。地面に耳をあてて情報を聞き取る技術をアフリカ戦線の経験から体得していたのである。彼らは先制攻撃の命令が下るのを待ち構えていた。ズアーヴ兵にとって、濃い霧の立ち込める稜線の灌木地帯はまたとない好条件の戦場だった。アルジェリアで山岳戦争に習熟していたズアーヴ兵は、小集団で動き回り、敵を待ち伏せする戦闘を最も得意としていた。ズアーヴ兵部隊と猟騎兵部隊は出撃態勢を整えて戦闘命令を待っていた。しかし、ボスケ将軍は彼らを押しとどめた。ゴルチャコフ将軍の率いるリプランディ軍二万二〇〇〇人と野砲八八門が南渓谷に集結していることを知って、警戒していたのである。すでに、ロシア軍の砲兵部隊は遠くサプーン高地に向けて砲撃を開始していた。逸り立つズアーヴ兵たちは口々に叫んでいた。「前進しよう！　さあ、進撃だ！　連中の息の根を止める時が来た！」そのズアーヴ兵の前にボスケ将軍が姿を現わし、隊列に沿って歩を進めた。ボスケ将軍に対するズアーヴ兵の反応は怒りだった。「今にも反乱が起きそうな雰囲気だった」とズアーヴ兵部隊の最前列に立っていたルイ・ノワールは回想している。

これまで兵士たちはボスケ将軍に対して深い敬意と親愛の念を抱いていたが、今はそれが失われるかどうかの瀬戸際だった。アルジェリア部隊はすでに我慢の限界に達していたのである。歩いていた将軍が突然立ち止まって剣を抜いた。そして、過去何年間も敗北を経験したことのない部下のズアーヴ兵、トルコ兵、猟騎兵の前に立って、向かいの高地の稜堡付近に群がる二万人のロシア軍に剣の切っ先を向けると、雷のような大声で号令した。「着剣して前進！」[51]

リプランディ軍の規模は、実際には、ボスケ将軍が恐れたほど大きくなかった。ゴルチャコフ将軍が愚かにも半数を予備部隊としてチョールナヤ川の北岸に残していたからである。残り半分の部隊がサプーン高地とサンドバッグ砲台の間の谷間に分散して展開していた。もちろん、ズアーヴ兵たちはこれを知らなかった。濃い霧の中で敵の様子を見ることはできなかった。ズアーヴ兵部隊は数の上で優勢と思われる敵を圧倒すべく、猛烈な勢いで突進した。小集団に分かれて前進したズアーヴ兵部隊は灌木の陰に隠れてロシア軍を銃撃した。あらゆる手を使ってロシア軍を恐怖に陥れるのが彼らの戦術だった。怒鳴り、叫び、銃を乱射しながら彼らは前進した。喇叭手と鼓手はできる限りの大音響を響かせた。第二ズアーヴ連隊のジャン・クレール大佐は突入しようとする兵士たちに命令した。「できるだけズボンを広げて、可能な限り自分の身体を大きく見せよ」[52]

ズアーヴ兵の攻撃はロシア軍を圧倒した。ミニエ銃による銃撃は最初の数秒間で数百人のロシア兵をなぎ倒した。ホーム・リッジへの斜面を制圧したズアーヴ兵部隊は次にサンドバッグ砲台からロシア軍を駆逐し、セント・クレメント渓谷の底部まで追撃し、さらに採石場渓谷に敵を追い込んだ。すでに退却して採石場渓谷の下に集まっていたタルチンスキー連隊の兵士たちは新たな闖入者の出現でパニック状態となり、発砲して応戦したが、その銃弾に倒れたのは主として退却してきたロシア兵だった。ズアーヴ兵たちは素早く後退して十字砲火を逃れ、斜面を駆け登ってホーム・リッジに向かった。

ホーム・リッジの英国軍は、挟撃作戦を仕掛けてきたパヴロフ軍の右翼を相手に必死に防戦していた。オホーツク、ヤクーツク、セレギンスクの三連隊で構成されるパヴロフ軍の右翼はソイモノフ軍の残存部隊を加えて、ダンネンベルク将軍の指揮の下に、再びサンドバッグ砲台への攻撃を開始した。戦闘は熾烈を極めた。待ち構える英国軍の銃撃の餌食となりながらも、ロシア兵は銃剣を構えて次から次へと波状攻撃をかけて砲台周辺に迫り、両軍兵士の接近戦が始まった。「手で摑み合い、足で蹴り合い、銃身と台尻で殴り合う白兵戦だった」とコールドストリーム近衛歩兵連隊のウィルソン大尉は回想している。(53) 数の上ではロシア軍が英国軍を圧倒していた。英国軍としては、すぐに増援部隊が来なければ持ちこたえられない状況だった。あわやという瞬間に、キャスカート将軍の率いる第四師団が駆けつけた。第四師団にはアーサー・トレンズ少将の指揮する六個中隊も含まれていた。この増援部隊は、バラクラヴァ戦にもアリマ川戦にも参加していなかったので、ついに実戦に参加する機会を得て、逸りに逸っていた。彼らはサンドバッグ砲台付近のロシア軍への攻撃を命じられると、稜線から敵を撃退し、さらに谷間深くまで追撃したが、そこで統制を失い、別の稜線にいたロシア軍のヤクーツク連隊とセレギンスク連隊から激しい銃撃を受けた。雨霰と降り注ぐ十字砲火の中で、指揮官のキャスカート将軍をはじめ、多数が戦死した。キャスカートはその場に埋葬され、その場所は「キャスカート・ヒル」と呼ばれることになる。

この時点でサンドバッグ砲台を守っていたのはケンブリッジ公を司令官とする近衛歩兵連隊だったが、その兵力は一〇〇人程度を残すのみで、弾薬も底をついていた。これに対して攻めるロシア軍は二〇〇〇人を超えていた。ケンブリッジ公はサンドバッグ砲台を死守する決意だったが、作戦全体から見ればさほど重要でないこの砲台にこだわるのは、犠牲に値しない愚行だった。参謀たちは退却するよう説得した。ヴィクトリア女王の従弟であるケンブリッジ公と近衛歩兵連隊の軍旗が敵の手に落ちてロシア皇帝の前に引き出される事態だけは何としても避けなければならなかった。参謀の一人だったヒギンソンが「軍旗を中心とする密集隊形を作って」ホーム・リッジまで退却する作戦の指揮を取った。

兵士たちは銃剣を敵に向けて「突撃」の隊形を取りながらゆっくりと後ずさりした。正面の誰かが死傷して倒れれば、すぐに次の兵士が穴を埋め、少しずつ小さくなる密集隊形を維持して後退した。誰もが決して軍旗を奪われないという決意だった……運の良いことに、右側は嶮しい崖だったので、その方角から攻撃される恐れはなかった。時々、大胆なロシア兵が隊列から飛び出して襲ってきた。その場合は、こちら側からも数人が飛び出して銃剣で応戦した。我々は着実に退却していたが、もちろん安全ではなかった。

その時、稜線上にボスケ将軍の指揮するフランス軍部隊が姿を現わした。英国人がフランス兵の出現をこれほど歓迎するのは滅多にないことだった。フランス軍と合流した時、英国近衛歩兵連隊の兵士たちはいっせいに「フランス万歳!」と叫んだ。これに応じて、フランス軍の兵士たちも叫んだ。「イギリス万歳!」(54)

ロシア軍はフランス軍の突然の出現に怯んで退却した。シェル・ヒルまで下がって態勢を立て直そうとしたのである。しかし、その時点で、ロシア軍兵士は士気を喪失していた。英仏連合軍が相手では勝ち目がないと思う兵士が多かったのである。彼らは上官の目を盗み、霧に紛れて戦線を離脱し始めた。ダンネンベルク将軍はフランス軍が現れても砲撃戦に持ち込めば勝てると考えていた。ロシア軍には一二ポンドの野戦砲と榴弾砲を含めて一〇〇門近い大砲があり、ホーム・リッジの英国軍の砲撃能力を大きく上回っていたからである。しかし、午前九時半頃、英国軍はラグラン卿が命令していた一八ポンド砲二門の運び上げに成功し、シェル・ヒルに向けて猛烈な砲撃を開始した。ロシア軍砲兵部隊は退却を余儀なくされた。しかし、まだ戦闘は終わったわけではなかった。稜線には六〇〇〇人のロシア兵が踏み留まっており、チョールナヤ川の北岸にはその二倍の人数の予備部隊が控えていた。ロシア軍の一部は依然として突撃を試みたが、攻撃に出るたびに英国軍の砲撃の的となってなぎ倒されるという状態だった。

ダンネンベルクはついに作戦の中止と退却を決定する。しかし、ロシア兵が次々に倒れる様子をシェル・ヒルの後方五〇〇メートルの安全な場所で見ていたメンシコフ、ミハイル大公、ニコライ大公の三人は作戦中止に激しく反対し、ダンネンベルクに退却命令の撤回を迫った。ダンネンベルクはメンシコフに答えて言った。「総司令官閣下、今、兵士を退却させなければ、最後の一兵までが命を失うことになります。退却に反対されるなら、私を解任して、ご自身で直接に指揮を取っていただきたい」。このやり取りは、その後二人の将軍の間に長く続くことになる根深い反目の始まりだった。二人は互いに相手が我慢できず、インケルマンの敗北の責任をなすりつけ合うことになる。インケルマンは、数の上での圧倒的な優位にもかかわらず、ロシア軍が敗北した戦闘だった。メンシコフはダンネンベルクを責め、ダンネンベルクは戦死したソイモノフを責め、誰もが兵士の無規律と怯懦を責めた。しかし、ロシア軍の混乱の根本的な原因は司令部の判断の誤りにあった。その意味で最大の責任は最高司令官のメンシコフにあった。メンシコフは臆病風に吹かれて、作戦に一切参加しなかったのである。この点を見抜いていたニコライ大公は、まもなく次の皇帝となる兄のアレクサンドルに宛てて次のように書いている。

ミハイル大公と私はインケルマン橋でメンシコフを待っていたが、彼は午前六時三〇分になるまで宿舎から出てこなかった。その時間には部隊はすでに配置についていた。我々はメンシコフとともに戦線の右翼から終始戦況を見ていたが、その間、メンシコフの許には将軍たちからの戦況報告が一度も入ってこなかった……兵士の統制が失われた原因は指揮系統が崩れたからである……混乱の原因はメンシコフにあった。驚くべきことだが、メンシコフは総司令部を設置していなかった。三人の副官が司令部の役割を果たしていたが、実際には、何か知りたいことがあっても、誰に尋ねれば良いのか分からない状態だった[55]。

退却命令が出ると、ロシア軍はパニック状態に陥り、兵士たちは算を乱して逃走した。雪崩をうって潰走する兵士の流れは、指揮官たちにもとどめようがなかった。その背後を英仏軍の砲弾が襲った。フランス軍のある士官は回想している。「ロシア軍は戦闘能力を失っていた。それはもはや戦闘ではなかった。虐殺だったと言ってもよい」。ロシア兵は数百人単位で谷を走り下り、数十人単位で踏み殺された。チョールナヤ川まで駆け下った兵士たちはインケルマン橋に殺到し、あるいは川を泳ぎ渡って北岸を目指した[56]。

敗走するロシア軍をフランス軍が追撃した。フランス軍のうち、ルールメル旅団の兵士十数人は勢いに乗じてセヴァストポリ市内に侵入した。興奮した兵士たちは、自分たちが孤立していることにも気づかなかった。ルールメル旅団の本隊はすでに追撃を切り上げて引き返した後だった。セヴァストポリの市街はがらんとして人気がなかった。全員が戦場に出るか、要塞に籠っていたからである。フランス兵たちは町の中を歩き回り、住居に入って略奪を働き、港の埠頭まで進んだ。埠頭に残っていた市民たちはフランス兵を見てパニックを起こした。敵軍の占領が始まったと思ったのである。フランス兵たちも恐慌状態となり、海上ルートで脱出しようとした。彼らは手近なボートを奪って湾内に漕ぎ出したが、アレクサンドル堡塁の岬を回って外洋に出ようとしたところで検疫所砲台からの直撃弾をうけて沈没してしまう。ルールメル旅団の十数人の兵士たちのエピソードはセヴァストポリ攻囲戦の全期間を通じて長くフランス軍の語り草となり、大胆に攻撃すれば一挙にセヴァストポリに入城し、陥落させることができたはずだという主張の根拠となった。インケルマン高地からロシア軍が敗走した時に、その機会を逃さず英仏連合軍が追撃していれば、ルールメル旅団の向う見ずな兵士たちと同じようにセヴァストポリに入城することは可能だったし、またそうすべきだったと考えた人は少なくなかった。(57)

ロシア軍はインケルマンの戦いで一万二〇〇〇人を失った。英国軍の死傷者は二六一〇人、フランス軍は一七二六人だった。いずれにせよ、わずか四時間の戦闘の戦死者数としては驚くべき数字である。損傷率から言えば、ソンムの戦い〔一九一六年、フランス北部のソンム河畔で戦われた第一次大戦最大の会戦。英仏連合軍とドイツ軍の双方合わせて一〇〇万人以上の死傷者を出した〕に匹敵する激戦だった。『モーニング・ヘラルド』紙の戦場報道記者だったニコラス・ウッズによれば、戦闘後の戦場には、砲撃で引き裂かれた戦死者の死体と負傷者がいたるところに積み上げられていた。

まるで斧で切断されたかのように、首と胴が別々になった死体がある。足のない死体、腕のない死体もある。直撃弾を受けて胸や腹を抉られた死体もある。機械に巻き込まれたかのように完全に潰れた死体もある。ロシア近衛歩兵連隊*6の兵士が五人、道を塞ぐように並んで倒れている。突撃しようとしたところを、英仏軍の一斉射撃を受けて同時に倒れたのであろう。マスケット銃を両手に抱えて、同じ姿勢でうつぶせに倒れて死んでいる。彼らの顔は等しく苦痛に歪んでいる。

フランス軍のルイ・ノワールによれば、銃剣で刺殺されたロシア軍兵士の顔には断末魔の「激烈な憎悪」の表情がそのまま残っていた。ジャン・クレール大佐も戦場に残された死傷者の様子を見て回った。

なかには瀕死の負傷者もいたが、大半はすでに息絶えていた。死体は乱雑に重なり合ってころがっていた。黄色い肉の塊から両腕らしきものが突き出ていた。慈悲を求めて祈っているかのようだった。仰向けに倒れている死者たちの多くが身を守ろうとしたのか、あるいは、慈悲を求めたのか、両手を前に突き出していた。全員が勲章をつけており、首の鎖に小さな銅のケースを吊るしていた。ケースの中には聖人の絵が入っていた。

死体の山の下にまだ息のある負傷者が埋まっている場合もあった。倒れた負傷兵の上に死体が折り重なって積まれていたのだ。フランス軍の従軍司祭だったアンドレ・ダマは回想している。「時々、死体の山の下の方から呼吸する音が聞こえた。まだ息はあるが、覆いかぶさる死体の重みをはねのけて出てくるだけの力の残されていない負傷者がいるのだ。しかし、かすかな呻き声が聞こえたとしても、負傷者を掘り出すには長い時間がかかった[58]」

英国軽騎兵師団のコドリントン少将は、戦場の死者から金品を奪う追剥連中を目撃して愕然とし、十一月九日の日記に次のように書いている。「最も忌まわしいのは憎むべき追剥連中の存在だ。彼らは戦場をうろつき回るごろつきで、金品を盗むために死体のポケットを裏返し、衣服や死体を切り裂き、徹底的にすべてを奪い去る。将校と見れば制服ごと剝ぎ取って行く[59]」

英仏連合軍がすべての戦死者を埋葬し、負傷者を野戦病院に収容し終るのに数日を要した。ロシア軍の収容作業はさらに長引いた。連合軍は死傷者収容のための休戦をロシア軍に提案したが、メンシコフは休戦を拒否した。ロシア軍の死傷者の数が敵に比較して圧倒的に多いことが誰の眼にも明らかになり、それによって士気が低下することを恐れたのである。士気の低下にとどまらず、反乱が勃発する恐れもあった。そこで、ロシア軍の死傷者は数週間も戦場にそのまま放置された。ジャン・クレールは戦闘の一二日後に採石場渓谷の底でまだ生き延びていた数人のロシア軍負傷兵を発見した。
その気の毒な連中は突き出た岩の下に横たわっていた。この間どうやって生き延びたのかと尋ねると、彼らはまず天を指差した。神が雨を降らせて水をもたらし、また、勇気を与えたというわけだった。次に彼らはカビだらけの黒パンのかけらを見せた。周囲に転がる死体の背嚢に入っていたパンだった。

三ヵ月後にようやく収容された死体もあった。彼らはスプリング渓谷の最深部に逃げ込んだロシア兵たちで、その死体は凍って硬直しており、ジャン・クレールによれば、「乾いたミイラ」のように見えた。ジャン・クレールは、また、アリマ川の戦闘でのロシア軍の戦死者とインケルマンの戦死者との違いに驚いている。「アリマ川の戦死者は健康体で、制服も下着も靴も清潔で上等だった。それに対して、インケルマンの戦死者は疲れ果て、みな苦悶の表情を浮かべていた」(60)

アリマ川の戦闘の直後、ロシア軍の兵士が英仏軍の負傷兵に対して残虐行為を行なったという非難が上がったが、インケルマンの戦いについても同じ非難が繰り返された。地上に横たわる英仏軍の負傷兵をロシア軍の兵士が殺害し、金品を奪い、手足や首を切り取ったという非難である。*7 これらの蛮行はロシア兵が本来「野蛮人」であり、その野蛮性がウォッカの飲み過ぎによって表面化したのだと英仏軍の兵士たちは解釈していた。近衛歩兵師団スコットランド連隊のヒュー・ドラモンド少佐は十一月八日付けの父親宛の手紙に次のように書いている。「ロシア兵は情け容赦のない野蛮人です。文明国を自称するロシアの恥部を世界にさらすことになったこれらの野蛮行為は見逃すことができません」。別の英国軍兵士も匿名の回顧録の中でロシア軍の「卑劣な行為」を次のように非難している。

夜の闇にまぎれて、霧の中から小悪魔の群れのように突然姿を現わすロシア兵たちは……血に飢えた暗殺者のように喘ぎつつ（正々堂々の戦いは彼らの趣味ではない）、虐殺と略奪をそそのかす悪辣な司祭の祝福を受け、強烈なアルコールの力を借り、二人の大公に励まされて……泥酔し、狂気に駆られ、あらゆる邪悪な欲望を満たすために、英仏軍の兵士に襲いかかる。インケルマンでは、ロシア兵は連合軍の負傷兵を見つけると銃剣で突きさし、頭をつぶして脳漿を引きずり出し、手足や首を切り取った。ロシア兵の残虐行為は彼らの国を恥辱で覆いつくし、ロシアに対する恐怖と嫌悪を全世界に広めている。(61)

しかし、これらの残虐行為には、実は、ロシア側の宗教的な憤激がからんでいた。十一月七日、ラグラン英国軍総司令官とカンロベール仏軍総司令官はロシア軍に書簡を送って残虐行為に抗議したが、これに対するロシア軍総司令官メンシコフの回答によれば、ロシア兵が連合軍の負傷兵を殺害した動機はケルソネソスの聖ウラジーミル教会が破壊されたことへの復讐だった。ウラジーミル大公がキリスト教の洗礼を受け、キエフ・ルーシにキリスト教をもたらした聖地に建つ記念教会がフランス軍によって略奪され、セヴァストポリ攻囲作戦の拠点として使われていることへの復讐である。メンシコフは皇帝の検閲を通過した返書の中で、聖ウラジーミル教会が汚されたことがロシア軍の「深い信仰心」を傷つけたと論じ、加えて、インケルマンの戦いではロシア軍こそが英国軍の「血に飢えた報復」の犠牲者だったと主張した。連合軍側の行動については、ナポレオン三世の公式軍事史家だったセザール・ド・バザンクール男爵が一八五六年の報告書の中で言及している。

海岸線の近くにごつごつした岩山があり、その中腹にジェノア人が作った古い要塞の遺跡がある。岩山を反対側に下れば、検疫所湾と呼ばれる湾に出る。ロシア軍がすでに放棄したので、湾岸の検疫所は無人となっていた。この丘の頂上に聖ウラジーミルを祀る小さな礼拝堂がある。我が軍の兵士のうちの大胆な連中が起伏に身を隠して丘をよじ登り、検疫所まで行ってロシア軍が放棄した施設の中から役に立ちそうな物を手あたりしだい持ち帰って来る。薪の代わりとしてテントの前の焚火に投げ込み、あるいは、身近に置いて寒さを凌ぐためである。この兵士たちもすでに一種の犯罪者だが、それよりも悪質なのはあらゆる軍隊につきものの略奪者たちだ。彼らはすべての法と規律を無視して略奪を働く。哨戒線をすり抜け、夜に紛れて例の礼拝堂に忍び込み、めぼしい物を盗み取って来る。

ロシア兵たちが宗教的心情を深く傷つけられて蛮行に及んだとしても、その背景に従軍司祭による教唆があったことは間違いない。戦闘の前夜、セヴァストポリの教会では、司祭たちが兵士に向かって、英仏軍の兵士は悪魔のために戦っているのだから、聖ウラジーミル教会を破壊された報復として、容赦なく彼らを殺害するよう説教した。(62)

英仏連合軍にとって、インケルマンの勝利は「ピュロスの勝利」〔ピュロスは古代ギリシア時代のイペイロスの王。ローマ軍を破ったが、多大の犠牲を払ったことから、大きな犠牲を払って得た引きあわない勝利をピュロスの勝利と呼ぶようになった〕だった。セヴァストポリ周辺の高地から連合軍を排除しようとするロシア軍の大攻勢を退けることはできたものの、英仏軍側も国内世論が許容し得ないほど多数の死傷者を出した。特に、戦死者と負傷者に対する救護医療の貧弱さが犠牲者の数を増やしたことが知れると世論は沸騰した。この報道はクリミア戦争そのものの可否を問う議論に発展する。重大な損傷を出してしまった今、英仏軍が直ちにセヴァストポリを攻撃する可能性は遠のいた。少なくとも、援軍が到着するまで新たな攻撃は不可能だった。

十一月七日、ラグラン総司令官の司令部で英仏両軍の合同作戦会議が開かれ、その席でフランス軍が英国軍からインケルマン山を引き継ぐことが決定された。同盟関係の中でフランス軍が優位に立ったことを暗黙のうちに認める決定だった。今や一万六〇〇〇人にまで人数を減らした英国軍はセヴァストポリ周辺の塹壕の四分の一を支配するのみとなった。会議では、また、フランス軍総司令官のカンロベールがセヴァストポリ攻撃を春まで延期すべきだと主張した。春になれば、ロシア軍の抵抗を打ち砕くために十分な規模の増援部隊が到着するはずである。ロシア軍は連合軍の大規模な砲撃に耐えただけでなく、その後さらに大幅に増強されていた。カンロベールによれば、セヴァストポリ市内のロシア軍の兵力は増援部隊を含めて今や一〇万に達しているはずだった（実際には、インケルマンの戦い後のロシア軍の兵力は五万人程度だった）。カンロベールが恐れていたのは、「東方問題に対するオーストリアの姿勢が変わらないかぎり、ロシアはベッサラビアと南ロシアから好きなだけの兵力をクリミア半島に送り込んで、セヴァストポリの防衛態勢を強化することができる」という事態だった。英仏両国とオーストリアとの間には軍事同盟が成立していた。したがって、「大規模な増援軍」をクリミア半島に導入することができる時までは、セヴァストポリを攻撃してこれ以上の人命を失うことは無益だとカンロベールは主張した。ラグランとその幕僚たちも、カンロベールに賛同した。問題は連合軍の部隊がセヴァストポリ周辺の高地で冬を過ごすための物資の調達だった。たとえば、両軍がクリミア遠征のために持ち込んだテントは軽量の夏用テントだけだった。カンロベールは「テントの下に石を敷き詰めれば冬を越すことができる」と信じており、英国軍も同意見だった。英本国でも、事情通のローズ大佐が同様の見通しをクラレンドン外相に説明していた。「クリミア半島の気候は温暖であり、例外的に冷たい北風が吹く時を除けば、冬の寒さはそれほど厳しくない」[63]

しかし、ロシアで冬を過ごすという見通しは多くの人々に暗い予感を抱かせた。一八一二年にナポレオンを襲った運命を思い起こさせたからである。ジョージ・ド＝レイシー＝エヴァンズ将軍はラグラン総司令官に対してセヴァストポリ攻囲作戦の中止と英国軍の撤退を進言した。ケンブリッジ公は英国軍部隊をセヴァストポリ周辺の高地からバラクラヴァへ後退させるよう提案した。補給の容易なバラクラヴァに引き上げれば、セヴァストポリ周辺の高地に布陣するよりも冬の寒さに対処しやすいという理由からだった。しかし、ラグランはどちらの提案も拒否し、冬の間もセヴァストポリ周辺の高地を確保する決定を下す。この決定に失望したド＝レイシー＝エヴァンズとケンブリッジ公の二人は冬の到来を待たずに職を辞して帰国してしまう。二人はともに健康を害していた。二人に続いて多数の英国軍幹部が本国に帰国し始める。クリミア半島で英国軍の指揮を取っていた一五四〇人の高級将校のうち二二五人がインケルマンの戦いから二ヵ月以内に寒さを避けて帰国している。そのうち、後にクリミアに再赴任した将校は六〇人にすぎなかった。[64]

早急に勝利を収める可能性がないという見通しが明らかになると、下級士官や一般兵士の間に不満が広がり、士気は低下した。「アリマ川の勝利の勢いを生かして大胆にセヴァストポリを攻撃しなかったのは一体なぜなのか？」と第三三歩兵連隊のマンディー中佐は疑問を提起している。中佐が十一月七日付で母親に送った手紙は当時の一般的な雰囲気を伝える内容だった。

もし、ロシア軍が噂どおりに強力なら、我々は攻囲作戦を中止すべきです。現在の我々の戦力ではセヴァストポリを攻めても戦果を上げることはできないと誰もが考えています。艦隊は役に立ちません。塹壕掘りの仕事は苛酷で、これに冬の寒さが加われば、過労と病気で何百人もの兵士が命を失うでしょう。兵士たちは六晩続きで塹壕掘りを強いられ、その間、一晩の休みも与えられない。勤務は一日二四時間です。暖を取ろうとしても薄い毛布が一枚あるだけで、夜は耐え難い寒さと湿気に苦しめられる。しかも、常に死の不安につきまとわれている。塹壕でも、砲台でも、稜堡でも、いつなんどき敵の襲撃を受けるかも知れないので、おちおち安眠することさえできない。

インケルマン戦の数週間後、本格的な寒さが始まると、連合軍の塹壕から脱走する兵士の数が急増する。数百人の英国兵とフランス兵が戦列を離れてロシア軍側に逃亡した。[65]

ロシア軍にとっては、インケルマン戦の敗北は壊滅的な打撃だった。セヴァストポリの陥落は早晩避けられないとの見通しを持っていたメンシコフは、十一月九日付で陸軍大臣ワシリー・ドルゴルーコフ宛に書簡を送り、クリミア半島全般の防衛に兵力を集中する方が得策であるとの理由から、セヴァストポリの放棄を進言した。皇帝ニコライ一世は総司令官の敗北主義的姿勢に激怒して、十一月十三日にメンシコフに返書を送った。「もし、我々が敗北に甘んじるようなことがあれば、ロシア軍兵士の英雄的な戦いと彼らが払った甚大な犠牲は何のためだったのか？　インケルマンでは敵も同様に重大な損害をこうむったはずである。貴官の意見には賛成しかねる。敗北主義を捨てよ。人々の間に敗北主義を広めることも許さない……神は我々の味方である」。しかし、勇敢な言葉にもかかわらず、皇帝はインケルマン戦敗北の知らせを聞いて塞ぎ込んでいた。皇帝が意気消沈していることは宮廷に出入りするすべての人の目に明らかだった。これまで、ニコライ一世がその感情の動きを廷臣たちの目にさらすことは滅多になかった。しかし、インケルマン戦以後は感情を隠すことが困難になる。女官のチュッチェワは日記に記している。「ガッチナ宮殿は陰鬱な沈黙に包まれている。どこもかしこも憂鬱な雰囲気で、人々は互いに話もしようとしない。皇帝の姿を目にすると胸がつぶれそうだ。皇帝は最近ますます気難しくなり、顔つきはやつれ、表情に生気がない」。インケルマン戦敗北に衝撃を受けたニコライ一世はクリミア戦争の勝利を保証した軍指導部への信頼を失いつつあった。そして、パスケーヴィチのように一貫して戦争に反対した助言者たちに慰めを求めようとしていた(66)。

トルストイはインケルマンの敗北について「それは裏切りに満ちた反逆行為だった」と十一月十四日の日記に書いている。

我が軍の第一〇師団と第一一師団は左から敵の側面を攻撃した……敵は六〇〇〇人のライフル部隊だった。我が軍の三万人に対して敵はわずかに六〇〇〇人だったのだ。にもかかわらず、我が軍は六〇〇〇人の戦死者を出して退却した*8。退却せざるを得なかったのは、砲兵隊の大砲の半数以上が戦場に到着しなかったからであり、大砲が到着しなかったのは道路の通行が確保されていなかったからだ。しかも、理由は分からないが、ライフル大隊も到着していなかった。それは戦闘というよりも恐るべき虐殺だった。多くの人々にとって長く心の傷になるような事件だった。神よ、許し給え。事態を知った人々は激しく反応した。ある老人は声をあげて泣き、若者たちはダンネンベルクの暗殺を誓いあった。ロシア人の道徳的良心は衰えていない。現在、ロシアは困難に直面しているが、その窮状の中から多くの真実が浮かび上がってくる。困窮の中から生み出された熱烈な愛国心はロシアの将来に貢献するだろう。犠牲を強いられている民衆はその犠牲を忘れることなく、いずれは健全なロシア市民となり、威厳と誇りをもって社会に参加するだろう。この戦争が生み出した情熱は高貴な自己犠牲の証として永久にロシアの民衆の心に刻まれるだろう(67)。

ロシア軍がワラキア戦線から撤退した頃にシリストラからベッサラビアに戻っていたトルストイは、ゴルチャコフ将軍の司令部が置かれたキシニョフで快適な生活を送っていた。それは夜ごとに舞踏会やトランプ・ゲームを楽しむという生活だった（トランプでは勝負に負けて莫大な借金を抱えることになった）。しかし、まもなく、その種の生活に飽きたトルストイは戦場に戻りたいと思い始める。彼は十月二十九日付の叔母トワネット宛の手紙に次のように書いている。「当地では、快適な住まい、ピアノ、美味い食事、愉快な友人たちとのつきあいなど、あらゆる条件に恵まれています。しかし、私は戦場の野営生活が懐かしい。戦場で戦っている仲間が羨ましいのです(68)」

仲間のために役立ちたいという思いに駆られたトルストイは、親しい士官グループと語らって新聞の発行を計画する。兵士を教育し、兵士の士気を高めるとともに、兵士たちの愛国精神と人間性をロシア社会に知らせるために『軍隊新聞』を刊行するという計画だった。「この事業は大いに気に入っています」とトルストイは兄のセルゲイに書き送っている。「『軍隊新聞』は戦闘の実情を国民に伝えるでしょう。他の新聞のように無味乾燥な虚偽報道を伝えるのではなく、立派な兵士たちの勇敢な行為、彼らの生い立ち、死にざまを描くことになります。特に、名もない兵士たちについての記事が多くなるでしょう。戦争にまつわる秘話、兵士たちが歌う歌、工兵たちの優れた技術に関する紹介記事も掲載されるはずです」。一般の兵士が購読できるように安い価格で『軍隊新聞』を発行するための費用として、トルストイはヤースナヤ・ポリャーナの家屋敷を売却し、その利益の一部をあてる予定だった（トランプ賭博の借金を返済するために、家屋敷はいずれにせよ売却しなければならなくなっていた）。トルストイは『軍隊新聞』に掲載する目的で「ロシアの兵士はどのように死ぬか」と「ジダーノフ伯父さんと騎手チェルノーフ」という二本の記事を書いたが、後者の中でロシア軍の士官が兵士を残虐に扱う様子を暴露している。士官は兵士を鞭で打ちのめすが、それは兵士が間違いを犯したからではなく、「兵士が兵士であるが故だった。兵士とは鞭で打たれるべき存在なのだ」。この種の記事が検閲を通過しないことは明らかだったので、トルストイは、『軍隊新聞』の発行計画をゴルチャコフ将軍に提出する際に、これら二本の記事を削除した。ゴルチャコフはトルストイの計画を陸軍省に送って裁可を仰いだが、皇帝は発行を認めなかった。政府の公式の兵士向け新聞である『ロシア兵士報』に異を唱えるような非公式の兵士向け新聞が出現することを嫌ったのである。(69)

トルストイは、インケルマン戦の敗北を知ってクリミア行きを決心する。一緒に『軍隊新聞』の編集にあたるはずだった親しい戦友のコムスタディウスがインケルマンで戦死したことに衝撃を受けたのである。「セヴァストポリへの転属を希望した最大の動機はコムスタディウスの戦死だった」とトルストイは十一月十四日の日記に記している。「彼の戦死を知って、私はなぜか自分を恥ずかしく感じたのだ」。後に、トルストイはセヴァストポリへの転属希望の理由を次のように兄のセルゲイに説明している。「私を動かしているのは主として愛国主義的な感情です。最近はすっかり愛国者になりつつあります(70)」。しかし、トルストイがクリミア行きを決断した理由の一部には作家としての使命感もあった。愛国者である民衆が強いられている犠牲と軍事指導部の失策という真実をありのままに人々に伝え、それによって、ロシアの政治的、社会的改革を進めたいとトルストイは思っていた。戦争を改革につなげる必要があった。

トルストイはキシニョフを出発してほぼ三週間後の十一月十九日にセヴァストポリに到着する。少尉に昇格し、第一四砲兵旅団第三軽砲連隊に配属されたが、勤務場所がセヴァストポリ市内だったので、防衛戦の最前線に出られないという不満が残った。この年の秋、トルストイがセヴァストポリに滞在したのはわずか九日間にすぎなかったが、その間の経験はロシア国民の愛国主義的な誇りと希望を鼓舞する文章に結実し、『セヴァストポリ物語』の第一話「十二月のセヴァストポリ」のページを埋め、トルストイの文学的名声を確立することになる。「兵士の士気はきわめて高い」とトルストイは十一月二十日付けの兄セルゲイ宛の手紙に書いている。

瀕死の重傷を負った兵士が話してくれた。彼の部隊はフランス軍の第二四砲台を奪取したが、後続の増援部隊が来なかった。そう言いながら彼はすすり泣いた。海軍のある中隊は三〇日間の砲撃に耐えて守り抜いた砲台を放棄するよう命令されて、あやうく反乱を起こしそうになった。彼らは黙々と砲弾から信管を抜く作業を行なった。女性たちは砲撃のさなかに要塞まで水を運び、兵士たちのために祈りを捧げた。インケルマンでは、ある旅団の負傷兵一六〇人が後方への移送を拒否して戦い続けた。誰もが高揚していた。だが、今はすっかり落ち着いている。セヴァストポリは美しい季節を迎えていた。敵もほとんど砲撃して来なくなった。敵はセヴァストポリを奪うつもりがないのだと皆が言っている。実際、陥落などはあり得ない。敵の今後の出方については、三つの可能性が考えられる。第一は、再び攻撃を仕掛けてくる。第二は、塹壕工事を隠れ蓑にして撤退しようとしている。第三は、冬に備えて陣地を強化している、という可能性だ。第一の可能性が最も低く、第二の可能性が最も高い。私はまだ一度も軍事作戦に参加していないが、この輝かしい栄光の季節に勇敢な人々とともに生活できることを神に感謝している。十月十七日の砲撃戦はロシア史上だけでなく、世界史上の最も輝かしい事件として記憶されるだろう。(71)

章末注

＊1　蜂蜜に香料を入れて温めたホットドリンク。

＊2　柳の枝で編んだ長い籠に土を詰めて土嚢の代わりとした。
＊3　「みだらな服装の女性」を意味するトルコ語だが、オスマン帝国時代には、売春宿を経営する非イスラム教徒の女性または娼婦という意味で使われた。
＊4　英国軍の手薄な防備にもかかわらず、なぜロシア軍が全力を傾注して迅速にバラクラヴァを攻撃しなかったのかは謎である。ロシア軍の司令官たちは様々な理由をあげて説明している。いわく、バラクラヴァを奪うだけの十分な兵力がなかった、作戦は偵察行動にすぎなかった、バラクラヴァ港を占拠するためというよりもセヴァストポリから連合軍を引き離すための作戦だった、など。しかし、これらの理由は失敗の言い訳にすぎない。おそらく、アリマ川での敗北の経験にとらわれて、連合軍との平野部での戦闘に自信をなくしていたというのが本当の理由だろう。
＊5　ソイモノフが作戦に使用していたのは海図だった。その海図にはクリミア半島の陸地部分に関する記載がまったくなかった。参謀の一人が海図の陸地部分を指の先でたどって進軍ルートを描いて見せた。（A.Andriianov, *Inkermanskii boi i oborona Sevastopolia* (nabroski uchastnika) (St Petersburg,1903), p.15）
＊6　これはニコラス・ウッズの誤解だった。当時、クリミア半島とその付近にはロシア軍の近衛歩兵師団はいなかった。
＊7　地上に横たわる負傷兵への攻撃はある程度やむを得ない蛮行だった。濃い霧の立ち込めた高地の灌木地帯では、当時多数の健全な兵士が地面に伏して待ち伏せしていたからである。
＊8　トルストイは陸軍当局の検閲を経て公表された数字をあげているが、ロシア軍の実際の戦死者数はこの二倍だった。

（下巻につづく）

訳者略歴
一九四〇年生
東京外国語大学ロシア語科卒
ロシア政治史専攻
主要訳書
ヤン・T・グロス『アウシュヴィッツ後の反ユダヤ主義 ポーランドにおける虐殺事件を糾明する』
サイモン・S・モンテフィオーリ『スターリン 赤い皇帝と廷臣たち 上下』
オーランドー・ファイジズ『囁きと密告 スターリン時代の家族の歴史 上下』
ノーマン・デイヴィス『ワルシャワ蜂起1944 上下』
（以上、白水社）

クリミア戦争 上

二〇一五年 三 月 五 日 第一刷発行
二〇一五年 七 月一〇日 第四刷発行
著 者 オーランドー・ファイジズ
訳 者 © 染《そめ》谷《や》 徹《とおる》
装幀者 日 下 充 典
発行者 及 川 直 志
印刷所 株式会社 理 想 社
発行所 株式会社 白 水 社
東京都千代田区神田小川町三の二四
電話 営業部〇三（三二九一）七八一一
編集部〇三（三二九一）七八二一
振替 〇〇一九〇-五-三三二二八
郵便番号 一〇一-〇〇五二
http://www.hakusuisha.co.jp
乱丁・落丁本は、送料小社負担にてお取り替えいたします。
株式会社松岳社
ISBN978-4-560-8420-5
Printed in Japan